社會學百科

THE SOCIOLOGY BOOK

社會學百科

克里斯托弗·索普〔Christopher Thorpe〕 等著

郭娜 譯

翁正石 審訂

商務印書館

社會學百科

作　　者：克里斯托弗・索普（Christopher Thorpe）　克里斯・袁爾（Chris Yuill）　米謝爾・霍伯斯（Mitchell Hobbs）
　　　　　梅根・陶德（Megan Todd）　莎拉・托姆萊（Sarah Tomley）　馬庫斯・韋斯（Marcus Weeks）
譯　　者：郭　娜
審　　訂：翁正石
責任編輯：曾卓然　黃振威
出　　版：商務印書館 (香港) 有限公司
　　　　　香港筲箕灣耀興道 3 號東滙廣場 8 樓
　　　　　http://www.commercialpress.com.hk
發　　行：香港聯合書刊物流有限公司
　　　　　香港新界大埔汀麗路 36 號中華商務印刷大廈 3 字樓
印　　刷：利奧紙品有限公司
　　　　　香港九龍九龍灣宏開道 16 號德福大廈 9 樓
版　　次：2018 年 7 月第 1 版第 1 次印刷
　　　　　© 2018 商務印書館 (香港) 有限公司
　　　　　ISBN 978 962 07 5781 5
　　　　　Published in Hong Kong
　　　　　版權所有　不得翻印

A WORLD OF IDEAS:
SEE ALL THERE IS TO KNOW
www.dk.com

作者簡介

克里斯托弗·索普（Christopher Thorpe）

本書顧問編輯，也是供稿人之一。社會學家，研究興趣包括社會理論、文化社會學和英國在意大利的形象表達。他於蘇格蘭鴨巴甸大學（University of Aberdeen）獲社會學博士學位，亦是學術期刊《文化社會學》主編之一。他曾撰寫多篇學術論文，合著有《社會學的邀請》（*An Invitation to Social Theory*）一書。

克里斯·袁爾（Chris Yuill）

本書顧問編輯，也是供稿人之一。社會學家，現任蘇格蘭羅伯特哥頓大學（Robert Gordon University）講師。研究興趣包括社區與工作間之健康社會維度，及如何打造妥善的城市空間。英國社會學協會（The British Sociological Association）前委員。著有《了解健康社會學入門》（*Understanding the Sociology of Health: An Introduction*）等書。

米謝爾·霍伯斯（Mitchell Hobbs）

澳洲悉尼大學（University of Sydney）媒體及傳播學系講師。澳洲紐卡素大學（University of Newcastle）媒體社會學博士。著有《通訊、新媒體與日常生活》（*Communication, New Media and Everyday Life*），並在全球化媒體、文化流動，及政治傳播等國內及國際的研究方面出版多本著作。曾擔任前澳洲總理朱莉亞·吉拉德（Julia Gillard）的傳訊工作。

梅根·陶德（Megan Todd）

英國中央蘭開夏大學（University of Central Lancashire）社會科學高級講師。英國紐卡素大學（University of Newcastle）社會學博士，研究興趣包括性別、性向和暴力等，並曾為多本專著撰寫有關親密關係及暴力的章節。現正撰寫一本有關性向的教科書。

莎拉·托姆萊（Sarah Tomley）

作家、編輯和心理治療師。曾為多本社會科學著作供稿，包括 DK「大思想輕鬆讀」系列的《哲學百科》和《心理學百科》。

馬庫斯·韋斯（Marcus Weeks）

作家和音樂家，哲學系畢業，從事寫作前曾執教鞭，曾為多本有關藝術及科普的著作供稿，包括 DK「大思想輕鬆讀」系列的幾本書。

目　錄

社會不平等

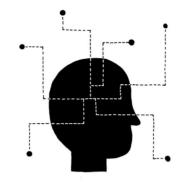

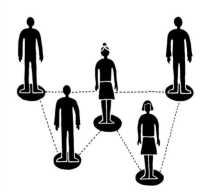

家庭與親密關係

INTRODUCTION

前言

人類是社會性生物。在我們的進化過程中,從開始覓食和狩獵,我們就已經傾向於在日漸龐雜的社會羣體中生活和工作。這些羣體包括簡單的家庭單位,氏族和部落,村莊和城鎮,以及城市和民族國家。人類集體生活和工作的天性促進了文明社會的形成。後者受到人類知識增長和技術進步的形塑。反過來,我們居於其中的社會性質影響着我們的社會行為,實質上影響着我們生活的各個方面。

社會學是關於個體如何在羣體中行動以及羣體是如何形塑這些個體行為的研究。其中包括:羣體是如何形成的;其內在的動力機制;這動力是如何維持和改變羣體,或者帶來社會變遷。如今,社會學的範圍涵蓋從關於社會過程、結構和體系的理論研究,到應用這些理論轉化為社會政策的一部份。同時,由於社會是由個體的集合組成的,作為一個整體的社會結構,與其個體成員行為之間不可避免地存在着聯繫。因此,社會學家們可能聚焦於社會制度和組織、各種社會羣體以及其內部分層,或是個體的互動和經歷。

或許令人驚訝的是,社會學是一門相對現代的學科。儘管古代中國和古希臘的哲學家們承認公民社會的存在以及社會秩序的利益,他們的關注點更多的是政治學的而非社會學的 —— 即社會應當被如何組織和治理,而不是對社會本身的研究。但是,正如政治哲學產生於這些文明,社會學也作為啓蒙運動時期西方社會巨大變遷的結果而出現。

關於這些變遷有幾個方面。最明顯是,技術進步推動了以機器生產為特徵的工業革命,徹底地改變了生產方式,帶來了工業城市的繁榮。啓蒙運動使那些基於宗教信仰的傳統信念受到質疑。所謂的理性時代不僅摧毀了教會的權威,君主政體和貴族政體的舊秩序也受到威脅,對代議制政府的呼喚導致了美國和法國的革命。

社會和現代性

啓蒙時代創造了一個新的現代社會。作為對這一轉型的回應,社會學在 18 世紀末期應運而生,哲學家和思想家們試圖去理解現代性的本質及其對社會的影響。不可避免地,一些人哀嘆於傳統社會凝聚形式的瓦解,諸如小型農村社會中的家庭紐帶和社區精神,以及宗教

社會學源於改善社會的現代激情。

—— 阿爾比恩 · 斯莫爾
美國學者(1854-1926)

所提供的共享價值和信仰。但是，也有一些人認識到，新的社會力量正在運作，導致了既可能帶來社會秩序，也可能帶來失序的變遷。

與啓蒙運動的精神一致，這些早期社會思想家們試圖使他們的社會研究客觀化，創造一門不同於哲學、歷史學和政治學的科學學科。自然科學 (物理學、化學、天文學和生物學) 已經建立，研究人類及其行為的時機已經成熟。

由於工業革命的本性及其所培育的資本主義，首先產生的新「社會科學」是經濟學，以亞當·斯密1776 年的《國民財富的性質和原因的研究》為先驅，即為人熟知的《國富論》。然而，與此同時，社會學的基礎也由哲學家和理論家們諸如亞當·弗格森和亨利·聖西門等人所奠定，在隨後一個世紀的早期，奧古斯特·孔德採用科學方法研究社會，為社會學作為一門獨立學科奠定了堅實基礎。

繼孔德之後，出現了三位開拓性的社會學家，他們對社會行為的不同分析和詮釋方法為 20 世紀及之後的社會學主題定下了基調：卡爾·馬克思、埃米爾·迪爾凱姆以及馬克斯·韋伯，他們各自側重於現代性的不同方面，並將其作為創造社會秩序、失序以及變遷的主要因素。馬克思，作為一位唯物主義哲學家和經濟學家，聚焦於資本主義的增長及隨之而來的階級鬥爭；迪爾凱姆專注於由工業化所帶來的社會分工；韋伯則聚焦於現代

人性……具有極強的可塑性……它能準確而又各異地響應不同的文化傳統。

—— 瑪格麗特·米德

社會的世俗化和理性化。他們三個都各自擁有一大批追隨者，至今仍影響着社會學的主要思想流派。

一種社會科學

當科學和理性思維佔據主導地位時，社會學作為理性時代的產物而誕生。因此，為了使這一學科受到重視，早期社會學家們主張其研究方法應該具有嚴格的科學性 —— 考慮到其研究對象即人類社會行為的本性，要做到這一點絕非易事。通過如自然科學般獲得經驗證據，孔德為這一新社會學「科學」奠定了基本原則。同樣，馬克思堅持應當科學地探究社會主題，而迪爾凱姆或許是因社會學作為一門社會科學而被學術界所認可的第一個人。(注：迪爾凱姆是有史第一位社會學教授。)

為了具有科學性，任何研究必須是定量的。也就是說，具有可測量的結果。馬克思和迪爾凱姆可

能運用了事實、圖表和數據來支撐他們的理論,而另一些人則堅持認為,社會研究應該更加定性。韋伯尤其倡導一種詮釋方法,考察現代社會的生活圖景以及社會聚合所必需的社會互動和關係。

儘管這一觀點最初被許多人視為非科學的而不予理會,在 20 世紀後半期中,社會學已經越來越具有詮釋性特色,在方法論上強調定量和定性研究技術的結合。

社會改革

對於許多社會學家來說,社會學不僅僅是對社會的客觀研究,以及對社會結構和系統的分析和描述;如同自然科學理論,社會學理論擁有實踐意義,能夠被用來改進我們所生活的社會。在 19 世紀,孔德和馬克思將社會學看作是一種理解社會運作的方式,以推動社會變遷。馬克思有句名言,「哲學家們只是以各種不同的方式解釋世界,然而,問題在於改變它。」他的許多追隨者們(社會學家和政治活動家)都將這一點銘記在心。

迪爾凱姆在政治上遠不及馬克思激進,他對推動社會學作為一門學術學科被認為作出了巨大貢獻。為了獲得政府的支持,他不僅要論證這一學科的科學性,同時還要論證其客觀性,特別是考慮到法國大革命以來歐洲業已存在了一個多世紀的政治不穩定。這一與現實世界脫節的「象牙塔式」的路徑,在 20 世紀前半葉主宰了社會學,但是隨着社會學家們逐漸採納一種更具詮釋性的立場,他們同樣倡導社會學作為一種社會改革的工具。

這一點在馬克思主義社會學家以及其他左翼政治立場的社會學家中尤為突出。第二次世界大戰之後,社會學家們,包括查爾斯‧懷特‧米爾斯和米歇爾‧福柯,考察了社會中權力的性質及其對個體的影響;社會形塑我們生活的方式,而不是我們塑造社會的方式,以及我們如何能夠抵制這些力量。即使是在更主流的社會學中,氛圍在不斷改變,研究主題的範圍也在不斷擴展,從對社會本身的學術研究,到提供公共政策和推動社會變遷的實踐應用。1972 年,美國極負盛名的社會學理論家霍華德‧貝克爾寫道:「好的社會學……創造關於組織和事件的有意義描述,對它們的產生和存續給出有效解釋,並對它們的改進或消除提出現實性的方案。」

社會學的功能,與其他科學一樣,都是揭示那些隱藏的東西。

—— 皮埃爾‧布迪厄

制度和個體

　　隨着反省社會學對各相關問題的廣泛滲入，社會學在 20 世紀後半葉獲得更多認可甚至公眾關注；越來越多的思想家開始關注社會問題，因此社會學擴展了其研究範圍。在對現代社會的結構和系統、社會凝聚力以及社會失序原因的傳統研究的基礎上，社會學開始考察這些領域之間的聯繫以及個體與羣體之間的互動。

　　大約一個世紀以前，社會學家們被劃分為宏觀層面分析（將社會看作是一個由各種制度組成的整體）和微觀層面分析（聚焦於社會中個體的生活經驗）。這種區分至今仍然存在，現在社會學家們認識到兩者之間的緊密關聯，更多的研究者將其研究集中在兩種路徑之間的羣體——社會階層、種族、宗教或文化羣體、家庭，以及以性別或性取向劃分的羣體。

　　社會學也對加速的社會變遷做出回應。自第二次世界大戰以來，許多社會習慣受到挑戰，新的社會規範已經取而代之。西方社會在民權和婦女運動已經做出了很多努力，顯示出種族和性別不平等方面；社會學理論也在幫助改變對性取向和家庭生活的態度。齊格蒙特・鮑曼指出，「社會學的任務是幫助個人，我們必須服務於自由。」

全球化時代

　　技術革新帶來的社會變遷可以比擬甚至超越工業革命的影響。自動化和電腦化的增長，服務業的興起以及消費社會的壯大，這些一起形塑了我們今天所生活的社會。一些社會學家將這種現象看作是現代性過程的延續，也有人相信我們正在進入一個後現代、後工業時代。

　　溝通與流動方面的提升同樣使得這個世界變得越來越小。近期，社會學家們開始關注文化和民族身份的重要性以及全球化的影響，特別是對本土社會。伴隨着新的溝通方式——特別是互聯網和快速跨國旅行——而來的是全新的社會網絡。它不依賴面對面溝通，而是以一種甚至是 50 年前的人們都無法想像的方式將個體和羣體連接起來。現代技術同樣為社會學提供了研究和分析這些新社會結構演變的精緻的工具。■

　　一個社會中，如我們的社會，真正的政治任務在於批判那些看似中性而獨立的制度的運作……批判並攻擊它們……因而我們能夠與之相抗。

—— 米歇爾・福柯

FOUNDATIONS OF SOCIOLOGY

社會學的基礎

在《歷史緒論》中，伊本·赫勒敦用阿拉伯語「阿薩比亞」描繪了「團結」或社會凝聚力的概念。

約**1377**年

昂利·聖西門在《人類科學概論》中提出了關於**社會的科學**。

1813年

在《社會理論實踐在美國》中，哈里特·馬蒂諾通過奴隸、婦女以及工人階級所遭受的壓迫描述了**社會不平等**。

1837年

卡爾·馬克思完成了其對**資本主義的全面分析**《資本論》的第一卷。

1867年

費迪南·滕尼斯在《共同體與社會》中區分了**傳統共同體和現代社會**。

1887年

1767年

亞當·弗格森在《文明社會史論》中論述了**公民精神**在社會中對抗資本主義所帶來的毀滅性影響中的重要性。

1830–1842年

奧古斯特·孔德在《實證哲學教程》中細述了**社會學作為一門科學**的演進。

1848年

在《共產黨宣言》中，卡爾·馬克思和弗里德里希·恩格斯預言無產階級革命將會帶來**社會變革**。

1874–1885年

赫伯特·斯賓塞在多卷本《綜合的哲學系統》中指出，社會就如同生物體一般演進，只有**強者生存**。

雖然直到 20 世紀，社會學作為一門學科才獲得廣泛認可，但是它的許多思想傳統、研究方法以及研究領域卻植根於幾個世紀以來歷史學家和哲學家們的著作中。

儘管第一個被認可的社會學研究源自 14 世紀的伊本·赫勒敦，我們今天所熟知的那些社會學先驅卻在 18 世紀末出現，當時的西歐社會正經歷着一場巨變：啓蒙思想正逐漸取代傳統信念，工業革命正逐漸改變着人們生活和工作的方式。那些觀察家將這場社會變遷的動力歸因於所謂的「現代性」，包括工業化的影響、資本主義的增長以及世俗化和理性化的潛移默化（卻並非不重要）的後果。

一門社會科學

現代社會是理性時代的產物：理性思維和科學發現的應用。沿着這樣一種路徑，社會學先驅諸如法國哲學家昂利·聖西門以及他的門徒奧古斯特·孔德，試圖提供可證實的證據來支持理論。孔德相信，不僅社會秩序的力量可以用與物理和化學相同的法則來解釋，而且應用社會學也能帶來社會變革，就如同應用科學帶來了技術進步一樣。

與孔德一樣，卡爾·馬克思相信研究社會的目的並不單單是描述和解釋它，還應該改造它。他同樣熱衷於科學範式，不過他選擇從經濟學學科的角度入手，將資本主義看作導致社會變遷的現代性的一股主要力量。

先於馬克思近一個世紀，蘇格蘭哲學家亞當·弗格森就已經指出資本主義的利己主義對傳統社會團結的威脅，哈里特·馬蒂諾和馬克思的夥伴弗里德里希·恩格斯都描述了 19 世紀中期工業資本主義社會中存在的社會不公平。另一位社會學先驅，費迪南·滕尼斯，回應了弗格森的思想，他描述了傳統社會和現代社會中兩種截然不同的社會團結方式——這一概念被後世的許多社會學家以不同方式進行解讀。

到了 19 世紀末期，社會學作為一門獨立的研究領域，與歷史、

埃米爾・迪爾凱姆在波爾多大學（University of Bordeaux）建立了歐洲第一個社會學系，並出版了《社會學方法的準則》。

查爾斯・懷特・米爾斯和漢斯・格斯在《馬克斯・韋伯以來：社會學論文集》一書中，將**韋伯的思想**引入英語世界。

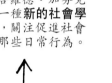

在《常人方法學研究》一書中，哈羅德・加芬克爾提出一種**新的社會學方法論**，關注促進社會秩序的那些日常行為。

在《性別麻煩：女性主義與身份的顛覆》一書中，朱迪斯・巴特勒挑戰了關於**性別**和**性**的傳統觀念。

1895年　　　**1946**年　　　**1967**年　　　**1990**年

1893年　　　**1904–1905**年　　　**1959**年　　　**1975**年

在《社會分工論》中，埃米爾・迪爾凱姆描述了獨立個體之間的**有機團結**。

馬克斯・韋伯在《新教倫理與資本主義精神》一書中為分析**現代社會的演進**提供了一種嶄新的視角。

在《社會學的想像力》一書中，查爾斯・懷特・米爾斯認為社會學家應該提供**改進社會的方法**。

米歇爾・福柯在《規訓與懲罰》中研究社會中**權力的性質**。

哲學、政治學以及經濟學區分開來，這在很大程度上歸功於埃米爾・迪爾凱姆。他採納了孔德將科學研究方法應用於社會的思想，以生物學為模型。與他的前輩赫伯特・斯賓塞一樣，迪爾凱姆將社會看作是一個擁有不同「器官」的「有機體」，每個器官都有自己獨特的功能。

詮釋的方法

　　儘管迪爾凱姆的客觀精神使他在學術界獲得認可，並不是所有社會學家都認同「用自然科學的方法來研究社會是可行的」或者社會是有「規律」可循的。馬克斯・韋伯倡導一種更主觀的——「詮釋的」

方法。作為現代性的主要動力，馬克思稱之為資本主義，迪爾凱姆稱之為工業化，而韋伯則聚焦於理性化和世俗化對個人的影響。

　　一門嚴格的科學學科逐漸被定性研究的社會學所取代：諸如文化、身份、權力這類不可測量的觀念。到 20 世紀中期，社會學家已經從對社會的宏觀研究轉向基於個體經驗的微觀視角。查爾斯・懷特・米爾斯主張社會學家應當在社會制度（特別是他所稱的「權力精英」）以及它們是如何影響普通人的生活之間建立聯繫。第二次世界大戰之後，其他社會學家也提出類似主張：哈羅德・加芬克爾倡導一種社會學研究方法的徹底變革，

通過對常人日常生活的觀察研究社會秩序；米歇爾・福柯則分析了權力關係是如何迫使個人遵循社會規範，特別是性規範——這一思想在朱迪斯・巴特勒關於社會性別和性的研究中獲得了進一步發展。

　　到 20 世紀末期，在對社會總體的客觀研究和對個體經驗的詮釋性理解之間已經達成一種平衡。一些具有創新精神的社會學家已經設定下議程，其不同的方法正被用於對這個日益全球化的後現代世界的研究中。■

物質上的挫敗絕不意味着 / 標誌着民族的滅亡

伊本・赫勒敦（1332－1406 年）

阿拉伯哲學家、歷史學家伊本・赫勒敦着迷於「某些社會達到繁榮並征服其他社會」的羣體動力機制研究。他最為有名的是其多卷本世界史著作：《阿拉伯人、波斯人、柏柏爾人歷史的殷鑒和原委》（簡稱《殷鑒書》），特別是其中叫作《歷史緒論》的第一部分。鑒於其對柏柏爾人和阿拉伯人社會的分析，《殷鑒書》被看作是社會學的先驅。

赫勒敦關於社會興衰的解釋中，核心概念是來自阿拉伯語的「阿薩比亞」或社會團結。起初，「阿薩比亞」指的是在宗族或遊牧部落中存在的家庭聯繫；後來，隨着文化的進展，它逐漸變成一種歸屬感，就是「團結」。在赫勒敦看來，「阿薩比亞」既存在於小如宗族的社會中，也存在於大的帝國中。隨着社會的擴大與成長，人們之間的共享目標和命運也逐漸減弱，文明也就衰落了。最終，這種文明將會被另一種更小、更年輕、具有更強團結性的文明所取代 —— 一個民族可能會經歷物質上的挫敗，但絕不會被其所打倒；但當「一個國家被從心理上擊敗了……它就會走向滅亡」。

團結和社會凝聚在社會中的重要性暗含了許多現代社會學中關於共同體和公民精神的研究，包括羅伯特・普特南關於「當代社會正經歷着社區參與的土崩瓦解」的理論。■

伊本・赫勒敦在其羣體動力學理論中，引用沙漠貝多因人部落個案，指出社會的和心理的因素有助於理解文明的興衰。

參見：費迪南・滕尼斯 32~33 頁，羅伯特・普特南 124~125 頁，阿爾君・阿帕杜萊 166~169 頁，戴維・赫爾德 170~171 頁，米歇爾・馬費索利 291 頁。

在軍隊和公司中，人類總是徘徊或安定，同意或爭吵

亞當・弗格森（1723-1816 年）

進步既是不可避免的也是值得追求的，但是我們必須要時刻謹記進步可能帶來的社會成本。哲學家和歷史學家亞當・弗格森就曾經如此警告我們；他是蘇格蘭啟蒙運動中愛丁堡知識界「上流社會」中的一員，這一羣體還包括諸如哲學家大衛・休謨和經濟學家亞當・斯密。

與斯密一樣，弗格森相信，利己主義是商業增長的動力；但與斯密不同的是，他分析了這一發展的後果，發現它是以犧牲合作、同胞之誼這些傳統價值為代價的。過去，社會建立在家庭或共同體之上，榮譽和忠誠帶來社區精神。然而，資本主義所需要的利己主義削弱了這些精神，並最終導致社會崩潰。為了防止商業資本主義埋下毀滅的種子，弗格森倡議提升公民精神感，鼓勵人們為社會公利而非私

> 人在文明社會中誕生，並在那裏存活。
>
> ——孟德斯鳩 法國哲學家（1689-1755）

利行動。

弗格森對資本主義和商業主義的批評意味着他的理論被諸如休謨、斯密這樣的主流思想家拒絕，但它們後來影響了黑格爾和馬克思的政治思想。因為他從社會而非政治或經濟的視角看待問題，他的研究也有助於為現代社會學奠定基礎。■

參見：費迪南・滕尼斯 32~33 頁，卡爾・馬克思 28~31 頁，埃米爾・迪爾凱姆 34~37 頁，阿米泰・埃齊奧尼 112~119 頁，諾貝特・埃利亞斯 180~181 頁，馬克斯・韋伯 220~223 頁。

科學可以被用來建設一個更好的世界

奧古斯特·孔德（1798－1857 年）

背景介紹

聚焦
實證主義和社會研究

關鍵時刻

1813 年 法國思想家昂利·聖西門提出一種關於社會的科學的思想。

19 世紀 40 年代 卡爾·馬克思指出，經濟問題是歷史變遷的根源。

1853 年 哈里特·馬蒂諾的刪節版翻譯《奧古斯特·孔德的實證哲學》將孔德的思想介紹給大眾。

1865 年 英國哲學家約翰·穆勒將孔德的早期社會學思想和晚期政治思想分別稱為「好孔德」和「壞孔德」。

1895 年 在《社會學方法的準則》一書中，埃米爾·迪爾凱姆試圖建立一個社會學體系。

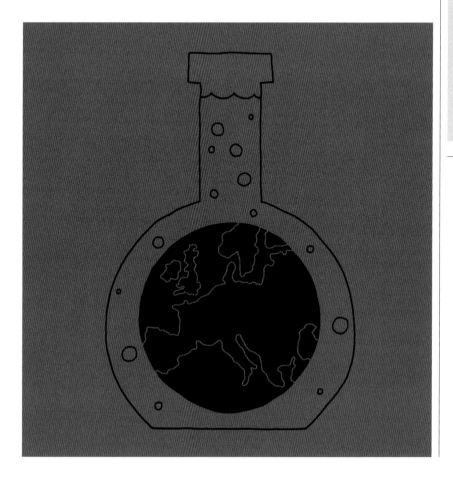

至18 世紀末期，日益增長的工業化已經給歐洲傳統社會帶來了巨變。與此同時，在法國大革命之後，法國正努力建立一種新的社會秩序。一些思想家，諸如亞當·斯密，試圖用經濟術語解釋社會的飛速變遷；另一些人，如讓·雅克·盧梭，則從政治哲學入手。亞當·弗格森曾經描述現代化的社會後果，但是還沒人能從政治和經濟理論的角度解釋社會進步。然而，相比法國的社會不穩定，社會主義者昂利·聖西門試圖分析

參見：哈里特‧馬蒂諾 26~27 頁，卡爾‧馬克思 28~31 頁，254~259 頁，費迪南‧滕尼斯 32~33 頁，埃米爾‧迪爾凱姆 34~37 頁，馬克斯‧韋伯 38~45 頁，220~223 頁。

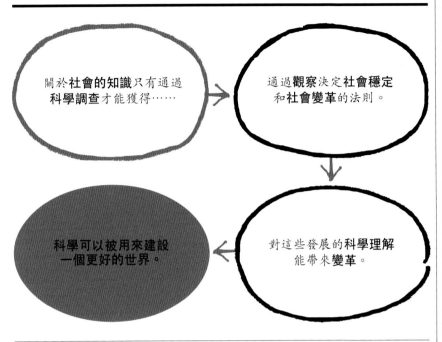

關於**社會的知識**只有通過**科學調查**才能獲得⋯⋯

通過**觀察**決定**社會穩定**和**社會變革**的法則。

科學可以被用來建設一個更好的世界。

對這些發展的**科學理解**能帶來**變革**。

奧古斯特‧孔德

　　奧古斯特‧孔德出生在法國的蒙彼利埃。他的父母是天主教徒和君主制度的擁護者，但奧古斯特拒絕了宗教而選擇共和主義。1817 年他成為昂利‧聖西門的秘書，後者對他運用科學方法研究社會的思想產生了重要影響。由於出現分歧，孔德於 1824 年離開了聖西門，在約翰‧穆勒的支持下，開始創作《實證哲學教程》等著作。

　　這一時期孔德飽受精神崩潰的困擾，他與卡羅列娜‧馬森的婚姻最終以離婚收場。接着他瘋狂地愛上了克洛蒂爾德‧德沃克斯（她和丈夫分居），但他們並沒確立關係；德沃克斯 1846 年去世。此後，孔德獻身於寫作和建立實證主義的「人道教」。1857 年孔德死於巴黎。

主要作品

1830-1842 年　《實證哲學教程》
（六卷）

1848 年　《實證主義總論》

1851-1854 年　《實證政治體系》
（四卷）

社會變革的原因，以及如何建立社會秩序。他認為，社會進步有一個模式，社會要經歷一系列不同的階段。他的門生孔德將這一思想發展成一套完整的體系，根據科學原則來研究社會；孔德最初稱之為「社會物理學」，後來改為「社會學」。

理解與轉型

　　孔德作為啟蒙之子，其思想扎根於理性時代的理念中，強調理性、客觀。啟蒙運動中出現的科學方法影響了孔德的哲學路徑。他詳細分析了自然科學及其方法論，提議所有的知識分支都應該採用科學原則，將理論建立在觀察基礎之上。孔德「實證主義」哲學的核心觀點是：任何有效知識只能來源於實證的、科學的探究。他已經見證了科學的轉型力量：科學發現帶來技術進步，進而帶來工業革命，創造了他所生活的現代世界。

　　他認為，社會科學的時代已經來臨，它不僅要能解釋社會秩序和社會變革的機制，還應該為我們提供轉型社會的方式，就如同自然科學幫助我們改善我們的自然環境一樣。他將關於人類社會的研究或社會學看作是最具挑戰性和複雜性的學科，因此它應該是「科學之後」。

　　孔德關於「對社會的科學研究是人類探究知識過程的頂峰」的論

斷受到昂利・聖西門的思想影響，被稱為「三階段法則」。他認為我們對現象的理解經過三個階段：神學階段，上帝或眾神是事物的原因；形而上學階段，用抽象事物解釋現象；實證階段，用科學方法來驗證知識。

孔德關於社會進化的宏大理論也是對社會進步的分析——不同於對捕獵－採集、遊牧、農業以及工業－商業不同社會階段的簡單描述。孔德認為，啓蒙運動之前的法國社會根植於神學階段，社會秩序建立在宗教原則之上。1789 年法國大革命之後，法國社會進入了形而上學階段，社會由世俗原則和理念（特別是自由和平等權）所引導。孔德相信，在認識到後革命社會的不足之後，現在有可能進入到實證階段，科學地決定社會秩序。

一種社會科學

在現有的「硬」科學的基礎

> **那麼，社會學就不是任何其他學科的輔助；它本身就是一門獨特的、自主的學科。**
>
> —— 埃米利・迪爾凱姆

孔德定義了人類理解世界的「三階段」進程。 隨着 18 世紀末期啓蒙運動的到來，神學階段結束。在理性思考的形而上學階段，焦點從神轉變為人；進而發展到最後一個階段，科學提供解釋。

| 神學階段 | 形而上學階段 | 科學階段 |

| 人類社會早期 | 1790 1800 1810 1820 1830 | 當今 |

上，孔德提出了一個社會學新科學的框架。他設定了一個科學等級，在有邏輯地安排下，每一門科學都是它下一門科學的基石。從數學開始，這個等級體系依次是天文學、物理學、化學，到生物學。這個「實證主義」升序的頂點就是社會學。因此，孔德覺得在試圖運用這些知識來研究社會之前，有必要先徹底掌握其他科學和它們的方法。

最重要的是基於觀察的可證實原則：用事實證據來支持理論。但是，孔德也指出，用假設來指導科學論證的方向、決定觀察的範圍的必要性。他把社會學劃分為兩個研究領域：「社會靜力學」，即決定社會秩序、促進社會團結的力量；「社會動力學」，即決定社會變革的力量。對這些力量的科學理解有助於將社會帶入社會進化的終極實證階段。

儘管孔德不是第一個試圖分析人類社會的思想家，他卻是確立用

科學方法研究社會的先驅。另外，他的實證主義哲學既提供了對世俗工業社會的解釋，也提供了實現社會改革的途徑。他相信，就如同科學已經解決現實世界的問題，社會學——作為終極科學和其他科學的統一者——可以被用來解決社會問題，從而創造一個更好的社會。

從理論到實踐

孔德在法國大革命之後的混亂中形成了他的思想，並在其六卷本

> **科學帶來預言；預言產生行動。**
>
> —— 奧古斯特・孔德

的《實證哲學教程》中展現出來；其中，第一卷的面世與 1830 年七月法國第二次革命同年。

在君主制被推翻和復辟之後，法國的社會意見主要分為兩大陣營：追求社會秩序和追求社會進步。孔德相信，他的實證主義提供了第三條道路：一個基於對社會的客觀研究的理性而非意識形態的行動路線。

他的理論為他在法國的同時代人中贏得了同樣多的批評者和崇拜者。他的一些最偉大支持者來自英國，包括自由主義思想家約翰・穆勒，他為孔德提供經濟支持，使他能夠繼續自己的研究；還有哈里特・馬蒂諾，她將孔德刪節版的著作翻譯成英文。

遺憾的是，孔德所建立的聲譽被他晚期的作品玷污了；在那些作品中，他描述了實證主義是如何被應用到政治體系中的。不幸的私生活（離婚、抑鬱、悲慘的外遇）通常被看作是他的思想轉變的原因：從對社會實然的客觀、科學研究轉向了對其應然狀態的一種主觀的準宗教式的探索。

孔德的作品從理論到如何將理論應用到實踐的轉變使他失去了許多追隨者。穆勒以及其他英國思想家認為他對實證主義的應用方式近乎獨裁，將他倡導的政府體系看作是對自由的侵犯。

此時，一種對社會的科學研究的替代範式已經出現。同樣是以針對社會混亂為背景，卡爾・馬克思在經濟學和基於政治行動而非理性主義的變革模式的基礎上，提出了一種對社會進步的分析。這不難看出，為甚麼在被革命充斥的歐洲，在社會主義和資本主義兩種主張的夾擊中，孔德的實證主義社會學開始沒落。然而，是孔德（在某種程度上還有其導師聖西門）基於科學原則而不僅僅是理論化，最早將社會學作為一門學科創立起來。特別是他建立了一套觀察的方法論，以及直接借鑒物理學的社會科學理論。雖然以後的社會學家，特別是

> **哲學家只是以不同的方式解釋世界，問題在於改變它。**
>
> ——卡爾・馬克思

埃米爾・迪爾凱姆，不認同孔德的實證主義內容及其應用，但孔德為以後的研究奠定了堅實的基礎。儘管現在看來，孔德關於「科學之後」的社會學之夢看似是天真的，但他所倡導的客觀性仍是一個指導性原則。■

1830 年法國革命發生，近乎同一時間孔德出版其實證主義著作，開創了一個他一直所期待的社會進步時代。

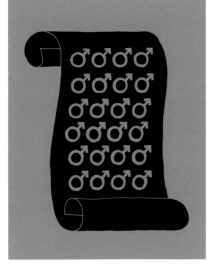

《獨立宣言》與一半的人類無關

哈里特·馬蒂諾（1802－1876 年）

背景介紹

聚焦
女權主義和社會不公正

關鍵時刻

1791 年　法國劇作家、政治活動家奧蘭普·德古熱出版了《女權和女性公民權宣言》（簡稱《女權宣言》），以回應 1789 年的《人權和公民權宣言》（簡稱《人權宣言》）。

1807-1834 年　在大英帝國，奴隸制度被廢除了。

1869 年　哈里特·泰勒和約翰·斯圖爾特·穆勒合著《婦女的屈從地位》一書。

1949 年　西蒙娜·德·波伏娃的《第二性》，為 20 世紀 60-80 年代的「第二波」女權主義奠定了基礎。

1981 年　聯合國中 188 個國家認可《消除對婦女一切形式歧視公約》（CEDAW）。

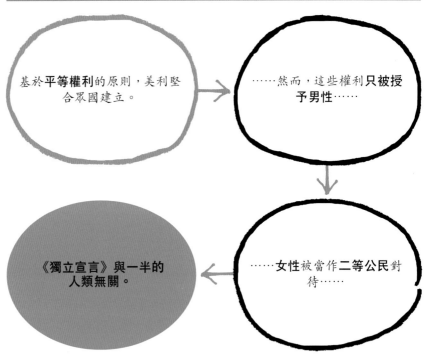

基於**平等權利**的原則，美利堅合眾國建立。

……然而，這些權利**只被授予男性**……

……**女性**被當作**二等公民對待**……

《獨立宣言》與一半的人類無關。

1776 年，美國《獨立宣言》聲明：「我們認為下述真理是不言而喻的：人人生而平等，造物主賦予他們若干不可讓與的權利，其中包括生存權、自由權和追求幸福的權利。」50 多年以後，1834—1836 年間，哈里特·

馬蒂諾環遊美國，記錄了一個完全不同的美國社會圖景。她所看到的是平等、民主的理想與美國現實生活的顯著差異。

在她旅行之前，馬蒂諾是一名撰寫關於政治經濟和社會問題的記者，因此，在她的旅行中，她以書

參見：朱迪斯‧巴特勒 56~61 頁，R.W. 康奈爾 88~89 頁，希爾維亞‧沃爾比 96~99 頁，泰瑞‧凱拉韋 248~249 頁，克里斯汀‧德爾菲 312~317 頁，安‧奧克利 318~319 頁。

本的形式記下了其關於美國社會的印象。然而，《社會理論和實踐在美國》一書不僅僅是描述，馬蒂諾在其中還分析了她所見到的社會不平等的形式。

社會解放者

在馬蒂諾看來，一個社會的文明程度是由其人口的生活條件決定的。如果不能適用於每一個人，理論觀念就無法衡量一個社會的文明程度。大家所看到的美國社會的理想觀念，特別是對自由的鼓吹，因為奴隸制的繼續存在而變成一個「笑柄」，馬蒂諾認為，奴隸制是社會中的一部分人統治另一部分人的典型。

馬蒂諾的一生都在為美國奴隸制的廢除而抗爭；然而，她同樣運用其關於文明社會的準則來界定和

反對其他形式的剝削和社會壓迫，比如在工業化英國社會中工人階級的不公正待遇，或者西方世界中女性的從屬地位。

馬蒂諾強調了那種一邊以自由沾沾自喜、一邊繼續壓迫女性的社會的偽善。她指出，這種態度是一種侮辱，因為女性構成了人類的另一半：「如果要測試文明的話，當人類中的一半對另一半擁有權力的時候，結論就很難確定了。」然而，與許多同時代人不同，馬蒂諾不僅僅為爭取女性教育權或投票權而鬥爭，她還描述了社會是如何在私人和公共生活中限制女性的自由。

馬蒂諾在她的一生中都很出名，但是直到最近，她對社會學發展的貢獻才被承認。今天，她不僅被看作是第一個對社會進行系統研究的女性，也被看作是採用女權主義社會學視角的第一人。■

1776 年 7 月 4 日，大陸議會通過了關於政府的極具道德性的構想。但是馬蒂諾質疑，在一個不公正的社會中，社會美德是否可能。

哈里特‧馬蒂諾

哈里特‧馬蒂諾出生在英國的諾里奇（Norwich），父母的開明確保她受到了良好的教育。她很早就展露出對政治和經濟的興趣，1825 年她的父親去世之後，她以記者這一職業為生。作為作家的成功使她能夠搬到倫敦，並在1834-1836 年間周遊美國。她回來英國之後，出版了一部關於美國的三卷本社會學評論。她在那裏的經歷堅定了她以廢除奴隸制和解放婦女為己任的信念。

儘管自青少年時期她就完全失聰，馬蒂諾堅持工作和抗爭直到 19 世紀 60 年代。那時，她已經搬到湖泊地區，因為健康問題足不出戶；並於 1876 年逝世。

主要作品

1832-1834 年 《圖解政治經濟學》

1837 年 《社會理論和實踐在美國》

1837-1838 年 《道德與習俗之觀察》

「資產階級的滅亡和無產階級的勝利都是不可避免的」

卡爾·馬克思（1818－1883 年）

背景介紹

聚焦
階級衝突

關鍵時刻

1755 年 日內瓦裔法國哲學家讓·雅克·盧梭認為人類的不平等起源於財產的私有。

1807 年 喬治·黑格爾在《精神現象學》中闡述自己的歷史發展觀。

1819 年 法國社會理論家昂利·聖西門創辦週刊《組織者》來宣傳自己的社會主義理想。

1845 年 弗里德里希·恩格斯在《英國工人階級狀況》一書中將資本主義社會劃分為兩大社會階級。

1923 年 德國法蘭克福大學社會研究所創建，並吸引了一大批馬克思主義學者，日後形成法蘭克福學派。

19 世紀中葉，歐洲大陸瀰漫着由法國大革命帶來的政治動盪。起義和革命隨處可見，要求推翻君主政治和貴族統治的舊制度，建立民主共和制的呼聲越來越強烈。與此同時，歐洲大部分地區正承受着工業化帶來的社會變遷。一些哲學家已經開始用政治術語來解釋現代工業世界的問題並提出政治性解決方式，另一些人諸如亞當·斯密將經濟狀況看作既是帶來問題的原因，也是解決問題的出路，但是他們都極少研究社會

參見：奧古斯特・孔德 22~25 頁，馬克斯・韋伯 38~45 頁，米歇爾・福柯 52~55 頁，弗里德里希・恩格斯 66~67 頁，理查德・桑內特 84~87 頁，赫伯特・馬爾庫塞 182~187 頁，羅伯特・布勞納 232~233 頁，克里斯汀・德爾菲 312~317 頁。

結構。

　　1830-1842 年間，法國哲學家奧古斯特・孔德倡議，對社會的科學研究是可能甚至是必要的。卡爾・馬克思也認為，對社會的客觀的、系統的分析是遲到的，也是當務之急。然而，馬克思沒有打算對此進行專門的社會學的研究，而是通過觀察和分析社會不平等的根源，用歷史的和經濟的視角來解釋現代社會。孔德將科學看作是通往社會變遷之路，而馬克思則指出了社會變遷中政治行動的無可避免。

歷史發展

　　在當時，對社會發展的傳統解釋是一個逐步演進的過程，從狩獵，經過遊牧、放牧和農業社會，再到現代工商業社會。作為一個哲學家，馬克思特別關注社會進步以及工業社會的經濟根源，並建立了他自己關於這一過程的解釋。

　　馬克思主要受到德國哲學家格奧爾格・黑格爾的影響，後者提出了一種歷史發展的辯證觀點：對立雙方的綜合將帶來變遷，其中相互對立的觀念得以和解。馬克思接受了黑格爾的辯證主義框架，然而，他將歷史視為物質條件而非精神的演進，從而擯棄了黑格爾的哲學。馬克思同樣受到法國社會主義思想家的影響，例如讓・雅克・盧梭將「文明社會」不平等的根源歸咎於財產私有觀念的出現。

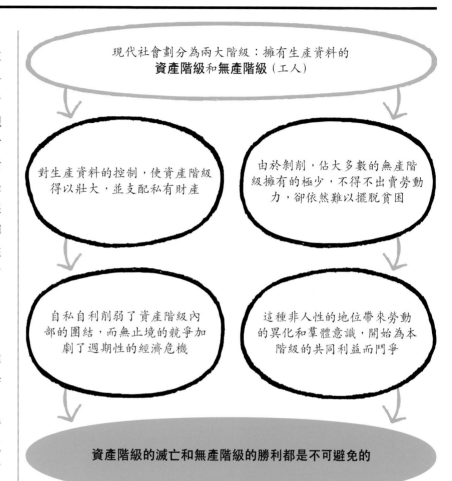

　　馬克思提供了一種分析歷史發展的新的方法。他認為，人類生存的物質條件決定了社會組織的形態，生產力（指用來創造財富的工具和機器）的變革帶來了社會－經濟的變革。「歷史唯物主義」，作為一種解釋歷史發展的視角，被用作解釋由新的經濟生產方式帶來的由封建社會向現代資本主義社會的轉型。在封建社會中，貴族作為由農民或農奴耕種的土地之地主，控制了農業生產力。在機器時代，一個新的階級——資產階級產生，他們是新的生產力的擁有者。隨着技術的推廣，資產階級不斷衝擊貴族的地位，並且帶來社會經濟結構的變遷。封建社會中的對立元素中已經孕育了將取而代之的資本主義社會的種子。

按照生產力的條件和水平，馬克思將人類歷史的發展劃分為五個階段。在馬克思看來，歷史發展的動力在於佔支配地位的生產方式，它形塑了社會中的階級。歷史的發展從人類社會早期共有生產資料，發展到馬克思所處的、擁有兩大階級的資本主義社會。未來也必將朝著無階級的共產主義社會前進。

- 生產力的支配
- 佔人口中的大多數
- 集體所有和支配

無階級的社會
（共產主義——無產階級專政；消滅階級衝突，實現生產資料共有）

資產階級
（資本主義社會中的統治階級）

貴族精英

社會精英

無產階級
（不佔有生產資料的工人）

農民
（少有權利的農民和農業勞動者）

奴隸

無階級的社會
（原始共產主義社會）

| 人類歷史早期 | 古代社會 | 封建社會 | 資本主義社會 | 歷史的終結 |

正如他和弗里德里希・恩格斯在《共產黨宣言》中所描述的，馬克思斷言，「到目前為止的一切社會的歷史都是階級鬥爭的歷史」。封建社會由兩個階級組成：

1917年，卡爾・馬克思關於共產主義革命的預言變為現實；然而，革命並未如他所預言的那樣發生在某個先進的工業國家，而是爆發在沙皇俄國。

地主或貴族和農民或農奴；同樣，現代工業社會也造就了兩個階級：支配生產資料的資產階級和處於勞動地位的無產階級。

階級衝突

在馬克思看來，任何社會中的階級緊張和衝突都是不可避免的。因此，正如封建社會的滅亡，資產階級和資本主義社會也終將被取代。他堅信，無產階級將會推翻現存的社會體制，並實現當家做主。

馬克思認為，物質需求的生產方式決定了資本主義社會結構：資本和勞動的對立。資產階級擁有物質生產力，他們從工人勞動生產的商品的剩餘價值中獲利；另一方面，無產階級一無所有，僅僅靠向資本家出賣勞動力獲得生存。

這種階級關係是剝削性質的，它使得資本家越來越富有，而勞動者則越來越貧困。另外，工人在工廠和磨坊中勞動的非技術性本性導致了「非人化」的感覺和生產過程中的「異化」，而生產過剩帶來的失業風險使這一情況更加惡化。

然而，階級壓迫也提升了無產階級的階級意識——工人階級的聯合可以為爭取共同利益而行動。資本主義與生俱來的自私自利使得資產階級很難聯合起來，同時不斷的生產競爭帶來越來越頻繁的經濟危機。工人階級的團結以及資產階級的衰退終將導致無產階級掌握生產資料，建立一個無階級的社會。

重要貢獻

馬克思對工業社會中資本主義是如何創造出社會－經濟階級的分析並不局限在理論觀念上，它也是用「科學」方法對社會進行分析的最早嘗試之一，以期對現代社會提

供一種完整的經濟、政治和社會的解釋。在這個過程中間，馬克思提供了一些對後來的社會學研究具有重要意義的概念，特別是在社會階級領域，諸如階級衝突和階級意識，剝削和異化的概念。

　　馬克思的思想啟發了無數的革命家，以至於在 20 世紀很長一段時間內，世界上大約有三分之一的人口生活在支持馬克思主義思想的國家裏。但是，並不是所有的人都同意馬克思根據經濟狀況劃分社會階級的做法，以及社會變遷是階級鬥爭的必然結果這一觀點。在馬克思的下一代中，同被視為「現代社會學之父」的埃米爾·迪爾凱姆和馬克斯·韋伯提出了針對馬克思的不同觀點。

　　迪爾凱姆承認工業改變了現代社會，但是他認為是工業化本身，而非資本主義，是社會問題產生的根源。

　　另一方面，韋伯接受馬克思的如下觀點，即贊同階級衝突背後存在經濟原因，但是他又指出，馬克思僅僅依據經濟基礎而將社會劃分為資產階級和無產階級過於簡單。他堅信，除了經濟因素，資本主義的發展同樣有賴於文化的和宗教的因素，決定階層劃分的因素除了經濟地位，還有聲望和權力。

　　儘管在 20 世紀上半葉，馬克思對西方社會學的影響逐漸減弱，「法蘭克福學派」中的社會學家和哲學家 (包括尤爾根·哈貝馬斯、埃里希·弗洛姆、赫伯特·馬爾庫塞) 仍然是馬克思的堅定的追隨者。第二次世界大戰之後，伴隨着冷戰的到來，各種思想更加分化。特別是在美國，各種類型的馬克思主義思想都受到廣泛的質疑，而在歐洲，特別是法國，一批哲學家和社會學家則進一步發展了馬克思的社會思想。

　　今天，新技術又一次改變了我們的世界，同時，人們越來越意識到正在擴大的經濟不平等，一些馬克思的基本觀點開始被社會、經濟和政治的思想家們再次討論。■

馬克思是當之無愧的現代社會學之父，如果有人能配得上這個頭銜的話。

—— 以賽亞·柏林
俄裔英國哲學家 (1909-1997)

卡爾·馬克思

　　作為「社會科學之父」之一，馬克思同時也是一位影響廣泛的經濟學家、政治哲學家和歷史學家。馬克思出生在德國特里爾城的一個律師家庭，在律師父親的堅持下，他在波恩大學 (後來轉學到柏林大學) 學習法律，而不是他更感興趣的哲學和文學。在那裏，他對黑格爾產生濃厚的興趣，並於 1841 年在耶拿大學獲得博士學位。

　　在科隆成為一名記者之後，馬克思來到了巴黎；在那裏，他遇到了弗里德里希·恩格斯，並與之合作，發展了他的經濟的、社會的和政治的思想。1845 年，他們共同創作了《共產黨宣言》。隨着 1848 年歐洲一系列革命的失敗，馬克思遷居倫敦。1881 年，他的妻子去世之後，馬克思的健康每況愈下，兩年之後與世長辭，終年 64 歲。

重要著作

1848 年　《共產黨宣言》

1859 年　《〈政治經濟學批判〉序言》

1867 年　《資本論 (第一卷)》

共同體與社會

費迪南・滕尼斯（1855－1936 年）

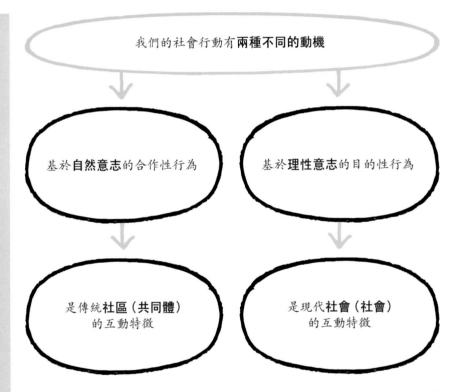

我們的社會行動有**兩種不同的動機**

基於**自然意志**的合作性行為

基於**理性意志**的目的性行為

是傳統**社區（共同體）**的互動特徵

是現代**社會（社會）**的互動特徵

19 世紀末期，一大批社會思想家開始關注現代性的社會意義，特別是資本主義工業社會的發展。其中，埃米利・迪爾凱姆、馬克斯・韋伯以及費迪南・滕尼斯被普遍看作是社會學的三大奠基人。滕尼斯對社會學最重要的貢獻是他在 1887 年出版的《共同體與社會》一書，區分了兩種不同的社會羣體類型。在這本代表作中，他指出傳統農村社區與現代工業社會的區別。在他看來，前者以

參見：亞當・弗格森 21 頁，埃米爾・迪爾凱姆 34~37 頁，馬克斯・韋伯 38~45 頁，阿米塔依・愛茨尼 112~119 頁，齊格蒙特・鮑曼 136~143 頁，卡爾・馬克思 254~259 頁，布萊恩・威爾遜 278~279 頁，米歇爾・馬費索利 291 頁。

共同體為特徵，是基於家庭或其他社會羣體如宗教聯結起來的社區；小規模社區容易產生共同的目標和信仰，他們之間的互動是基於信任和合作。

「意志」的勝利

在現代城市這種大規模的社會中，勞動分工和勞動力流動破壞了傳統聯結。社會或結社取代了共同體；這種社會中的關係更加沒有人情味且膚淺，它奠基於個人的自我利益而非互助。

每個社會羣體中都或多或少地存在着這兩種極端形式的共同體和社會，但是滕尼斯指出，資本主義氣質和競爭導致他所生活的工業社會中結社處於絕對的主導地位。

滕尼斯理論的基礎概念是「意志」——人們行動的動機。他區分了兩種意志：自然意志（Wesen-

從本質上來説，共同體在起源上要早於其成員或主體。

—— 費迪南・滕尼斯

wille）和理性意志（Kürwille）。自然意志表現為基於本能意願、為做某事而做某事，或基於習慣、風俗及道義責任而做某事。這是共同體中社會秩序的潛在動力，為社區並作為社區一員而做的意願。另一方面，理性意志促使我們純粹基於理性、實現某一特定目標而行動；這是大型組織（特別是商業組織）決策背後的意志類型。理性意志是資

本主義城市社會中的重要特徵。

儘管他在政治上的「左傾」傾向，滕尼斯本質上仍被看作是一個保守主義者，他總是在感傷現代性中共同體的喪失，而非倡導社會變遷。儘管他贏得了社會學同事們的尊敬，但他的思想直到很多年後才獲得重視。滕尼斯的理論和方法論為 20 世紀社會學的發展鋪平了道路。韋伯進一步發展了滕尼斯關於社會行動的意願和動機的概念，而迪爾凱姆關於「機械團結」和「有機團結」的思想則是對滕尼斯「共同體與社會」區分的回應。■

費迪南・滕尼斯

費迪南・滕尼斯出生於北弗里斯蘭的石勒蘇益格州（現在的德國石勒蘇益格－荷爾斯泰因州的北弗里斯蘭州）。先後在斯特拉斯堡、耶拿、波恩、萊比錫等大學學習，並最終於 1877 年在圖賓根大學獲得博士學位。

在柏林和倫敦的博士後學習期間，滕尼斯的研究興趣從哲學轉向政治和社會問題。1881 年他在基爾大學取得授課資格，而遺產的繼承使他得以繼續專注於自己的研究。他也是德國社會學會的創始人之一。由於他直

言不諱的政治觀點，直到 1913 年他才在基爾大學獲得教授職位。他對社會民主主義的同情以及對納粹的公開譴責，使他在 1931 年被大學解職。滕尼斯 1934 年逝世，享年 80 歲。

主要作品

1887 年　《共同體與社會》
1926 年　《進步和社會發展》
1931 年　《社會學導論》

社會，就如同人的身體，擁有相互關聯的部分、需要和功能

埃米爾・迪爾凱姆（1858－1917 年）

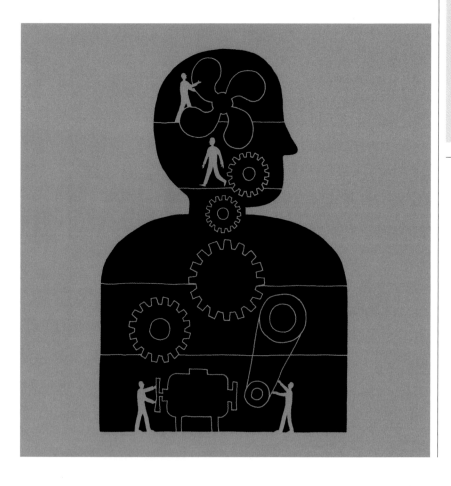

背景介紹

聚焦
功能主義

關鍵時刻

1830-1842 年 在《實證哲學教程》一書中，奧古斯特・孔德提出用科學方法研究社會。

1874-1877 年 在《社會學原理》第 1 卷中，赫伯特・斯賓塞指出，社會是一個不斷進化的「社會有機體」。

1937 年 在《社會行動的結構》一書中，塔爾科特・帕森斯在其行動理論中重新強調功能主義範式。

1949 年 在《社會理論與社會結構》一書中，羅伯特・默頓發展了迪爾凱姆的「失範」概念，用以研究社會的功能失調。

1976 年 在《社會學方法的新規則》一書中，安東尼・吉登斯為結構功能主義提供了另一個替代範式。

直到 19 世紀後半葉，社會學才逐漸從哲學中分離出來，被看作是一門獨立的社會科學學科。當時的學術氛圍意味着，社會學要想成為一門學科，就必須出具其科學依據。

在那些受到哲學訓練，但同時對新知識着迷的學者中，埃米爾・迪爾凱姆堅信，社會學應當遠離宏大理論，關注方法，並通過方法從不同角度去理解現代社會的發展。與卡爾・馬克思和馬克斯・韋伯一道，他被看作是社會學主要奠基

參見：奧古斯特·孔德 22~25 頁，卡爾·馬克思 28~31 頁，馬克斯·韋伯 38~45 頁，傑弗里·亞歷山大 204~209 頁，羅伯特·默頓 262~263 頁，赫伯特·斯賓塞 334 頁。

人類從**同質性**的小型共同體中的聚合進化為**複雜的大型社會**。

↓

在傳統社會中，宗教和文化創造了**集體意識**，帶來團結。

↓

在現代社會，勞動分工帶來日益增長的**專門化**，更多地開始關注**個體**而非**集體**。

↓

現今，**團結**的產生有賴於具有**特定功能**的、**相互依存**的個體。

↓

社會，就如同人的身體，擁有相互關聯的部分、需要和功能。

埃米爾·迪爾凱姆

埃米爾·迪爾凱姆出生在法國東部的埃皮納爾（Épinal），他背離家族傳統，離開希伯來學校尋求一種世俗的職業。他就讀於巴黎高等師範學院，1882 年畢業於哲學專業，當時他在奧古斯特·孔德和赫伯特·斯賓塞的影響下已經對社會科學產生興趣。

接着，迪爾凱姆前往德國學習社會學。1887 年，他返回法國，在波爾多大學教書，並在那裏教授法國第一個社會學課程；後來，他又創立了第一個法國社會科學期刊。1902 年他受聘執教於巴黎大學，1906 年獲得教授職位，並在那裏度過了餘生。一戰期間右翼民族主義政治的崛起使他感到越來越邊緣化；1916 年他的兒子安德烈死於戰場之後，他的健康狀況惡化，並與 1917 年死於中風。

主要作品

1893 年 《社會分工論》
1895 年 《社會學方法的準則》
1897 年 《自殺論》

人之一，迪爾凱姆並不是第一個為這一學科進行科學奠基的學者；他的思想不可避免地受到其他早期思想家的影響。

打造一種科學模式

奧古斯特·孔德已經用他的理論為這一學科奠定基礎，認為對人類社會的研究是自然科學等級體系中的頂峰。並且，由於社會是人類的集合體，在所有的自然科學中生物學是與社會科學的最相近的模式。並不是所有人都同意這一觀點：例如，馬克思的社會學思想基於經濟學而非生物學。然而，查爾斯·達爾文關於物種起源的理論激發了學者們對傳統思想的徹底再思考。英國尤其如此，在那裏，達爾文的工作提供了一種可被運用到其他學科中的有機體進化模式。

在這些學者中，赫伯特·斯賓塞受到達爾文的啓發，作為一個哲學家和生物學家，他將現代社會的發展與不斷進化的有機體聯繫起來：不同組成部分擁有不同功能。他的著作奠定了社會科學中的「有

迪爾凱姆認為，宗教（特別是那些歷史悠久的信仰，如猶太教）是最基本的社會制度，有助於人們產生一種強烈的集體意識。

機體」模式。迪爾凱姆支持斯賓塞關於「不同部分具有不同目的」的功能論以及「社會大於其個體成員總和」的觀點。孔德的「實證主義」（他堅信，只有科學調查才能產生真知識）塑造了迪爾凱姆認為能夠揭示現代社會運作方式的科學方法論。

迪爾凱姆關注作為整體的社會及其制度設置，而非社會中的個體的動機和行動。尤其是，他關注社會聚合的動力以及社會秩序是如何維持的。他宣稱，社會學研究的基礎應當是他所稱的「社會事實」，或「外在於個體的現實」，它可以通過經驗獲得證實。

與其他先驅社會學家一樣，迪

我們的職責到底在於成為一個……完整的自我滿足的人……還是僅只成為整體的一部分、有機體的一個器官？

—— 埃米爾 · 迪爾凱姆

爾凱姆試圖理解和解釋那些塑造現代社會的因素，即那些被稱為「現代性」的各種力量。馬克思將現代性的動力與資本主義聯繫起來，韋伯將其與合理性聯繫起來，而迪爾凱姆則將其與工業化聯繫在一起，特別是由此產生的勞動分工。

功能有機體

迪爾凱姆認為，現代社會與傳統社會的區別在於社會聚合形式的根本變遷；工業化的到來產生了一種新的團結形式。在他的博士論文《社會分工論》中，迪爾凱姆論述了他的關於不同的社會團結形式的理論。

在原始社會中，如捕獵者－採集者群體，個體從事差不多相同的工作；儘管每個人都能自給自足，社會因為個體間共同的目標和經驗以及共同的信仰和價值觀而得以聚合在一起。這種社會中個體的相似性帶來了迪爾凱姆所稱的「集體意識」，這是其社會團結的基礎。

隨着社會規模和複雜性的增長，人們開始發展出更專門化的技能，用相互依賴替代了自力更生。例如，農民依靠鐵匠定馬掌，而鐵匠則依靠農民提供糧食。傳統社會的「機械團結」逐漸被「有機團結」所取代，後者是基於個體間的互補性差異，而非他們之間的相似性。

工業化使勞動分工達到頂峰，社會已經進化為一個複雜的「有機體」；其中，個體承擔各自專門的功能，每一功能對於整體的良好運作來說都是必需的。將社會看成如生物有機體一樣，由具有專門功能的不同部分組成，這種觀點逐漸成為社會學研究中的重要範式，即功能主義。

作為從機械團結進化為有機

團結的動力，迪爾凱姆的「社會事實」——那些不受任何個人意志影響而存在的事實——指的是「動態密度」的增加、人口的增長和集中。雖然對資源的競爭更加激烈，然而，伴隨人口密度增加而來的是人口內部更為頻繁的社會互動，這引發了勞動分工，從而更有效地應對社會需求。

在現代社會，個體之間的有機相互依賴是社會凝聚的基礎。但同時，迪爾凱姆也意識到，快速工業化伴隨而來的勞動分工也會帶來社會問題。特別是由於這種分工是基於人們之間的互補性差異，有機團結將重心從共同體轉移到個體，從而取代了原有的集體意識——那些產生凝聚力的共同信仰和價值觀。沒有那些行動規範，個人變得暈頭轉向，社會變得不穩定。只有在保留機械團結的要素以及社會成員擁有共同目標感的條件下，有機

蜂箱是由勤勞的蜜蜂分工勞動建成的。為了整體的良好運作，蜜蜂和植物環境保持着共生關係。

團結才能起作用。

在迪爾凱姆看來，工業化的速度使現代社會中勞動分工速度過快，以至於社會互動還未充分發展以替代日益遞減的集體意識。個體越來越覺得與社會脫節，特別是機械團結中曾經給予的那種道德指引。迪爾凱姆用「失範」一詞來描述這一集體標準和價值的喪失，以及隨之而來的個體道德淪喪。通過研究不同領域的自殺類型，他揭示了失範在導致個體結束生命的絕望中的重要性。在那些集體信仰較強的社區中（如天主教徒羣體），自殺率比其他地方要低；在迪爾凱姆看來，這也證明了團結對於社會健康的價值。

創立社會學學科

迪爾凱姆的思想完全建立在經驗研究基礎之上，如個案研究和統計數據。他的主要遺產在於，沿着孔德的實證主義傳統，把社會學作為一門學科創立起來；社會科學的研究方法與自然科學並無二致。

然而，迪爾凱姆的實證主義方法也遭到了質疑。自馬克思以來的社會學思想家一直反對將對複雜而又難以預測的人類社會的研究與科學研究等同起來。迪爾凱姆也與當時的知識氛圍背道而馳，他將社會看作一個整體，而非基於個體經驗，後者是韋伯所採用的研究範式的基礎。他關於「社會事實」的概念也遭到抵制，即社會是與個體無關的、客觀的獨立實體。學者也批

社會並不只是個體的簡單加總。相反，由各部分連接而成的系統代表了一個特殊的整體，具有自己獨特的屬性。

—— 埃米爾·迪爾凱姆

評他的客觀範式只解釋社會秩序的基礎，而對改變秩序並未給出甚麼建議。

然而，將社會看作是由互不相同而又相互關聯的部分組成，每一部分都有各自獨特的功能，迪爾凱姆的這一分析有助於將功能主義構建為社會學的一種重要研究範式，並影響了後來的帕森斯和默頓。

迪爾凱姆關於「團結」的解釋是對馬克思和韋伯理論的一種替代，不過功能主義的全盛時期僅只延續到 20 世紀 60 年代。儘管迪爾凱姆的實證主義不再受歡迎，他創立的概念，諸如失範、集體意識（假借「文化」之名），仍在當代社會學中佔有一席之地。■

理性的鐵籠

馬克斯・韋伯（1864–1920 年）

背景介紹

聚焦
理性現代性

關鍵時刻

1845 年 卡爾・馬克思寫成 11 條「關於費爾巴哈的提綱」，提出了歷史唯物主義的觀點，即經濟而非意識是社會發展的動力。

1903 年 德國社會學家喬治・齊美爾在《大都市與精神生活》這本書中，考察現代城市生活對個人的影響。

1937 年 在《社會行動的結構》中，塔爾科特・帕森斯提出了社會行動理論，試圖整合兩種來自韋伯和迪爾凱姆的對立（主觀－客觀）途徑。

1956 年 在《權力精英》中，查爾斯・賴特・米爾斯將一個軍事－商業統治階級的出現看作是理性化的結果。

現代工業社會帶來**技術和經濟進步**

同時也帶來了**理性化的增長和科層制結構**

它們強加了新的控制，限制了個人自由，侵蝕了社區和親屬關係

科層制的效率破壞了傳統人際互動，把人類困在「理性的鐵籠」中。

直到 19 世紀後半葉，德國的經濟增長都是建立在貿易而非生產之上。然而，當它們開始向曾促使英國與法國的城市化的大規模製造業工業轉變後，隨之而來的是迅速而巨大的變化。這在普魯士地區尤為明顯；在那裏，自然資源和軍事組織傳統有助於它在非常短暫的時間裏建成為高效的工業社會。

現代性及其影響在德國還屬於新鮮事，這意味着它還未能發展出一種社會學思想傳統。卡爾・馬克思出生在德國，然而他的社會學和經濟學思想主要得益於他在其他工業社會的經歷。然而，自 19 世紀末，一系列德國思想家開始將注意力轉移到對德國現代社會的研究中。馬克斯・韋伯就是其中一位，他可能也是最有影響的「社會學之父」。韋伯構建社會學的方式與法國的奧古斯特・孔德和埃米爾・迪爾凱姆截然不同，後者主張為社會尋求普遍的「科學法則」（也稱「實證主義」，相信科學有助於建構更好的社會）。

韋伯承認，任何關於社會的研究都應該是嚴謹的；同時，他又指出，不可能做到真正的客觀。他認為，這不是研究社會行為，而是關於社會行動的研究，即社會中的個

參見：奧古斯特‧孔德 22~25 頁，埃米爾‧迪爾凱姆 34~37 頁，查爾斯‧懷特‧米爾斯 46~49 頁，喬治‧齊美爾 104~105 頁，喬治‧瑞澤爾 120~123 頁，馬克斯‧韋伯 220~223 頁，卡爾‧馬克思 254~259 頁，尤爾根‧哈貝馬斯 286~287 頁，塔爾科特‧帕森斯 300~301 頁。

人是如何互動的。這種行動必須是主觀的，必須通過考察行動者賦予其行動的主觀意義來理解。

這種詮釋方法，也被稱為「理解」（Verstehen），與對社會的客觀研究是對立的。迪爾凱姆的方法將社會結構看作一個整體，着重研究其中相互依賴的社會成員的「有機」聯繫，而韋伯試圖研究個體的經驗。

韋伯深受馬克思理論的影響，堅信現代資本主義社會的「非人化」和「異化」。然而，他反對馬克思的唯物主義方法以及對經濟而非文化和觀念的強調，也不同意馬克思關於無產階級革命終將來臨的論斷。相反，韋伯綜合了馬克思和迪爾凱姆的觀點，發展出一套他自己的社會學分析，研究現代性中最普遍的一面：理性化。

「鐵籠子」

在其頗具爭議又廣具盛名的《新教倫理與資本主義精神》一書中，韋伯描述了西方從基於部落風俗或宗教義務的社會向基於經濟成就的日益世俗化的社會演進的過程。

科學和技術的進步帶來了工業化，伴隨而來的資本主義要求基於效率和成本－收益分析（評估成本和收益）的純粹理性決策。資本主

> 我們這個時代的命運，首先是世界的祛魅。
> —— 馬克斯‧韋伯

義發展帶來許多物質利益的同時，也帶來了一系列社會弊病；傳統文化和精神價值被理性化所取代，後者帶來了一種韋伯稱之為「祛魅」的後果，即人類日常生活中那些無

1936 年電影《摩登時代》將查理‧卓別林塑造成了一個受現代性和合理性的「去人性化」影響的流水線工人。

> 這個世界終將有一天除了小齒輪以及做着微不足道的職業卻奮力向上攀爬的微不足道的人以外，將一無所有。
> —— 馬克斯‧韋伯

形的、神秘的方面被冰冷的計算所取代。

韋伯認同知識增長帶來的積極變化，也認同由邏輯決策而非過時的宗教權威的專斷帶來的繁榮。但是，理性化也正在改變社會中的行政體系，不斷強化各類組織中的官僚制結構。普魯士的軍隊效率是新興工業國家的典範，對於在那裏長大的韋伯來說，這種發展非常值得關注。

韋伯認為，在現代工業社會中，官僚制既無可避免也是必需的。正是那種像機器一樣的效率帶來了經濟繁榮，這也同時表明，科層制無論是在範圍還是在強度上的增長都很明顯是不可阻擋的。然而，儘管宗教的沒落意味着人們從非理性的社會規範中解放出來，官僚結構強加了一種新的控制形式，威脅到並可能會扼殺那種促使人們拒絕教條式的宗教權威的個人主義。現代社會中的個人越來越感覺受制於官僚制的僵硬規則，就好像被困在理性化的「鐵籠」中。此外，官僚制還會帶來去人格化的科層組織，用標準化的程序對個人施加影響。

「去人化」

韋伯關注科層制對「工業機器齒輪」上的個人的影響。資本主義向個體許諾了一種技術烏托邦，卻只創造了一種充斥着工作和金錢、受強硬的科層制監管的社會。一個僵硬的、基於規則的社會，不僅

> 成熟的官僚體系與其他組織相比，就如同機器與非機械化生產方式的差別。
>
> —— 馬克斯・韋伯

會限制個人，也會帶來去人化的後果，使人們感到好像任由一個只有邏輯但毫無信仰的系統擺布。理性科層制的權力和權威同樣會影響個體之間的關係和互動，即其社會行動。這些行動不再是基於家庭或社區的紐帶，也不是傳統價值觀和信仰，而是為了達到效率或某種特殊目的。

理性化的首要目標就是提高做事的效率，因此，個人的需求就從屬於組織目標，進而導致個體自主性的喪失。儘管隨着職位越來越細化，人們之間的互相依賴也隨之加深，個人會感到他們在社會中的價值是由其他人而不是他們自己的技能或手藝決定的。追求更好職位、

位於柏林的**德國總理府**是德國政府總部所在地。在那裏工作的公務員構成一個以實施政府政策為目的的官僚體系。

更多金錢或更高社會地位的野心取代了自我完善的需求，重生產力而輕創造力。

　　在韋伯看來，祛魅是現代社會為由科層制理性帶來的物質繁榮所付出的代價。它所帶來的社會變遷很深遠，不僅影響我們的道德體系，還對我們的心理和文化構成產生影響。精神價值的腐蝕意味着社會行動已經變成基於對成本和收益的計算，更多地成為一種行政管理而非道德或社會引導的對象。

社會行動和階級

　　儘管韋伯時常對現代社會的冷漠感到絕望，他並非完全是一個悲觀主義者。官僚制可能難以摧毀，但是正如它們是現代社會的產物，科層制的弊端同樣也可以由現代社會來克服。馬克思則預測，資本主義的剝削和異化將最終導致無產階級革命；韋伯則認為，與資本主義

> 要反抗這種機器，讓一部分人遠離這種官僚式生活的絕對掌控。
> —— 馬克斯・韋伯

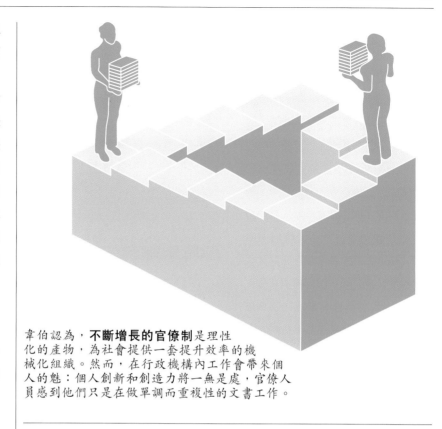

韋伯認為，**不斷增長的官僚制**是理性化的產物，為社會提供一套提升效率的機械化組織。然而，在行政機構內工作會帶來個人的魅：個人創新和創造力將一無是處，官僚人員感到他們只是在做單調而重複性的文書工作。

相比，共產主義可能帶來更深的官僚制控制。因此，他主張，在自由民主社會中，官僚制只應擁有社會成員準備給予它的權威。也即是，由個體的社會行動決定，這些行動是為了改善個體的生活和「生活機會」。

　　正如社會從親屬聯繫和宗教的「克里斯瑪」權威，經過封建社會的家長式權威，發展到現代社會的理性化和官僚制權威，個體行為同樣也從傳統的、基於情感和價值的行動，發展到「工具性行動」——基於對成本和結果的評估的行動，韋伯稱之為理性行動的頂點。此外，他定義了這些社會行動所處的

社會分層的三個基本要素，它們影響着一個人的「生活機會」的不同方面。如同由經濟決定的社會階層，也存在着由其他無形因素（如榮譽和特權）決定的身份階層，或者由政治立場決定的黨派階層。所有這些都有助於個體在社會中建構一個獨一無二的位置。

逐漸獲得認可

　　韋伯的創新性視角形成了20世紀社會學主要研究方法之一。通過引入對個體社會行動的主觀的、詮釋性研究，他在迪爾凱姆的實證主義之外提供了另外一種選擇，指出自然科學的方法論並不適合研究

社會科學；同時，對於馬克思的唯物論，韋伯更多地強調觀念和文化而非經濟因素的重要性。

儘管他的思想在其他德國同輩（如維爾納・桑巴特和喬治・齊美爾）當中影響頗大，但他的那些思想並未被廣泛接受。在韋伯的有生之年，他被看作是歷史學家和經濟學家，而非社會學家，直到多年之後他的著作才受到應有的重視。他的大多數著作都是在其死後出版的，並且很少被翻譯成英文。20 世紀初的社會學家們反感韋伯的分析路徑，他們更致力於將社會學建設成為一門科學。韋伯主觀理解（Verstenhen）的概念以及對個體經驗而非社會整體的關注，被認為缺乏一定的嚴謹性和客觀性。另

弗蘭茲・卡夫卡，被看作是當代韋伯，其作品描述一種烏托邦式的官僚制，關注韋伯式的主題，包括非人化和匿名性。

> 沒有人知道未來誰會生活在鐵籠中，也無法預知未來是否會有傳統思想和理想的偉大復蘇。
>
> —— 馬克斯・韋伯

外，還有一些批評，特別是那些堅定的馬克思主義的經濟決定論者，質疑韋伯關於西方資本主義演進的解釋。

然而，隨着迪爾凱姆實證主義影響的衰落，韋伯的思想開始被廣為接受。例如，韋伯對位於德國法蘭克福的歌德大學名為法蘭克福學派的批判理論具有影響。這些學者認為，傳統馬克思主義理論不能完全解釋西方資本主義社會的發展，因此應當考慮用韋伯的反實證主義社會學路徑以及他對理性化的分析。在逃離納粹的過程中，法蘭克福學派的成員將這些思想帶到了美國，在那裏，韋伯的思想受到極大的歡迎，並且在第二次世界大戰結束後的一段時期內韋伯的思想最具影響力。尤其是，美國社會學家塔爾科特・帕森斯試圖將韋伯的思想與當時由迪爾凱姆開創的、社會學主流的實證主義傳統調和起來，

並將其整合進他自己的理論之中。帕森斯還努力在美國社會學界推廣韋伯及其思想，查爾斯・懷特・米爾斯和海因里希・格特在 1946 年，通過他們的翻譯和評論將韋伯最重要的作品引入到英語世界，並引起關注。懷特米爾斯尤其受到韋伯關於現代性的「鐵籠」思想的影響，並在他自己關於社會結構的分析中發展了這一理論，他認為韋伯的思想所具有的意義遠比以前人們所理解的要深遠得多。

理性化走向全球

到 20 世紀 60 年代，韋伯已經成為社會學中的主流，他的解釋範式幾乎取代了自迪爾凱姆以來一直主宰社會學的實證主義。在 20 世紀的最後幾十年中，韋伯對個體的社會行動的強調，以及他們跟理性化現代社會中權力的關係，為當代社會學奠定了研究框架。

近年來，社會學家（諸如英國理論家安東尼・吉登斯）關注了迪爾凱姆與韋伯之間的對立，前者將社會看作一個整體，後者則將個體作為基本的分析單位。吉登斯指出，這兩種研究路徑都不是全對或全錯，而是展示了兩種不同研究視角 —— 宏觀和微觀。韋伯思想的另外一個方面 —— 相對於經濟條件，文化和思想對於形塑社會結構更顯著 —— 被英國思想學派所接受，產生了後來的文化研究。

在半導體製造工廠中，工人必須戴著口罩並穿上「兔子外套」，這些工作條件本身就是理性化和被窒息的人類互動的可視症狀。

韋伯和馬克思

從許多方面來說，韋伯的分析比馬克思的分析更具有預見性。他不認同馬克思關於歷史變遷的不可阻擋性的解釋，韋伯預測，理性化使得資本主義經濟終將戰勝傳統模式，並獲得全球勝利。他同樣預測，現代技術社會將越來越依賴有效的官僚制；任何問題都不在於結構，而在於管理和能力：過度僵硬的官僚制反過來將會削弱而非增強效率。

更重要的是，韋伯意識到，唯物主義和理性化創造了一個毫無靈魂的「鐵籠」，如果不加以控制，將會導致暴政。馬克思預見了無產階級的解放以及烏托邦式的共產主義國家的建立；而韋伯則認為，

在現代工業社會中，所有人的生活——包括僱主和僱傭工人——都受到非人的、組織效率與個體需要和願望之間矛盾的影響。在最近幾十年中，這一預言已經成為現實，經濟的「理性計算」已經帶來超級市場和購物商城對專營店的擠佔，以及製造業和文職工作在世界範圍內從西方國家向低收入國家的轉移。在許多情況下，個體的願望和需求已經被理性化的鐵籠抑制了。■

馬克斯·韋伯

馬克斯·韋伯，和卡爾·馬克思以及埃米爾·迪爾凱姆一起，並稱為社會學三大奠基人之一。他出生在德國埃爾富特市的一個中產階級知識分子家庭，於 1888 年獲得博士學位，並在柏林、弗萊堡、海德堡等大學中獲得教職。他關於經濟、歷史、政治、宗教以及哲學等方面的豐富知識，為其社會學思想的形成和發展提供了豐富的養分。

儘管韋伯的學術成就斐然，他的私人生活卻一直麻煩重重，1897 年隨着他父親的逝世，韋伯陷入精神崩潰。他關於資本主義興起過程中宗教的精彩分析一直是社會學的經典。

主要作品

1904-1905 年 《新教倫理與資本主義精神》

1919-1920 年 《經濟通史》

1920-1922 年 《經濟與社會：詮釋社會學大綱》

許多個人困惑必須從公共議題的角度來理解

查爾斯·懷特·米爾斯（1916－1962 年）

背景介紹

聚焦
社會學的想像力

關鍵時刻

1848 年 在《共產黨宣言》中，卡爾·馬克思和弗里德里希·恩格斯運用階級鬥爭的概念，將資本主義社會描述成資產階級和無產階級之間的衝突。

1899 年 在《有閒階級論》中，托斯丹·凡勃倫指出，工商業階級以社會進步或社會福利為代價追求利潤。

1904-1905 年 在《新教倫理與資本主義精神》中，馬克斯·韋伯描述了一個按照階級、身份和權力分層的社會。

1975 年 米歇爾·福柯在《規訓與懲罰》中，考察了權力和反抗。

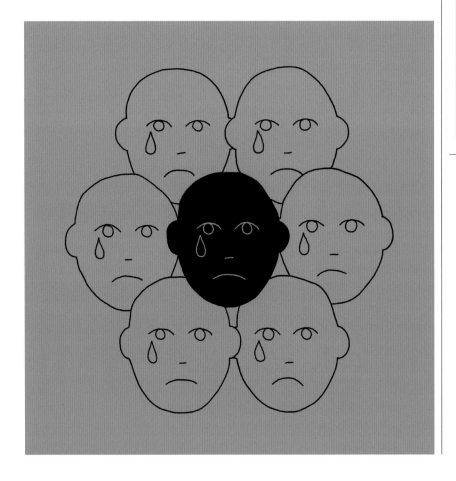

在第二次世界大戰結束之後的冷戰期間，很少有美國社會學家公開使用社會主義的觀點，特別是在以麥卡錫主義聞名的反共產主義政治迫害期間。然而，查爾斯·懷特·米爾斯與這一趨勢背道而馳，他在其最具盛名的著作中批判了同時代的軍事和商業精英。

懷特·米爾斯不僅冒着與 20 世紀四五十年代的「紅色恐怖」時代相悖的風險，同時也面臨主流社會學家的排斥。然而，他並不是馬

參見：卡爾・馬克思 28~31 頁，馬克斯・韋伯 38~45 頁，米歇爾・福柯 52~55 頁，弗里德里希・恩格斯 66~67 頁，理查德・桑內特 84~87 頁，赫伯特・馬爾庫塞 182~187 頁，托斯丹・凡勃倫 214~219 頁。

許多個人困惑必須從公共議題的角度來理解

但是普通人並不會**把他們自己的困惑與整個社會的問題聯繫起來**

運用「**社會學的想像力**」建立這種聯繫，通過解決社會問題來改變**個體生活**

社會科學家有**道德責任**運用他們所掌握的知識去客觀地揭示個體和社會的關係。

克思主義的辯護者，相反，通過對現代性的後果的批判，他指出，正是知識分子們的自滿默許了「大眾社會」的壓迫。

懷特・米爾斯特立獨行的姿態掩蓋了其深層思想基礎。他曾經是一名優秀的、不屈不撓的社會學學生，尤其崇尚馬克斯・韋伯的著作，後者關於理性化的概念給他主要的社會理論主題帶來了啟發。

非人化社會

在韋伯看來，現代社會用理性決策取代傳統習俗和價值觀，這是一個非人化的過程，不僅影響文化，還影響社會結構。他指出，理性社會組織未必建基於合理性或者為了所有人的福利。相對於馬克思的簡單經濟決定論，韋伯也為米

爾斯提供了一套更為複雜的階級概念，引入身份、權力以及財富這三個要素。

在徹底通讀完韋伯的理論，並堅信這些理論應該比以前人們認為的更為激進之後，米爾斯開始試圖把韋伯的思想融入自己對 20 世紀中期西方社會的理性化後果的分析中。

他首先將焦點集中於美國的工人階級，批判工人組織與資產階級的合作，認為這會帶來持續的壓迫。但是，他不是以馬克思主義立場來批評資本主義。他認為，馬克思主義沒能指出與商業統治相關的社會和文化問題。

接著，他考察了理性化最明顯的產物：官僚中產階級。他指出，由於生產過程中的異化，20 世紀

中期美國社會的中產階級已經脫離傳統價值觀，如對手工技術的自豪，在日益合理化的過程中變得非人化。在他看來，他們現在是「快樂的機器人」——在物質世界中尋找快樂，但卻在知性、政治以及社會方面無比冷漠——對他們自身的處境毫無控制力。

讓每個人成為自己的方法論者，讓每個人成為自己的理論家。

——查爾斯・懷特・米爾斯

在美國底特律，汽車製造廠破產給城市帶來毀滅；然而，許多工人並沒有把他們的貧困與權力精英（包括工會領袖）的所作所為聯繫起來。

工人階級的失敗、中產階級的無能，導致社會被權力精英所控制。他強調，這不一定全是經濟精英，同時也包括軍事、政治精英以及工會領袖。雖然半個世紀之前，韋伯就指出理性化意味着商業精英處於決策地位，米爾斯認為一個新的、軍事－工業統治階級已經產生。他堅信，這是一個標誌着從現代社會進入他所稱為「第四紀元」的轉捩點。理性化，曾經被認為帶來自由和社會進步，如今已日益凸顯其反面效果。

在掌控社會變遷方面的無力感，不僅僅是自由民主社會可能要面臨的問題，也同樣存在於一些共產主義國家中，在那裏，馬克思主義已經被證明同樣不能提供取得

> 要想理解個體生活或社會歷史二者中的任何一個，就必須同時理解它們。
>
> —— 查爾斯・懷特・米爾斯

控制的手段，根據懷特・米爾斯的觀點，問題的核心在於「大眾社會」中的普通人沒有意識到他們的生活是受政治和社會權力之集中的影響的。他們照舊生活，並沒有意識到他們周圍的一切與更廣的社會環境聯繫在一起。每個人的困難如失業、無家可歸或欠債等仍然被看作是個人問題，而非從歷史變遷的角度來理解。正如懷特・米爾斯所言，「他們不具有某些重要的思想品質，這些品質是掌握人與社會、傳記與歷史以及自我與世界的關鍵」—— 他稱這種品質為「社會學的想像力」。

權力精英的出現歸咎於社會學想像力的缺乏。在 1959 年出版的《社會學的想像力》一書中，懷特・米爾斯將研究視野從社會轉移到社會學和社會科學本身。對於普通人來說，讓他們從更大的社會議題方面思考自己的困境是一件困難的事

情，這就需要社會學家們去啓蒙、激發以及指導他們 —— 提供必要的知識和信息。

應該是甚麼？

懷特・米爾斯對這一時期的學院派社會學持高度批評的態度，認為這一流派遠離日常經驗，過多地關注建構「宏大理論」，而忽略了社會變遷。米爾斯從實用主義出發，認為知識應當是有用的，社會學家的道德責任應首當其衝，做出表率。他呼籲，思想家們是時候走出象牙塔了，為公眾建構更好的社會提供武器，並且鼓勵公眾參與政治和社會議題，進而改變他們的個人生活。

他對於社會科學的攻擊引發了對於「社會學究竟是甚麼」這一概念的討論。在當時，社會科學家努力成為一個中立的觀察者，客觀地描述和分析社會、政治和經濟

體系。但是，米爾斯呼籲他們也要關注理性化以及精英社會控制的轉變，在個體層面上對人們的影響。對「社會學想像力」的採納，意味着社會學從客觀地研究「是甚麼」轉移到對「應該是甚麼」的主觀回答。他主張，權力應該有效地轉移到知識精英的手中。

開創性精神

並不奇怪，米爾斯對社會學的批評遭到抵制，他也被孤立在主流之外。他對階級鬥爭可變性的解釋也遭受摒棄。保守當局也避開他，拒絕他關於權力集中在軍事、經濟和政治精英手中的論斷，認為這是對西方冷戰政策的一種直接攻擊。

然而，懷特·米爾斯的書籍和文章仍被廣泛傳閱，並在社會科學領域之外獲得較大影響力。麥卡錫主義時期湧現的哲學家和政治活動家尤其對權力精英的描述感興趣。他的許多思想被美國「新左

人們可以將失業問題歸咎於自己。但是，根據懷特·米爾斯的觀點，社會學的想像力會促使人們尋找更廣泛的原因和影響。

派」（1960 年，懷特·米爾斯的〈致新左派的一封信〉使這一詞流行起來）社會運動所採納，這反過來為社會學家（諸如德國學者赫伯特·馬爾庫塞）在 20 世紀 60 年代採用新左派主義路徑鋪平了道路。從許多方面來講，米爾斯的思想都是超前於當時的時代；1962 年他的英年早逝意味着，他沒能親眼見證其主要思想後來被人們廣為接受。在 20 世紀 60 年代的反文化浪潮中，

他的思想預示了新社會主義思想家的出現，特別是在法國。米歇爾·福柯對於權力概念的強調與懷特·米爾斯最先提出的觀點尤其驚人相似。

當今，所謂的反恐戰爭（美國「9·11」襲擊的災後衍生物）以及 21 世紀初期的災難性金融危機，使我們越來越意識到，我們大部分的日常生活都會受到社會和歷史事件的影響。美國城市政策分析家彼得·德賴爾（Peter Dreier）教授在 2012 年宣稱，懷特·米爾斯如果還活着，他一定會愛上美國的那場反對社會和經濟不平等的「佔領華爾街」運動。在尋求社會變遷的運動中，公眾反對權力精英，認為這些精英控制社會，影響了公眾生活，由此社會學的想像力得以付諸實踐。■

查爾斯·懷特·米爾斯

查爾斯·懷特·米爾斯具有極強的獨立性以及批判權威的立場，他將他的非傳統態度歸因於其孤立並孤獨的童年，因為他的家庭總是頻繁搬家。他出生在美國德克薩斯州瓦科（Waco）市，最初進入德州農業機械學院學習，但是發現那裏的環境令人窒息，一年後離開了那裏。米爾斯轉到了位於奧斯丁的德州大學，獲得社會學學士和哲學碩士學位。作為一名頗具天賦又困難多多的學生，他進入威斯康星大學繼續攻讀博士學位。在那裏，他與教授們爭吵，並拒絕修改自己的博士論文。然而最終，他在 1942 年獲得了博士學位。此時，他已經在馬里蘭大學獲得教職，並與他的一位論文導師漢斯·格斯（Hans Gerth）一起，撰寫了《馬克斯·韋伯以來：社會學論文集》一書。

1945 年，懷特·米爾斯獲得古根海姆獎學金（Guggenheim Fellow-ship），他搬到哥倫比亞大學，並終身在此工作。儘管對社會科學界的直率批評將他置於主流之外，但他在社會大眾中仍廣受歡迎。1962 年他因心臟病發作逝世，年僅 45 歲。

主要作品

1948 年 《權力的新人：美國勞工領袖》

1956 年 《權力精英》

1959 年 《社會學的想像力》

像關注重大事件一樣關注平凡的日常活動

哈羅德·加芬克爾（1917－2011 年）

背景介紹

聚焦
常人方法學

關鍵時刻

1895 年 在《社會學方法的準則》一書中，埃米爾·迪爾凱姆主張用嚴格的科學方法來研究社會科學。

1921-1922 年 《經濟與社會》在馬克斯·韋伯逝世後出版，在書中，他闡述了其方法論上的個人主義。

1937 年 在《社會行動的結構》一書中，塔爾科特·帕森斯試圖建構一個宏大的、統一的社會理論體系。

1967 年 哈羅德·加芬克爾出版《常人方法學研究》一書。

1976 年 在《社會學方法的新規則》一書中，安東尼·吉登斯將加芬克爾的常人方法學整合到主流社會學中。

社會結構並不是由一套有限的一般規則「**自上而下**」地決定的。

相反，規則是通過我們的日常交換和互動「**自下而上**」建構的。

這些規則可以在我們日常生活的**自發行為**中尋到，而不是在社會結構和設置中發現。

像關注重大事件一樣關注平凡的日常活動。

20 世紀 30 年代，美國社會學家塔爾科特·帕森斯着手整合各種不同的社會學流派，建立一個宏大的、統一的理論體系。在其 1937 年出版的《社會行動的結構》一書中，他整合了來自韋伯、迪爾凱姆以及其他社會學家的觀點，試圖闡釋一套社會學的普遍方法論。在第二次世界大戰後的若干年中，帕森斯的思想為他贏得了一大批支持者。

這批粉絲中就包括哈羅德·加芬克爾，他當時在哈佛大學師從帕森斯。當帕森斯的諸多追隨者被其所謂社會學「宏大理論」所吸引時，加芬克爾重新拾起帕森斯關於考察社會秩序（而非社會變遷）的基礎的觀點，特別是關於研究這一主題的方法的探討。

社會的運作

帕森斯提出了一種「自下而上」而非「自上而下」的路徑來分析社會秩序的基礎。這意味着，要分析社會秩序是如何實現的，我們

參見：埃米爾・迪爾凱姆 34~37 頁，馬克斯・韋伯 38~45 頁，安東尼・吉登斯 148~149 頁，歐文・戈夫曼 190~195 頁，264~269 頁，塔爾科特・帕森斯 300~301 頁。

應該考察微觀層面的互動和交換，而不是社會結構和制度。這一路徑顛覆了傳統社會學研究方法：一直以來，學界都認為應該通過揭示社會潛在規則來預測人類行為。

加芬克爾在此基礎上進一步發展這一思想，提出了一種替代傳統社會學研究的路徑，他稱之為民族方法學。社會秩序的潛在規則建立在人們對不同情境的反應行為中，通過對日常互動的觀察，我們就能看透社會秩序的機制。

新視角

加芬克爾倡導的一種社會實驗方法被稱為「破壞實驗」（breaching experiment）。通過實驗設計，揭示社會規範——正是基於那些可預期的但卻往往被忽視的規範，人們建構了對現實世界的共同理解。打破那些規範——例如，要求學生正式地稱他們的父母為「X 先生」

> 正常來説，我往往先從熟悉的場景開始，然後思考如何製造麻煩。
> —— 哈羅德・加芬克爾

或「X 女士」，或者要求學生在家裏扮演房客的角色——這往往激起人們的惱怒，因為社會秩序的基礎受到挑戰。

民族方法學不僅為社會研究提供了一種可供選擇的方法，它也指出了傳統方法論中的缺陷。在加芬克爾看來，社會研究者從特殊案例中尋找證據用以支持他們的理論，但同時，他們也在用這些理論來解

釋案例——這是一種循環論證。反之，社會科學家應該單獨研究某一特定社會互動，而不是着手建立宏大範式或理論。他把陪審團的審議和排隊稱作是「熟悉的場景」，其中，人們知曉如何以可理解的方式組織行動。他強調，任何社會場景都「可以被看作是一個自組織的，擁有自己獨有的特徵和表象，或者是社會秩序的表現，或者是作為社會秩序存在的證據」。

在 1967 年《民族方法學研究》一書中，加芬克爾詳細闡明了自己的研究路徑。在那個「另類」思想盛行的年代，加芬克爾儘管寫作風格晦澀，但還是吸引了一大批追隨者。他的思想最初受到主流社會學家的排斥，但是到 20 世紀末期，已經獲得廣泛的接受，這或許並非由於其論述作為另類性的方法論，而是因為他的思想為社會秩序研究提供了一種更寬泛的視角。■

哈羅德・加分克爾

哈羅德・加芬克爾出生在美國新澤西州紐瓦克（Newark, New Jersey）市，曾經在紐瓦克大學學習商業和會計，之後在北卡羅來納大學獲得碩士學位。與此同時，他開始他的寫作生涯，短篇故事〈彩色麻煩〉（Color Trouble），入選《1941 年最佳短篇小説》選集。

在結束了二戰期間的非戰鬥人員軍隊服務之後，他來到哈佛大學

師從塔爾科特・帕森斯，並獲得博士學位。他接着在普林斯頓和俄亥俄州立大學任教，直到 1954 年執教於加州大學。加芬克爾於 1987 年退休，但是他作為榮休教授繼續在那裏執教，直到 2011 年逝世。

主要作品

1967 年　《常人方法學研究》
2002 年　《常人方法學綱領》
2008 年　《邁向關於信息的社會學理論》

有序排隊是一種集體協作的、基於個體的組織現象，它基於公共空間中的不言而喻的社會互動規則。

有權力的地方就有反抗

米歇爾·福柯（1926－1984 年）

背景介紹

聚焦
權力 / 反抗

關鍵時刻

1848 年 在《共產黨宣言》中，卡爾·馬克思和弗里德里希·恩格斯描述了資產階級對無產階級的壓迫。

1883 年 在《查拉圖斯特拉如是說》中，弗里德里希·尼采引入了「權力意志」的概念。

1997 年 朱迪斯·巴特勒在《令人興奮的言辭：表演的政治》中，將福柯的權力 / 知識概念與審查制度和仇恨言論聯繫起來。

2000 年 在《帝國》中，意大利馬克思主義社會學家安東尼奧·奈格里和美國學者邁克爾·哈特描述了一種「總體的」帝國主義權力的演變，而唯一的抗爭就是否定。

當人們提到維持社會秩序或帶來社會變革的時候，習慣上總是會想到政治權力或經濟權力。20 世紀 60 年代以前，關於權力的理論通常被分為兩派：統治權力或政府對公民的權力；馬克思主義的資產階級和無產階級的權力鬥爭。然而，這些理論都傾向於聚焦宏觀層面的權力，要麼忽視了社會關係層面上的權力運作，要麼僅僅將其看作是主要權力運作的結果（或僅具次要性）。然而，米歇爾·福柯認為在當今西方自由社會中，這些

參見：卡爾・馬克思 28~31 頁，馬克斯・韋伯 38~45 頁，查爾斯・懷特・米爾斯 46~49 頁，赫伯特・馬爾庫塞 182~187 頁，埃里希・弗羅姆 188 頁，尤爾根・哈貝馬斯 286~287 頁。

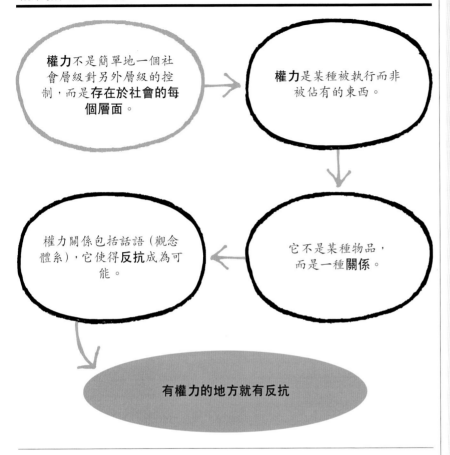

權力不是簡單地一個社會層級對另外層級的控制，而是**存在於社會的每個層面**。

權力是某種被執行而非被佔有的東西。

權力關係包括話語（觀念體系），它使得**反抗**成為可能。

它不是某種物品，而是一種**關係**。

有權力的地方就有反抗

米歇爾・福柯

作為一個在哲學、心理學、政治學、文藝評論以及社會學領域博學多識、影響廣泛的學者，米歇爾・福柯經常與法國的結構主義或後結構主義運動聯繫起來，儘管他自己並不喜歡被如此貼標籤。米歇爾・福柯出生在法國普瓦泰（Poitiers），他曾經在巴黎高等師範學院學習哲學和心理學。20世紀 50 年代，他曾在瑞典、波蘭、德國任教；1959 年獲得博士學位。1966—1968 年他在突尼斯任教；返回巴黎之後他被任命為巴黎第八大學哲學系主任。兩年以後，他在法蘭西學院認識論史系任教授。作為法國首批HIV/AIDS病毒感染者，福柯於 1984年去世。

主要作品

1969 年　《知識考古學》
1975 年　《規訓與懲罰：監獄的誕生》
1976-1984 年　《性史》(共三卷)

方式都過於簡單化了。他認為，權力不僅僅是由國家和資產階級所實施的，權力存在於社會的每個層面：從個體到群體和組織再到社會整體。用他的話說，「權力無處不在，權力無處不有」。他也不贊成傳統觀點中將權力看作被佔有和控制的武器。他認為，這不是權力，而是一種執行權力的能力——只有採取某種行動，權力才會產生。因此，權力不是某人擁有的某種東西，而是某種能影響別人的東西，一種能影響他人行動的行動。

權力關係

福柯將權力看作是一種「關係」，而不是一種「物品」，他通過考察現代社會各個層面上的權力關係來解釋權力的性質。例如，一個人和他所生活的國家之間存在某種權力關係；不僅如此，在他和他的僱主、他的孩子以及他所屬的某個組織之間都存在不同形式的權力關係。

福柯承認，權力曾經並將繼續是塑造社會秩序的主要動力，但他描繪了從中世紀至今權力關係性質

的變遷。「統治」權力的實施，如公開拷打或處決，在福柯看來，這是封建社會強迫臣民服從的一種方式。然而，隨着歐洲啓蒙運動的到來，暴力和武力被看作是殘忍的，更重要的是，它們被看作是權力運作的低效手段。

監視和控制

規訓，作為一種更為普遍的行為控制方式，取代了嚴酷的身體懲罰。監獄、精神病院、醫院以及學校這些機構的設立，標誌着權力從簡單的懲罰轉向權力的規訓實踐：特別是在防止人們出現某種行為方式方面。這些機構不僅杜絕了違規的可能性，它們還為規訓提供了條件：在其中，人們的行為可以被糾正、規範，更重要的是被監視和控制。

在現代社會權力運作方式的演進中，監視尤其重要。福柯尤其着迷「圓形監獄」，一種由英國哲學家傑里米・邊沁提出的監獄設計，站在中央塔樓可以監視到所有囚室。福柯指出，這種監獄具有背光功能，能防止囚犯躲藏在陰暗角落。囚犯永遠都不知道自己是否被監視，因此他們時時刻刻迫使自己循規蹈矩。權力不再是強制他人去遵從，而是通過建立某種機制確保他人服從。

規制行為

從此，權力運作機制，或「權力技術」，變成社會所必不可少的一部分。在現代西方社會，社會規範與其說是強制執行，不如說是通過「牧引權力」（pastoral power）的實施來指引人們的行為。與其讓政府當局強迫人們的某種方式行動，或預防某種行動，人們更傾向於通過加入不同層面的權力關係的複雜體系，規制社會成員的行為。

這種普遍存在的權力取決於社會對其成員的態度、信仰以及行為的控制能力：即福柯稱之為「話語」的思想體系。任何社會的信仰體系

> 福柯在《性史》中警告我們不要妄想一種脫離權力的完全自由。永遠不可能有脫離權力的完全自由。
>
> —— 朱迪斯・巴特勒

都是不斷進化的：人們總是在不斷接受某種觀點，直到這些觀點嵌入其社會中，界定好與壞、正常與異常。生活在這一社會中的個體根據這些規範來規制自己的行為，他們經常並沒有意識到正是這些話語指導了他們的行動，使其他對立的思想和行為成為不可想像的。

話語體系

話語不斷獲得加強，它不僅是

對福柯來説，由邊沁所提出的圓形監獄是權力之眼的最高體現。環形囚室使監視無處不在，引導囚徒遵從自我規訓和控制。福柯指出，除了監獄，所有的等級結構體系（如醫院、工廠、學校）都已經演化為這一相似的模型。

囚徒不知何時被監視。

中央塔樓的監視者密切監視囚犯的活動和行為。

背光的囚室設計，消除了任何囚犯可以躲避監視的死角。

福柯使用牧羊者牧羊的例子類比其「牧引權力」，人們在這種權力之下被引導按照某種方式行動，並允許自己被統治。

權力的工具，也是權力的結果：它控制思想和行為，這又反塑了信仰體系。因為話語定義了對與錯，它變成了一種「真實體系」，創造了無可辯駁的共同知識體系。

　　福柯質疑「知識就是力量」的觀點，認為這兩者的聯繫更微妙。他創造了「權力－知識」這一術語來指代這種關係，指出知識創造權力，同時也被權力創造。當前，權力的實現通過控制那些可以被接受的知識形式，將它們視作真理，排斥其他形式的知識。與此同時，在權力的這一運作過程中，也創造了公認的知識，即話語。

　　與傳統的強迫或威脅他人按照某種既定方式行動的權力不同，這種「權力－知識」沒有直接可辨的行動者或結構。因為它無處不在，它似乎無可阻擋。事實上，福柯指出，政治反抗（如革命）可能不會帶來社會變革，因為它只挑戰政府當局的權力，而不是對今日無處不在的、日常生活中的權力運作的挑戰。

　　然而，福柯也承認，反抗是可能的：可以反抗的是話語本身，即用其他的、對立的話語反抗現存話語體系。權力的共謀性意味着臣服於其下的個體擁有有限的自由。要想將話語變成一種權力工具，臣服於其中的個體必須捲入某種權力關係中；福柯認為，只要存在權力關係，就存在反抗的可能 —— 如果沒有反抗，權力也就沒有存在的必要了。

權力的展開

　　福柯關於「權力－知識」和「話語」的概念是微妙的，因為其推測性和模糊性被當時許多學者拒絕，但是，他的講座和作品卻極受歡迎，儘管其概念和論述風格艱深晦澀。他在《規訓與懲罰》和《性史》中所描述的權力逐漸被主流社會學中的一些學者（歷史學家和哲學家之外）接受，並最終影響到話語作為一種權力工具在社會不同領域中被使用的方式的分析。

　　現代女權主義、酷兒理論以及文化研究的發展要歸功於福柯對於「行為規範是如何被實施的」這一問題的解釋。當下，對於究竟福柯的理論是某種缺乏學術研究的含糊其辭的結論，抑或福柯應該被看作是 20 世紀社會科學領域最具原創性和影響力的思想家之一，在這一點上仍然存在爭議。■

話語可以傳遞和產生權力，還可以增強權力，但是也可以侵蝕和背棄權力。

—— 米歇爾·福柯

性別是沒有原型的模仿

朱迪斯·巴特勒（1956 年－　）

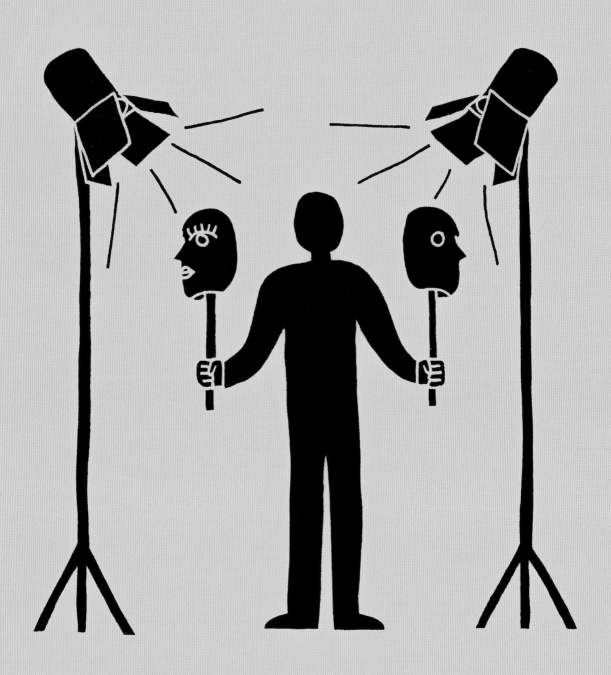

背景介紹

聚焦
性別扮演

關鍵時刻

1905 年 奧地利精神分析學家西格蒙德·弗洛伊德在《性學三論》中描述了嬰兒期性慾的形成。

1951 年 法國精神分析學家雅克·拉康在巴黎開始他的每週研討會，進一步發展了弗洛伊德的「性驅力」和「性行為」思想。

20 世紀 70 年代中期 米歇爾·福柯在《規訓與懲罰》一書中討論了規訓制度；在《性史》一書中討論了性別、權力和性的社會建構。

1996 年 史蒂文·賽德曼在《酷兒理論／社會學》一書中，探討了酷兒理論出現的社會學意涵。

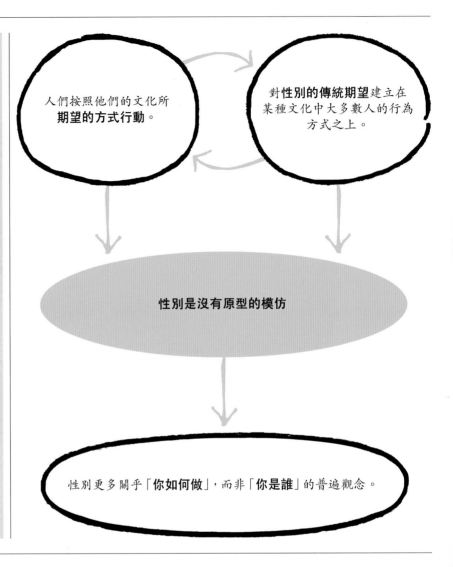

人們按照他們的文化所**期望的方式行動**。

對性別的傳統期望建立在某種文化中大多數人的行為方式之上。

性別是沒有原型的模仿

性別更多關乎「**你如何做**」，而非「**你是誰**」的普遍觀念。

直到第二次世界大戰之後，性別和性才成為社會學研究的主題。自法國女權主義者西蒙娜·德·波伏娃在《第二性》(1949) 中提出「女人不是天生的，而是被造就的」以來，20 世紀 60~80 年代所謂的「第二波」女權主義迅速發展起來。波伏娃認為，性（從生物學上決定一個人是女人還是男人）和性別（決定一個人是女性或男性的社會力量）是有區別的；這為重新評估社會中性別的角色鋪平了道路。它也吹響了隨後數十年女性解放運動的號角。

西方社會對性的態度也被人類學家所重塑，如瑪格麗特·米德。她對南太平洋和東南亞地區部落羣體的研究表明，男性和女性之間的許多行為差異是由文化而非生物性決定的。這些發現在 20 世紀 30 年代剛剛出版面世的時候引起震驚，隨後在戰後一代中變得比較熱門，他們開始將以前的那些禁忌話題 —— 例如亂交和婚外性行為 —— 看作是社會現象而非越軌行為。

挑戰傳統

西方社會研究性傳統的先鋒是米歇爾·福柯，他在 1976 年的《性史》中正面回應了這一問題。貫穿該文的是他關於社會中權力通過強加的社會規範而運作的核心理論，

參見：米歇爾・福柯 52~55 頁，302~303 頁，瑪格麗特・米德 176~177 頁，艾德里安娜・里奇 304~309 頁，傑弗瑞・威克斯 324~325 頁，史蒂文・塞德曼 326~331 頁。

> **性別是一種模仿……被性別化意味着要模仿一個並不真實的典型。**
>
> —— 朱迪斯・巴特勒

特別是性別和性都受到我們所生活的文化的型塑。就如同德・波伏娃將性別議題帶入社會領域，福柯將討論擴展到性取向和整個性行為。

福柯之後的一代人成長在一個性道德寬鬆的時代：20 世紀 60 年代的「自由性愛」，許多國家接受（或至少「非罪行化」）同性戀，以及由婦女解放運動帶來的性解放。

性別身份

作為戰後的「嬰兒潮」一代，朱迪斯・巴特勒進一步發展了這些思想。在接受德・波伏娃的「性別是一種社會建構」主要觀點的同時，巴特勒認為，傳統女權主義忽視了這一概念的更廣含義，而僅僅加強了關於男人和女人的刻板印象。她爭辯道，性別不像男性氣質和女性氣質那樣簡單，性也不單單是同性戀和異性戀。性別和性既不是這種兩級劃分，也不是我們所認為的固定的和一成不變的；它是流動的，覆蓋了整個性別身份的光譜。巴特勒指出，性和性別都是由社會性而非生物性決定的。她的核心觀點是，「性別不關乎一個人是

同性戀驕傲遊行，為反抗迫害同性戀而於 1971 年在美國首次舉行，挑戰了那種將性限制在男性和女性中的觀念。

朱迪斯・巴特勒

20 世紀 90 年代以來，作為女權主義和 LGBTI 問題領域最有影響的人物之一，朱迪斯・巴特勒同樣也是一位傑出的反戰、反資本主義和反種族主義運動的社會活動家。她的父母是俄國和匈牙利猶太人後裔。她在美國耶魯大學就讀，並於 1984 年獲得哲學博士學位。1993 年，在不同大學教過書之後，她在加州大學伯克利分校獲得教職；1998 年她被任命為修辭學與比較文學馬克辛・埃利奧特（Maxine Elliot）教授。其他職位包括國際同性戀人權委員會主席。2012 年，她被授予西奧多・阿多諾獎。巴特勒和她的伴侶、政治理論家溫迪・布朗（Wendy Brown）生活在加州。

主要作品

1990 年 《性別麻煩：女性主義與身份的顛覆》
1993 年 《身體之重：論「性別」的話語界限》
2004 年 《解構性別》

> ……當人們意識到所有的原型都是衍生物時，便會捧腹大笑。
>
> ——朱迪斯·巴特勒

甚麼，而關乎一個人做甚麼……它是一種『行為』而非『存在』。

傳統上，解剖學中的性（女人或男人）被看作是性別（女性或男性）的原因是不同的文化規範附着其上。然而，巴特勒挑戰了這一穩定的、連貫的性別身份觀念。在她看來，是我們所做的事情，我們的「性別行為」決定了我們的性別，甚至我們對生物學中的性的理解。當我們以一種「合乎」性別的方式行動時，我們在模仿基於不同性別行為方式的性別身份規範。我們在扮演一個實際上並不存在的角色；事實上，並不存在關於「女性」或「男性」的原初模板——原型本身就是衍生物。因此，如果一個人生而為女人，她以一種被看作是「女性的」方式行動（例如，渴求一個男性伴侶），就會接受「與男性做愛對女性而言是自然」的事實。

巴特勒認為，是這些「性別行為」——包括衣着、舉止、各種日常活動包括性行為和性伴侶的選擇——決定了我們如何看待自己的性別。甚至是我們使用的語言都加強了社會規範，確保我們以某種方式進行行為。

顛覆性行動

巴特勒指出，關鍵是這種表演行為的不斷重複塑造了性別身份，因此「……行動者自己逐漸相信並將之當成信念來行動」。為了避免這種性別固化模式的限制，巴特勒倡導顛覆，故意以一種有違傳統性別行為的方式來行為。通過她所稱的「性別扮演」，例如穿着異性衣服或男人穿女人的衣服，不僅改變規範，人們對性別甚至是性的認知也獲得改變。巴特勒堅持認為，這不應該僅僅是一種瑣碎的生活方式選擇——我們不可能每天醒來，然後決定今天想當甚麼性別——而是一種真正的行為顛覆，一種性別行為的顛覆，基於一種常規而又持續的重複行為。以這種方式，社會所強加的性規範成為「有問題的」，它是一種基於不存在的狀態的人為強加；所有不同性別身份的

在巴特勒看來，**性別身份**不是一個人本質的一部分，而是行動和行為的產物。正是這些行動和行為的不斷重複——結合社會強加的禁忌——產生了我們所認為的本質上的男性和女性身份。

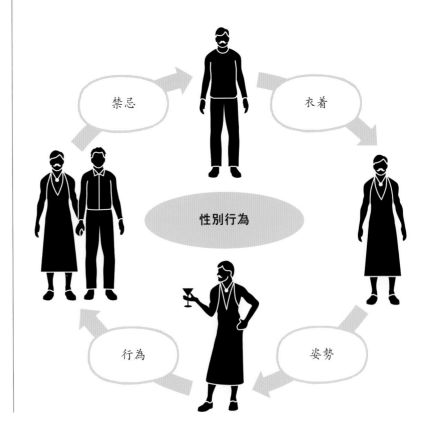

《沙漠妖姬》是 1994 年的一部「邪典電影」（cult maie），它講述了兩個異裝癖皇后和一個變性者的故事。有人認為它僅僅是複製老套；也有人認為它突顯了 LGBTI 問題。

人（異性戀、同性戀、變性人以及其他）都可以主張同等的有效性。

爭議和變革

　　巴特勒對性和性別問題的擴展成為後來所稱的「酷兒理論」的基石。她將討論從傳統關於男性和女性的定義中延伸出來，進入一個更廣泛的性和性別身份光譜中。巴特勒試圖說明：人們的性觀念是如何被社會塑造的，而不是我們本質的一部分。同時，她也是一位政治活動家，她的性別理論背後是福柯的權力思想，以及權力是如何在社會中運作的。某種行為的重複性表演不僅塑造了我們的性別身份，還塑造了我們整個社會和政治面貌。

　　異裝是顛覆性的，它反映模仿結構；通過這一結構，性別本身是被製造的，從而對異性戀的自然正當性提出質疑。

—— 朱迪斯・巴特勒

　　巴特勒認為，通過有意地以一種新的、顛覆式方式而行為，我們得以挑戰現狀的其他方面。

　　巴特勒的觀點受到許多批評，不僅是來自女權主義思想家，如美國學者瑪莎・娜斯鮑姆（Martha Nussbaum）。一些人指出，她忽略了人們在模仿社會性別規範時的自由意志；事實上，那些性別規範經常會被對其感到不舒服的人們所打破。許多後現代思想家的批評集中在，她令人費解的寫作形式掩蓋了一些基本的簡單思想。不過，巴特勒的追隨者越來越多於批評者，她對於性別和性的擴展深深影響了這些領域在社會學中的研究。不管是作為她工作的結果，抑或僅僅是一種當代存在的現象，西方社會對不同性別形式的態度已經越來越自由化。在一些地方，同性夫妻和 LGBTI 問題已經不受爭議地被主流和大眾文化所接受，改變了那些顯示我們個體性別身份的「性別行為」的性質。但是，在那些文化習俗仍然保守、政府野蠻推行保守政策的國家中，那些不遵守刻板性別規範的人的影響力更大，更充分顯示了顛覆的力量。■

SOCIAL INEQUALITIES

社會不平等

哈里特・馬蒂諾指出在美國和英國社會中，**女性、工人階級和黑人遭受不公正待遇。**

↑

19世紀**30**年代和**40**年代

在《共產黨宣言》中，卡爾・馬克思和弗里德里希・恩格斯呼喚進行**社會主義革命。**

↑

1848年

馬克斯・韋伯稱，種族羣體劃分更多地取決於**源於社會的特定世界觀**，而不是生物性差別。

↑

1906年

聯合國大會全體會議通過《世界人權宣言》。

↑

1948年

在《隱蔽的階級傷害》一書中，理查德・桑內特和喬安森・科布考察了**階級意識的負面影響。**

↑

1972年

1845年

↓

弗里德里希・恩格斯在《1844年英國工人階級狀況》中描述了工人所遭受的**壓迫和剝削。**

1903年

↓

W.E.B. 杜博依斯在《黑人的靈魂》一書中描述了針對美國黑人的、社會性建構的**種族偏見。**

1920年

↓

基於財富、社會地位和政治權力，馬克斯・韋伯概述了他關於社會分層的**三階層理論體系。**

1964年

↓

美國民權法案**禁止一切基於種族、膚色、宗教、性別或民族血統的歧視。**

啓蒙運動思想和工業革命的技術創新所帶來的現代性，不僅描繪了一幅經濟繁榮的景象，也期許一個更加公正的社會。在歐洲，至少君主、貴族和教會的絕對權力已經受到挑戰，舊的教條在理性和科學的衝擊下飽受質疑。同時，技術進步使機械化越來越廣泛，創造了新興工業，不僅增加了社會財富，也帶來了改善人們工作生活的希望。

階級意識

然而，隨着現代工業化社會的建立，顯然它並不是曾經被期待的那個烏托邦式的憧憬。直到19世紀，許多思想家開始意識到這一進程是有代價的，一些願景難以實現。現代工業社會已經創造出新的不平等，而不是變得更加公平。

弗里德里希・恩格斯是第一批研究新秩序的學者之一，他看到了在磨坊主和工廠主剝削之下的工人階級的出現。和卡爾・馬克思一起，他將階級壓迫看作是資本主義帶來的結果，並反過來加速和滋養了工業化過程。

馬克思和恩格斯從物質的、經濟的角度看待工業社會的社會問題，將不平等看作是工人階級（無產階級）和資產階級之間的分化。隨後的社會學家也看到了階級體系下社會不平等的加劇，但他們指出社會分層更複雜。例如，馬克斯・韋伯指出，和經濟地位一樣，社會地位和政治身份也同樣重要。階級感知和階級意識的問題成為之後社會學研究不平等的焦點，包括皮埃爾・布迪厄的「慣習」概念。

種族壓迫

恩格斯和馬克思將焦點集中在階級之間的經濟不平等，而其他人意識到並不是只有工人階級遭受了社會不公正。哈里特・馬蒂諾強調了平等權的啓蒙思想和現代社會現實之間的落差。她在美國的經歷、對奴隸制的認識，表明即使是在一

在《街角社會：一個意大利貧民區的社會結構》一書中，以利亞·安德森開始了他關於黑人污名化的研究，以及它與**貧民區**的關係。

1978年

在《東方主義》一書中，愛德華·薩義德挑戰了至今仍在西方世界流行的關於**東方世界**的刻板印象。

在《區隔：品味判斷的社會批判》一書中，皮埃爾·布迪厄將「**慣習**」解釋為對一種社會羣體的歸屬感。

1979年

《英國的貧困》一書中，彼得·湯森認為貧困應該用**相對概念而非絕對概念**來定義。

保羅·吉爾羅伊在《英國的國旗下沒有黑人》一書中指出，民族身份、種族和文化的固定觀念可能**助長種族主義**，應當被拋棄。

1987年

在《父權制的理論化》一書中，希爾維亞·沃爾比討論了一個**父權制社會結構**體系以及婦女在其中遭受的剝削。

1990年

1978年

1979年

在《女權主義理論：從邊緣到中心》一書中，貝爾·胡克斯認為**各種形式的壓迫**——女性、種族和階級——是相**互關聯的**。

1984年

在《性別和權力》一書中，R.W. 康奈爾指出，男性氣質是一種**社會建構**，能加強父權制社會。

1987年

理查德·威爾金森和凱特·皮克特指出，很多事情是受到**社會平等而非財富**的影響。

2009年

個建基於自由理念至上的民主國家，一些羣體如婦女、少數民族和工人階級仍被排斥在改造社會的參與之外。她所指出的各種不同壓迫形式之間的聯繫，在大約 150 年之後貝爾·胡克斯那裏得到了重新討論。

即使是在奴隸制最終被廢除之後，真正的解放也很難實現。對黑人的政治排斥——沒有投票權——在 20 世紀的美國仍然存在。美國和歐洲的黑人仍然面臨着奴隸制和延續至今的歐洲殖民主義的殘餘物——偏見的影響。社會學家諸如 W.E.B. 杜博依斯開始考察白人佔主體的歐洲工業社會中種族羣體的地位，到 20 世紀，研究者開始關注種族和社會不平等之間的聯繫。以利亞·安德森的研究關注黑人以及他們和「貧民區」之間的聯繫；愛德華·薩義德分析西方關於「東方」的負面觀念；而英國社會學家諸如保羅·吉爾羅伊則致力於消除現代多元文化社會中的種族主義。

性別平等

女性同樣也在爭取政治選舉權，但是即使實現這一政治權利之後，她們仍然面臨貫穿整個 20 世紀以至今時今日的父權制社會中的不公正。第一波女權主義運動花了一個多世紀的時間爭取到婦女的選舉權，而始於第二次世界大戰之後不久的第二波女權主義則致力於探討和克服基於性別的各種社會不公正。

希爾維亞·沃爾比指出不僅要看到婦女受壓迫背後的經濟和政治因素，同時還建議對維持社會中父權制結構的社會系統進行全面分析；而 R.W. 康奈爾則指出，關於男子氣概的傳統觀念的盛行——社會建構的各種形式——加強了父權制社會的觀念。■

我譴責資產階級進行的社會謀殺

弗里德里希・恩格斯（1820－1895 年）

背景介紹

聚焦
階級剝削

重要時間

1760 年　「飛梭」織布機改變英國紡織機器，工業革命開始。

1830-1840 年　英國鐵路系統發展迅速，使得人口、產品和資本的流動變得容易。

1844 年　格雷姆的《工廠法》將英國工廠就業的法定最低年齡降至 8 歲。

1848 年　馬克思和恩格斯發表《共產黨宣言》。

1892 年　詹姆斯・凱爾・哈迪是當選的英國第一位工人議員。

1900 年　工黨在英國成立，代表工人和工會的利益。

德國哲學家弗里德里希・恩格斯 1842-1844 年間生活在英國，他直接目睹了工業化給工人及其子女帶來的毀滅性後果。他認為，資產階級或中產階級有意地造成工人「辛勞而悲慘的生活……但是卻對這一狀況毫不關心。」他指出，資產階級一直無視他們是工人早逝的幫兇，他們其實有能力改變這一狀況，因此，恩格斯指責他們的「社會謀殺」。

19 世紀 40 年代，英國被看作世界工廠，處於工業革命的中心。恩格斯觀察到，一場巨大但靜悄悄的轉型改變了整個英國社會。

工業化使商品價格降低，手工

19 世紀 40 年代，在曼徹斯特，**工人階級死亡率**要比「一等階級」的死亡率高出 68%。

↓

資本主義社會中，工人被迫處於**不健康的生活環境**中，**收入無保障，身體和精神的筋疲力盡。**

↓

如果一個社會將人們置於這種境遇中，以至於他們**早逝或非自然死亡**，那這就是謀殺。

↓

我譴責資產階級進行的社會謀殺。

參見：卡爾·馬克思 28~31 頁，彼得·湯森 74 頁，理查德·桑內特 84~87 頁，馬克斯·韋伯 220~223 頁，哈里·布雷弗曼 226~231 頁，羅伯特·布勞納 232~233 頁。

製品相對昂貴因而需求量小，於是工人來到城市，結果卻不得不忍受苛刻的條件和收入無保障的狀況。工業化的資本主義經濟危機不斷，興衰不定，工人失業頻繁。同時，資產階級將工人看作可自由使用的勞動力，他們自己則變得更加富裕。

工業主義的遺產

在恩格斯的第一本書《英國工人階級狀況》中，他描述了在曼徹斯特、倫敦、都柏林以及愛丁堡等地，工人或無產階級可怕的生活狀況，並發現在這些城市中情形基本相同。他描述了遍地尿液和排泄物的、骯髒的大街，瀰漫着來自製革廠的腐爛的動物屍體的惡臭。霍亂時常發生，並伴隨着持續的肺結核和斑疹傷寒症等傳染病。工人被擠在單間棚屋裏，或住在潮濕的、沿着舊水溝而建的地下室中，以節省房主的費用。恩格斯説，他們生活在完全沒有任何清潔和健康而言的環境中——這就是曼徹斯特的真實情況，「英國第二大城市，世界第一製造業城市」。

無產階級被驅使到筋疲力盡，穿着在應對事故或氣候變化方面毫無保護作用的廉價工裝。他們只能買資產階級丟棄的食物，如腐肉、不新鮮的蔬菜、肥皂廠的垃圾「糖」以及混着泥土的可可粉。

當工人失業或沒工資時，即使這種低劣的飲食也難以獲得，許多工人及他們的家庭就開始捱餓；這導致了疾病，即使當工作機會出現時，他們也無法工作。他們無錢治病，很多時候整個家庭都捱餓至死。恩格斯解釋到，工人唯有從資產階級那裏獲得生活所需——健康的生存條件、穩定的就業以及體面的工資——「這些能決定着他們的生與死」。他堅持認為，這一高度剝削性的、擁有資本的階級應該立即採取措施，改善工人近況，停止它對整個社會階層的、不經意的謀殺。■

19 世紀 40 年代，英國工人階級家庭忍受工業資本主義所帶來的社會剝奪、後果嚴重的金融動盪以及可怕的疾病。

弗里德里希·恩格斯

政治理論家和哲學家弗里德里希·恩格斯 1820 年出生在德國。他的父親是一位德國工業家，一直努力讓恩格斯上學並在家族產業中工作。少年時，他以弗里德里希·奧斯瓦爾德的假名發表文章，這使他有機會接觸到左翼思想家羣體。

在英國曼徹斯特的家族工廠工作過短暫時間後，他對共產主義產生興趣。1844 年，他到巴黎旅行，在那裏遇見了卡爾·馬克思，變成了他的同事和資助人。他們共同起草了《共產黨宣言》，並肩戰鬥直到 1883 年馬克思逝世。在那之後，恩格斯完成了《資本論》的第二卷和第三卷，以及他自己的許多著作和文章。

主要作品

1845 年　《英國工人階級狀況》
1848 年　《共產黨宣言》
1884 年　《家庭、私有制和國家的起源》

20 世紀的問題是膚色界線問題

W.E.B. 杜博依斯（1868–1963 年）

背景介紹

聚焦
種族和族羣

關鍵時刻

1857 年 美國首席大法官羅傑·托尼（Roger Taney）否決黑人奴隸德雷德·斯科特（Dred Scott）要求獲得自由的訴訟，認為黑人不能被賦予公民權，故而在法律之下不能獲得同等的保護，因為黑人次於白人。

1906 年 馬克斯·韋伯認為，將不同族羣區分開來的，是共享的觀念和共同的習俗，而非生物學特性。

1954 年 美國「布朗訴托皮卡教育局案」判決，現存的關於黑人和白人孩子就讀學校的「隔離但平等」原則是違憲的。

1964 年 《民權法案》廢除了公共場所的隔離，終止了基於種族、膚色、宗教信仰或性的歧視。

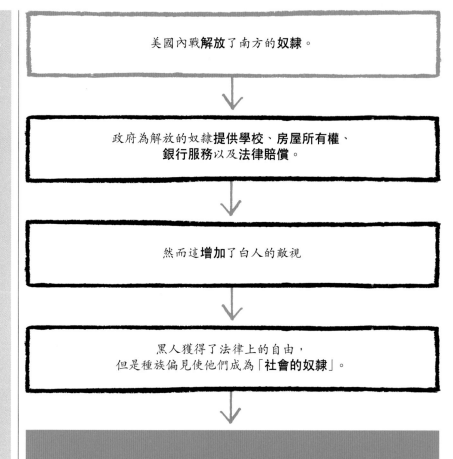

美國內戰**解放**了南方的**奴隸**。

↓

政府為解放的奴隸**提供學校、房屋所有權、銀行服務**以及**法律賠償**。

↓

然而這**增加**了白人的敵視

↓

黑人獲得了法律上的自由，但是種族偏見使他們成為「**社會的奴隸**」。

↓

法律無法趕走偏見：20 世紀持續的問題是膚色界線問題。

19 世紀末期，美國社會改革家、被解放的奴隸弗雷德里克·道格拉斯（Frederick Douglass）促使大家關注美國持續的對黑人的偏見。他宣稱，儘管黑人不再從屬於某個個人，他們仍然是社會的奴隸。走出奴隸制的深淵之後，他說，「他們又面臨着偏見和膚色界線的問題」，在工作場所、投票站、法庭以及日常生活中，白人統治無處不有。

1903 年，W.E.B. 杜博依斯在《黑人的靈魂》一書中，探討了膚色界線的問題。作為一本富有社會學和政治學特色的著作，它從南方黑人和白人之間身體的、經濟的以及政治的關係入手，考察從美國內戰直至 20 世紀早期，美國黑人的地位變化。它總結道：「20 世紀的問題是膚色界線問題」——是黑人和白人之間機會和前景的持續分化。

杜博依斯開篇便指出，沒有白人願意直白地談論種族問題，但是，他們選擇以各種五花八門的方式用行動表達偏見。他們真正想知道的是：「成為一個問題是甚麼感覺？」

杜博依斯發現這個問題難以回答，因為只有站在白人的立場它才有意義——黑人並不將他們自己視為「一個問題」。他接着討論了這種視角的雙重性是如何發生的，

參見：哈里特・馬蒂諾 26~27 頁，保羅・吉爾羅伊 75 頁，愛德華・薩義德 80~81 頁，以利亞・安德森 82~83 頁，貝爾・胡克斯 90~95 頁，斯圖爾特・霍爾 200~201 頁。

並列舉他第一次遭受種族主義歧視的經歷。當杜博依斯還在上小學的時候，一個新同學拒絕接受來自他的賀卡，那個時候「我意識到我跟其他人是不同的」。

他說，在他內心他是喜歡他們的，但是也意識到他被「一個巨大的面紗攔在了他們的世界之外」。最初並不氣餒，他說他覺得沒必要撕下面紗，直到他長大了，發現這個世界上所有最好的機會都留給了白人，而非黑人。膚色界線是存在的，而他站在了沒有權力、機會、尊嚴以及尊重的那一邊。

> 南方的主要悖論——種族的社會隔離。
>
> —— W.E.B. 杜博依斯

認同危機

杜博依斯指出，膚色界線也是內在的。在他看來，黑人同時以兩種不同方式看待他們自己：從白人世界的反映中，帶着輕蔑和憐憫；以及從他們的自我感知，它比較多變和模糊。兩者結合在一起形成了杜博依斯所稱的雙重意識：「一個黑色身體裏的兩個靈魂、兩種思想、兩種矛盾的努力以及兩種交戰的觀念」。

杜博依斯指出，美國黑人的演變歷史正是這一內部衝突的歷史，它本身也是黑人和白人之間的外部的、公開鬥爭的歷史。他建議，黑人應該將這種雙重意識整合起來，尋到一種真正的美國黑人精神；既不是非洲化的美國人，也不是「在白人美國精神潮水中漂白的非洲靈魂」。

美國黑人男性專業人員的自我形象。

社會中許多白人對美國黑人的種族主義刻板印象。

雙重意識是杜博依斯用來描述美國黑人面臨的「二重性」的特殊問題：一方面形成一種自我認知，同時，也關注他人眼中的自我形象。一個青年黑人可能是醫生（上方和右方），但他也會強烈意識到白人社會對黑人男性的刻板印象：危險的和有威脅的，如罪犯或貧民區的黑幫分子（最右方）。

美國內戰中，**尤利賽斯·辛普森·格蘭特**（Ulysses S Grant）和他的將軍們在馬背上前進。1868 年，新黑人選民的投票對格蘭特當選為共和黨總統至關重要。

被解放黑奴事務管理局

黑人是如何變成「問題」的呢？為了試圖解釋這一問題，杜博斯考察了美國奴隸制度的歷史以及內戰的轉捩點。他發現，奴隸制度是始於 1861 年美國內戰的真正原因。當北方聯軍挺進南方的時候，奴隸們紛紛逃出來加入其中。最初，奴隸被歸還給奴隸主，但是後來改變政策，允許黑人參加軍隊。

1863 年，美國宣布黑奴解放，政府建立了被解放黑奴事務管理局（也稱自由民局），為窮困的被解放黑奴（男人、女人和兒童）提供食物、衣物以及其他方面的幫助。然而，該局由一羣軍隊人員管理，他們不擅長應對社會重建。該局也受到任務的艱巨性的影響：當它意識到這會涉及超過 80 萬英畝土地時，將原先由奴隸耕作的種植

> 奴隸制已經消除，但它的影子仍在徘徊並毒害着共和國各地的道德環境。

—— 弗雷德里克·道格拉斯，
美國社會改革家，約 1818-1895

園分配給被解放黑奴的許諾就「消散」了。

該管理局的巨大成就之一是向南部所有兒童提供免費教育。杜博依斯指出，這被看作是一個問題，因為「南方相信，一個受教育的黑人也是一個危險的黑人」。在南方，反對黑人教育根深蒂固。

同時，該管理局在法律事務中也埋下了對立的種子。杜博依斯指出，它利用其職權「頭腳倒置」——換句話説，它一方面支持黑人當事人，另一方面，民事法院經常幫助以前的奴隸主。杜博依斯將白人描述成被管理局「一遍又一遍地差遣、抓獲、關押和懲罰」，而黑人則被憤怒和仇恨的（白）人恐嚇、毆打、強姦以及殺害。

該管理局在 1865 年還建立了一個自由民銀行，試圖解決被解放奴隸的存款問題。這一舉措因當局能力不佳而受到阻礙，最終銀行倒閉，自由民的存款也打了水漂。杜

博依斯説，這已經是最小的損失，因為「信念都沒了，儲蓄的所有這些失去的東西多數是對人的信念；也很遺憾，今天嘲笑黑人無能的國家還從來沒有實現過承諾。」

管理局還建立自由（非奴隸）勞動力和前奴隸所有權體系，確保在法律上認可黑人作為自由民的地位，並建立公立學校。這個管理局最大的缺陷在於它沒有在前奴隸主和前奴隸之間建立一種友好關係，事實上，它增加了彼此的對立。膚色界線仍然存在，不是露骨的表達，而是以一種更尖鋭的方式運行。

和解還是抗爭？

戰後時期被稱為「美國重建時期」，一些剛剛爭取到的黑人權利開始溜走。美國歷史上的標誌性案件（1896 年普萊西訴弗格森案）確認了公共場所種族隔離的合法性，從而在南方確立了一種種族隔離模

式，它一直延續到 1954 年布朗訴托皮卡教育委員會案。現代性帶來的焦慮也刺激了三 K 黨的復興及其本土的白人至上主義，伴隨而來的是種族暴力的上升，包括動用私刑。1895 年美國黑人政治家布克·華盛頓（Booker Washington）發表了《亞特蘭大種族和解聲明》。他認為，黑人應該展現耐心，採用白人中產階級標準，通過自我改善和教育來實現自我提升，展示他們的價值。通過放棄政治權利以換取經濟權利和法律公正，布克·華盛頓認為，社會變遷更可能是一個長期的過程。這一和解的立場成為當時的主流思想。

杜博依斯非常不贊同這一觀點，在《黑人的靈魂》一書中他寫道，黑人並沒有指望一下得到完全的公民權，他們知道人民獲得權利的方式「不是自動扔來的」。杜博依斯曾希望通過社會科學來消除種族主義和種族隔離，不過他後來慢慢相信，政治抗爭是唯一的有效策略。

伸展膚色界線

1949 年，杜博依斯參觀了波蘭華沙的貧民區，那裏三分之二的人口在納粹佔領時期被殺掉，城市中 85% 的地方處於廢墟中。此次參觀讓他震驚不已，讓他有了一種「對黑人問題的更全面的理解」。面對這樣一種絕對的浩劫和毀滅，他認識到這正是種族隔離和暴力的直接後果，杜博依斯重估了他對於膚色界線的分析，並指出這是可能發生在任何文化或族羣中的現象。在他 1952 年為雜誌《猶太人的生活》（*Jewish Life*）縮寫的散文中，他寫道，「黑人和華沙貧民區⋯⋯種族問題⋯⋯跨越膚色界限、體格、信仰和身份地位，它事關人類的仇恨和偏見。」因此，膚色沒有「界線」重要，後者可以在任何羣體和社會中劃出差異並引起敵意。

活動家和學者

杜博依斯是民權組織「全國有色人種協進會」（NAACP）的創始成員之一。他的思想處處與非洲後裔有關；在 20 世紀 20 年代，他幫助在法國巴黎成立泛非洲協會，並在世界各地組織了一系列泛非洲大會。然而，在 20 世紀初寫作關於《黑人的靈魂》時，他指出，實現一個真正的、統一的美國黑人精神的必要條件還沒有達到。

杜博依斯將田野調查的系統方法應用到那些以前被忽視的研究領域。使用實證數據來歸納黑人生活的細節，幫助他驅散廣泛存在的刻板印象。例如，在《費城黑人》（1899）一書中，他收集了大量關於城市生活對美國黑人的影響的材料，並指出犯罪是環境的產物，而不是天生的。他開創性的社會學研究和思想，對後來傑出的民權運動領袖，諸如馬丁·路德·金產生了巨大的影響。杜博依斯被認為是 20 世紀最重要的社會學家之一。∎

W.E.B. 杜博依斯

威廉姆·愛德華·布格哈特·杜博依斯是一位社會學家、歷史學家、哲學家以及政治領袖。內戰結束三年之後，他出生在美國馬薩諸塞州。

高中畢業之後，杜博依斯先後在納什維爾市的菲斯克大學（Fisk Univeri-sity）和德國波恩大學學習；在波恩，他遇見了馬克斯·韋伯。1895 年，他成為第一個在哈佛大學獲得歷史學博士學位的美國黑人。1897—1910 年，他是亞特蘭大大學經濟學和歷史學教授；1934-1944 年，他成為社會學系主任。1961 年，杜博依斯來到非洲加納撰寫《非洲百科全書》，但是兩年後逝世。他著有大量書籍、文章以及散文，創立並編輯過四本期刊。

主要作品：

1903 年　《黑人的靈魂》

1920 年　《黑水：面紗裏的聲音》

1939 年　《黑人的過去和現在》

窮人被排斥在日常生活模式、習俗和活動之外

彼得·湯森（1928－2009 年）

背景介紹

聚焦
相對貧困

關鍵時刻

1776 年 蘇格蘭經濟學家亞當·斯密指出，生活的必需品包括，「無論國家的風俗是甚麼，可信的人（即使是社會中的最底層）如果沒有，都是不適當的。」

1901 年 英國社會學家西伯姆·朗特里（Seebohm Rowntree）出版《貧窮：對城鎮生活的研究》一書。

1979 年 彼得·湯森出版《英國的貧困》一書。

1999 年 英國政府展開「英國貧困和社會排斥」調查。

2013 年 法國經濟學家托馬斯·皮凱蒂出版《21 世紀資本論》，記錄了 20 個國家中的極端收入不平等。

20 世紀初，社會活動家西伯姆·朗特里將貧困定義為一種「總收入不足以獲得維持體能所需的最低必需品」的一種狀態。這種貧困「生存線」定義被政府用來決定一個人的基本需求成本，如食品、房租、燃料以及衣服。

然而，1979 年英國社會學家彼得·湯森指出，不應該用絕對概念來定義「貧困」，而應該用相對剝奪。他指出，每個社會在生活水平、飲食、環境設施，以及人們可以參與的活動類型方面都有平均水平。當個人或家庭缺乏獲得這些物品的資源時，他們就被社會排斥在正常生活之外，同時也處於物質剝奪狀態。其他因素，如沒有技能或健康不佳等，也必須被考慮在內。

湯森是一位傑出的社會活動家以及兒童貧困救助會創始人，他指出，一直存在這樣一種假設：富裕社會中貧困會逐步減少。但是，當他將焦點轉移到社會頂層和底層之間的日益擴大的收入差距上時，他認為：當一個國家越來越富有，而收入分配卻明顯不均時，貧困人口的數量必定會增加。■

英國的**食品發放站**（food banks）近年來面臨着需求的劇增。它們滿足基本需求，但經常包括那些現在看來是人們日常擁有的非必需食品。

參見：卡爾·馬克思 28~31 頁，弗里德里希·恩格斯 66~67 頁，理查德·桑內特 84~87 頁。

英國的國旗下沒有黑人
保羅・吉爾羅伊（1956 年－ ）

背景介紹

聚焦
種族主義

關鍵時刻

18-19 世紀　種族的生物學觀念被用來證明奴隸制和殖民主義的正當性。

20 世紀 40 年代　納粹黨使用「種族」來將政治不平等合理化，並引入「種族純化」的概念。

1950 年　聯合國教科文組織（UNESCO）宣布，「種族」是一個社會神話。

20 世紀 70 年代　米歇爾・福柯認為，種族的生物學觀點及某些關鍵特質，隨着殖民主義而出現。

1981 年　美國社會學家安妮・華生在《種族主義的另一面》一書中，指出防止社會發展為「超越種族主義」的五次黑人運動。

1987 年　保羅・吉爾羅伊出版《英國的國旗下沒有黑人》一書。

在《英國的國旗下沒有黑人》這本書中，英國社會學家保羅・吉爾羅伊聚焦於 20 世紀英國社會的種族主義。他指出，20 世紀 70 年代的時候，英國近乎痴迷地擔心其「民族衰落」，許多人將這歸因於「同質且連續的民族血統的稀釋」——特別是，黑人來到英國。

吉爾羅伊指出，民族的固化觀念，如「英國人」，可能不是故意的種族主義，但它們會產生種族主義的後果。在試圖定義「英國人」的過程中，20 世紀的作家總試圖想像一個白種英國人——黑人是永遠的局外人，因為其「種族」，他們被剝奪了國民資格，他們的忠誠也同樣受到質疑。

吉爾羅伊接受了「種族觀念是一種歷史的和政治的力量」的觀點，認為它僅僅是一種社會建構，一種在社會中創造的概念。當一些社會學家建議我們應該討論「種族性」或「文化」的時候，吉爾羅伊提議説，我們應該摒棄所有這些觀念。他認為，不管我們使用甚麼術語，我們都在把人劃分為不同的羣體，創造了一個關於「天然」種類的錯誤觀念，導致了「他們」和「我們」的對立。

人種學

在吉爾羅伊看來，所有這些討論將我們陷在了他所稱的「人種學」中——一種假設某種類型、偏見、形象和身份的話語。反種族主義者發現他們自己反轉了種族主義思想家的觀點，但卻不能替代所有的種族主義觀念。吉爾羅伊建議，解決方案在於拒絕接受將種族劃分看作是不可避免的、天然的力量，相反，應當發展一種「能力，去想像一個政治、經濟和社會體系，而『種族』在其中則變得沒有意義」。■

參見：米歇爾・福柯 52~55 頁，270~277 頁，W.E.B. 杜博依斯 68~73 頁，以利亞・安德森 82~83 頁，貝爾・胡克斯 90~95 頁，本尼迪克・安德森 202~203 頁。

地位感

皮埃爾・布迪厄（1930－2002 年）

背景介紹

聚焦
慣習

關鍵時刻

1934 年　法國社會學家、人類學家馬塞爾・莫斯的散文〈身體技術〉為皮埃爾・布迪厄重新解釋「慣習」的概念奠定基礎。

1958 年　馬克斯・韋伯指出「那些想融入某一圈子的人可能會表現出一種特定的生活方式」。

1966 年　英國歷史學家 E.P. 湯普森認為，階級是「一種必須總是嵌入於真實的人或真實情境中的關係」。

2003 年　美國文化理論家南茜・弗雷澤（Nancy Fraser）認為資本主義社會有兩套從屬系統交織在一起：階級結構和身份地位。

從馬克思到迪爾凱姆，從韋伯到帕森斯，社會學家們一直渴望找出社會階層體系是如何再生產的，相信它必然結構性地與經濟、財產所有權以及財政資產有關。

但是 20 世紀 70 年代，在《區隔》一書中，皮埃爾・布迪厄指出，這一問題更加複雜：經濟不是決定社會階層的唯一因素，「而是由與其地位通常聯繫在一起的階層慣習來界定的」。這個概念最初出現在 13 世紀意大利神學家托馬

參見：卡爾·馬克思 28~31 頁，埃米爾·迪爾凱姆 34~37 頁，弗里德里希·恩格斯 66~67 頁，理查德·桑內特 84~87 頁，諾貝特·埃利亞斯 180~181 頁，保羅·威爾斯 292~293 頁。

慣習是一套社會性地**內化的**傾向，它昭顯一個人的觀念、**情感以及行動**。

→

它是**個人自我、羣體文化**以及家庭和學校等**社會制度**互動的結果。

↓

在個體的潛意識與他們所處的社會結構之間的相互作用下，慣習**不斷地再生產和演化**。

←

將這些傾向變成行動會**強化**個體和羣體的**慣習**。

斯·阿奎那的討論中，他認為人們想要的或者喜歡的特定東西，以及他們以特定方式而行動，是由於他們把自己視為某一類人：我們每個人都有一種特殊的傾向，或慣習。

然而，布迪厄成功地發展了這一思想。他將「慣習」定義為一套

> **慣習是寫入身體的社會，寫入了生物學上的個人。**

—— 皮埃爾·布迪厄

具體的社會習得的傾向，它引導個人以與其社會階層羣體中其他成員相同的生活方式生活。某一階層內的成員會「知道」甚麼是「做作的」和「俗麗的」；而對階層外的人來說，同樣的東西則被會看作是「漂亮的」或「極好的」。他指出，兒童先後從其家庭、學校以及同輩羣體中習得這些知識，他們向成長中的兒童演示了如何說話、如何行動等。因此，「社會秩序是逐漸地刻印在人們的頭腦中的」。

階層傾向

在 20 世紀 60 年代研究法國的階層劃分時，布迪厄注意到，同一階層的人展示出相似的文化價值。他們知道和珍視的東西、說話的方式、衣服和裝飾物的選擇、對藝術和休閒的看法、娛樂活動等，都是相似的。他指出，法國上流社會喜歡讀詩歌、哲學和政治。他們喜歡去古典或先鋒劇場、博物館以及古典音樂會，他們喜歡露營和登山。

而在工人階級中，布迪厄發現，人們喜歡讀小說和雜誌，賭博，去音樂廳和宴會，以及擁有豪華轎車。選擇是相對有限的，並且不是由花費而是由品味決定。他意識到，屬於某一階層或「階層部分」（子階層）的人具有相似的品位，因為他們共享傾向，或「慣習」。他們往往喜歡或不喜歡同樣的事物。這種共享的慣習給了他們一種地位感，他們「置身於」這個或那個階層。

慣習的建構既不靠個人，也與現存的環境無關 —— 它是主觀心靈和其所處的客觀結構和制度相互作用的結果。一個人出生在某一特

獵狐是一項休閒運動，對一些人來說，因為慣習和傾向，這是很自然的運動，這一傾向使得其他類型的活動（例如卡拉 OK）變得奇怪。

對於某物（如一件藝術品）**發表意見**，使得其他人能夠由此評估講話者的文化資本，推斷他／她的社會階層。

從「類型評判」表現出來；它是關於某物的言論，例如油畫，但卻可以用於對講話人進行歸類。如果一個人感嘆一幅油畫「好」，另一個人則用「過時」；由此，我們並不知道這幅作品是甚麼，但卻能了解到更多關於這兩人及其慣習的信息。人們特意使用這些評判來區分他們自己和周圍的人，建構他們的階層。

除了經濟和文化資本之外，人們還擁有社會資本——通過社會網絡獲得的人力資源（朋友和同事）。這些關係帶來一種共同責任和相互信任，可能會帶來通往權力和影響力之路。

社會資本的觀念可以從社交網站（如 Facebook 和 LinkedIn）的成功中看出來，它們提供了幫助個人增加社會資本的途徑。布迪厄還

定的社會階層羣體中，每個人都被某一特定生活方式所界定，布迪厄稱之為羣體的慣習。每一社會階層羣體都有一種羣體慣習，既定義自我，又把自己與社會其他羣體慣習區分開來。

羣體的慣習也刻入一個人的身體傾向和姿勢中。一個人的社會階層可以從他們走路、說話、發笑、哭泣等方式中辨別出來——從他們所做、所想和所說的一切中尋找蛛絲馬跡。因為人總是在一個特定的羣體慣習中出生和成長，個體往往沒有察覺到，慣習既促成也阻礙他們思考、感知、行動以及與周圍世界互動的方式。

慣習——個體所屬的更大羣體的傾向的表現——使人們能夠明確知道自己屬於哪類人，以及這類人應該如何思考、如何感知以及行為舉止應當如何。

慣習給個體一種特殊的「地位感」，因為他們內化的自我完美地

契合了其外部世界的結構。但是，一旦他們投入其他階層的「場域」（制度或結構），他們就會覺得像「離水之魚」，每一步都無所適從。

資本的形式

布迪厄認為，一個人的慣習是由不同種類和數量的資本（經濟的、文化的和社會的）組成的，他將之重新定義為一個人所擁有的「一套實際可用的資源和權力」。

很簡單，經濟資本指的是貨幣資源和財產。一個人的文化資本是指他們玩「文化遊戲」的能力——熟悉書本、電影和劇場中的信息，知道在特定的情景中如何舉止（例如在晚餐中的恰當舉止和言談），知道該穿甚麼以及如何打扮自己，甚至知道可以瞧不起誰。因為慣習無時無刻不在定義一個人的階層或階層派系，它對於劃定社會秩序就變得至關重要。

布迪厄指出，慣習常常很容易

科學觀察表明，文化需求是培養和教育的結果。

——皮埃爾・布迪厄

看到了階層中的學術資本（智力知識）、語言資本（善於掌控語言，決定誰有權力說話和發表意見）、政治資本（政治世界中的地位）等，都在階級中扮演一定角色。

階層遊戲

馬克思所詳細描繪的階級鬥爭可以用布迪厄的術語在個體層面上展現。他認為，個體在關係（家庭和學校）中成長，然後進入各種社會場所或「場域」（例如制度和社會羣體）中，在那裏，人們表達和不斷再生產着他們的慣習。他們在所進入的場域中是否成功取決於其所擁有的慣習類型以及相應的資本。

每一個場域都有一套反映羣體慣習的規則，在這個意義上，規則對他們來說就是「常識」。人們通過「符號性資本」及其在場域中的價值而被識別。他們的符號性資本代表了他們其他所有形式的資本，體現在聲望名譽、能力以及社會地位中。

討論機會平等的納西爾忘了社會遊戲不是『公平遊戲』。

—— 皮埃爾・布迪厄

在有生之年，人們一直在動用各種不同形式的資本。他們也「制定戰略」，找出相互競爭、提升權力和資本的辦法。這些策略能採取的特定形式是由慣習決定的；然而，大多數人都沒有意識到，在多大程度上他們的行為和選擇是由那些習得的傾向決定的。

變遷的可能

由於布迪厄的文化資本概念主要基於慣習的不斷再生產，而這深植於我們每個人之中，因此他對於社會流動的可能性是比較悲觀的。

然而，場域內的不同力量使慣習的改變變得可能。制度和個人的互動往往加強了現存的觀念，但是，對於一個來自下層社會階層的人來說，通過上「好」學校，也有可能獲得文化資本。這可能會增加他們的經濟資本——接着，他們的孩子可能會上私立學校，得益於經濟和文化資本的增加，獲得不同的慣習。因此，對布迪厄而言，所有形式的資本是相關的：人們將經濟資本轉化為文化和社會資本，以期提升他們的生活機遇。

在過去幾十年中，布迪厄的慣習對社會學中的爭論產生了重要影響。與其他概念相比，它抓住了客觀社會結構和過程如何影響那些看起來獨特的個人傾向。簡言之，慣習將許多傑出思想家的觀點融匯成一個簡潔而通用的概念。■

皮埃爾・布迪厄

1930 年皮埃爾・布迪厄出生在法國西南部的一個小村落，他的父親是個郵遞員，他也是家中獨子。一位老師慧眼識珠，推薦他去巴黎學習。在著名的巴黎高等師範學院的哲學系畢業之後，他在阿爾及利亞解放戰爭期間（1956-1962 年）在阿爾及爾大學（University of Algiers）教書。

在阿爾及利亞期間，他開始民族志研究，並撰寫了他的第一部書《阿爾及利亞的社會學》（1958）。在他回到法國之後，他成為巴黎高等社會科學研究學校的研究主任，開始其社會研究職業生涯。他相信研究應該轉化為行動，並參加了許多反對不平等和統治的政治抗議活動。布迪厄於 2002 年逝世。

主要作品

1979 年 《區隔：品味判斷的社會批判》

1980 年 《實踐的邏輯》

1991 年 《語言與符號權力》

東方是整個東方世界被幽禁其中的舞台

愛德華・薩義德（1935－2003 年）

「**東**方」的概念是由西方殖民國家演化而來的，它是一個政治上危險而文化上存在偏見的概念，繼續散布關於東方世界的西方觀點。愛德華・薩義德在其最為世人所知的《東方主義》(1978) 一書中有力論證了這一觀點。他認為，

東方主義的概念有兩層重要內容：它將東方看作是一個奇異的、野蠻的和落後的同質地區；同時，以一種簡單化、不變的方式建構和固化關於東方的西方觀點。薩義德解釋到，隨着由拿破崙・波拿巴領導的法國軍隊於 1789 年戰勝埃及，現代

歐洲「**專家**」（歷史學家、科學家和語言學家）
從他們自己的角度描繪了「**東方**」的形象。

↓

他們的觀點被進一步簡化成一套**刻板印象和描繪**，
建構和固化了關於「**東方**」和東方人的西方觀點。

↓

點燃和**維持了西方對於東方的恐懼**，
特別是將阿拉伯人看作是**危險的**和「**另類**」。

↓

東方是整個東方世界被幽禁其中的舞台。

參見：米歇爾・福柯 52~55 頁，270~277 頁，W.E.B. 杜博依斯 68~73 頁，保羅・吉爾羅伊 75 頁，以利亞・安德森 82~83 頁，斯圖爾特・霍爾 200~201 頁，本尼迪克・安德森 202~203 頁，斯坦利・科恩 290 頁。

東方主義的觀點便由此誕生。這一征服意義深遠，因為拿破崙不僅帶去了士兵，也帶去了科學家、哲學家和歷史學家。這些專家負責將他們所看到的進行記錄和歸類。他們將自己在「東方」的經驗描繪成一種客觀知識，他們的話語在歐洲獲得了毫無爭議的權威和影響。

定義東方

然而，薩義德指出，他們是透過帝國主義侵略的視角來看待當地居民的。他們將他們自己看作擁有強勢權力的人，因而高人一等。他們在「我們」與「他們」、「西方」和「東方」之間劃了一條想像的線，並將雙方定義為相互對立的。東方人被看作是不理性的、野蠻的、懶惰的以及落後的，而西方人則是理性的、文明的、勤奮工作的以及先進的。由拿破崙的這些所謂「專家」們帶回的報告意味着，東方以一種

高度濃縮的方式呈現在歐洲人面前，西方解釋東方，並按照自己的喜好塑造東方。關於「東方人」的看法被文學家所廣泛塑造和傳播，如洛德・拜倫他以浪漫式風格描寫東方，但是堅持強調東方與西方的固有差異。

持久的恐懼

薩義德認為，問題一直存在，因為這一東方觀念阻礙了西方人對東方的全面認知。相似的人物形象層出不窮：東方被看作是一個充滿神秘異國情調的地方——那裏是獅身人面像、克里奧帕特拉、伊甸園、特洛伊、所多瑪和蛾摩拉、示巴女王、巴比倫以及穆罕默德的故鄉。

在薩義德看來，東方主義是一個被用來理解陌生世界的框架，但同時，它也告訴我們：東方人是不同的和令人恐懼的。在這裏，「阿拉伯人」被看作是暴力極端分子，

1995 年，美國俄克拉荷馬州炸彈事件**遇難者紀念碑**。媒體最初把襲擊推到「穆斯林」和「阿拉伯人」（另類）的頭上，但後來證明是一個白種美國人所為。

西方國家感到有必要保護他們自己不受「另類的滲透」。薩義德認為，尋找一種和平共存的方式是一個挑戰。■

愛德華・薩義德

文化理論家和文學批評家愛德華・薩義德是後殖民主義研究的開創者。出生於英國托管時期巴勒斯坦的西耶路撒冷，他的父親是一位富裕的巴勒斯坦裔美國基督徒，薩義德在黎巴嫩、埃及以及美國的私立國際學校接受教育。後來，他進入普林斯頓大學和哈佛大學學習，並在哥倫比亞大學擔任英國文學教授，在那裏任教直到 2003 年去世。薩義德大量寫作且主題廣泛，包括音樂和巴勒斯坦問題。薩義德說，1967 年以色列和其阿拉伯鄰居之間的「六日戰爭」使他走上政治化道路，從那之後，他成為關注巴勒斯坦問題的重要發聲者。1999 年，他和指揮家丹尼爾・巴倫博伊姆組建了阿拉伯一以色列管弦樂隊，相信音樂能超越政治。

主要作品

1978 年 《東方主義》
1979 年 《巴勒斯坦問題》
1993 年 《文化與帝國主義》

貧民區就是黑人居住區

以利亞‧安德森（1943 年－ ）

背景介紹

聚焦
標誌性貧民區

關鍵時刻

1903 年 W.E.B. 杜博依斯認為
20 世紀的問題是種族界限問題。

20 世紀初 黑人從美國南部農村
移民到各個城市地區。

1920 年 黑人政治領袖馬庫斯‧
加維（Marcus Garvey）在紐約傳統
黑人住宅區哈萊姆區舉辦了一場
國際大會。

20 世紀 60 年代 在美國出現一
種從黑人羣體中逃離的「白人羣
飛」現象，導致「黑人居住區」的
形成。

1972 年 美國通過《平等就業機
會法案》。

1992 年 警察被拍到毆打一名黑
人司機羅德尼‧金，並且之後被
判無罪，激起了美國洛杉磯市的
暴動。

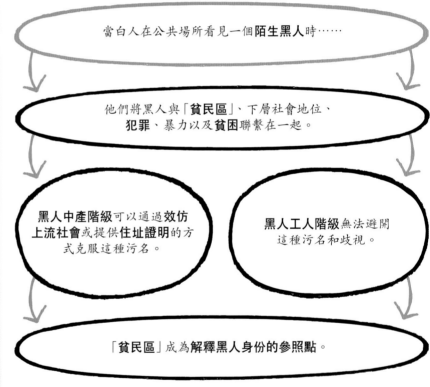

當白人在公共場所看見一個**陌生黑人**時⋯⋯

他們將黑人與「**貧民區**」、下層社會地位、
犯罪、暴力以及**貧困**聯繫在一起。

黑人中產階級可以通過**效仿
上流社會**或提供**住址證明**的方
式克服這種污名。

黑人工人階級無法避開
這種污名和歧視。

「**貧民區**」成為**解釋黑人身份的參照點**。

2012 年，以利亞‧安
德森在《標誌性貧
民區》一書中指出，許多美國人將
貧民區與「黑人居住區」聯繫在一
起。他認為，對這些美國人來說，
貧民區意味着城市中無法治的、貧

困的、毒品泛濫的混亂地區，充斥
着暴力。因此，當他們提到「黑人」
的時候，他們就會給他們扣上不道
德的、有毒癮的、犯罪的「帽子」，
活該受到偏見和歧視。安德森列舉
一個他在「令人愉快的、充斥着上

參見：米歇爾‧福柯 52~55 頁，270~277 頁，W.E.B. 杜博依斯 68~73 頁，保羅‧吉爾羅伊 75 頁，愛德華‧薩義德 80~81 頁。

安德森指出，生活在貧困地區的黑人工人階級常常受到污名和「種族主義的詆毀」。

流社會和中產階級白人度假者的『鱈魚角』小城」度假時遇到的種族主義事件。當安德森在小城中慢跑時，一個中年白人用自己的車堵住路，並對他吼道「滾回家！」困惑了一下，安德森不明白這個男人是甚麼意思，然後他意識到，這是讓他滾回「黑人貧民區」的意思。安德森指出，貧困區制度是一直都存在的，它使很多人理所當然地認為黑人居住的地方最常在貧困區，而不是在中產階級社區。

標誌性身份

在美國，大多數黑人並不是來自貧困區，法律上他們和白人有同等上學和就業的機會。然而，由於「貧民區」已經成為一種標誌性身份，它就像一種思維傾向，所有階層的黑人都發現，在他們想做任何事之前都必須證明他們不是來自貧困區。安德森指出，中產階級黑人通過「說白話」（模仿上流社會和中產階級白人的說話方式），或展示他們卓越的智力、行為和姿勢來證明自己。對待這些侮辱，他們往往是與朋友一笑置之，但是，事實上，這些小事（就如安德森的慢跑插曲）能使人「恍然大悟」，相信他們已經完全融入社會中是一種自欺欺人的幻覺。

反駁「貧民區」

安德森指出，中產階級黑人能通過努力工作來反駁別人的這種「評判」，但是貧困黑人的問題比較難以解決。如果他們確實住在貧民區中，他們如何能將自己從這種種聯繫中剝離呢？黑人工人階級如何能證明他們不是暴力的癮君子，或不管怎樣都不同於社會加注給他們的那些偏見呢？

安德森引用了 2012 年特雷沃恩‧馬丁（Trayvon Martin）槍擊案：這個沒有武器的、無辜的 17 歲男孩被一名社區看守人槍殺，後者稱馬丁看起來「行蹤可疑」。這暴露了這種白人觀念的危險：即認為黑人來自並且應該待在「貧困區」，而不是白人社區。

在安德森看來，「黑人在社會中有一塊特殊的『屬地』（即『貧困區』）」的觀點存在於白人的想像中。儘管黑人存在於所有社會階層和社區中。標誌性貧民區繼續着對黑色皮膚的污名，把他們看作是「危險的局外人」。■

以利亞‧安德森

以利亞‧安德森是美國傑出的城市民族志學者之一。他在第二次世界大戰期間出生自密西西比州的一個種植園。他的父母原先是摘棉花的小佃農，但是在他父親作為一名戰士從歐洲戰場上回來之後，這個家庭發現南方的種族主義變得難以忍受，他們搬去了芝加哥，之後又搬到印第安納，這兩個地方都在美國的北部。

安德森先後在印第安納大學和芝加哥大學學習社會學，在那裏，他關於街角黑人的博士論文出版，成為其第一本著作《角落社會》（1978）。他當選 2002 年美國社會學學會（ASA）副主席，他獲得多個獎項，包括美國社會學學會的考克斯－約翰遜－弗雷澤獎。

主要作品：

1990 年 《浪跡街頭》
1999 年 《街頭法則：舊城區的道德生活》
2012 年 《標誌性貧民區》

黑人被看作是危險的局外人，除非他證明自己值得信任。

—— 以利亞‧安德森

自由之手段變成了侮辱之根源

理查德・桑內特（1943 年－　）

背景介紹

聚焦
階級不平等

關鍵時刻

1486 年　意大利哲學家喬瓦尼・皮科・德拉・米蘭多拉指出，與動物不同，人類尋求生命的意義和尊嚴。

1841 年　在「論自助」中，美國哲學家和文學家拉爾夫・沃爾多・愛默生認為信賴自我是一種道德驅動力，能夠促使個人塑造自己的命運。

20 世紀 60 年代　法國哲學家讓－保羅・薩特認為，社會中的一些人擁有專制權力，是導致階級社會中資源分配不均的原因。

1989 年　英國學者理查德・霍加特指出，「每十年我們都會宣稱我們已經消滅了階級，而每十年這個棺材都是空的」。

社會學家和經濟學家往往認為階級是與金錢相關的：隨着工人收入的提高和財富的增加，他們將會步入中產階級，不僅享有物質繁榮，還包括自尊感的提升。但是，在美國社會學家理查德・桑內特和喬安森・科布（Jonathan Cobb）的研究中，這一觀點受到了質疑，他們調查了那些步入中產階級的工人羣體所飽受的困擾。

在其 1972 年出版的《隱蔽的階級傷害》一書中，桑內特通過對工人的訪談發現，伴隨日益增長的物質財富和選擇自由而來的是顯

參見：弗里德里希·恩格斯 66~67 頁，W.E.B. 杜博依斯 68~73 頁，皮埃爾·布迪厄 76~79 頁，以利亞·安德森 82~83 頁，喬治·齊美爾 104~105 頁，薩謬·鮑爾斯和赫伯特·金迪斯 288~289 頁，保羅·威爾斯 292~293 頁。

教育被認為是實現個人發展和自由的最佳途徑。

但是受過高等教育的工人階級子弟一方面受到他們同輩羣體的疏離，另一方面又面臨中產階級社會的譏笑。

但是更高的教育只能帶來工作，而這些工作在工人階級看來並不是「真正的工作」。

自由之手段變成了侮辱之根源。

著的自尊危機。為了爭取更大的自由，工人們被要求使用一些「手段」，例如教育，但這給他們帶來疏離感和無能感。

移民與種族主義

為了解釋這一現象，桑內特首先考察了美國工人階級的歷史。在 19 世紀城市化期間，農業工人從小農場來到城鎮和大城市，後者在這股人潮湧入中發展迅速。另外，大部分美國城市都有來自諸如愛爾蘭、意大利、波蘭、希臘等國的歐洲新移民聚居的大量「飛地」。在那裏，他們仍說着自己的語言，享受自己的文化傳統。

20 世紀早期，**移民**從美國紐約的一艘船上**登岸**。這些「外來者」通常被當作廉價勞動力使用，這引來了一些美國公民的敵意。

大量移民的存在使工業資本家很快意識到，非技術工人要比機器生產便宜。因此，他們僱傭大量的移民，用來取代機器生產中那個更昂貴的熟練技術工人。對新移民的仇視開始產生，種族主義開始

抬頭。

一種不同國籍之間的「道德等級」很快受到廣泛認同。西歐人（不包括愛爾蘭人）處在這一等級的頂端，他們被看作是勤奮的、努力工作且充滿技能。然而，在這

成就的金字塔

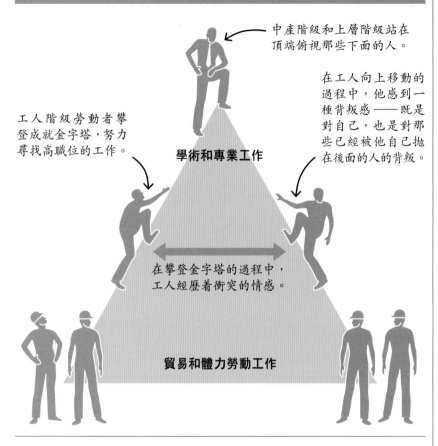

中產階級和上層階級站在頂端俯視那些下面的人。

在工人向上移動的過程中，他感到一種背叛感——既是對自己，也是對那些已經被他自己拋在後面的人的背叛。

工人階級勞動者攀登成就金字塔，努力尋找高職位的工作。

學術和專業工作

在攀登金字塔的過程中，工人經歷着衝突的情感。

貿易和體力勞動工作

一等級的另外一端，桑內特指出，「斯拉夫人、波西米亞人、猶太人以及南歐人……被指責等同於骯髒、神秘和懶惰。」這些新移民發現他們只能指望自己的同胞，種族聚居社區因此發展起來。

然而 20 世紀中期，美國城市經歷的城市重建計劃打破了這種移民社區。移民家庭被整合到更大的社區中，周圍充斥着與他們不同的各種社會價值。在美國社會中，擁有高學歷的「文化」人普遍最受尊重。而那種在「老式社區」中被廣泛讚譽的、誠實又努力工作的人現在則受到輕視，並質疑是無知的和「外來者」。

教育和失敗

桑內特指出，工人階級向成為「文化人」發起挑戰，而教育看起來是通往接受和尊重之路。然而，這裏面存在幾個明顯的問題。首先，對於那些珍視勤奮體力勞動的人來說，中產階級的「筆桿子」工作不算是「真正的工作」。這些工作是沒有價值的，因此，從事這種工作的工人是不應該感到自豪的。

另外，儘管中產階級和上層階級對智力和教育十分崇拜，但是在工人看來，「文化人」沒有做甚麼值得尊重的事情；相反，這些人經常利用他們的特權地位，一面拿着高收入，一面在作弊、撒謊和偷懶。因此，在這種情況下，工人怎麼可能獲得尊嚴和自尊呢？

在桑內特的訪談中，工人們用「受過教育」一詞來代表學校之外的一系列經驗和感受。教育能帶來的地位提升是由於它能帶來理性的增加和個人能力的最佳提升。但是，一個擦鞋童——里沙羅（Rissarro）——變成銀行職員的個案，證明了它在社會部門中的不同運作邏輯。里沙羅相信，上層階級的人們之所以有權力評判他是因為他們的「內在健全」。然而，儘管他也成了一名「專業人士」，他的中產階級同事仍看不起他，他自己也缺少自我肯定，因為他覺得自己做的不是「真正的工作」。他接受社會的訓誡努力「提升自我」，但是他

擁有『正確』價值觀的那些受過高等教育的中產階級，比那些被他們認為比他們低等的人要傑出。

——理查德·桑內特

感覺自己像是個騙子，因為這種不適感而迷茫。他相信唯一的解釋是他一定是哪裏不對勁了。

桑內特指出，工人往往將他們社會融入和獲得尊重的失敗看作是個人的失敗，與社會分工和不平等無關。他引用了詹姆斯的話，一個受過良好教育的移民之子，不管他做甚麼都把自己看作是一個失敗，他說，「如果我真掌握了學校的知識，我應該能夠有所成就」。另一方面，如果他「能鼓起勇氣去闖世界」，找到一份真正的工作，那將會給他帶來真正的尊重。詹姆斯將他不夠自信和沒能「成功」的原因歸咎於其自己。

政治的是個人的

桑內特認為，階級和自我的結合是美國獨有的現象，這與對「個人」的重視是聯繫在一起的。智商測驗和學校成績的優異被認為是改變一個人出生的先賦地位的一種方式——那些真正擁有能力或智慧的人將向上流動。這種對機會平等的信仰是美國夢的核心。

工人階級的孩子並不與來自富裕家庭的孩子擁有相同的機會，那些努力擺脫現狀的人被看作是叛徒。他們被同輩群體所驅除，隨之而來的是自我認同感的喪失。不管是在中學還是大學，對他們來說，自由的手段變成了侮辱的根源，他們被嘲笑不懂規矩，孤陋寡聞。他們的教育成就不僅沒有給他們帶來尊重，反而使他們遭受了周圍中產階級的蔑視，並飽受失敗感和被排斥感。

蘇格蘭裔美國商人安德魯·卡內基認為，工業資本主義的公正在於社會總是會回報那些「有天賦的人」。如果一個人值得擺脫貧困，那麼他（或她）就能成功。然而，如果一個人沒有能力「做到這一點」，那麼他（或她）有甚麼資格去抱怨呢？正如桑內特指出：在精英制度中，如果你失敗了，那是你沒有能力。是失敗還是成功取決於個人能力的差異。這樣一來，階級不平等被工人階級中普遍存在的「個人失敗」所掩蓋了。

《隱蔽的階級傷害》通過對工人階級的微妙且敏銳的研究，揭示了一個從本質上來說是階級固化的問題，社會差異是如何被建構成一個簡單的性格、能力和道德問題的。◾

阿瑟·米勒是一位來自工人階級的、20世紀中期美國最傑出的戲劇大師之一——然而，他飽受美國評論家們的鄙視。

理查德·桑內特

文學作家和社會學家理查德·桑內特出生於美國芝加哥，他的父母都有共產主義信念。他的父親和叔叔作為國際主義者都參加了西班牙內戰。桑內特是在第一批種族混合的公屋計劃中被他的母親帶大的。

桑內特在紐約市茱莉亞音樂學院學習大提琴，然而，1964年的一個腕部手術結束了他的音樂生涯。他在哈佛大學社會學系開始其職業生涯，曾任教於耶魯大學和倫敦政治經濟學院。20世紀70年代，他與作家蘇珊·桑塔格和約瑟夫·布羅茨基一道創立了紐約人文科學研究所。與喬安森·科布一起花費四年時間，著作《隱蔽的階級傷害》，這使他的名字開始廣為人知。他與社會學家薩斯基婭·薩森（Saskia Sassen）結婚。

主要作品

1972年 《階級中隱藏的傷害》
1974年 《公共人的衰落》
2005年 《新資本主義的文化》

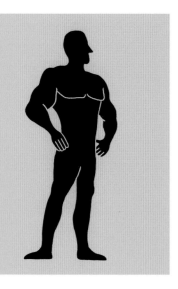

男人對父權制的興趣凝結在霸權式男性氣質中

R.W. 康奈爾（1944 年－ ）

背景介紹

聚焦
霸權式男性氣質

關鍵時刻
20 世紀 30 年代年　意大利社會理論家安東尼奧·葛蘭西使用「霸權」的概念來解釋統治階級的觀點是怎樣成為「常識」的。

1957 年　美國社會學家海倫·海克論述了男性氣質的社會本性。

1985 年　卡里根（Carrigan）、康奈爾和李（Lee）出版《邁向一個新的男性社會學》一書。

1990 年　美國社會學家梅斯納爾和薩博用霸權來解釋體壇事件中的恐同症和暴力。

1993 年　美國社會學家詹姆斯·梅塞斯密特出版《男性氣質和犯罪》一書。

2003 年　日本社會學家石井雅子追蹤了日本社會不同的男性氣質的出現。

父權制是一種權力體系……

↓

……賦予男性權力，使他們能夠統治女人。

霸權男性氣質是一種權力體系……

↓

……將「男性」男人置於那些擁有「女性」特質的男人之上

↓

父權制和霸權男性氣質都將男人置於女人之上。

↓

男人對父權制的興趣凝結在霸權式男性氣質中。

男性氣質經常被認為是一種天生的、生物的狀態，不能夠被改變。但是，R.W. 康奈爾認為，它不是固定不變的，而是一種習得身份：不存在一種無處不在、無時不有的單一男性氣質模式；當談到「成為男人」的意義的時候，我們應該用不同的男性氣質，而不是單一的男性氣質。

在多元文化的社會中，男性氣質也往往擁有多種含義。在某一具體情景中，如學校或工作場所，某

種特定的男性氣質形式則被看作是男人的最佳和最有效表現方式。

這一觀點是康奈爾的霸權式男性氣質概念的背景，他認為：在任何時候或任何地點，不同形式的男性氣質總是會形成一個等級體系。主導形式——即那種理想的男性氣質，那種用來評判其他氣質的標準——就是霸權形式。它將構成「男子氣概」的社會理想型，那些能體現這種男性氣質的極少數男人將是「最受人尊敬的和歡迎的」。

從屬的男性氣質

從屬的或邊緣的男性氣質是指那些偏離規範的形式，具備這些氣質的男人會受到羞辱、排斥以及特權的喪失。當男性角色朝着一種更加「女性的」地位轉變時（如在同性戀中），身份和權力也會相應地喪失。這樣，家長式的地位是與西方社會中的霸權理想型一致的。如果男人能在維持對女人的支配過程中獲得明顯利益，他們對父權制的興趣和投入則是狂熱的——這給了他們社會的、文化的和經濟的控制力。一個男人的男性氣質越靠近霸權理想型，他擁有的權力也就越多。

練習性別

康奈爾指出，歐洲／美國的霸權形式是與那種總是使用暴力來為所欲為的、強大的、好鬥的、冷漠的男人形象的父權制理想型密切聯繫在一起的，並且在全球化的過程中不斷向世界各地擴展。通過奉承那些無情的百萬富翁以及那些體格強健的體育明星，媒體歌頌了這一霸權理想型。

在康奈爾看來，女人是承認男性氣質等級結構的同謀者。她們對

> **大多數男人難以成為家長，但是他們害怕放棄好處。**
>
> ——貝爾·胡克斯

父權制的持續忠誠、浪漫的敍事，以及她們對孩子的性別期望，維持了父權制理想型中的權力，以及與之相關的霸權式男性氣質。在用霸權或等級描述男性氣質的過程中，康奈爾賦予它一種流動性，這意味着有機會去改變它。她認為，建立一個男女平等的男性氣質將會帶來一種積極的霸權。■

在《男人和男孩們》一書中，康奈爾指出，男性氣質定義中對**同性戀慾望的排斥**是現代霸權男性氣質的重要特徵。

R.W. 康奈爾

R.W.康奈爾於 1944 年出生在澳洲，起名為羅伯特·威廉姆（「鮑勃」）·康奈爾。作為一名變性者，康奈爾在其晚年完成了變性手術，起名叫雷溫（Raewyn）。在曼利（Manly）和北悉尼高中畢業後，她繼續在墨爾本大學和悉尼大學深造並獲得學位。

20 世紀 60 年代期間，康奈爾是新左派的社會活動家。1976 年，她獲得新南威爾士的麥考瑞大學（Macquarie University）社會學系的教授職位。儘管她最為人知的是其關於男性氣質的社會建構研究，康奈爾還廣泛地講授和寫作關於貧困、教育以及主流社會科學之外的北半球世界。

主要作品

1987 年 《性別和權力》
1995 年 《男性氣質》
2000 年 《男人和男孩們》

白人女性已經成為這種白人至上的資本主義父權制帝國主義的同謀

貝爾・胡克斯（1952 年－　）

背景介紹

聚焦
女權主義和交叉性

關鍵時刻

1979 年 美國黑人女權主義女同性戀組織「康比何集團」宣稱，有必要關注「連鎖壓迫」存在。

20 世紀 80 年代 美國經濟學家海蒂·哈特曼指出，在馬克思主義女權主義的「不幸婚姻」中，馬克思主義（丈夫）比女權主義（妻子）更具優勢，因為階級戰勝了性別。

1989 年 美國法學教授金伯利·克倫蕭（Kimberlé Crenshaw）使用「交叉性」（intersectionality）來描述種族主義和性別歧視的模式。

2002 年 德國社會學家赫爾瑪·魯茨（Helma Lutz）指出，在權力關係中至少有 14 種分界線，包括年齡、性別、膚色和階級。

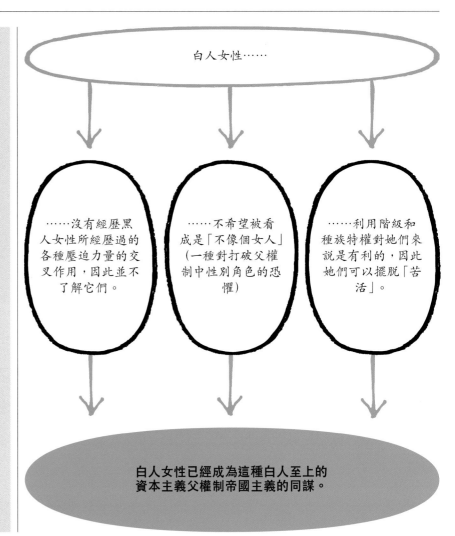

白人女性……

……沒有經歷黑人女性所經歷過的各種壓迫力量的交叉作用，因此並不了解它們。

……不希望被看成是「不像個女人」（一種對打破父權制中性別角色的恐懼）

……利用階級和種族特權對她們來說是有利的，因此她們可以擺脫「苦活」。

白人女性已經成為這種白人至上的資本主義父權制帝國主義的同謀。

與早期女權主義相比，20 世紀 60~80 年代間的「第二波」女權主義代表了一股更強大、更徹底地對男性統治的挑戰。這一波女權主義的議題包括：司法不平等、性傾向、強姦、家庭以及工作場所。

然而，美國女權主義者貝爾·胡克斯批評了 20 世紀 80 年代的女性主義特別代表了白人女性的優越觀點。在 1984 年出版的《女權主義理論：從邊緣到中心》一書中，她指出，把女性強調為「姐妹」掩蓋了她所稱的「資產階級白人女性的機會主義」。

胡克斯稱，情況比第二波女權主義所認為的還要複雜。更糟糕的是，這些女性助長了一個充滿各種壓迫力量的交叉網絡，影響了有色人種工人階級女性的生活：白人女性成為維持白人父權制統治的共謀。

1989 年，美國律師金伯利·克倫蕭將縱橫交錯的壓迫力描述為「交叉性」。她將其比作一個車來車往的十字路口。歧視，就如同交通，以這個或那個方向川流不息。如果發生了交通事故，它可能是因為來自其他方向，甚至是所有方向的車撞在了一起。如果一個黑人女性因為站在「十字路口」而受到傷害，這可能是由於性別歧視或種族歧視，或者二者兼而有之。

作為一名律師，克倫蕭發現，黑人女性在職場中受到的歧視同時基於兩個原因——黑人和女性——但是卻掉入法律的漏洞

參見：哈里特·馬蒂諾 26~27 頁，卡爾·馬克思 28~31 頁，朱迪斯·巴特勒 56~61 頁，弗里德里希·恩格斯 66~67 頁，保羅·吉爾羅伊 75 頁，以利亞·安德森 82~83 頁，R.W. 康奈爾 88~89 頁，克里斯汀·德爾菲 12~17 頁。

胡克斯批評 20 世紀 60~80 年代間的、強調「姐妹」的第二波女權主義是一種機會主義，代表了中產階級白人女性的利益。

中。她們最後一個被僱傭，卻總是第一個被解僱，然而，僱主否認這一點和歧視有關。當案件訴訟至法院時，法官判決她們不是因為其女性性別而遭到解僱，因為其他女性仍在這個公司裏工作。而原因也不會是因為她們的膚色，因為其他黑

很明顯，黑人女性……她們在現有的白人至上資本主義父權制體系下是不可能獲得平等的。

——貝爾·胡克斯

人男性還在那裏工作。法律只能單獨對付其中一種壓迫形式，不能同時應對二者。

等級體系

貝爾的著作旨在進一步發展「交叉性」的概念。在《變革的意志》(2004) 一書中，胡克斯寫道，「我通常使用『白人至上的資本主義父權制帝國主義』這一詞來描述相互聯結的政治體系，後者構成了我們國家政治的基石」。這一術語用來表述將人們置於社會權力等級中的一套體系。

白人至上主義將淺色皮膚或「白色」人種置於其他種族之上。儘管胡克斯承認「那些懷有（種族）

偏見採取敵視行為的人只是少數，無論階層地位高低」，但種族偏見依然一致地堅信，一個人之所以懶惰、愚蠢或者更具暴力傾向，是因為他們的種族背景。這一刻板印象意味着印度醫生或拉丁裔教師可能會被認為不如白種歐洲人稱職。

資本主義指的是那種以公司或商品的私人或公司所有制以及對價格、商品和勞動力的控制為特徵的經濟體系。它天生具有等級性：那些佔有生產手段和控制勞動力的人對工人擁有特權。胡克斯同意美國作家和傑出活動家卡門·巴斯克斯 (Carmen Vázquez) 的觀點，她引用後者的話說「美國資本主義對個人主義的迷戀」意味着「只要能

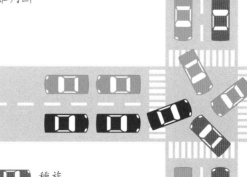

十字路口是撞車的多發區。律師金伯利·克倫蕭以交通做類比，展示歧視的發生可能有多種原因，以至於很難判斷。

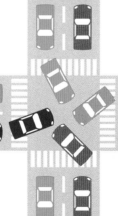

 種族

 性別

 社會階級

 殘疾

17、18世紀白人殖民國家對殖民地黑人的系統剝削助長了歧視和社會不平等的長期存在。

達到目的，怎樣都行」。資本主義重視金錢超過人，因此富人比窮人更重要。

在胡克斯看來，白人至上和資本主義中所蘊含的態度仍然是問題的來源，帝國主義和殖民主義也仍然與此相關；因為歷史上非白色人種人口和他們的國家資源都被白人至上的資本主義在追逐財富積累過程中洗劫一空。

父權制的規則

胡克斯將父權制定義為「一套政治社會系統，男性天生是處於支配地位、優於其他一切……有權統治和控制弱者，並通過各種形式的心理恐嚇和暴力來維持這種控制。」她指出，在我們所遇到的所有那些交錯的政治體系中，這一種是我們在成長過程中所最為熟知的。在《變革的意志》一書中，胡克斯解釋了她和她的哥哥是如何在

「父權制」的文化意義下被教化的。

宗教告訴我們，上帝是男人，他創造了男性用以統治世界以及世界中的萬物。女性被用來服從和服務於男性。男性必須強大、負責供養家庭、有謀略並能進行領導——他們也期待享受女性的服務。這些父權制性別角色在每個社區的機構中，從家庭、學校、運動場到法庭，都是顯而易見的。

> 只有有特權的女性才能奢侈地想像一下工作能給她們帶來收入，並使之經濟家庭之外的獨立。
>
> ——貝爾・胡克斯

一旦受到挑戰，這些思想可能通過暴力進一步加強，但有時候，來自同輩羣體的瞪眼或嘲笑就足以把一個人拉回到那些更適合他們的性別角色。一個哭泣的男孩或一個憤怒的女孩可能很快就意識到他們違反了那些為他們設定的性別角色。

胡克斯指出，父權制中最陰險的地方之一在於它並沒有被提及，我們不能廢除一個我們「集體否認對我們的生活有影響」的體系。男人甚至根本就不知道「父權制」一詞是甚麼意思——日常生活中並不使用這個詞，儘管他們一邊在實施它的規則，另一邊也難免飽受其控制。男孩和女孩一樣都要聽從父親的管教，而他們從不會去探究這究竟是為甚麼。

女權主義的目標

胡克斯指出，這一交錯的體系意味着將「兩性之間的平等」作為女權主義的目標是毫無意義的。在白人至上主義、資本主義以及父權制階級結構中，男性在他們自身羣體內部也是不平等的，「女性是想與哪種男性相平等呢？」

她注意到，下層階級和貧困人口中的女性，特別是黑人女性，不會將女性解放等同於男女平等，因為黑人男性也處於被壓迫和剝削的

> **女權主義是一項終結性別主義、性別剝削和壓迫的運動。**
>
> —— 貝爾・胡克斯

地位 —— 他們同樣也缺少社會、政治和經濟權力。當這些女性意識到父權制給予這些男性特權時，她們傾向於將黑人男性中的沙文主義式誇張表現看作是與其他男性羣體相比之下而產生的一種無力感。

如果女權主義者致力於改善所有女性的生活境遇，就必須將帝國主義、白人至上主義和資本主義父權制的持續影響作為一個複雜的「交叉體系」，仔細研究它對女性的整體影響。胡克斯指出，黑人女性對女權運動從其開始之日起就一直持懷疑態度。她們意識到，如果女權運動的目標是性別平等，那它很容易變成一個以改善中產和上層階級社會女性地位為主的運動。她認為，擁有特權的白人女性對於呼籲關注種族和階級不平等並不感興趣，因為她們自身就是其中的獲益者；她們可能還「指望那些受剝削和壓迫的下層階級婦女去做那些她們拒絕從事的骯髒工作」。

特權和政治

擁有多種社會特權的女性（例如白人、異性戀和富有）可能會把某一情境看作是某一種壓迫，而不是各種不同壓迫類型的交叉作用。胡克斯推測，這可能部分是因為無知 —— 在她長大的小鎮，黑人經常去白人區工作，而白人卻從不會來她家附近。他們對那個世界根本一無所知對它也沒有任何經驗。另外，在胡克斯看來，一些女性或傾向於避開任何政治運動，特別是那些激進運動；或不希望與任何形式的「女權」運動沾上邊。她們從小在男權制的灌輸下，遵守和執行男權制的規則，遠離那些挑戰男性權威和行為的運動。

胡克斯提出，只有將男權制體系而非男性作為問題的焦點，我們才能找到解決問題的方法。她指出，女權主義者必須重視女性社會和政治現狀的多樣性，並將種族和階級壓迫納入女權主義議題。這樣，女權主義運動將不會僅僅有益於某一特定的女性羣體或使女性優於男性。胡克斯堅持認為，真正的解決辦法在於改變壓迫之下的更深層次的哲學結構。基於這一點，女權主義是一場政治運動，而不是場「個人解放的浪漫觀念」。■

貝爾・胡克斯

美國社會活動家和學者葛勞瑞亞・晉・沃特金（Gloria Jean Watkins）選取貝爾・胡克斯作為其筆名，以紀念她曾祖母，並從她的「頂嘴」能力中汲取力量。她選取小寫字母以提醒讀者關注她的思想，而非其本人。

胡克斯 1952 年出生於美國肯塔基州鄉村，父親是一個清潔工，她的母親撫養了家中的七名子女。她在實行種族隔離的全黑人學校唸書，高中時進入一所黑白混合學校，在那裏，她敏銳地察覺到種族和階級方面的差異。1973 年她從史丹佛大學獲得英國文學學位，在獲得碩士和博士學位之後，她在南加州大學成為一名種族研究教授。她已經出版不同主題的書籍 30 多本。

主要作品

1981 年　《我不是一個女人嗎？》
1984 年　《女權主義理論：從邊緣到中心》
2000 年　《人人都能讀懂的女權主義》

「父權制」的概念對分析性別不平等必不可少

希爾維亞·沃爾比（1953 年－）

背景介紹

聚焦
父權制

關鍵時刻

1792 年 英國女權主義者馬莉·渥斯頓克雷福特出版《女權的辯護》一書。

1969 年 在《性的政治》一書中，美國女權主義者凱特·米利特認為父權制是一種無所不在的權力關係，滲透在一切社會分工中。

1971 年 意大利女權主義者瑪莉亞羅莎·達拉·科斯塔（Mariarosa Dalla Costa）指出，婦女的無償勞動是資本主義運作的一個重要部分。

1981 年 在「馬克思主義與女權主義的不幸結合」一文中，美國女權主義經濟學家哈蒂·哈特曼指出，婦女遭受資本主義和男權社會的「雙系統」壓迫。

1990 年，英國社會學家希爾維亞·沃爾比出版其開創性作品《父權制的理論化》一書，指出「父權制」是一種由多重力量交錯而成的複雜現象。鑒於早期的女權主義者着重於探尋父權制的某一特定原因，往往與特定的歷史時期或文化聯繫在一起，沃爾比將父權制定義為「一個男性控制、壓迫和剝削女性的社會結構和實踐體系」。她指出，存在六種相互作用的結構：家庭、有償勞動、國家、男性暴力、性向以及文化制度。沃爾比通過回顧之前女權

參見：卡爾‧馬克思 28~31 頁，朱迪斯‧巴特勒 56~61 頁，貝爾‧胡克斯 90~95 頁，泰瑞‧凱拉韋 248~249 頁，克里斯汀‧德爾菲 312~317 頁，安‧奧克利 318~319 頁。

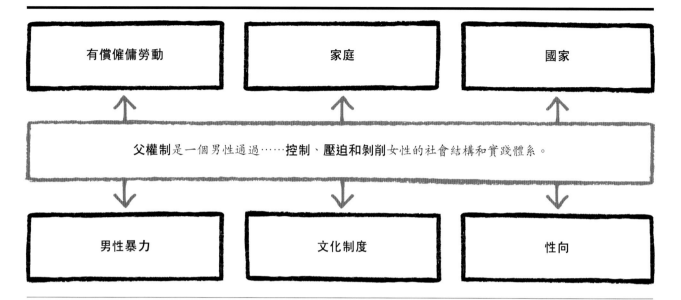

| 有償僱傭勞動 | 家庭 | 國家 |

父權制是一個男性通過……**控制、壓迫和剝削**女性的社會結構和實踐體系。

| 男性暴力 | 文化制度 | 性向 |

主義者的抗爭和成果，仔細剖析了這六種結構。

第一波女權主義

沃爾比指出，19 世紀和 20 世紀初期的「第一波」女權主義聚焦於父權制的私人性而非公共性方面。那個時候，已婚婦女被排除在有償僱傭勞動之外，因此，父權制的控制主要發生在家庭內部，正是「處於丈夫或父親地位的男性成為女性從屬地位……的直接壓迫者和受益者」。「家庭生活」的概念在這個時期得到加強。中產階級女性被限制在這一私人領域；她們沒有投票權、財產權或進一步接受高等

教育的權利，家庭暴力是被法律允許的。

第一波女權主義者致力於從法律層面上解決這些問題，但是沃爾比堅持認為，他們為女性所爭取到的巨大權益並沒能消除各種不平等。這主要是因為家庭作為一種「生產的父權制模式」仍然在

有效運作。家庭內的父權制是沃爾比的父權制六結構之首；它低估主婦的勞動（作為無償勞動力），只認為女性的主婦角色才是有價值的（這是女性的「合法地位」）。

沃爾比從馬克思主義的角度出發，指出家庭主婦是生產階級，而丈夫是「直接從女性的無償勞動」

埃米琳‧潘克赫斯特（1858-1928）是一位富有實戰精神的第一波女權主義領袖，她致力於提高女性的基本權利，以及為英國已婚婦女爭取選舉權。

> 婦女不是壓迫結構的被動受害者。她們已經在為改變自身的周遭狀況和更廣泛的社會結構而努力抗爭。
>
> —— 希爾維亞·沃爾比

中獲益的階級。

資本主義下的女性

到了 20 世紀,資本主義已經成為主導性的全球經濟模式。隨着資本主義的增長,婦女失去了那些曾經一度向她們開放的工作,例如,在工業化發展過程中的紡織業。兩種方式造成了她們的不利地位:垂直隔離(只能獲得低層次就業機會)和水平隔離(只能獲得某些特定領域的工作)。因此,沃爾比提出「有償僱傭勞動中的父權制結構」使男性在就業和僱傭等級中能夠獲得更好的機會,這構成了父權制六結構的第二要素。

然而,沃爾比注意到 20 世紀父權制與資本主義之間的矛盾開始產生,因為它們在剝削女性勞動方面存在對立的利益。她說,「如果女性是為資本主義工作,那麼她們就沒有太多的時間為其丈夫工作」。

家庭與工作場所中的父權制衝突通過沃爾比的第三個父權制結構因素 —— 國家的引入而獲得解決。例如,在第二次世界大戰期間,英國婦女在軍工廠獲得工作。工會對此很不高興,勸說英國政府制定《1942 年戰前活動恢復法案》(The Restoration of the Pre-War Practices Act 1942),確保戰後婦女將被這些工廠解僱。在這種情況下,女性是根據男人的需要來被動地決定是服務公共領域或私人領域,而不顧她們自己的選擇意願。

在西方,國家也會出面調停,提高婦女的權利,比如英國 1970 年的《同酬法》。然而,許多這些法律的改變並沒有帶來太多實際的變化,女性收入仍然低於男性。沃爾比認為,這是因為國家是「一種父權制關係場」,這對於整個父權體系是必不可少的。她指出,在過去 150 多年中,國家政策已經發生了很大的變化,但也有其不可超越的局限性。她說:「和資本主義及種族主義一樣,國家仍然是父權制的。」

男性暴力和性向

沃爾比的第四個父權因素是男性對女性的暴力。家庭暴力包括控制或威脅行為,親密伴侶或家庭成員間的暴力或虐待。這些親密關係擁有結構性的權力(就像父權制六結構中的其他所有因素),並通過一套規則運作,以此一個人控制着另一個人。男性對女性的暴力

(或暴力威脅)在他們對女性的持續控制和主宰中扮演了重要角色。

第五種結構因素是性向。沃爾比認為,社會總是認同異性戀關係,在許多情況下將它們看作是唯一允許的選擇。性向是男性統治女性的主要領域:他們將自己的女性觀念強加給女人,並建構了一種以男性慾望為核心的性實踐活動。

沃爾比指出,與第一波女權主義相比,20 世紀 60~80 年代的第二波女權主義包括更廣泛的「非正式的」不平等。他們質疑性向、家庭、工作場所、生育權 —— 儘管一些當今的第三波女權主義者批評他們留下「未竟的事業」。然而,關於性的苛刻法律被廢除之後,其中某些得之不易的成果又變成了女性的陷阱。性自由導致色情作品泛濫,以及賣淫、性產業和人口買賣中對女性剝削的增加。

沃爾比六結構的最後一個因素是文化,特別是一個社會的文化制度。她指出,父權制充斥在社會化的主要社會制度和行動中,包括教

> 針對女性的男性暴力普遍存在、重複發生,這構成了一種社會結構。
>
> —— 希爾維亞·沃爾比

汽車工業一直以來把女性性目標作為其賣車策略（儘管尤物與汽車之間並沒有甚麼必然聯繫），把她們作為男性幻想和慾望的核心。

育、宗教和媒體，所有這些「創造了父權制視角下的女性角色」。例如，宗教領域一直將女性排斥在領導層之外，把她們限定在護理關懷而非行政層面——他們說，這才是女性的「天然」使命。因此，父權制定義着女性，並把她們牢牢地限定在這一「領地」。

轉向公共父權制

私人和公共父權制是沃爾比區分權力結構交互影響女性的不同方式的重要概念。例如，她指出，英國的加勒比黑人女性更可能遭遇公共父權制的限制（比如她們很難找到高收入的工作），而英國穆斯林女性則更可能經歷更深的私人父權制影響（影響他們擺脫家庭限制的能力或者選擇自己喜歡的服裝類型）。

自《父權制的理論化》一書出版以來，沃爾比注意到，雖然傳統觀點認為家庭仍然是女性生活的中心，但它已經沒有那麼重要。然而，她指出這使得女性承擔更多的工作，她們從私人父權制的領域進入了更高層次的公共父權制。現在西方女性較少受到諸如父親和丈夫之類的「個體父權家長」的剝削，但是更多地通過工作、國家以及文化制度而受到男性的集體剝削。

沃爾比對父權制的分析焦點是，她堅持認為父權制既不是純粹結構性的（正是這種結構將女性困在了文化制度的從屬地位中），也不是純粹個體性的（個體男性和女性的行動）。她認為，如果我們將父權制看作是一種基本結構，我們容易把女性看作是被動的犧牲者。同樣，如果我們認為是女性的自願行為導致她們被困在父權制中，她們可能會被看作「與父權制的壓迫者相勾結」。

在《父權制的理論化》一書中，沃爾比對父權制給出了自己的答案，試圖解釋結構變遷（諸如資本主義經濟中的變遷）和行動變遷（女權主義的三波運動）。她指出，如果我們想要取得有意義的進展，就必須同時在女性自身內部以及通過她們周圍的社會和文化做出重要轉變。∎

希爾維亞・沃爾比

希爾維亞・沃爾比教授是英國社會學家，她在家庭暴力、父權制、性別關係以及全球化等研究領域已經獲得廣泛讚譽。她於1984年本科畢業於英國埃塞克斯大學社會學系，並分別從埃塞克斯大學和雷丁大學獲得碩士和博士學位。

1992年沃爾比成為歐洲社會學學會（ESA）的創始主席，2008年她擔任聯合國教科文組織（UNESCO）性別研究首位教職，領導了性別平等和婦女人權方面的研究。同年，她被授予大英帝國官佐勳章（OBE），以表彰其在機會平等和多樣化方面的貢獻。沃爾比曾經在多個著名機構中任教，包括倫敦政治經濟學院（LSE）和哈佛大學。

主要作品

1986 年　《工作中的父權制》
1990 年　《父權制的理論化》
2011 年　《女權主義的未來》

父權制在一個領域的鬆懈，意味着在其他領域控制的加強。

——希爾維亞・沃爾比

MODERN LIVING

現代生活

在《共同體與社會》中，費迪南·滕尼斯悲嘆價值在**從共同體到現代社會中的結社**過程中的變遷。

1887年

在《大都市與精神生活》中，喬治·齊美爾考察了**日益增長的城市化**對於社會互動和社會關係的負面影響。

1903年

在《社會學：關於社會交往形式的探討》中，喬治·齊美爾發表了其〈**陌生人**〉的論文。

1908年

在《美國大城市的生與死》中，簡·雅各布斯呼籲用「**街上的眼睛**」來保護城市社區免受城市設計者的破壞。

1961年

1893年

在《社會分工論》中，埃米爾·迪爾凱姆闡釋了基於具有**專業功能**的人們之間**相互依賴**而產生的團結。

1904—1905年

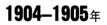

在《新教倫理與資本主義精神》中，馬克斯·韋伯告誡了**理性化**的非人化後果。

20世紀**20**年代

羅伯特·E.帕克和社會學中所謂「芝加哥學派」的其他成員一道，關注對**城市生活和社會結構**的研究。

隨着史前的原始人類羣體開始在某一地方定居下來，文明的基礎得以形成。最開始，人類逐漸聚居在越來越大的羣體中，隨着村莊、城鎮以及城市的建立，文明得以逐步發展。但是對於人類歷史的更大部分而言，大多數人生活在農村社區中。大規模城市化是隨着工業革命而開始的，隨之而來的是城鎮和城市的快速擴張，大量人口移民到了那裏的工廠和作坊中工作。

如同工業化和資本主義的增長，生活在城市環境中也成為「現代性」的一個方面；從亞當·弗格森到費迪南·滕尼斯，社會學家們意識到傳統農村社區和現代城市社會之間存在着巨大差別。一批思想家們將這種社會秩序的改變歸因於各種不同因素：卡爾·馬克思認為是資本主義，埃米爾·迪爾凱姆認為是勞動分工，馬克斯·韋伯則歸因於理性化和世俗化。喬治·齊美爾則指出，城市化本身影響了人們社會互動的方式——現代生活的基本特徵之一就是生活在城市中。

城市中的社區

齊美爾不僅考察了現代城市中興起的社會秩序的新形式，也分析其對生活在大羣體中的、往往與傳統社區紐帶及家庭相分離的個人所產生的影響。在他研究的基礎之上，以羅伯特·E.帕克為代表的一批所謂社會學的「芝加哥學派」致力於建立城市社會學研究陣地。然而很快，社會學家們將他們的研究重點從生活在城市中是怎樣的體驗轉移到討論我們想生活在甚麼樣的城市中。

為滿足工業化的需要而發展，許多社會學家認為，城市——以及城市生活，包括所有的利弊——是強加給人們的。馬克思主義社會學家亨利·列斐伏爾相信，是資本主義的需要塑造了現代城市生活，但是普通人應該主導他們的城市環境，他稱之為「社會

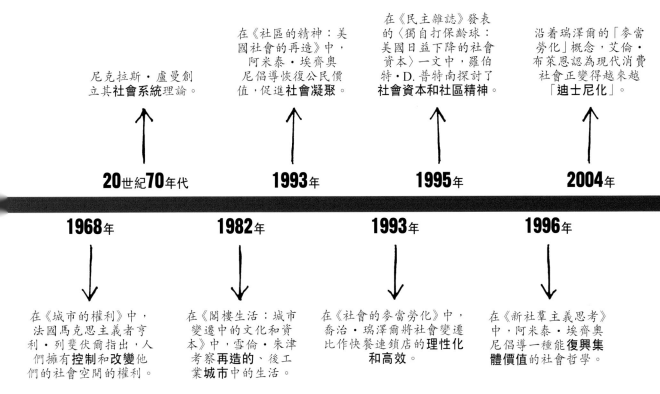

尼克拉斯·盧曼創立其**社會系統**理論。

20世紀**70**年代

在《社區的精神：美國社會的再造》中，阿米泰·埃齊奧尼倡導恢復公民價值，促進**社會凝聚**。

1993年

在《民主雜誌》發表的〈獨自打保齡球：美國日益下降的社會資本〉一文中，羅伯特·D.普特南探討了**社會資本和社區精神**。

1995年

沿着瑞澤爾的「麥當勞化」概念，艾倫·布萊恩認為現代消費社會正變得越來越「**迪士尼化**」。

2004年

1968年

在《城市的權利》中，法國馬克思主義者亨利·列斐伏爾指出，人們擁有**控制和改變**他們的社會空間的權利。

1982年

在《閣樓生活：城市變遷中的文化和資本》中，雪倫·朱津考察**再造的**、後工業**城市**中的生活。

1993年

在《社會的麥當勞化》中，喬治·瑞澤爾將社會變遷比作快餐連鎖店的**理性化和高效**。

1996年

在《新社羣主義思考》中，阿米泰·埃齊奧尼倡導一種能**復興集體價值**的社會哲學。

空間」。類似地（但是從另一個不同的政治立場），簡·雅各布斯倡導人們應該抵制城市發展商的規劃，創造有利於城市中社區形成的環境。

在 20 世紀末期，一些社會學家繼續關注日益個體化的西方社會中社區的衰落。在美國社會學家阿米泰·埃齊奧尼的帶領下，社羣主義運動出現，它倡導在這個已經變得冷漠的社會中，找尋新的方法以重建社會精神。羅伯特·D.普特南在他關於「社會資本」以及社會互動的價值和優勢的討論中也突出了社區的思想。然而，並不是所有的人都認同，解決城市生活中的社會問題的出路在於重回傳統社區價值。尼克拉斯·盧曼指出，當今的問題是已經變得日益碎片化和差異化的社會系統之間的溝通問題。在後工業社會，伴隨着新的溝通方式的出現，應當尋求新的社會凝聚策略。

後工業城市

隨着製造業的搬出或消失，20 世紀末期城市的性質也開始改變。一些城市變成鬼城，而一些城市則變成服務產業的中心。隨着工人階級地區的中產階級化，以及工業大樓變成後現代生活的理想地點，現代大都市生活的概念開始與繁榮而不是大工業化聯繫在一起。

這不僅在城市生活空間的轉變中顯而易見，如雪倫·朱津在 20 世紀 80 年代所描述的，它也貫穿在後現代社會秩序中。喬治·瑞澤爾將服務產業中的高效和理性化比作麥當勞式快餐連鎖中的商業模式；艾倫·布萊恩則指出迪士尼創造的一種美國娛樂文化是如何影響現代消費主義的。曾經由工業化創造的現代城市社會正在被後工業商業的新需求所形塑着。∎

陌生人並不是作為個體，而是某種特定類型被感知

喬治·齊美爾（1858－1918年）

伴隨工業革命而來的是19世紀以來歐洲和美國的城市化。對於許多人來說，這意味着自由的增加，從傳統社會結構的束縛中掙脫出來。但是隨之而來，資本家對於工人及其工作的專門化需求也相應增加，這意味這對個人自由的新限制和縮減。

德國社會學家喬治·齊美爾試圖解釋在面對這些巨大社會力量時，城市人在保持自主性和個性過程中的掙扎。他發現，城市環境下人們在生活和工作中的互動的增加深深地影響着彼此之間的關係；這些發現在其〈大都市和精神生活〉一文中得到闡釋。在前現代社會

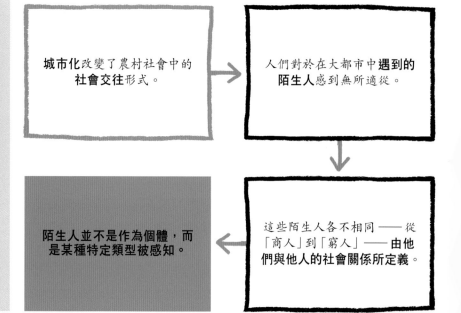

城市化改變了農村社會中的社會交往形式。

人們對於在大都市中遇到的陌生人感到無所適從。

這些陌生人各不相同——從「商人」到「窮人」——由他們與他人的社會關係所定義。

陌生人並不是作為個體，而是某種特定類型被感知。

中，人們一般會與周圍的人保持親密而熟悉的關係，而在現代城市環境下，個體普遍對其周圍的人一無所知。齊美爾相信，社會活動和匿名的增加將會帶來意識的變遷。

城市中快節奏的生活使人們需要一種「保護性器官」，使其免受外部和內部的刺激。在齊美爾看來，都市人是在「用頭腦而不是真心來交往」；他建立起一套有教養的冷漠作為理性的屏障——一種「漠然態度」。這種意識的變化也導致人們變得保守而疏遠。城市中的貨幣文化進一步加劇了這種對傳統行為規範的疏遠，並將大都市中的一切都簡化為貨幣交易。齊美爾認為，都市人的態度可以被看作是用以應對浸沒在城市生活中所帶來的精神錯亂的一種社會－生存技術，一種使他們只專注於與己有關的事的途徑。這同時也使得他們對

> " 在這一匿名性中……每個人都習得了冷酷無情、實事求是的做派。
>
> —— 喬治・齊美爾

差異更包容，也更世故。

大都市中的空間

個體和羣體之間的親疏距離是齊美爾理解大都市生活的關鍵，社會空間的觀點影響了他最廣為人知的一個概念：在《社會學》一書的一篇論文中闡述的「陌生人」的社會角色。過去，人們很少或匆匆遇到陌生人；但是，都市陌生人不

是漂流者——他們是「潛在的流浪漢」。陌生人（如商人），或陌生人羣體（如「歐洲猶太人」）僅僅空間性地而非社會性地與社區相聯繫；他們是「既挨近又遙遠的」——身處社區之中，卻並非社區一員。

陌生人是齊美爾所描繪的許多社會類型中的一種，每一種都是由他們與其他人的社會關係所定義的；這一思想影響了許多社會學家，包括齊格蒙特・鮑曼。歐文・戈夫曼的「禮貌性漠視」概念，即人們在公共場所盡量減少社會互動——例如通過避免眼神交流——也同樣是受到齊美爾的啟發：他的「漠然態度」的概念。■

喬治・齊美爾

1858 年出生於柏林一個富裕的猶太家庭，喬治・齊美爾是一位並不廣為人知的社會學奠基人之一。他在柏林大學學習哲學和歷史，並於 1881 年獲得博士學位。儘管他的作品和德國其他知識巨匠一樣受歡迎，特別是費迪南・滕尼斯和馬克斯・韋伯，他仍然徘徊在主流之外，直到 1914 年才在斯特拉斯堡獲得教授職位。

他創立了形式社會學，堅信只有通過聚焦於行為背後的交往形式而非交往內容，我們才能理解不同的人類

現象。但是，他最有影響力的著作是其關於大都市生活的研究，成為 20 世紀 20 年代芝加哥學派城市社會學研究的先驅。

主要作品

1990 年　《貨幣哲學》

1903 年　《大都市與精神生活》

1908 年　《社會學》

重塑我們的城市與我們自身的自由

亨利·列斐伏爾（1901－1991 年）

背景介紹

聚焦
城市的權利

關鍵時刻
19 世紀 歐洲和美國開始大規模城市化。

1848 年 在《共產黨宣言》中，卡爾·馬克思和弗里德里希·恩格斯批判西方資本主義社會中存在的階級不平等。

1903 年 德國社會學家喬治·齊美爾發表〈大都市與精神生活〉一文。

自 20 世紀 80 年代起 根據英國社會學家大衛·哈維和西班牙理論家曼紐爾·卡斯特爾的觀點，城市為資本主義利益服務，這影響了生活於其中的人們之間的互動。

自 20 世紀 90 年代起 列斐伏爾「城市的權利」的概念影響了世界範圍的社會運動，包括美國、法國、巴西以及菲律賓。

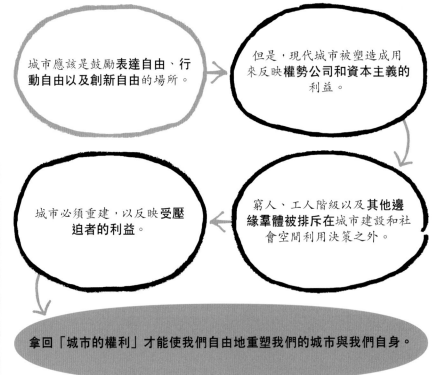

城市應該是鼓勵**表達自由**、**行動自由**以及**創新自由**的場所。

但是，現代城市被塑造成用來反映**權勢公司和資本主義的利益**。

窮人、工人階級以及**其他邊緣羣體**被排斥在城市建設和社會空間利用決策之外。

城市必須重建，以反映**受壓迫者的利益**。

拿回「城市的權利」才能使我們自由地重塑我們的城市與我們自身。

城市不用必須被看成是一個混凝土叢林──骯髒的、令人不愉快的和充滿威脅的。法國社會學家、哲學家昂利·列斐伏爾一生大部分時間都在致力於城市社會研究，在他看來，城市是一個充滿權力關係、多樣身份以及生存方式的令人激動且複雜的混合體。

20 世紀 60 年代和 70 年代，列斐伏爾在他的著作中指出，城市

參見：卡爾・馬克思 28~32 頁，費迪南・滕尼斯 32~33 頁，彼得・湯森 74 頁，以利亞・安德森 82~83 頁，喬治・齊美爾 104~105 頁，簡・雅各布斯 108~109 頁，阿米泰・埃齊奧尼 112~119 頁，雪倫・朱津 128~131 頁，薩斯基婭・薩森 164~165 頁。

巨大的、沒有人情味的商場滿足資本主義消費者的利益。建造這種場所往往導致對該地區原始的、工人階級居民的侵佔。

最令人着迷的一面不單單是其中的人，而在於它是一個同時反映和創造社會的環境。通過將馬克思主義觀點運用到他的分析中，列斐伏爾同時指出，國家塑造了城市空間，用以滿足權勢公司和資本主義的利益。城市的不同部分映照了蘊含在其中的階級關係：某些地區的富裕反映了精英的權利和財富，而內城區的破敗和市中心外圍的貧民區則反映了窮人、工人階級和其他被排斥羣體受排擠和邊緣化的處境。

公共層面和私人層面

例如，許多現代城市已經被諸如為資本主義服務的購物商城、綜合辦公樓等私人空間所支配。公共場所的喪失已經嚴重限制那些人們可以相互平等交往的領域，因此侵蝕着他們的個人自由，扼殺了那些滿足他們社會和心理需求的手段。這可能會帶來嚴重的社會問題，諸如犯罪、抑鬱、無家可歸、社會排斥以及貧困。

用列斐伏爾的話説，巨大的權力被掌握在那些擁有和控制城市空間的人手中——建築師、規劃者，「資產階級商人、知識分子，以及政治家」。但是他相信，關於城市環境的確切性質的決定權——城市中的事件、社會空間的建設和使用——應該對公眾開放。普通公眾應該參與創造一個空間，反映他們的需求和利益——只有通過聲張「城市的權利」，主要社會議題才能得到表達。列斐伏爾認為城市應該與生活同步，能生動地表達人類的自由和創造力；生活於其中的居民能娛樂、探究他們的創造力和藝術性需求，從而達到某種程度的自我實現。他指出，城市街道的設計應該鼓勵這種類型的存在——它們可能是原生態的、振奮人心的以及未被開發的，但是正是因為這些特質，才能提醒人們他們還活着。

列斐伏爾對於城市權利的倡導不是簡單地呼籲一系列改革，而是倡導對城市中社會關係的大規模轉型——本質上，它所提議的是一種激進民主形式，以此，將控制權從精英手中奪回，交到大眾手中。他認為，這只有通過那些「具有革命進取心」的羣體和階級陣營才能實現這一目標。◼

亨利・列斐伏爾

馬克思主義社會學家、哲學家亨利・列斐伏爾於 1901 年出生在法國阿熱莫（Hagetmau）。他在巴黎索邦大學學習哲學，並於 1920 年畢業。1928 年他加入法國共產黨，並成為法國最傑出的馬克思主義思想家之一。然而，他後來被開除出黨，成為其最激烈的批判者之一。1961 年，他被聘為斯特拉斯堡大學社會學教授，1965 年轉到巴黎第十大學（Nanterre）。列斐伏爾是一位多產的作家，關注領域廣泛。他的著作挑戰正統資本主義權威，因此並不總是受到歡迎，但影響了許多學科，包括地理、哲學、社會學、政治科學以及建築學。

主要作品

1968 年 《城市的權利》
1970 年 《城市革命》
1974 年 《空間的生產》

街上一定要有很多雙眼睛

簡·雅各布斯（1916－2006 年）

背景介紹

聚焦
城市社區

關鍵時刻

1887 年　費迪南·滕尼斯在《共同體與社會》一書中激發了社會學對於研究城市社會中社區紐帶的興趣。

自 20 世紀 50 年代起　西方城市中的內城區一帶多次飽受來自城市設計師的壓力。

2000 年　美國社會學家羅伯特·普特南在《獨自打保齡》一書中指出，20 世紀 60 年代以來美國社區價值已經逐漸削弱。

2002 年　在《創意階層的崛起》一書中，美國社會學家、經濟學家理查德·佛羅里達指出其關於創意的理論受到雅各布斯的影響。

2013 年　「9·11」以後美國城市中出現越來越多的攝像頭監視，它幫助鎖定了波士頓馬拉松炸彈事件中的嫌疑人。

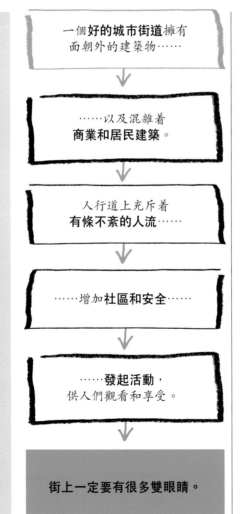

一個**好的城市街道**擁有面朝外的建築物……

……以及混雜着**商業和居民建築**。

人行道上充斥着**有條不紊的人流**……

……增加**社區和安全**……

……**發起活動**，供人們觀看和享受。

街上一定要有很多雙眼睛。

簡·雅各布斯終其一生致力於提出一種與眾不同的城市景象——特別集中於探究成功城市社區的奧秘。她的思想來自於其對紐約西格林尼治鎮的城市生活的觀察，她在那裏生活了超過 30 年。

雅各布斯反對那種在 20 世紀 60 年代期間、由城市設計師同時也是她的夙敵霍華德·摩西所主導的對城市生活的大規模改造。包括清除貧民窟計劃和發展高層建築物。她的核心思想是：城市生活應當是豐富多彩的，人們能夠在一個密集而令人興奮的城市環境中互動。相對於秩序，她更喜歡混亂；相對於開車，她更喜歡步行；相對於整齊劃一，她更喜歡多樣化。

在雅各布斯看來，城市社區是有機整體——複雜而整合的生態系統——應該由它們自己主導發展和變遷，而不是聽從於那些所謂專家和技術人員的大規劃。一個城市應當如何、它應當怎樣發展——最好的評判者是當地居民

參見：費迪南・滕尼斯 32~33 頁，米歇爾・福柯 52~55 頁，喬治・齊美爾 104~105 頁，昂利・列斐伏爾 106~107 頁，羅伯特・普特南 124~125 頁，雪倫・朱津 128~131 頁，薩斯基婭・薩森 164~165 頁。

那種紐約式的生動城市生活是簡・雅各布斯眼中的城市街景的典範，充滿着住宅公寓、沿街商舖以及熙熙攘攘的人羣。

自身。雅各布斯指出，城市中的社區是了解城市是如何運作的最佳場所，因為正是它們的各種互動使得城市生活得以產生和延續。

人行道芭蕾

雅各布斯注意到，一個城市的建築格局對城市社區的生活至關重要。人們生活的街道應該是由縱橫的人行道交織而成，從而使人們能時常見面、交談、增進相互了解。她稱之為「人行道芭蕾」，一種複雜而豐富的相遇和碰撞，能幫助人們熟悉他們的鄰里和小區。對雅各布斯來說，空間的多樣性和複合功能也是這種城市格局的關鍵要素。一個城市的貿易、商業和居住要素

不應該彼此分離，而應連成一片，從而促進人們之間更大的整合。城市同時也應該兼具新老建築，人們的互動決定着建築應該如何被利用以及再利用。

最後，在那些大量的人生活、工作和互動的地方，城市社區會更加繁榮。她認為，這種高密度——

卻不過分擁擠——的空間是創造力和生命力的動力。這些地方同時也更加安全，因為更高密度意味着「街上的眼睛」更多：店主和居民熟悉他們的社區，並提供一種天然的監視。■

簡・雅各布斯

簡・雅各布斯是一位富有激情的作家和城市規劃專家。1935 年大蕭條時期，她離開美國賓夕法尼亞州的斯克蘭頓小鎮（Scranton），來到紐約。在第一次見到格林尼治小鎮之後，她從布魯克林搬了過去——開始了她對城市社區的研究興趣。1944 年，她結了婚，並搬到了哈德遜大街。

當她開始為《建築論壇》雜誌撰寫稿子的時候，雅各布斯也開始了其對於那種大規模自上而下城市重建計劃的批判。終其一生，她也是一位社會活動家和運動家，為其以社區為基礎的城市發展理念而奮鬥。

2007 年，洛克菲勒基金會設立簡・雅各布斯獎章，以表彰那些在紐約城市設計思想方面有突出貢獻的人。

主要作品

1961 年 《美國大城市的生與死》
1969 年 《城市經濟》
1984 年 《城市與國家財富》

只有溝通能夠溝通

尼克拉斯・盧曼（1927-1998 年）

背景介紹

聚焦
溝通系統

關鍵時刻

1937 年　美國社會學家塔爾科特・帕森斯在《社會行動的結構》一書中討論系統理論。

1953 年　奧地利哲學家路德維希・維特根斯坦的語言遊戲概念在他死後出版，影響了盧曼關於溝通的觀點。

1969 年　英國數學家喬治・斯賓塞－布朗的《形式法則》支持盧曼關於結構差異的觀點。

1987 年　德國社會學家尤爾根・哈貝馬斯與盧曼就系統理論展開爭論。

2009 年　盧曼的觀點被希臘學者安德里斯・米哈洛普洛斯（Andreas Mihalopoulos）應用到其對犯罪公正和法律體系的分析中。

現代社會擁有**不同的社會系統**（經濟、法律、教育、政治等等）。

→

這些**系統給予世界的意義**，但它們是由**溝通**而不是由人口組成的。

每個**系統**用自己獨特的方式處理活動和問題，因此在沒有幫助的情況下，它們**無法與其他系統連接起來**。

結構耦合使得不同溝通系統之間的**有限溝通**成為可能。

在德國社會學家尼克拉斯・盧曼看來，現代性的標誌性特徵是發達資本主義社會分化成隔離的社會系統——經濟的、教育的、科學的、法律的、政治的、宗教的等等。盧曼指出，「社會」一詞指的是那種包含所有其他系統的系統：他說，社會是系統的系統。

盧曼堅持認為，個體不具有社會意義。社會的基本元素不是人類行動者而是「溝通」——他將這一術語定義為：在系統內，從以語言或非語言形式進行的活動和互動中產生的「信息、話語和理解的綜

參見：馬克斯·韋伯 38~45 頁，尤爾根·哈貝馬斯 286~287 頁，塔爾科特·帕森斯 300~301 頁，赫伯特·斯賓塞 334 頁，阿爾弗雷德·舒茨 335 頁。

合體」。盧曼指出，如同植物在自我生產的循環和生長過程中產生細胞一樣，一個社會系統也擁有類似的自我維持能力，發展出一套擁有聯結性的運作——當「溝通產生溝通」時。他將溝通比作某種化學物的結構平衡。

結構耦合

盧曼參考喬治·斯賓塞－布朗的形式數學法則思想，試圖定義一個系統，認為其由差異產生而來：根據這一理論，系統不同於它的環境。盧曼接着指出，一個系統的環境是由其他系統組成的。例如，一個家庭系統的環境包括其他家庭、政治系統、醫療系統等等。最重要的，每一個單獨的系統只能理解從屬於它的事件——活動和溝通方式；它對於其他系統（及更大社會）中發生的事情相對不太關

心。因此，例如，經濟系統在功能上只專注於其自身內容，對道德問題並不感興趣，除非這些道德問題可能會對經濟活動和交易的收益帶來影響——而道德關注在宗教系統中意義重大。

盧曼將系統整合的缺失看作是發達資本主義社會面臨的主要問題之一。他定義了「結構耦合」的概念——某種形式和制度，通過其將一個系統產生的溝通翻譯成其他系統能懂的術語，實現對那些彼此分離的系統的聯結。例如，通過憲法，聯結法律系統和政治系統；通過大學，聯結教育系統以及經濟系統。「結構耦合」是一個用來幫助解釋人（作為意識系統）和社會系統（作為溝通）之間的關係的一個概念。

儘管盧曼的理論極其複雜，但仍被廣泛用作分析社會體系的工

藝術家抗議英國石油公司（BP）對倫敦泰特（Tate）英國美術館的贊助，這反映了抗議者相信公司系統與藝術世界系統是不可相容的。

具。他的批判者指出，這一理論在學術上是嚴謹的，然而，在操作層面上，它沒能解釋缺少人類活動的溝通是如何產生的。■

人類不能溝通，甚至他們的大腦也不能溝通，甚至他們的意識也不能溝通。

—— 尼克拉斯·盧曼

尼克拉斯·盧曼

1946-1949 年間，尼克拉斯·盧曼在德國弗萊堡大學學習法律，1956 年他成為政府公職人員。1960-1961 年，他利用休年假的機會到哈佛大學學習社會學和管理科學，師從塔爾科特·帕森斯。

1966 年，盧曼從明斯特（Münster）大學獲得社會學博士學位，並於 1968 年得到比勒費爾德（Bielefeld）大學的社會學教授職位，並一

直在那裏工作。盧曼獲得了許多榮譽學位，1988 年，他成為著名獎項黑格爾獎（Hegel Prize）的獲得者，這是由斯圖加特市頒發以表彰傑出思想家的獎項。他也是一位多產的作家，發表署名出版物大約 377 份。

主要作品

1972 年 《法律的社會學理論》
1984 年 《社會系統》
1997 年 《社會理論》（兩卷本）

社會應該清楚指出甚麼是善

阿米泰・埃齊奧尼（1929 年－ ）

背景介紹

聚焦
社羣主義

關鍵時刻

1887 年 費迪南・滕尼斯在《共同體與社會》一書中頌揚了社區的價值。

1947 年 德國思想家馬丁・布伯在《烏托邦之路》中預見現代社羣主義運動。

1993 年 社羣主義者網絡，一個非黨派的、跨國家的以及非營利的聯合體成立。

1999 年 美國學者和共和主義社羣主義者史蒂芬・戈德史密斯加入美國前總統喬治・W. 布殊的社會政策顧問小組。

2005 年 英國社會學家科林・格雷發表名為〈理論的沙堡〉的文章，指出埃齊奧尼的作品過於烏托邦。

從第二次世界大戰結束到 20 世紀 70 年代早期，美國經歷了快速的經濟增長，帶來日益增長的繁榮和絕大部分公民的向上流動。隨着民權運動、有組織的反越戰運動、性向革命以及女權主義的突起，這個國家的社會和政治圖景也發生了改變。

然而，1973 年，石油危機和股票市場的崩潰將美國經濟打入谷底 —— 根據社會學家阿米泰・埃齊奧尼的看法 —— 美國文化得以建基的傳統價值基礎開始崩潰。

作為對於這種文化和道德危機的回應，以及對於同時崛起的個人主義意識形態和自由主義經濟政策 —— 自由市場應該獨立運作，政府盡可能減少干預 —— 的回應，在於社羣主義社會哲學的出現。用埃齊奧尼的話說，它的目標是：「重建公民美德，履行公民責任而不是僅僅關注他們的權利，

> 一個有效的社區是那種其道德標準能反映所有成員的基本人類需求的社區。

—— 阿米泰・埃齊奧尼

支持社會的道德基礎。」其社羣主義的指導原則是，通過社會成員間達成的共識，以及社區、機構中樹立的規則，社會應該清楚指出甚麼是善。

此外，對於埃齊奧尼來說，社會學家僅僅思考和觀察社會生活是不夠的；相反，他們應該積極參與那些努力改善社會的實踐。到 20 世紀 90 年代早期，越來越多的美國思想家 —— 包括社會學家羅伯特・普特南、理查德・桑內特以

阿米泰・埃齊奧尼

阿米泰・埃齊奧尼 1929 年出生在德國，7 歲以前一直和其家人生活在巴勒斯坦。1946 年，他輟學加入先鋒部隊團，為以色列建國而戰鬥。大約 5 年以後，成為猶太存在主義哲學家馬丁・布伯就職的研究所的學生。布伯對於「我與你」關係的關注貫穿在埃齊奧尼對社羣生活的研究中。

1951 年，埃齊奧尼進入耶路撒冷希伯來大學，在那裏他獲得了學士和碩士學位；1958 年他在加州大學伯克利分校獲得社會學博士學位。他的

第一份工作是在紐約的哥倫比亞大學，在那裏他工作了 20 年。1980 年他成為喬治・華盛頓大學的教授，擔任社羣政策研究所的主任。

主要作品

1993 年 《社區的精神：美國社會的再造》

參見：卡爾・馬克思 28~31 頁，費迪南・滕尼斯 32~33 頁，埃米爾・迪爾凱姆 34~37 頁，理查德・桑內特 84~87 頁，簡・雅各布斯 108~109 頁，羅伯特・R.普特南 124~125 頁，安東尼・吉登斯 148~149 頁，丹尼爾・貝爾 224~225 頁，羅伯特・N.貝拉 336 頁。

埃齊奧尼的社羣主義建基於多種**核心社會價值**。

強**個人權利**意味着強**社會責任**。

學校應該提供**基本的道德教育**而不是灌輸給年輕人。

家庭是社區中最無可估量的形式，需要在更**平等主義原則**的基礎上**重塑**。

社會應該清楚指出甚麼是善。

及丹尼爾・貝爾——自覺地試圖將社羣理念從大學校園拓展到更廣闊的社會範圍。

責任和權利

　　埃齊奧尼的思想根源可以追溯到早期理論家，諸如德國社會學家費迪南・滕尼斯，他區分了兩種社會聯結形式：共同體（Gemeinschaft）和社會（Gesellschaft）。前者指的是個體間的關係和面對面的互動，這創造了共同的社會；後者指的是在自利的理性個體、官僚以及正式信念中產生的聯結。

　　滕尼斯認為，與傳統共同體的生活形式——共同體中的高度團結相比，現代社會中的核心原則代表了人類關係發展中的一種倒退。儘管埃齊奧尼發展了滕尼斯關於社羣的思想，他認為滕尼斯以犧牲個人為代價過分強調了社區。另一方

前工業社會的生活特別強調共同體生活（如同這裏所展示的歐洲村落場景），但是埃齊奧尼指出，它通常以犧牲個人為代價。

面，與滕尼斯同一時期的埃米爾‧迪爾凱姆則擔心現代性可能會威脅社會團結；在他看來，個體作為社會存在，其野心和需求應當與羣體一致。

埃齊奧尼指出，共同體社區同樣也有缺點：它們可能往往是壓抑的、威權的，阻礙了個人的成長和發展。他的社羣主義形式則致力於在個體與社會、社區與自治、權利和責任之間達到一種最佳平衡。

埃齊奧尼認為，在個人權利和社會責任之間取得平衡至關重要，因為離開任何一方，另一方都無法生存。另外，他指出，當今的美國人忘記了個人的命運與集體的命運總是相互聯繫在一起的。美國人非常重視權利──指望社區提供服務，尊重和珍視個人權利──而忽視了對社區的道德義務，不管是在地方層面還是在國家層面。例

> **道德混亂，而非社區泛濫，是我們當今面臨的主要威脅。**
>
> ——阿米泰‧埃齊奧尼

如，大部分美國年輕人宣稱，如果被指控有罪，被同輩羣體評判是他們不可剝奪的權利，但是只有極少部分人願意參與這種司法服務。

按照埃齊奧尼的觀點，美國社會中個人主義的泛濫已經帶來「社會資本」的下降──基於互惠的共同價值理念、信任以及責任感，因此對於美國社會來說，它比以往更需要接受社羣主義的道德原則。

甚麼是社區？

對於埃齊奧尼來說，社區是「包含一套共享意義和最重要的共享價值」的社會關係網絡。社區的觀念不能由某個外部羣體或內部的少數派強加給它，而必須「由社區成員在公開開放的對話中產生而來，必須對其成員充分響應。」埃齊奧尼的社區概念本質上是民主的，每個社區都嵌構「在一個更大的社區中」。這種社區定義適用於各種形式的社會組織，從諸如家庭、學校之類的微觀形式，到諸如族羣、宗教或民族國家之類的宏觀形式。

社區不需要地理上的集中：例

西方城市中的「**中國城**」，例證了埃齊奧尼的社區生活。維護共同的規範和價值，使得居住者能夠在外國土地上重建自己的文化。

埃齊奧尼指出，**社區**而不是個體，是社會的基本構成要素，社會是由各種不同的、相互重疊的社區構成的。因此，人們同時從屬於許多不同的、相互交織的社區。

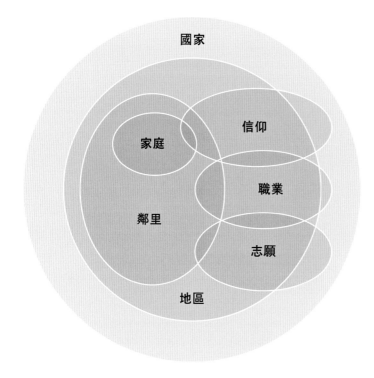

如，紐約市的猶太人社區散布在城市各處，但是通過諸如猶太教堂、強調信仰的學校等核心機構，它們維持了一種高度的道德團結。埃齊奧尼甚至認為，基於互聯網的網上社區也是社區的合法形式之一，只要其成員遵守和共享共同的價值。相反，一些傳統意義上的社區，諸如村莊，如果沒有一套明顯的共同規範和價值，將生活在其中的村民聯結起來，它就不符合埃齊奧尼的標準。

社區並不一定都是有道德的：有一些可能是嚴厲的和狹隘的，也有一些可能建基於某種不道德的共享價值體系。埃齊奧尼引用南非的非洲村落為例，那裏的成員支持和串通製造私刑。

社羣社會

並不僅僅停留在學術探討上，埃齊奧尼還提出了社羣社會應當如何組織和運作的四個方面。他定義了社羣社會的幾個重要方面，以及在與更大的社會整體的互動中不同方面各自的功能。第一個方面，埃齊奧尼稱之為「道德之聲」——一套成員們共享的規範和價值集合體，這是聯結社會成員的人際和道德行為的基礎。沒有堅實的道德秩序，社會難以繁榮，特別是將依靠政府干預公共事務降到最低程度的時候。通過定義和樹立道德之聲，不再需要依賴個人良心或法律強制機構來規範社區成員的行為。當社區珍視某種行為——例如避免濫用酒精或超速駕駛——就能夠預防和有效控制反社會行為。

第二個方面是「社羣主義家庭」。生育和撫養不僅僅是父母對孩子的責任，也是家庭對社區的責任。如果兒童沒有得到很好的照料，不僅是其家庭，整個社區都不得不面對可能的後果。埃齊奧尼認為，基於這一原因，生育、撫養兒童應當被看作是社羣行為。他指出，父母對社區有道德責任去盡他們最大的能力來養育孩子；而社區也有義務在這一點上去幫助那些父母。社區應該支持和鼓勵，而不是

埃齊奧尼認為，**雙親家庭**在撫養孩子方面要遠遠優於單親家庭，因為養育孩子是一種「精細的、高要求的工作」。

埃齊奧尼認為，**學校畢業生**應該服兵役（如同 2011 年在這些德國兵營中），這樣能培養學生的自律以及團結合作精神。

抹黑那些為了花時間與孩子相處而延遲就業的父母。

埃齊奧尼發現，越來越多的證據證明家庭的社會角色的重要性。他指出「在各種人類社會中（從祖魯人到因紐特人，從古希臘和古代中國到現代），還沒有一個社會沒有雙親家庭。」他指出，這種結構，對於減少由諸如新職業、離婚、單親家庭以及個人主義增長之

類的發展所帶來的「養育不足」問題至關重要。在這方面，社會需要限制幼兒的日托化。

埃齊奧尼的第三個方面指出了「社羣學校」的功能。學校要做的不僅是向學生傳授技能和知識，學校還應該是一個除父母之外的培養個性的場所，在實現自我、具有堅強意志、約束自己、延遲當下滿足等方面打下基礎。特別是，規範和自我規範的價值及其內化——將外部價值觀整合到個體的自我認同中——在兒童的心理發展和完整中扮演了主要角色。

在他對自律的強調中，埃齊奧尼認為，所有的學校畢業生都應該強制服國民兵役一年。這樣做，將「通過服務於共享目標，能為年輕人的自我中心思想提供一粒強效解藥」。

第四個方面，埃齊奧尼提出解決傳統社區衰落的對策，同時也是建立新社區的基礎。這包括改變美國社會學家羅伯特・N. 貝拉所說的「心靈的習性」。埃齊奧尼的對策包括：培育一種「社區環境」，使人們習慣於在行動之前首先考慮到個體行為對周圍社會的影響，解決個人職業理想、抱負與對社區的責任之間的衝突；重新設計一種物質的、活生生的環境，使它「變得更加社會友好」；設法將我們更多的個人和職業資源重新投資到社區中。

批評

埃齊奧尼的社羣主義是對美國社會一系列現實問題的回應，包括：個人和公共道德的淪喪以及共同價值體系的瓦解，家庭的衰落，

教育，特別是性格的形成，是家庭的核心任務。
—— 阿米泰・埃齊奧尼

權利和義務之間的不平衡已經存在已久。
—— 阿米泰・埃齊奧尼

犯罪率的上升，以及公民的政治冷漠。他對於一個更民主、公正、平等社會的願景受到來自不同思想領域的學者和評論家的稱讚。然而，埃齊奧尼的努力也招來一些批評。例如，一些女權主義的支持者強烈反對社群主義，認為它是一種消解女性經濟解放的嘗試。他們指出，一個全職工作的母親現在與孩子相處的時間要比 30 年前全職主婦平均所花費的時間還多。比阿特麗斯‧坎貝爾（Beatrix Campbell）就曾指責這種社群主義是「懷舊運動」，指出他們提倡的那種母親是不存在的。

志願者在北美洲和西歐的成千上萬的社會組織中扮演了重要角色，包括許多鄰里中的社區植樹計劃。

美國社會學家、政治思想家理查德‧桑內特認為，埃齊奧尼的研究沒有能夠清楚地闡釋政治和經濟權利的性質，沒能為解釋個人獻身社群主義價值和原則的動機提供令人信服的證據。如果就如埃齊奧尼所稱的，美國文化的特徵是自我中心和極度個人主義，那麼，他沒能回答為甚麼個體還會選擇承擔對社區的責任，尤其是這種責任需要他們的付出以及可能會影響他們的個人權利。

儘管存在各種各樣的批評，埃齊奧尼的社群主義的核心思想仍然對政府影響深遠。在《第三條道路》一書中，英國社會學家安東尼‧吉登斯將埃齊奧尼的研究置於由英國前首相托尼‧布萊爾發展的「第

> 如今，年輕人更有興趣尋找那些能給他們帶來『某種』意義的職業和工作。
>
> —— 阿米泰‧埃齊奧尼

三條道路」這一政治哲學框架的核心。埃齊奧尼的研究在兩個不同方面迎合了英國新工黨政府的需求：首先，它在政治左派（過度強調政府的角色）和政治右派（誇大自由市場的重要性和個人的勝利）之間提供一種中間路線。其次，它將公民權的概念看作是一種必須在實現共享期望和義務的過程中而獲得的某種權利。■

麥當勞化幾乎影響了社會的各個方面

喬治・瑞澤爾（1940 年－ ）

背景介紹

聚焦
麥當勞化

關鍵時刻

1921-1922 年 馬克斯・韋伯在德國出版了《經濟與社會》，分析理性化和科層制之間的關係。

1961 年 美國企業家理查德・麥當勞（Dick）和莫里斯・麥當勞（Mac）將他們的快餐漢堡餐廳賣給了雷・克羅克，後者把它發展成全球連鎖。

1997 年 照搬麥當勞的模式，壽司連鎖店「YO! Sushi」在英國亮相。

1999 年 英國社會學家巴里・斯馬特（Barry Smart）編輯出版《抵制麥當勞化》一書，集中批判地回應了瑞澤爾的麥當勞化主題。

德國社會學家馬克斯・韋伯認為，傳統社會向現代社會轉型的一個重要特徵，是社會生活的各個方面越來越多地沿着理性而非情感取向或價值導向的路徑進行組織和運作。

在韋伯這一思想基礎之上，美國社會學家喬治・瑞澤爾指出，這一過程在北美和西歐文化中已經達到一種新的水平，並以前所未有的方式彰顯出來。瑞澤爾於 1993 年出版社會學經典著作《社會的麥當勞化》，他認為，這種「理性化的廣

參見：卡爾・馬克思 28~31 頁，馬克斯・韋伯 38~45 頁，羅蘭・羅伯遜 146~147 頁，赫伯特・馬爾庫塞 182~187 頁，哈里・布雷弗曼 226~231 頁，卡爾・曼海姆 335 頁。

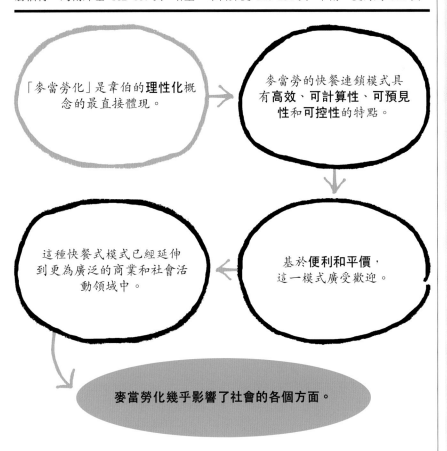

「麥當勞化」是韋伯的**理性化**概念的最直接體現。

麥當勞的快餐連鎖模式具有**高效、可計算性、可預見性**和**可控性**的特點。

這種快餐式模式已經延伸到更為廣泛的商業和社會活動領域中。

基於**便利和平價**，這一模式廣受歡迎。

麥當勞化幾乎影響了社會的各個方面。

喬治・瑞澤爾

喬治・瑞澤爾 1940 年出生於美國紐約市。他的父親是一名出租車司機，母親是一名秘書。瑞澤爾聲稱他的成長經歷激勵他勤奮學習，目的是要擺脫他童年時「下層社會上部」的低生活水平。

1974 年起，他就來到了馬里蘭大學，現在已經是那裏的知名教授。除了他最有名的麥當勞化理論以及這一理論對社會學的重要貢獻，他還是一名所謂消費社會的批評家，在許多領域發表了多部作品。

主要作品

1993 年 《社會的麥當勞化：對變化中的當代社會生活特徵的研究》
1999 年 《袪魅世界的魅化：消費手段的革命》
2004 年 《虛無的全球化》

泛傳播」在麥當勞的快餐連鎖店中得到充分展現。

麥當勞之路

無論你在世界上任何一個地方，麥當勞總不會太遠。事實上，全球大約有超過 100 多個國家的 35,000 間麥當勞快餐店。不管你在哪裏，麥當勞都是一樣的、可靠的。這種體驗上的熟悉感是全球麥當勞連鎖店的主要特色，這直接歸功於麥當勞公司對於理性化的強烈重視。瑞澤爾將這一發展稱為「麥當勞化」，宣稱這一趨勢和模式已經滲透並主宰了「美國社會以及世界其他國家中越來越多的部門」。他指出麥當勞化有五個主要組成元素：高效、可計算性、可預見性、可控性，以及「形式理性的終極非理性」。

高效指的是公司中所採用的科層制管理，從組織化結構到僱員與顧客之間的互動，尋找實現目標的最佳方式。例如，在食物準備方面：漢堡的集中、製作和分配採用流水線的方式，因為它是最有效的

一間麥當勞快餐店比鄰西安歷史古蹟鼓樓。1990 年麥當勞首次進入中國。到 2014 年，已擁有 2,000 家連鎖店，它已經成為中國第二大餐飲連鎖店。

方式。不僅僅是準備食物時所需要劃分的時間，甚至這一過程中所需的場地都被考慮其中。另外，麥當勞餐廳的環境布局也基於能使僱員和顧客以一種高效的方式互動的考量而設計。通過對員工的一系列標準化規範、制度、規章和操作程序的訓練，一種效率文化得以灌輸和維持。

可計算性指的是東西的計數和計量；特別是，強調數量（巨無霸）重於質量。瑞澤爾注意到，麥當勞許多僱員的工作都是計時的，因為餐館氛圍的快節奏性能保證最大的生產力。

可預見性影響着食品生產、餐廳設計以及僱員和顧客的互動。不需要考慮地理位置或白天黑夜，只要顧客進入餐廳，他們就知道接下來將會發生甚麼——確定他們想吃甚麼、菜單在哪裏以及如何點餐，他們就能付錢、就餐以及離開。

可控性與技術密切相關。麥當

勞餐館中用來製作食品的機器不僅控制了僱員也控制了顧客。機器控制烹飪時間，進而控制僱員的工作速度；機器生產整齊劃一的產品，從而顧客不能指定食品按照他們喜歡的方式來烹飪。瑞澤爾認為，最終，比人類更易於預測和控制的機器可能會完全取代僱員。

最後，瑞澤爾評估了這種理性化所帶來的利益之外的成本。他承認韋伯對於他的影響，觀察到理性系統可能產生非理性的和意想不到的後果。瑞澤爾強調，終極非理性

> **麥當勞已經變得比美國本身更重要。**
>
> ——喬治・瑞澤爾

是麥當勞模式對於僱員和顧客的去人化的影響。

他指出，麥當勞僱員在機械的生產線上工作，環境擁擠、收入低下。對僱員來說，不管是個人層面還是集體層面，都幾乎沒有任何創新和自主的空間，這導致了員工的不滿、冷漠以及高離職率。

在瑞澤爾所描述的「去人化的設置和環境」中，顧客排隊購買和食用不健康的食品。另外，麥當勞餐館中生產和消費的速度意味着顧客不可能享用到高質量的食品，因為它去要更多的時間去準備。

現代性的原則

瑞澤爾指出，麥當勞化中這五個要素的社會學意義在於，它們能夠被擴展到許多更廣泛的社會活動領域中。從本質上來說，組織各種集體的、個人的行為和互動的主流文化模式如今都受到高效、可計算性、可預測性、可控性以及理性化成本的影響。

這是一種對韋伯思想的擴展：一旦運作起來，理性化的過程能夠自我運作下去，並不斷擴散，直到它最終覆蓋社會生活的所有領域。為了保持在市場中的競爭力，公司必須遵守其他公司都在採用的理性和高效原則。瑞澤爾引用了大量例

> 在社會學中，理論是最不可能被麥當勞化的一個部分，然而，至少在某種程度上，它也經歷了這一過程。
>
> —— 喬治·瑞澤爾

子在證明自己的觀點，包括快餐連鎖店（例如「賽百味」）以及兒童玩具店（例如「玩具反鬥城」）。所有這些公司都自覺地採用麥當勞原則作為他們的產業組織方式。

一方面，瑞澤爾讚賞麥當勞快餐連鎖店自 1940 年誕生以來所展示的高效和應變能力，同時，他也擔心追求理性化過程可能導致的去人化後果。回應韋伯的「鐵籠」概念，瑞澤爾指出，儘管麥當勞已經成為一個高效率且高利潤的西方企業的標誌形象，但越來越多的人類活動領域中的麥當勞原則的擴展會導致異化。

作為一個跨國公司，麥當勞承載和體現了西方的理性化。因此，瑞澤爾指出，麥當勞化是全球文化融合的重要元素之一。然而，這一觀點的批評者，如英國社會學家約翰·湯姆林森（John Tomlinson），用全球本土化的概念來反駁它。湯姆林森承認麥當勞是一個全球品牌，但指出它也確實考慮到了本土情況和背景。例如，改變產品以適應當地的飲食文化傳統，在印度的餐牌中加入素食漢堡。

自問世以來二十年後，瑞澤爾的麥當勞化理論仍然切中時弊。瑞澤爾和他的同伴繼續在一個廣泛的領域中應用、調整和更新這一理論，包括高等教育社會學研究。英國社會思想家丹尼斯·海斯（Dennis Hayes）和羅賓·韋亞特（Robin Wynyard）編輯的《高等教育麥當勞化》一書中包含了基於瑞澤爾的一系列觀點。例如，海斯指出高等教育所建基的傳統價值基礎——從本科到研究生的大學教育——正迅速被標準化、可計算性等所取代。另外，海斯還指出，高等教育的麥當勞化對學生和對學術機構及其員工沒有區別；學生越來越多地帶着功利心態接受教育，把它作為一種實現自己目標的手段，而不是將教育作為目的本身。◼

英國壽司店「YO! Sushi」提升了麥當勞理性化的途徑，把壽司的製作和出售變成一種城市的、東京派的飲食經歷。

社區中的聯結已經衰落了

羅伯特・普特南（1941 年－ ）

背景介紹

聚焦
社會資本

重要時間

1916 年 「社會資本」的概念最早由美國社會改革家海尼凡（L.J Hanifan）提出，指日常生活中的無形事物，如「親善、友誼、同情以及社交」。

2000 年 芬蘭社會學家馬蒂・希伊斯埃南批判性地比較了皮埃爾・布迪厄和羅伯特・普特南各自關於「社會資本」的概念。

2000 年 哈佛大學「仙人掌研討會」發表了一份由普特南和一羣學者倡導的「在一起會更好」的報告，目的在於強調美國社會資本的「超低水平」。

2013 年 荷蘭社會思想家馬琳・福克（Marlene Vock）等使用「社會資本」的概念來「解釋人們投入社交網站的意願」。

不斷活躍在早期社會思想家中的一個主題是，擔心現代社會正在不斷侵蝕傳統的社區生活形式、社會凝聚力以及共享的團結感。同樣，19 世紀也是「志願主義」的時代，人們合作並建立了許多我們今天熟知的制度——如學校、幫助窮人的使命、慈善。

然而，到 20 世紀晚期，國家承擔了許多這些責任，那些曾經將

社會資本由一種**共同身份**感和共享價值產生而來，諸如信任、互惠、親善、友誼……

↓

這有助於建立**志願協會和公民組織**，使得社區聯繫在一起。

↓

但是我們的生活方式正日益個體化，我們已經從**公共事物中抽離**，甚至遠離朋友和鄰居。

↓

社區中的聯結已經衰落了。

參見：卡爾‧馬克思 28~31 頁，皮埃爾‧布迪厄 76~79 頁，理查德‧桑內特 84~87 頁，簡‧雅各布斯 108~109 頁，阿米泰‧埃齊奧尼 112~119 頁，雪倫‧朱津 128~131 頁。

普特南的仙人掌研討會創立於 1995 年，它是以「仙人掌」命名的，隱喻着「生長期長，但用途廣泛，且出人意料」。

公民統一在一起的公民聯結已經衰落了。

美國社會學家羅伯特‧普特南將那些聯結個人、擴大集體的社會黏合稱為「社會資本」，它是通過志願組織、社會和公民網絡產生的。在普特南看來，今天的美國社會要比 20 世紀 60 年代富裕，這是以共享的道德責任感和集體感為代價的。

這種社會資本有三種不同類型的聯結：紐帶、橋樑、聯繫。紐帶是由一種共同身份感產生的，包括家庭、朋友以及集體成員。橋樑超出了共享身份的範圍，還包括同事、朋友和熟人。聯繫在更大範圍內聯結個人或羣體，縮小社會層級。這種聯結人們的社會資本類型的差異很重要。例如，與朋友和家庭的紐帶可能有助於找工作，或是在情感需要的時候獲得安慰。但是，紐帶也可能是一種限制。在移民社區中，與移民同伴的紐帶可能會阻礙社會連接的形成，這就會使人們更難融入更大的社會中。

公民參與

普特南在《獨自打保齡》的研究中，將社會資本的概念運用到美國社會。他指出，傳統郊區社區的消失以及往返上班的人和工人每天面對的、不斷增加的孤獨—— 聽 iPod，或坐在電腦屏幕前——意味着人們不僅很少參與志願活動和社區活動，也較少花時間與朋友、鄰居和家庭相處。

普特南用打保齡球的遊戲說明他的觀點：美國參加這項運動的人數增加，但是加入團隊活動的人數比例卻在減少。人們確實在「獨自打保齡球」，因為信任和互惠等傳統集體價值已經削弱，這對志願組織和公民自治組織—— 從家長教師協會（PTA）到地方議會委員會——產生了負面影響。自 1995 年普特南創立仙人掌研討會、探究公民參與的不同方面以來，他的「社會資本」概念影響巨大，被廣泛運用在許多現象中，從鄰里生活質量和犯罪率到選舉行為和參與教會行為，跨度頗大。∎

羅伯特‧普特南

1941 年，羅伯特‧大衛‧普特南出生在美國紐約，在俄亥俄州的克林頓小鎮長大。曾在英國牛津大學求學，並在耶魯大學獲得博士學位，他發起仙人掌研討會，是哈佛大學公共政策系馬爾金（Malkin）教授。

1995 年，他的文章〈獨自打保齡球：美國日益下降的社會資本〉引發了對公民參與的討論，他受邀會見當時的美國總統比爾‧克林頓。自此，隨着 2000 年基於這篇文章的著作出版，他開始聲名鵲起。2013 年，美國總統巴拉克‧奧巴馬授予他國家人文獎章，以表彰他在理解和試圖改善美國社區生活中的貢獻。

主要作品

2000 年 《獨自打保齡：美國社區的衰落與復興》
2002 年 《流動中的民主政體》
2003 年 《在一起會更好》（與劉易斯‧費爾德斯坦合著）

社會資本理論的核心概念是社會網絡有價值。
—— 羅伯特‧普特南

迪士尼化用絢爛的經歷替代世俗的平凡

艾倫·布萊曼

背景介紹

聚焦
迪士尼化

關鍵時刻

1955 年 華特·迪士尼在加利福尼亞向公眾開放第一家迪士尼，首日就吸引了 50,000 參觀者前來。

自 20 世紀 80 年代起 「全球化」這一術語被越來越多地用來指代世界日益增長的相互連接。

1981 年 在《擬像與仿真》一書中，讓·鮑德里亞指出，「迪士尼以一種夢幻的形式呈現，目的是讓我們相信其餘的是真實的，然而環繞它的洛杉磯和美國不再真實，而是屬於……擬真的秩序」。

1983-2005 年 迪士尼公園在東京、巴黎和香港開幕。

1993 年 美國學者喬治·瑞澤爾出版《社會的麥當勞化》一書。

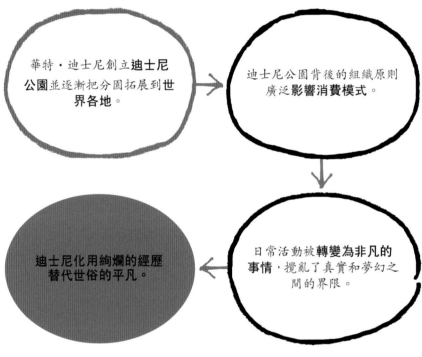

華特·迪士尼創立**迪士尼公園**並逐漸把分園拓展到世界各地。

迪士尼公園背後的組織原則廣泛**影響消費模式**。

日常活動被**轉變為非凡的事情**，攪亂了真實和夢幻之間的界限。

迪士尼化用絢爛的經歷替代世俗的平凡。

現代消費文化產生了具有深遠意義的問題。英國教授艾倫·布萊曼關注迪士尼主題公園對於社會的影響，以及迪士尼模式如何影響服務和產品的消費方式。布萊曼認為，「迪士尼化」是當代消費社會的核心。這一現象正深刻影響我們的購物方式，因為這種遊樂場式組織背後的原則正日益主宰其他領域：「因此，迪士尼公園的虛幻世界，那種不存在的真實，變成了美國社會的典範」。另外，迪士尼化也發生在世界其他地方。

參見：喬治·瑞澤爾 120~123 頁，雪倫·朱津 128~131 頁，讓·鮑德里亞 196~199 頁，阿利·霍克希爾德 236~243 頁。

模糊夢幻與真實

布萊曼界定了迪士尼化的四個方面：主題化、混合消費、商品化以及情感勞動。

主題化包括利用廣為人知的文化元素創造一種流行氛圍——例如，使用搖滾音樂作為「滾石咖啡」的主題。

混合文化指的是那些不同類型消費相互連接起來的地方：例如，將飛機場和運動場變為購物中心。

商品化包括促銷和出售那些打上版權形象和商標的物品。例如，諸如《哈里·波特》系列和《史瑞克》之類的圖書和電影帶來了大量的衍生品，從 T 恤衫到電子遊戲。

阿利·霍克希爾德在《被管理的心靈》（*The Managed Heart*）一書中創造了「情感勞動」一詞，用來描述一個人按照某一理想去改變其

外在行為。在迪士尼化中，它產生於當一個工作看起來更像是一種表演時：劇本化的互動、盛裝打扮、無盡的歡聲笑語。

這些過程的結果是，它能將日常活動，諸如購物和飲食，轉變成壯觀的、轟動的事件。然而同時，這種以美化的形式重新包裝事物的傾向削弱了其他經歷和地點的真實性。最終，它模糊了夢幻與真實之

佛吧在全球都有分店，是布萊曼「主題化」理論的例證，以此，一種文化資源——在這裏是宗教——被用來創造一種商品或場地。

間的界限。布萊曼指出，通過將某地與某種眾所周知的文化圖騰聯繫在一起，而賦予它某種特色，導致英國諾丁漢變成「羅賓漢村」，芬蘭拉普蘭變成「聖誕老人村」。

布萊曼將迪士尼化看作是與喬治·瑞澤爾的麥當勞化類似的概念，後者是指快餐原則（麥當勞本身僅僅是一種符號）逐漸控制社會中越來越多的部門。麥當勞化基於理性化概念以及批量生產。主題公園以不同的方式對此回應，但是，本質上，迪士尼化是關於消費（商品和服務）意向的增加，而這往往是通過多樣化和差異性來實現的。主題化和商品化的流行意味着迪士尼化已經成為現代生活和身份不可分割的一部分。■

艾倫·布萊曼

英國社會學家艾倫·布萊曼是萊斯特大學管理學院組織和社會研究院的教授。在此之前，他在拉夫堡大學工作了 31 年。布萊曼的研究興趣在於方法論以及消費文化的不同方面。他的研究專長包括：整合定性和定量研究方法；迪士尼化和麥當勞化；高等教育中的有效領導。

布萊曼無法理解其他研究者對

於迪士尼的任何事物的嗤之以鼻；他對於卡通和公園的熱愛極大地激發了他的學術研究，對他在文化和社會學領域的研究都有很大影響。

主要作品

1995 年　《迪士尼及其世界》
2004 年　《社會的迪士尼化》

住在閣樓上就好像住在陳列櫃裏一樣

雪倫・朱津

背景介紹

聚焦
縉紳化和城市生活

關鍵時刻

19 世紀 20 年代 美國社會學家羅伯特・帕克創造了「人類生態」一詞，成為「芝加哥學派」和城市生活系統研究的創立者和領軍人物。

1961 年 簡・雅各布斯出版《美國大城市的死與生》一書，成為戰後關於城市環境研究中最有影響力的著作之一。

1964 年 英國社會學家魯斯・格拉斯（Ruth Glass）發明了「縉紳化」一詞，來描述中產階級入侵並取代工人階級原有生活環境的過程。

20 世紀 70 年代 藝術家開始轉移到紐約下曼哈頓區的舊工廠建築中。

城市是充滿動態變更的地方，是人口、社區、思想以及建成環境不斷更新的場所。社會思想家一直以來都着迷於城市生活研究，特別是在社會巨變時期。自 19 世紀以來大都市發展時期，第二次世界大戰之後的城市轉型、向郊區生活發展，以及 20 世紀 60 年代城中村結構的變遷，這些都一直是研究的熱點和主題。

另外一個城市研究高潮發生在 20 世紀 80 年代，製造業的衰敗和全球化日益增長的影響給西方世界

參見：喬治・齊美爾 104~105 頁，昂利・列斐伏爾 106~107 頁，簡・雅各布斯 108~109 頁，艾倫・布萊曼 126~127 頁，薩斯基婭・薩森 164~165 頁。

城市中從前的工業區在**去工業化**的過程中**破敗不堪**。

↓

藝術家着迷於這些地方是因為**低房租**和激發創造力的**廣闊空間**。

↓

藝術家們創造的「**酷**」**吸引**年輕的城市規劃師的關注。

↓

地產發展商看到**發財良機**，收購這些地產。

↓

房租上漲，藝術家和窮人搬出去；
這片地方**喪失了其多元性和生命力**。

（曾經被用來做大規模生產的場所）的個性化來替代現代性的大生產和郊區生活的同一性的努力（許多閣樓空間都曾經是作坊或工廠）。在閣樓中，獨門獨戶的宅院隱私被不分層的布局結構所取代，它開放「所有空間……給所有來者」。這種空間和開放營造了一種非正式和平等的印象，將閣樓轉變為「旅遊勝地」或陳列櫃——一個展示的場所。

城市重建

朱津也仔細研究了城市重建和閣樓生活的成本。表面看來，人們重回那些實際上已經荒廢的地區似乎是一個積極的過程，給老建築和舊地方帶去新生；然而，朱津對這一假設提出質疑，指出犧牲其他人

許多城市帶來了巨變。新一代學者開始探索內城區的衰落、城市重建過程以及不同地方獨特地域感的形成。雪倫・朱津就是其中傑出的一位，她於 1982 年出版一本重要作品《閣樓生活》。

空間的意義

1975 年，朱津搬到位於美國紐約格林尼治村的一座閣樓——以前曾是服裝廠和藝術家工作室。她開始研究這些新居住場所對於那裏的居住者的意義，並特別關注這些居住地對於紐約那些傳統社區的影響。

朱津重申了諸如法國哲學家加斯東・巴什拉（Gaston Bachelard）的一些觀點，如後者在《空間的詩學》（1958）中指出，家不僅僅是生活的場所，它代表了居住者的「心理狀況」。例如，在維多利亞時代，房屋被劃分為具有不同功能的一個個房間（起居室、更衣室等等），提供一系列親近的空間相遇。

朱津認為，閣樓居住者的心理狀況是尋求真實——一種用空間

裸牆，露樑，以及一些意想不到的建築細節為城市閣樓公寓的購買者提供了其所追尋的真實。

切爾西市場是 20 世紀 90 年代在原來肉類加工區的廢棄工廠中創建的一個紐約食品大廳。朱津指出，這地方與以前的屠宰「禁止通行區」有天壤之別。

建築物原本是工廠，地面並沒有像那些公寓樓一樣劃分成多個房間，而是一個具有高高的窗戶的開放平面。這種能容納許多人、能為縫紉機上的工人工作提供充足光線的場所，也成了藝術家們的理想工作環境。20 世紀 70 年代早期，紐約受經濟危機的影響，購房需求減少，城市中的房租也普遍走低。同樣，藝術家們在掙扎中維持生計，不斷尋找居住和工作的便宜場所。下曼哈頓區的舊工廠閣樓因此而具有吸引力，許多藝術家在這一區安頓下來。

這是一種舊區域的有機重建：市政府並沒有正式規劃要將這一地區從閣樓改建成宜居工作室。隨着愈來愈多的藝術家入駐這一地區，它帶來了一種文化生機；藝術家的

為代價的重建給某些特定羣體帶來了利益。她指出，憑借重建過程，窮人或邊緣羣體被成功地擠出他們一直生活的地方，有的甚至是世代居住的地方，為那些更精英的羣體讓路。朱津通過在紐約部分地區以及世界其他城市的研究指出，這種城市經歷可能是一種普遍現象。

縉紳化的步驟

朱津指出，縉紳化不僅僅是一個「場所的轉變」。它是「與郊區生活的決裂……走向城市生活的社會多樣性和審美混亂」。在她看來，縉紳有一種獨特的文化和環境（例如，他們對修復歷史建築細節的興趣），這導致「一種社會和空間的分化過程」。在對下曼哈頓區的研究中，朱津指出，縉紳化是由幾個清楚的步驟所組成的。

第一步是傳統製造業的衰落。僅僅在幾代人之前，紐約的濱水廠區僱傭了成千上萬的工人，曼哈頓腹地格林威治村周圍擠滿了生產紡織品和服裝的小工廠和作坊。廠房周圍的建築物都無一例外地有高高的房頂和許多燈，被稱為「閣樓」。

自 20 世紀 50 年代以來，愈來愈多的美國大公司的紡織生產「離岸」，向勞動力成本更低的亞洲國家轉移，紡織廠開始倒閉。美國工人失業，紐約受影響的地區開始去工業化和破敗。到 20 世紀 70 年代，下曼哈頓區的大部分地方已經廢殼空空。

創造性場所

第二步發生在 20 世紀 70 年代，在這些荒廢工廠逐步變成窮人和邊緣羣體居住地之後。由於這些

造就（紐約市）區域的獨特之處很大程度上來自於它的建築，而非人口。

——雪倫·朱津

出現意味着需要商業的配套支持，例如咖啡館、餐館和藝術廊。這一地區開始逐漸變得時髦而前衛，日益吸引着年輕城市白領這一新階層，他們想生活在一個全新的、有趣的，並且與他們所成長的那個保守的戰後家庭所完全不同的地方。

縉紳化的第三個而且是決定性的步驟是年輕白領開始搬入這一地區——由此，變成了城市波希米亞環境和生活方式的一部分。有錢人開始嚮往住在那些以前被廢棄的地區。新興且富裕羣體渴望住在這一地區的事實引起了逐利的地產開發商的注意，他們開始大量收購這些相對低廉的地產——正如朱津經常批判指出的，是在市政當局的支持下——並把它們改造成與藝術家居住的閣樓類似的公寓。結果，租金開始穩健飆升。藝術家和窮人發現，他們難以維持居住在那裏，於是開始搬出去。

當更多富裕的中產和上層階級佔領這一地區之後，縉紳化的最後一步也就完成了。藝廊和咖啡館仍在，但是，曾經標誌這一區域的多元人口、生命力以及文化活動卻消失了。實際上，藝術家在無意中成為縉紳化的幫兇，然後又成了它的犧牲品：他們為下曼哈頓區注入新生活力的成功導致他們最終被逐出這一與他們息息相關的重建區域。

找尋城市靈魂

朱津的研究一度對於闡明現代城市變遷的驅動力具有影響力：這

> 這種同一視覺形象的真實性，是無可阻擋的。
> ——雪倫·朱津

一驅力是那些希望追尋某種生活方式的社會羣體的文化和消費需求，而不是某種新工業形式的發展。然而，對朱津來說，這種生活方式只是消費主義的另一種形式，最終是空洞的，它提供一種「迪士尼化」的經驗，而在跨國媒體公司鼓吹下的流行文化形式和生活方式將多元性和真實性邊緣化了。由此產生的結果是，窮人與邊緣化羣體被有效地驅逐出城市生活。

裸城

朱津最近的研究，例如《裸城》，聚焦於縉紳化和消費主義如何創造了一種空白的、同質的中產階級區域，並掠奪了城市中大多數人所渴望的那種真實性。她同時也注意到，縉紳化的步伐已經加快了。以前需要幾十年實現的事，現在似乎只需要幾年就可以完成：某個地方被視為「酷」，很快開發商駐入，開始了一個從根本上改變其特性、最終破壞其特質的過程。事實上，某一街區的個性淪為資本主義開發商的工具——結果是逐出了那些最初賦予它真正「靈魂」的人。對規劃師而言，他們面臨的挑戰是找出保存其居民以及建築和街景的方法。■

雪倫·朱津

雪倫·朱津現在是紐約市立大學布魯克林學院與研究生中心社會學教授。她曾獲得一系列獎項，包括美國社會學會的懷特·米爾斯獎（Wright Mills Award）和海倫·林德獎（Helen Lynd Award），以表彰她在城市社會學方面的學術成就。

她的著作集中在城市、文化以及消費文化，而她的研究涵蓋城市、文化、經濟變遷。她的研究主要關注城市如何受到諸如縉紳化之類的進程影響，探究城市生活中的主要驅動過程。她同時也是活躍的評論家，就紐約及其他城市所發生的許多變遷發表觀點。

主要作品

1982年 《閣樓生活：城市變遷中的文化和資本》
1995年 《城市文化》
2010年 《裸城：本真都市地方的生與死》

LIVING IN A GLOBAL WORLD

生活在
全球化世界中

在《共產黨宣言》中，卡爾・馬克思和弗里德里希・恩格斯預測了**資本主義的全球化**，並號召工人階級聯合起來。

1848年

在《風險社會》中，烏爾里希・貝克認為，我們必須找到新策略以應對**全球化的人造風險**。

1986年

博温托・迪・蘇薩・桑托斯極力主張，修正來自北半球的社會學研究，將**其他社會**納入其中，以變成真正的**全球範圍**。

20世紀**90**年代

在《全球化：社會理論和全球文化》中，羅蘭・羅伯遜評估了**全球化對於本土文化的影響**。

1992年

1974年

在《現代世界體系》中，伊曼紐爾・沃勒斯坦指出，全球化使一些國家受益，而**對發展中國家是有害的**。

20世紀**90**年代

齊格蒙特・鮑曼提出「流動的現代性」概念：由全球流動和溝通帶來的**一種恆常的社會變遷狀態**。

1991年

在《全球城市》中，薩斯基婭・薩森描述了**某些核心城市的全球意義**，而不是民族國家。

社會學產生於一種自啓蒙運動起就開始萌芽的理解和設法改進現代社會的迫切需要，特別是工業化、理性化和資本主義帶來的影響。但是隨着 20 世紀後半期社會學作為一門學科日漸鞏固，還存在着另外一種推動社會變遷的明顯力量：全球化。

國際貿易已經存在好幾個世紀，跨國公司也在 16 世紀和 17 世紀的貿易帝國中根深蒂固，因此全球化絕非是一個新概念。然而，自工業革命以來，交通和通信進步的步伐加速。20 世紀，電報和航空革新了國際聯結，而第二次世界大戰後的信息技術維持了這一模式。

網絡社會

許多人認為世界已經步入一個嶄新的、後工業、後現代時代，而也有人認為全球化只不過是現代性過程的延續。例如，齊格蒙特・鮑曼認為，隨着技術變得更加複雜，工業化所開創的時代已經步入一個成熟的、「現代後期」階段。技術進步的性質意味着這一階段以「流動的現代性」為特徵——一種持續變遷的狀態。也許這些技術革新最突出的社會影響來自溝通的進步。從電話到互聯網，世界正變得日益相互關聯起來，社會網絡超越了國界。信息技術不僅使商業貿易前所未有地快捷和便利，也使得原來孤立的個人和羣體聯結起來。

曼紐爾・卡斯特爾是首先識別這一網絡社會的社會後果的研究者之一，而羅蘭・羅伯遜則指出，與其說全球化帶來一種同質後果（通過創造一種社會的共同模式），不如說全球化通過與本土文化融合，產生了新的社會系統。晚期現代性的另一個方面是，人們現在可以很容易地進行全球旅行。就如同工業化之後移民從農村來到城市、創造了新的社會結構，20 世紀末期流動性的增強已經改變了社會模式。經濟移民已經變得越來越普遍，人們不僅僅是湧向新的全球城市，還在國際舞台上就業和追尋繁

在《信息時代：網絡社會的興起》（三卷本之第一卷）（1997，《認同的力量》，1998，《千年終結》）中，曼紐爾·卡斯特爾分析了**信息技術的社會影響**。

在《全球化與反全球化：超越大分水嶺》中，戴維·赫爾德和安東尼·麥克格魯指出全球化的**對立的社會影響**。

在《氣候變化的政治學》中，安東尼·吉登斯警告拖延環境問題的**危害**。

1996年

2002年

2009年

1996年

2002年

2007年

在《消散的現代性：全球化的文化維度》中，阿爾君·阿帕杜萊考察了在全球化的世界中**認同是如何形成的**。

在《民族主義社會學：明天的祖先》中，戴維·麥克隆考察了**全球化世界中民族認同**的角色。

在《流動性》中，約翰·厄里解釋了隨着人們日益增長的全球流動，**新文化和認同是如何產生的**。

榮。如同阿爾君·阿帕杜萊等指出，這已經導致了文化變遷，包括對認同形成的質疑。

文化和環境

許多社會學家嘗試評估全球化對於本土文化和民族認同感的影響。在西方國家，來自不同文化背景的移民的流入已經改變了人們對於種族、宗教、文化的態度，特別是第二和第三代移民羣體如何在移民國家中找尋他們自己的身份。

這種移民運動大多是由國家間的經濟不平等導致的，後者並沒有在全球化中得到緩解。根據伊曼紐爾·沃勒斯坦的觀點，正是資本主義的散播使得國家之間的貧富差異得以延續。通過維持這種差距、掠奪發展中國家的資源，資本主義保持了一種經濟優勢。由於南北半球之間差異的不斷擴大，桑托斯呼籲轉變社會學思路，將邊緣羣體的視角納入其中。

還有一些人，諸如烏爾里希·貝克，警告全球化伴隨而來的風險，因為新技術和溝通的進步侵蝕了傳統生活方式。與過去不同，我們不再是只面對本土範圍內的自然風險，而且同時還有具有國際影響力的人為危機。環境問題或許是最大的威脅，但是正如安東尼·吉登斯指出的，作為一個社會整體，我們傾向於像鴕鳥一樣把頭埋進沙子裏。一邊享受着現代全球城市的優勢，一邊繼續拖延對潛在問題的處理，或許要拖到再也來不及阻止災難的那個時候。■

在流動的現代性世界中，須放棄所有總體性／整體性希望

齊格蒙特・鮑曼（1925 年－　）

背景介紹

聚焦
流動的現代性

關鍵時刻

1848 年 卡爾・馬克思和弗里德里希・恩格斯出版《共產黨宣言》，預言了資本主義的全球化。

1929-1935 年 安東尼奧・葛蘭西的霸權概念形塑了齊格蒙特・鮑曼的觀點，認為資本主義文化具有高度彈性。

1957 年 《羅馬條約》的簽訂允許歐洲經濟共同體內工人的自由流動。

1976 年 鮑曼受到米歇爾・福柯的《規訓與懲罰》的影響，特別是他關於監視的思想。

2008 年 英國社會學家威爾・阿特金森（Will Atkinson）質疑鮑曼「流動的現代性」的概念是否經過了充分的仔細推敲。

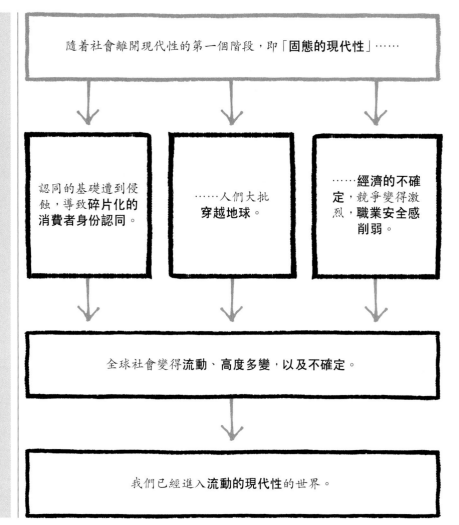

19 世紀末期，社會圍繞城市中心而結合擴展，西歐進入了一個以工業化和資本主義為特徵的現代性階段。在波蘭社會學家齊格蒙特・鮑曼看來，社會已經從現代性的第一個階段——他稱之為「固態的現代性」——過渡到所謂「流動的現代性」的人類歷史階段。按照鮑曼的說法，這一新階段充滿了無盡的不確定性和變遷，同時在全球、系統層面上以及個體經驗層面上影響人類社會。鮑曼的「流動性」概念是對當今生活的有力隱喻：移動的、流動迅速的、多變的、無定形的、無重心的以及難以預測的。事實上，流動的現代性是存在於現代社會在持續不斷地重塑過程中的一種生活方式；隨着風險的增加，後者也在以一種無法預測的、不確定的和困擾的方式變動。對鮑曼而言，流動的現代性是西方——現在也是全球——社會進化過程的當前階段。如同卡爾・馬克思一樣，鮑曼相信人類社會進步的每一個新階段都是從其前一個階段發展而來的。因此，在試圖理解流動的現代性之前，有必要先定義固態的現代性。

定義固態的現代性

鮑曼將固態的現代性看作是有序的、理性的、可預測的以及相對穩定的。它的標誌性特色是人類行

參見：卡爾・馬克思 28~31 頁，米歇爾・福柯 52~55 頁，馬克斯・韋伯 38~45 頁，安東尼・吉登斯 148~149 頁，烏爾里希・貝克 156~161 頁，安東尼奧・葛蘭西 178~179 頁。

為和制度以科層制方式組織起來，實踐理性被用於解決問題和提出技術方案。科層制之所以存在，是因為它是組織和命令一大群人的行為和互動的最有效方式。儘管科層制有其致命的缺點（例如，人類生活會變得去人化，缺少自發性和創造性），它在實現目標任務方面極其高效。

按照鮑曼的觀點，固態的現代性的另一種重要特徵在於，社會結構中的高度平衡——即人們居住在一套規範、傳統和制度相對穩定的環境中。就這一點，鮑曼並不是說固態的現代性不存在社會、政治和經濟變遷，而是指變遷以一種相

對有序的和可預測的方式發生。經濟就是一個很好的例證：在固態的現代性中，大多數人——從工薪階層到白領中產階級——都擁有相對較高的職業安全感。從而，他們傾向於定居在同一片土地上、在同一個社區中長大，與父母和其他家庭成員上同一所學校。

鮑曼將固態的流動性看作是單向的、進步性的——是啓蒙運動觀點的現實寫照：理性帶來人類解放。隨着科學知識的進步，人們對於自然世界和人類世界的認識和掌控也在增長。按照鮑曼的觀點，在固態的現代性中，對科學理性的無上信仰體現在那些圍繞國家議題和問題的社會制度和政治制度中。啓蒙運動的思想在國家制度中根深蒂固，成為社會、政治和經濟理想型的主要參照點。

波蘭**奧斯威辛集中營**由納粹建造和使用。鮑曼把猶太人大屠殺看作是固態的現代性中高度理性和計劃性的產物。

齊格蒙特・鮑曼

波蘭社會學家齊格蒙特・鮑曼於 1925 年出生在一個波蘭猶太家庭，隨着 1939 年納粹入侵，鮑曼全家被迫逃亡蘇聯。在來到以色列之前，他曾經在波蘭紅軍中效力。1971 年，他定居英國，現在是利茲大學社會學榮休教授。

鮑曼一生撰寫了 40 多本著作，其中大約有 20 多本是他 1990 年退休之後完成的。為了表彰其對社會學的貢獻，1998 年他被授予西奧多・阿多諾獎，2010 年被授予阿斯圖里亞王子獎。2010 年，利茲大學為紀念他而設立了鮑曼學院；2013 年，波蘭導演巴爾泰克・迪茲亞多斯根據他的生活和思想拍攝了一部名為《我欲為人之難》(The Trouble with Being Human These Days) 的電影。

主要作品

1989 年 《現代性與大屠殺》
2000 年 《流動的現代性》
2011 年 《流動的現代世界中的文化》

鮑曼指出，在個體層面上，固態的現代性帶來一種穩定的個體身份認同和自我認知。固態現代個體擁有一種統一的、理性的和穩定的個體身份感，因為它感知於一系列穩定範疇，諸如職業、宗教信仰、國籍、性別、種族、休閒娛樂、生活方式等等。固態的現代性之下的社會生活——如同它所創造的個體——是自信的、理性的、科層化地組織的，以及相對可預測的和穩定的。

從固態到流動

在鮑曼看來，深刻而緊密相連

鮑曼的固態的現代性思想在啓蒙運動思想家那裏得到了體現，諸如艾薩克・牛頓（由威廉・布萊克所畫）使用理性改變社會。

的經濟、政治和社會變遷帶來了從固態的現代性到流動的現代性的轉變。結果是導致一個由鮑曼所宣稱的「強迫的、過度的、沉迷的對世界的重建」所推動的全球秩序。

鮑曼定義了從固態的現代性到流動的現代性過渡過程中的五個不同但又相互關聯的發展。第一，民族國家不再是社會的「關鍵的承重結構」；當今的政府不論是在國內還是在國際事務中擁有的權力相對較小。第二，全球資本主義增長，多國或跨國公司不斷增加，帶來國家權威的去中心化。第三，電子技術和互聯網使得溝通超越國族。第四，社會前所未有地風險化——置身於不安全和可能的危險因素之中。第五，全球範圍的人口遷移日益增長。

如今，每個國家的人口都是離散之人的一種集合。

——齊格蒙特・鮑曼

定義流動的現代性

根據鮑曼自己的觀察，定義「流動的現代性」本身是一件矛盾的事，因為這一術語指的是一種不停變遷、流動和不確定的全球環境。然而，他指出，通過定義固態的現代性的特質，我們也有可能抓住流動的現代性中最重要的方面。

在意識形態層面上，流動的現代性摧毀了啓蒙運動的信念，即科學知識能夠改善自然和社會問題。在流動的現代性中，科學、專家、大學研究所、政府官員——那些在固態的現代性中的重要權威人物——在真理守衛人的角色上變得極度模糊。就科學家而言，人們越來越多地傾向於認為，他們製造的環境和社會－政治問題與他們所解決的問題一樣多。這不可避免地使公眾越來越多地對科學持懷疑和冷漠態度。

流動的現代性破壞了個人對於就業、教育以及福利方面的確定

性。如今，許多工人可以再培訓或者換工作，有時甚至是多次——固態的現代性時代下典型的「終身職業」早就變得不現實和不可及。

「重建」，或公司裁員——鮑曼從美國社會學家理查德·桑內特那裏借用的術語——變得越來越普遍，因為通過顯著降低勞動力成本，能確保公司在全球市場的競爭中保持競爭力。在這個過程中，穩定永久的工作——那種固態的現代性中的典型——已經逐漸被針對具有高度流動性的勞動力所提供的短期僱傭合同所取代。與這種職業不穩定性緊密相關的是教育的角色和性質的轉變。個人需要在他們的職業生涯中繼續學習——往往是自費，以跟上他們自己職業領域中的最新動向，或者作為一種自我投資以確保他們在勞動力市場中的「暢銷性」，而不至於被裁員。

與僱傭模式的變遷同時發生的還有福利國家的倒退。那些歷史上

> **我們生活在一個日益全球化的世界中。這意味着，我們所有的人，自覺或不自覺地，彼此相互依賴。**
> ——齊格蒙特·鮑曼

鮑曼將固態的和流動的現代性之間的**關鍵差別**界定為兩套系統的四個特徵。

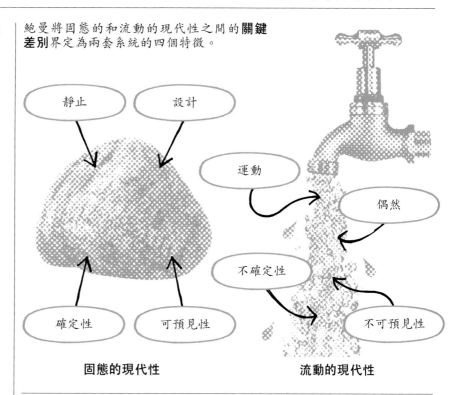

固態的現代性　　　　　**流動的現代性**

曾被看作是可靠的「安全網」以對抗諸如生病或失業等個人不幸的國家福利政策，正在迅速地減少，特別是在住房、公費高等教育以及公共醫療領域。

流動的認同

固態的現代性基於工廠和工業設施中消費商品的工業化生產方式，而流動的現代性則基於對於消費品和服務的快速而無止境地消費。

鮑曼認為，這種從生產到消費的轉變是社會結構消解的結果，例如職業、國籍，這些都是固態的現代性中身份認同的參照點。然而，在流動的現代性中，自我並不是固定的：它是碎片化的，不穩定的，往往充滿內在矛盾，更多時候，不過是消費者選擇（構成自我的同時，也彰顯了自我）的總和。在流動的現代性中，真實的自我與表徵的自我之間的界限被消費者的選擇

如同鮑曼所指出，**福利國家**近來已經飽受壓力。例如，在英國，國民健康服務正在日漸削弱，儘管這一系統受到廣泛支持。

個體認同的**自我創造**通過消費來實現，因為認同的傳統源泉，如職業地位和家庭紐帶，在流動的現代性中已經凋謝。

所打破：按照鮑曼的觀點，我們是由所購買的東西來界定的；除此之外，再無其他。內在和表象的意義混在了一起，已經不可能把它們分開了。

消費和認同

消費在建構個體自我認同中的重要性超越了獲得消費商品本身。沒有了固態的現代性所提供的那種認同的穩定來源，現代社會中的個體試圖從一個更寬廣的可選範圍中尋求指引、穩定性以及個體方向，例如生活方式教練、心理分析師、性治療師、整體生活專家、健康專家等。

個體已經陷入自我認同的困境，這在歷史上是前所未有的，帶來一種自我懷疑的無盡循環圈，而自省只會使個體變得更加困惑。最終，其所帶來的結果是：我們的經歷和日常生活經驗正越來越多地伴隨着持續的焦慮、煩躁不安，對於「我們是誰，以及我們在哪」的志忑，以及對那些發生在我們周圍的劇烈社會變遷的憂慮。

因此，流動的現代性原則上指的是一種被不確定性和不穩定性所困擾的全球社會。然而，這些不安定的力量並不是均勻分布在全球社會中的。鮑曼分析並解釋了流動性、時間以及地點這些變量的重要性，以理解其原因。在鮑曼看來，

在流動的現代性中，保持流動性的能力是一個極其重要的特性，因為它有利於成功追求財富以及個人成就。

旅遊者和流浪漢

鮑曼區分了流動的現代性中的成功者和失敗者。那些從流動的現代性中獲益最多的人是那些享有社會特權的人，他們能在全世界範圍內自由移動。鮑曼把他們稱作「旅遊者」，他們存在於時間而非空間中。意思是，通過觸手可得的互聯網技術和跨國航班，旅行者能夠——事實上也確實是——穿越整個地球，並且選擇在經濟條件最好、生活水平最高的地方活動。與之成鮮明對比的是「流浪漢」，正如鮑曼所稱，是那些靜止的，或被迫流動的，被排除在消費文化之外的人。生活對於他們來說，要麼是

在流動的現代生活中，不存在永久的聯繫，我們所從事的任何事情，必須鬆散地連接，一旦情況改變，他們能夠彼此分開……

——齊格蒙特・鮑曼

> 如果你用你所獲得的東西定義你的價值……被排斥是丟臉的。
>
> —— 齊格蒙特・鮑曼

被困在那些失業率高、生活水平低下的地方，要麼作為經濟和政治難民而被迫背井離鄉，尋求就業、免受戰亂或迫害。他們長期停留在哪裏，哪裏就會變得不宜居住。

對於鮑曼來說，全球範圍的人口大規模移民和跨國流動是流動的現代性的特徵之一，也是影響日常生活的不可預測性和持續多變性的因素：鮑曼所區分的旅行者和流浪漢兩種社會類型則佔據了這一現象的兩個極端。

鮑曼理論的應用

齊格蒙特・鮑曼被看作是最具影響力和最傑出的現代社會學家之一。他選擇不把自己劃到任何一個特定的思想傳統中——他的著作與許多學科相關，從倫理學、媒體、文化研究到政治理論和哲學。在社會學內，他關於流動的現代性的研究被絕大部分思想家看作是對這一領域的特殊貢獻。

愛爾蘭社會學家唐納哈・馬羅（Donncha Marron）將鮑曼關於流動的現代性的概念運用到對美國消費信用卡的考察中。沿着鮑曼的觀點，對於商品和品牌的消費是個體建構他們的個人認同的關鍵內容，馬羅指出，信用卡是這一過程中的重要工具，因為它非常適合幫助人們適應鮑曼所描述的那種流動的生活方式。例如，信用卡可以用來購物，滿足消費慾望。它使得付款更加簡單、快捷，並且相對容易管理。馬羅也指出，信用卡也可以用來應付日常開支，特別是人們換工作或轉行時。同時，信用卡本身總是打着所有者所感興趣的商標，諸如足球隊、慈善或商店。這些帶着商標的卡片是一種微小但卻直白的方式，通過這種方式，人們可以

> 『社區』如今成了失樂園的代名詞。
>
> —— 齊格蒙特・鮑曼

有選擇地向外界展示他們是誰以及他們的身份。∎

鮑曼的全球「旅行者」是流動的社會精英成員，他們擁有財富和職業地位，使他們能夠享受到流動的現代性中最積極的方面。

現代世界體系

伊曼紐爾·沃勒斯坦（1930年- ）

背景介紹

聚焦
世界體系理論

重要時間

16 世紀 歐洲列強「發現」和殖民美洲和亞洲部分地區，奠定了全球資本主義的基礎。

1750 年 英國開始工業革命。

1815-1914 年 新工業和社會與經濟轉型擴展到歐洲、北美、日本和澳洲的部分地區 —— 這些地方的國家形成了現代經濟體系的「核心」。

1867 年 卡爾·馬克思出版《資本論》第一卷，強調資本主義的剝削本質。

自 20 世紀以來 隨着全球貿易的發展，包括前殖民地國家在內的新國家，融入了全球資本主義「體系」。

資本主義在**全球逐利**的過程無視國家邊界。

隨着財富和影響力的增加，資本主義發展出一個基於市場和利益邏輯的**綜合世界體系**。

不同國家從**現代世界經濟體系**中獲益很不平等。

這個體系**剝削貧困國家**的自然資源和勞動力，使這些國家很難發展。

美國社會學家伊曼紐爾·沃勒斯坦在《現代世界體系》(1974) 一書中指出，全球經濟體系把世界中不同國家相互連接在一起，發達國家剝奪發展中國家的自然資源和勞動力。這一「世界體系」使得貧窮國家很難獲得發展，並確保了富裕國家繼續成為全球商品鏈以及工業資本主義所創造的產品和財富的主要獲益者。

沃勒斯坦認為，隨着歐洲國家，諸如英國、西班牙和法國，剝削被征服和被殖民化地區的資源，世界經濟體系於 16 世紀開始產生。這些不平等的貿易關係帶來了資本的積累，被再投資以擴大經濟

參見：卡爾・馬克思 28~31 頁，羅蘭・羅伯遜 146~147 頁，薩斯基婭・薩森 164~165 頁，阿爾君・阿帕杜萊 166~169 頁，戴維・赫爾德 170~171 頁。

體系。到 19 世紀末期為止，世界上大部分地區都已經被納入這一商品生產和交換體系之中。

全球舞台

沃勒斯坦關於現代資本主義起源的思想將馬克思的理論擴展到全球舞台。馬克思關注資本主義是如何產生關於「剩餘價值」的爭奪的，他注意到這一事實：工人一天創造出比其收入所得更多的價值，這種額外的價值對僱傭者來說就是利潤。在資本主義社會，富裕的社會精英剝削工人階級以獲得他們勞動的剩餘價值。

沃勒斯坦發展了這一觀點，將研究焦點集中在那些全球商品鏈中的獲益者，認為在全球體系中存在着類似於階級的國家羣體，他稱之為「核心」、「半邊陲」和「邊陲」。核心國家是發達國家，它們使用先

現代世界體系是基於類似於階級的國家羣體，它導致了這些國家之間經濟和貿易關係的不平等。

邊陲國家處於無權和被剝奪的地位；它們擁有基於農業和礦業的有限經濟基礎，為半邊陲和核心國家提供商品、原材料和廉價勞動力。

半邊陲國家擁有中等水平的富裕、自主性和經濟多樣性。

核心國家發達、工業化且富裕；它們在現代世界體系的處於核心支配地位。

進生產技術生產複雜產品。核心國家依靠邊陲國家提供原材料、農業產品和廉價勞動力。半邊陲國家擁有其他兩個種類的混合式社會和經濟特性。

核心和邊陲之間經濟交換的不平等性意味着核心國家以高出邊陲國家的價格出售它們的製成品。半

邊陲國家同樣也能從邊陲國家不平等的貿易關係中獲益，但在與核心國家的經濟交換中通常處於劣勢。

沃勒斯坦認為，這種世界體系是相對穩定的，不容易改變。在這個體系內部，國家可以「上下」移動，核心國家的軍事和經濟實力，以及半邊陲國家的野心，使得這一全球關係不可能被重塑得更加平等。

20 世紀 70 年代，沃勒斯坦關於現代世界體系的思想開啓了關於全球化的討論，直到 80 年代末期及 90 年代初期，該思想才變成社會學的核心關注之一。因此，他的成果被看作是對經濟全球化及其社會—政治影響的早期重要貢獻。■

財富和不平等的全球模式

社會科學家最初使用「第一世界」（發達西方國家）、「第二世界」（工業化共產主義國家）和「第三世界」（殖民地國家）的術語討論全球不平等。國家地位高低是根據它們資本主義企業、工業化以及城市化的水平來衡量的；這一觀點認為貧困國家只需要更多具有發達國家那樣的經濟特徵就可以擺脫貧困。

沃勒斯坦反對那些認為第三世界僅僅是低度發展的觀點。他將焦點集中在全球經濟背後的經濟過程和聯繫，認為儘管一個國家在世界體系中的位置最初是歷史和地理的產物，全球資本主義的市場力量強化了核心和邊陲國家的區別，因此有效地將不平等制度化下來。

全球問題，本土視角

羅蘭·羅伯遜（1938 年－ ）

背景介紹

聚焦
全球化

關鍵時刻

1582-1922 年 從歐洲天主教國家開始，最終到東亞和蘇聯，格里高利曆法（公曆）成為國際通用的曆法。

1884 年 格林尼治時間（GMT）作為世界標準時間，成為全球 24 小時時區體系的基礎。

1945 年 聯合國成立，以促進國際合作。

20 世紀 80 年代 日本公司開發促使全球產品適應本土市場的策略，他們稱這一過程為「全球本土化」。

20 世紀 90 年代 羅蘭·羅伯遜在其關於「全球化」的研究中擴展了日本「全球本土化」的概念。

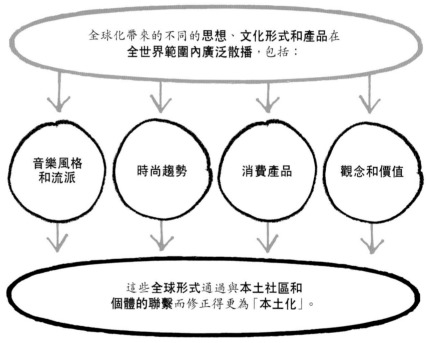

全球化帶來的不同的**思想、文化形式和產品**在**全世界範圍內廣泛散播**，包括：

- 音樂風格和流派
- 時尚趨勢
- 消費產品
- 觀念和價值

這些**全球形式**通過與**本土社區和個體的聯繫**而修正得更為「**本土化**」。

全球化導致新的文化形式，全球產品、價值和品味與它們的本土對應物融合在一起。按照英國社會學家羅蘭·羅伯遜的觀點，這種全球和本土的相互融合，是現代社會的重要特徵，帶來了創新的可能性。在《全球化：社會理論和全球文化》（1992）一書中，羅伯遜認為全球化核心中的文化動態可以通過聚焦於四個領域的相互關係去理解：「自我」、「民族國家」、「諸社會組成的世界體系」以及「全人類的概念」。這一聚焦使他能夠考察一個人的自我身份與國家、全球

參見：喬治・瑞澤爾 120~123 頁，伊曼紐爾・沃勒斯坦 144~145 頁，薩斯基婭・薩森 164~165 頁，阿爾君・阿帕杜萊 166~169 頁，戴維・赫爾德 170~171 頁。

足球是一種「全球運動」。社區認同他們的球隊，發展出獨特的傳統和足球文化，並把它們帶到國際競賽中。

文化影響之間的關係。

例如，一個人的自我可以通過其與國家的關係、與社會之間的互動的關係、與全人類的關係（性傾向觀念、種族觀念等）而定義。在這一點上，羅伯遜考察了全球化和本土化在對個人的經驗和行動的影響力中的緊張關係。

羅伯遜強調「全球統一性」：全球化和文化交流似乎引起了一種全球文化形式。這是一項通往由西方文化產品和信仰——例如荷里活電影和美國流行音樂——所主宰的世界的運動，並通過各社會之間聯結的增加以及人們逐漸意識到世界是一個單一的社會文化實體而變得可能。

但是，羅伯遜強調，「全球統一性」的出現並不意味着世界正向着所有東西都一樣或「同質性」的

單一全球文化的方向前進。相反，他指出，當面對來自其他社會的文化流動時，文化羣體及其產品之間的差異可能會更為突出。這可能會帶來本土和全球文化之間的動態互動，人們修改各種文化形式，以適應他們特殊的社會文化背景。

混合「全球」和「本土」

為了顯示全球和本土是如何聯繫及相互融合的，羅伯遜推廣了「全球本土化」的概念。這一概念是從跨國公司的實踐及它們將全球產品打入本土市場的策略中發展而來的。例如，快餐連鎖公司麥當勞就新創了許多「全球本土化」的漢堡，試圖去迎合美國之外的消費者的需求（例如為印度人特別準備的「巨無霸雞肉堡」，印度人不吃牛肉）。在社會學中，全球本土化在更廣泛的意義上指代全球文化產品和形式的本土化。

因此，全球化是一個包含「普遍化和特殊化趨勢」的雙重過程。一方面，文化形式、產品和價值在全世界範圍內傳播，另一方面，它們也受到不同社會個體的調試和修改。因此，本土和全球之間產生了一種緊張關係，進而導致文化創新和社會變遷；例如，人們融合那些諸如嘻哈音樂、韓國流行音樂，以及獨立音樂等全球熟知的音樂風格來講述「本土故事」。■

文化混雜

全球溝通的日漸興起帶來了羅蘭・羅伯遜所稱的「文化交織」現象。在荷蘭社會學家讓・皮埃特斯（Jan Nederveen Pieterse）看來，隨着全球影響的突變以及與本土的混合，結果帶來「全球本土化的」多樣性，或文化「混雜」。這種全球－本土進程的典型例子就是拍電影。

20 世紀初，荷里活電影鼓舞了印度電影產業。然而，印度電影人專注於修改荷里活電影：他們積極製作自己的藝術形式，以迎合當地文化，反映其獨有的表達形式。這樣一來，他們開創了一種全球與本土的創造性結合。印度電影題材廣泛——從這個國家的古老史詩和神話到傳統戲劇——並用多彩、獨特的方式重新講述它們。印度電影被稱為「寶萊塢」，很好地吸引了印度之外的觀眾。

本土文化改編並重新定義任何可能的全球文化產品，以滿足它們特定的需求、信仰和習俗。

——羅蘭・羅伯特

氣候變化是一個各人都意識，但又不積極處理的問題

安東尼・吉登斯（1938 年－ ）

背景介紹

聚焦
吉登斯悖論

關鍵時刻

1900 年 隨着諸多國家大力發展工業經濟，帶來經濟增長，現代性繼續傳播。

1952 年 霧霾，一種有毒的、類似煙霧的空氣污染籠罩倫敦，導致大約 4,000 人死亡，最終帶來《清潔空氣法》（1956）的頒布。

1987 年 簽訂「蒙特利爾議定書」，通過管制對臭氧層有不良影響的物質生產活動，保護臭氧層。

1997 年 簽訂聯合國公約「京都議定書」，目的是減少工業化國家中溫室氣體的排放，防治氣候變化。

2009 年 「哥本哈根協議」重新確定了減少溫室氣體排放的任務。

世界岌岌可危，在英國社會學家安東尼・吉登斯看來，這至少要部分地歸咎於全球化。他相信，現代性創造了一個「逃亡世界」，政府和個人面臨着諸如氣候變化之類的全球風險。他對於這一重要研究領域的貢獻之一是，從社會學的角度解釋了為甚麼政府和個人不願意立即行動去應對全球變暖的原因。

現代性的全球化

自 1990 年《現代性的後果》一書問世以來，吉登斯就一直強調全球化的後果，以及它是如何改變社會制度、社會角色以及社會關係的。他指出，發達社會和新型工業化社會中充斥着已經與前工業社會截然不同的經驗和關係。

現代性的全球化及其影響標誌着人類文明進入一個新的階段，吉

登斯把它稱為「晚期現代性」。他用「騎在怪物上」的比喻指出現代世界如何變得「失控」以及難以控制方向。雖然晚期現代性的生活有時是「值得的」和「令人愉快的」，但個體同時也必須面對新的不確定性，處理信任的缺失以及應付新的挑戰和風險。

吉登斯將人為的（人類導致的）氣候變化看作是人類面臨的最重要的風險和挑戰之一。工業化社

人們總是很難像對待眼前一樣平等地對待未來。

—— 安東尼・吉登斯

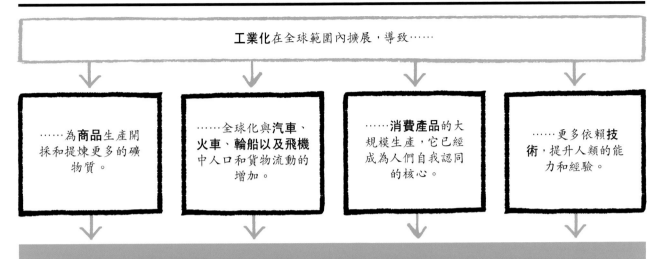

工業化在全球範圍內擴展，導致……

……為**商品**生產開採和提煉更多的**礦物質**。

……全球化與**汽車、火車、輪船以及飛機**中人口和貨物流動的增加。

……**消費產品**的大規模生產，它已經成為人們自我認同的核心。

……更多依賴**技術**，提升人類的能力和經驗。

人們拒絕承認，是他們的消費生活方式導致了二氧化碳排放，因此氣候變化是一個必須要考慮的問題。

會燃燒了大量的礦物燃料以發電。這種能源生產的副作用就是二氧化碳，它存在於大氣層中，擋住了來自太陽的熱量，導致「全球變暖」和極端天氣事件，例如乾旱、洪澇和颶風。

創新性解決辦法

在《氣候變化的政治學》(2009) 一書中，吉登斯指出由於環境惡化和氣候變化而帶來的危害並不明顯或不會在日常生活中立即顯現，許多人「……並不對它們採取實質性措施，而是等待，直到這些危害變得凸顯且尖銳——大災難的形成毫無疑問是氣候變化的後果，在為時已晚前要採取實際行動。」

「吉登斯困境」就是他用來定義這種眼前的回報與未知危險和災難的威脅間的脫節狀況。然而，吉登斯對於未來是樂觀的。創造工業社會和高科技社會的人類智慧同樣也能夠找到減少碳排放的創新解決辦法。例如，國際合作通過在國家間引入碳貿易框架和碳稅，以市場力量來獎勵那些減少溫室氣體排放的公司。新技術也已經被發明、改進和共享，它能潛在地結束世界對於礦物燃料的依賴，為發達國家和發展中國家提供廉價、清潔的能源資源。■

未來折現

在吉登斯看來，「未來折現」的概念解釋了為甚麼人們着手解決當前的問題而忽視未來他們可能面臨的威脅。他指出，人們總是選擇眼下的小恩小惠，而不願意為未來可能的巨大回報而採取行動。同樣的心理學原理也適用於風險。

吉登斯使用吸煙者的例子來證明自己的觀點。大家都知道吸煙有害健康，為甚麼還有年輕人選擇吸煙？對於一個青年吸煙者，他很難想像自己 40 歲的樣子，那時候吸煙的危害才開始顯現並帶來潛在的致命後果。這類比也適用於氣候變化。人們沉迷於由礦物燃料帶來的技術進步和流動性。相較於處理惱人的現實，忽視氣候科學家的警告似乎更容易做到。

沒有全球認知公正，就沒有社會公正

博溫托・迪・蘇薩・桑托斯（1940－ ）

背景介紹

聚集
南方的認識論

關鍵時刻

1976 年 世界七個最富有和最具影響力的民族國家組成 G7，目的是討論全球事務。

1977 年 在《科學嘉年華：科學、技術和發展文集》一書中，印度學者什維・維斯瓦納坦（Shiv Visvanathan）創造了「認知公正」一詞。

2001 年 反全球化活動家在巴西成立世界社會論壇，探討可持續發展和經濟公正的替代性道路。

2014 年 英國社會學家戴維・英格利斯使用桑托斯關於知識多元性的觀點來批判性地看待大都市社會的發展。

西方資本主義世界秩序已經扎根，不僅在經濟和政治層面上，同時也在知識形式上，將國家進行分層。

這帶來一種文化戰爭，北半球擁有科技武裝的知識，將南半球看作是文化上低人一等的。

只有文化進入一種基於相互尊重並承認不同形式知識的存在的對話中，全球平等才有可能實現。

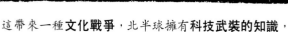

沒有全球認知公正，就沒有社會公正。

法國社會學家埃米爾・迪爾凱姆提出知識和文化是不可分割的。他宣稱，一個羣體的文化——集體創造的思想以及思考問題的方式——型塑了其成員在社會中積累世界知識的方式。

葡萄牙社會學家博溫托・迪・蘇薩・桑托斯在伊曼紐爾・沃勒斯坦世界體系理論基礎之上，同意這種關聯的存在，並將這一思想拓

參見：齊格蒙特・鮑曼 136~143 頁，伊曼紐爾・沃勒斯坦 144~145 頁，羅蘭・羅伯遜 146~147 頁，阿爾君・阿帕杜萊 166~169 頁，安東尼奧・葛蘭西 178~179 頁。

展到他所稱的由全球化帶來的文化戰爭中。他指出，世界被劃分成支配（「霸權」）羣體、國家和意識形態與被支配（「反霸權」）羣體、集體和觀念兩派之間不均等的衝突。戰爭在多種不同領域發展，包括經濟、科技和政治。

文化和權力

桑托斯認為，世界文化——連同嵌入其中的知識——因着更廣泛的資本主義權力關係而呈現出等級劃分和不平等獲得的特點。參考哲學術語「認識論」（來自 episteme，「知識」），他指出，在世界舞台上，一些國家被其他國家邊緣化是與認知論排斥密切相關的。由於社會研究的主流模式是由北半球所強加的，他把來自邊陲國家的不同路徑稱為「南方的認識論」。

原著部落，例如巴西的卡亞波（Kayapó）人，懂得治癒植物的方法。西方製藥公司剝削了他們的這一知識，但卻沒有給這一部落足夠

在桑多斯的研究中，他承認，他的目標是結束這種排斥的等級，因為「沒有全球認知公正，就沒有社會公正」。他堅持認為，世界的文化多樣性是與認知論的多樣性一致的；任何旨在根除目前不平等的全球努力都應該將這一點置於核心。桑托斯認為，其中最大的障礙在於，北半球的科學知識在知識的社會等級中處於「霸權」地位。

技術主宰

北半球加諸在南半球之上的資本主義和帝國秩序有其認識論的基礎。西方列強之所以有能力統治世界許多地方，不只是通過將現代科學提升到普世知識的地位，從而佔據一種高於其他所有知識類型的地位。此外其他非科學的知識形式，以及由這種知識所形成的不同社會羣體的文化和社會活動，都在現代科學的名義下受到壓制。現代科學已經殖民化了我們的思想，以至於任何偏離它的努力都被看作是非理性的。例如，西方媒體將中東文化描述成是非理性的和過度感性的，這會帶來「毀滅性的後果」。

與此不同，桑托斯熱衷於發展一種能帶來多元性的跨國文化對話：一種「解放的、非相對論的、世界性的知識生態」，其核心是承認差異，並承認差異和共存的權利。桑托斯認為，只有通過這些方式，我們才有可能實現對各種社會

博溫托・迪・蘇薩・桑托斯

博溫托・迪・蘇薩・桑托斯是葡萄牙科英布拉大學（University of Coimbra）教授。他在美國耶魯大學獲得博士學位，是威斯康星－麥迪遜大學的訪問教授。他是強社會和公民運動的辯護者，並將之看作是實現參與式民主的關鍵。

2001 年，迪・蘇薩・桑托斯成立世界社會論壇，作為反對新自由主義經濟政策和跨國公司資本主義所導致的全球化形式的陣地。他在許多領域發表作品，包括全球化、法律社會學、國家、民主以及人權等。

主要作品

2006 年　《全球左翼之崛起：世界社會論壇》
2007 年　《全球世界中的認知公正：體面生活的明智知識》
2014 年　《南方的認識論》

運作機制的真正的全球理解。這一觀點啓發了一些羣體，他們為之努力，例如，世界社會論壇試圖通過尋找資本主義的替代品，從而達到社會和經濟公正。■

思維力所釋放的生產力

曼紐爾‧卡斯特爾（1942 年－ ）

背景介紹

聚焦
網絡社會

關鍵時刻

1848 年 卡爾‧馬克思和弗里德里希‧恩格斯在《共產黨宣言》中預言資本主義全球化的到來。

1968 年 曼紐爾‧卡斯特爾跟隨法國社會學家阿蘭‧圖海納研究社會運動和對資本主義的抵抗。

自 1990 年起 各公司越來越多地採用互聯網技術，互聯網技術已拓展到廣闊的公共和私人生活領域。

1992 年 美國社會學家哈里森‧懷特撰寫〈市場、網絡和控制〉一文，討論網絡理論。

1999 年 荷蘭社會學家范迪克（Van Dijk）出版《網絡社會》一書，討論諸如「臉書」之類的社會媒體。

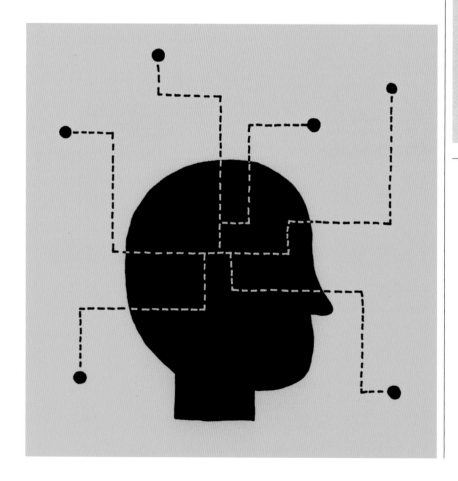

20 世紀最後 50 年見證了科學與網絡數字技術發展方面的巨大進步。西班牙社會學家曼紐爾‧卡斯特爾（他的研究跨域了溝通和信息研究，並深受卡爾‧馬克思的影響）認為，這些進步塑造了世界範圍內的經濟、社會和政治的發展，同時也反過來深受後者的影響。這使得卡斯特爾將研究焦點集中在全球化問題及其對經濟、社會的影響上面。

對於馬克思來說，工業資本主義是基於消費商品生產之上的。在

參見：卡爾・馬克思 28~31 頁，尼克拉斯・盧曼 110~111 頁，齊格蒙特・鮑曼 136~143 頁，安東尼・吉登斯 148~149 頁，烏爾里希・貝克 156~161 頁，丹尼爾・貝爾 224~225 頁，哈里・布雷弗曼 226~231 頁。

> 「網絡社會」是一個**相互連接的全球利益社區**……

> ……其中使用網絡或者**「流動的空間」**，不再是社會統治羣體的特權。

> 這意味着，任何人在任何地方都可以使用電子通信技術進行任何**創造性活動**。

20 世紀 70 年代，美國社會學家丹尼爾・貝爾引入「後工業主義」一詞來指代向服務業主導經濟的轉型。卡斯特爾認為，先進的互聯網技術的崛起意味着當今資本主義的核心是信息和知識。人類社會已經走出了工業時代而進入到了信息時代，它的社會結構性表達便是「網絡社會」。

一個網絡化的世界

信息時代是以各種專門知識的創造和傳播為特徵的，諸如世界原油價格的浮動、金融市場的起伏等。在發達資本主義社會，金融資本和信息網絡已經成為生產力和競爭力的核心。

從商品和服務的生產向信息和知識的轉變，極大地改變了社會和社會關係的性質。卡斯特爾指出，人際關係、制度以及整個社會的主流組織模式是網絡。另外，這些網絡的可塑性和開放性意味着它們可以在全球範圍內擴展。

古典社會學家諸如卡爾・馬克思、埃米爾・迪爾凱姆以及馬克斯・韋伯，使用「社會」這一術語指代某一個特定民族國家中的社會。例如，基於這一點，美國社會和英國社會既存在一定差異，又在某種程度上擁有共性。然而，在卡斯特爾的研究中，民族國家已經變得更具全球性並無所不包。民族國家的相對自主性及其內部社會結構都已經不存在——它已經被重新想像為許多重疊和交叉的網絡。

一想到通過網絡完全互聯的世界，腦海裏就浮現出地球上各個角落的人在這個不停變動的網絡中總是處於不同類型的互動關係中——不再受地理或國籍的限制，而只會受到人類想像力的限制。通過諸如谷歌之類的搜索引擎，我們現在可以 24 小時隨時獲得信息，可以在聊天室裏與萬里之外的人聊天，即時交流。

卡斯特爾用多種方式闡釋了網絡的概念。基於微電子技術的網絡定義了網絡社會，並取代科層製成為組織社會關係的主要方式，因為它們更善於應對複雜性。除了金融貿易和資本投資的經濟網絡，微電

巴西證券期貨交易所，位於巴西聖保羅，是拉丁美洲最大的股票交易所。其純電子交易環境是信息時代全球經濟的典範。

網絡社會是由全球一體化且人人都支付得起的電子通信技術所帶來的結果，它改變了我們的生活方式、思維模式以及行為方式。如今，原本素昧平生的人通過即時通信，實現商品買賣或信息思想的交流。

金融數據

聊天室

娛樂服務

網上購物

子網絡還包括政治和人際網絡。

「網絡國家」包括跨國政治實體，諸如歐盟，而人際網絡的典範則通過互聯網、電子郵件，以及諸如臉書、推特之類的社交網站展現出來。

卡斯特爾認為網絡可以被如下定義：它沒有「中心」；它由許多重要性各不相同但都必不可少的節點組成，以維持網絡的運作；網絡所特有的社會權力在一定程度上依賴於能夠處理多少信息；一個網絡只處理某一類型的信息，即與其相關的信息類型；網絡是一個開放的結構，能夠無限地擴展和濃縮。

卡斯特爾強調網絡社會的高適應性特徵。關鍵在於網絡內部及其周圍的社會秩序要求高度動態的、創新性的並能夠適應持續而高速的社會變遷。卡斯特爾將網絡化的社會關係定義為「人類活動的動態的、自我拓展的形式」，它能改變社會和經濟生活的所有領域。

社會動力

個人和制度是否加入或被排除出某種社會網絡，為卡斯特爾提供了研究網絡社會中權力運作機制的機會。他總結到，隨着時間的推移，網絡化的關係最終會改變社會結構。

卡斯特爾的初步結論是：那些在大型跨國公司或機構中工作的人，以及處於全球金融流動網絡中的人，構成了社會的統治羣體——他稱之為「技術官僚－金融－管理精英」。這些精英在世界體系中佔據着指揮控制的重要職位，他們傾向於生活在全球性城市中——在那裏，跨國實踐和利益得以再生產。

同時，與之相對，大眾的生活往往是本土的而非全球的——人們圍繞和散布在那些地理上聚居的地方，社會關係以共享的生活方式為特徵。因此，卡斯特爾指出，大部分人將有意義的認同和生活建立

在某一實際的特殊地理位置之上，即「地域的空間」，而不是無形的、無地點的電子網絡世界，即「流動的空間」。

然而，隨着互聯網和社會媒體的傳播，利用流動的空間來展示權力的那種統一的、大都市的全球精英觀看起來過於簡單化。經濟貧困的社會羣體可能會發現，他們很難和社會主宰羣體一樣，將他們的生活方式融入或者置於互聯網技術中，但是情況已經漸漸在改變。卡斯特爾現在宣稱，「任何人想做任何事情，都能夠獲得這種流動的空間，並利用它為自己的目標服務」。

反資本主義組織，諸如「反資本主義倡議」（明確指出自己是一個網絡社區），利用互聯網，以創新的方式通過在「流動的空間」中迅速發展的網絡連接人們。卡斯特爾借用墨西哥薩帕塔民族解放運動（Zapatistas）的例子來證明，通過流動的空間，那些挑戰政府和精英制度的邊緣羣體可以積聚社會權

網絡已經成為人類活動各個領域中主要的組織形式。

—— 曼紐爾 · 卡斯特爾

力。薩帕塔成功地在網絡空間中吸引了媒體的注意力，利用互聯網展示靜坐運動，使用編程堵塞政府服務器和網站，以及設計和協調線下活的動。

是反面烏托邦還是烏托邦？

卡斯特爾關於「信息時代」和「網絡社會」的兩個概念，為理解全球化和信息技術給人類生活和社會關係所帶來的巨大轉變提供了一套強大的分析工具。

馬克思的「異化」概念在卡斯特爾的著作中始終得到共鳴，它試圖解釋我們周圍世界中所發生的劇烈變遷過程，並力爭收回對它們的控制權。然而，其他全球化理論家，諸如安東尼·吉登斯、烏爾希里·貝克以及齊格蒙特·鮑曼認為，人類已經創造了一個失控的且異化了的全球社會。

卡斯特爾的研究也招致了許多批評。例如，社會學家鮑曼認為，考慮到人們當下所面臨的社會、經濟、政治和環境問題的「現實」，它是一種烏托邦。也有人否認當今社會和經濟秩序是歷史性地前所未有的；英國社會學家尼古拉斯·加漢姆認為，網絡社會更準確地講是工業社會的發展，而非是人類社會發展的全新階段。英國社會學家弗蘭克·韋伯斯特指責卡斯特爾的技術決定論——認為技術進步形塑社會關係，但是並不決定它們，相反，這兩者相互影響。

無論網絡社會是否新奇或有益，毫無疑問，世界正變得日益相互連接，並依賴數碼技術，這正在重新形塑着社會關係。對卡斯特爾來說，充斥着網絡的全球社會的崛起最終是正面的。它使來自遙遠地方的人能夠互動，為人類利用其集體性生產資源去創造一個新的、進步的世界秩序提供可能。他指出，如果我們「消息靈通、積極主動，能在全球範圍內溝通」，那麼我們就「能探索內心的自我，在彼此之間找到和平」。■

組織總是分布在一定的地域上……而組織的邏輯則是無地域的。

——曼紐爾·卡斯特爾

曼紐爾·卡斯特爾

曼紐爾·卡斯特爾 1942 年出生在西班牙。在積極參加學生反弗朗哥運動之後，他離開西班牙來到法國，於 20 世紀 60 年代晚期政治動亂時期，在巴黎大學攻讀社會學博士學位。

20 世紀 80 年代，卡斯特爾來到美國加利福尼亞州——硅谷之鄉。大約十年之後，他撰寫了影響深遠的關於網絡社會的三卷本著作，即《信息時代：經濟、社會和文化》。

卡斯特爾是一位極具影響力的社會科學思想家。他是位於洛杉磯的南加州大學 (USC) 的社會學家，推動創立南加州公共外交中心，同時也是安南堡國際傳播研究網絡 (ARNIC) 的成員。

主要作品

1996 年 《信息時代 (第一卷)：網絡社會的興起》

1997 年 《信息時代 (第二卷)：身份的力量》

1998 年 《信息時代 (第三卷)：千年終結》

我們正生活在一個失控的世界中

烏爾里希・貝克（1944－2015 年）

背景介紹

聚焦
風險社會

關鍵時刻

1968 年 羅馬俱樂部思想庫成立，並於 1972 年出版研究報告《增長的極限》，指出過度人口增長帶來的風險。

1984 年 美國社會學家查爾斯・佩羅出版《正常事故：高風險技術中的生活》一書。

1999 年 美國社會學家巴里・格拉斯納（Barry Glassner）在《恐懼文化：為甚麼美國人害怕犯錯》一書中運用了烏爾里希・貝克的風險概念。

2001 年 美國「9・11」恐怖襲擊改變了全世界對於由國際恐怖組織所帶來的風險的感知。

我們進入一個「**反省的**」**現代性**的新時代，它充滿着**不確定性和不安全感**。

↓

曾經一度帶來進步的**科學和技術革命**現在被認為**引發了發展問題和全球風險的問題**。

↓

一切都不再是永恆不變的，**科學家和政策制定者**就**合適的風險應對**產生**分歧**。

↓

對制度和專家喪失了原有的尊重，這產生不確定性和懷疑，我們開始擔心我們正生活在一個失控的世界中。

人類社會總是遭遇危險，歷史上，它們通常來源於大自然。近年來，科學、技術和工業帶來了繁榮，但同時也帶來新的危險（例如，核能所帶來的危險），這使得個人和社會將思想焦點集中在探尋安全和可測性風險上。20 世紀 80 年代中期，德國社會學家烏爾里希・貝克指出，在過去幾十年中，我們與社會及其制度的關係已經發生深刻改變，它要求找到一種新的思考風險的方式。貝克認為，社會生活正從現代性的第一個階段過渡到新興的第二個或「反省的」階段。人們開始意識到，控制以及戰勝大自然和社會變得不可能。這一意識本身可能會帶來對那些過去曾一度給予安全感和慰藉的社會結構的極度失望。

這一新階段的主要特徵是全球「風險社會」的出現，貝克指的是，個人、羣體、政府以及公司越來越關注風險的生產、散播和經歷。我們現在不得不直面那些前人無法想像的問題，這需要新的社會應對方式。

在他早期的作品中，貝克特別指出核能、化工業和生物技術帶來的風險。他認為運用科學技術以滿足人類需求已經到達了一個關鍵門檻；我們的進步已經在前所未有的範圍和規模內帶來了災難的可能性。一旦這種災難發生，它必定會

參見：奧古斯特・孔德 22~25 頁，卡爾・馬克思 28~31 頁，馬克斯・韋伯 38~45 頁，安東尼・吉登斯 148~149 頁。

很嚴重，以至於幾乎不可能消解其影響或回到原來的樣子。

風險的特質

貝克定義了風險的三個顯著特徵。第一，全球無可挽回的毀滅：事故無法補償，因此保險毫無用處。第二，事後護理和預先防範毫無用處：我們不能恢復到事故發生前的狀態。第三，無限度的時間和地點：事故是無法預測的，其地點可以跨越國界，持續相當長的一段時間。

就應對這些未來可能發生的災難而言，傳統風險計算方法在 21 世紀我們所面對的新風險類型面前早已過時，比如流行病、核能危機或者轉基因食品。那麼，科學家、企業以及政府將如何應對這種潛在的災難風險呢？

真實而虛擬的風險

貝克指出了社會在看待風險問題上的模糊立場。一方面，它們是真實的——它們是科學和技術進步中客觀而潛在的威脅。即使政府試圖假裝它們不存在，它們也無法被忽視。然而同時，風險也是虛擬的，它表現出人們對於那些還沒有發生或是永遠不會發生的事件的當下憂慮。儘管如此，這些風險以及對災難的預期帶來的顯而易見的威脅，成為擺在科學家、企業以及政府面前的新挑戰。

貝克看到，在風險問題上，沒有人是專家。風險天生具有複雜性，這意味着，科學家往往難以在可能的嚴重性或者如何設立合適的安全程序等方面達成共識。事實上，公眾卻認為，可能也正是那些科學家——在他們操控基因或原

> **無論是科學，還是政治當權者，都沒有能力理性地定義或控制風險。**
>
> ——烏爾里希・貝克

子核裂變的過程中——創造了這些風險。

雖然公眾對科學家產生了懷疑，但貝克指出，他們絕不是風險的創造者。正是因為我們無法感知、聽到、聞到或者看到面前的風險，我們更需要那些科學家來幫助我們測量、計算以及認識風險。

烏爾里希・貝克

1944 年烏爾里希・貝克出生在德國斯武普斯克市（Stolp），該市現在已經歸入波蘭。自 1966 年起，他在慕尼黑大學學習社會學、哲學、心理學以及政治科學。1972 年，他在慕尼黑大學獲得博士學位，並於 1979 年晉升為大學講師。他隨後在明斯特（Münster）大學和班貝格（Bamberg）大學擔任教授職位。

自 1992 年起，貝克開始在慕尼黑大學任社會學教授，並任慕尼黑大學社會學研究所所長；他同時也是倫敦政治經濟學院的訪問教授。貝克是歐洲最負盛名的社會學家之一；除了他的學術著作和研究，他還在媒體上發表時事評論，積極參與德國和歐洲政治事務。貝克於 2015 年逝世。

主要作品

1986 年 《風險社會》
1997 年 《全球化是甚麼？》
1999 年 《世界風險社會》
2004 年 《世界主義觀》

使風險變得有意義

貝克指出,所謂「新社會運動」的重要意義在於引起公眾對於風險的重視。例如,綠色和平——一個致力於環境保護的獨立組織,發起過許多高調的宣傳運動,吸引公眾對於那些由公司和政府引起並被低估的環境風險的重視。

貝克認為,媒體提高了公眾對於風險的焦慮。為了吸引眼球,新聞往往抓住那些公司或政府在處理風險方面失策的故事,或者聳人聽聞地報道技術發展帶來的潛在威脅。

雖然他們的目的是自私的,但貝克認為,它也有正面的意義,因為這有助於引起公眾對於風險的重視,促進公共討論。通過給抽象風險賦予有力的象徵形式,媒體使得風險對於每個人而言變得可視化和有意義。例如,未來幾十年全球變

> **財富是有等級的,煙霧卻是民主的。**
>
> ——烏爾里希・貝克

暖的後果可能有點不真實和抽象,但是,「過去－現在」的冰川消融景象,或者是北極熊危險地站在消融的冰塊上的一些照片,直白地傳遞了一種強烈的信號:世界正面臨風險。

生活在風險社會的各種社會後果之一是不平等性質的改變。過去,通過花更多的錢住在一個更安全的社區,或者購買私人保險獲得更好的醫療照顧,富人能夠保護他們自己遠離風險。然而,現在人們再也不能夠在各種現代風險中買到出路。在一定程度上,通過吃更昂貴的有機食物來免受工業殺蟲劑的危害,我們可以找到規避某一種風險的辦法。同樣,通過將生產轉移到一些高速發展的發展中國家,發達國家能夠免受重工業的污染影響。然而,遲早,這些風險會「反噬」回來。這裏,貝克強調風險的第三個特質,即它無視空間和時間的界限。財富本身並不能規避風險——富裕西方國家最終並不能逃離全球變暖的影響,後者在工業化過程中將會加劇。

全球化的恐懼和希望

在貝克最近對於「全球風險社會」和「世界主義」概念的研究中,他指出,全球化過程——全球範圍中相互依賴的增長削弱了單個民

當今的技術社會創造了未知的或幾乎不可測的**風險**。在貝克看來,面對這種不可知的風險時,我們通常有三種應對——否認、漠視或改變。

否認:
假裝風險不存在或很小。這是許多公司和政府的一般反應。

漠視:
承認風險可能存在,但對此毫無作為。

改變:
在風險陰影之下積極採取集體的、全球性的行動——世界主義的觀念。

監視，不管是公共場所還是私人交流，在西方世界已經越來越普遍，以此來應對恐怖主義暴力真實的或潛在的危險。

族國家的權力和影響力——產生了負面後果。

　　這包括金融風險和恐怖主義風險。隨着對沖基金、期貨市場、金融衍生品交易、債務證券化以及信用違約互換的全球擴展，沒有國家能夠躲在本國境內而獨善其身。諸如紐約、倫敦之類的核心全球城市遭受恐怖襲擊之後，由專家設計和實施的反恐法案滲透了國家間的邊界。有意思的是，貝克指出，全球恐怖主義是為數不多的、政府出於政治目的而樂於關注的風險之一。

　　雖然貝克認為風險是殘酷的，他同時也指出了風險擴散過程中的積極後果。他稱之為所謂「世界主義」的發展，後者由如下幾個要素構成。

　　首先，全球風險的存在需要全球回應：大災難影響全人類，各國必須跨越國界，聯合起來共同應對。第二，媒體對於風險和災難的

報道能夠給予災難對窮人的影響更多的關注，例如，媒體對於 2005 年美國卡特里娜颶風的報道，就向全球展示了貧困如何加劇了災難體驗。第三，公眾如今對於風險的公共經歷和重視促使羣體之間彼此對話，例如，貝克提到環境團體和企業是如何合作，抗議美國政府對環境變化問題的不作為。

風險和回報

　　貝克的研究在社會學領域之外也廣泛傳播，因為它以一種無所不包的方式涉及近幾十年來大部分的重大事件和重要變遷。1986 年《風險社會》首次以德文出版，那時環境關注的新焦點是酸雨和臭氧層破壞，文中的概念涵蓋和預測了許多有名的環境問題和事故，例如，1984 年印度的博帕爾事件，當地化工廠的毒氣洩漏影響廣泛，以及 1986 年烏克蘭切爾諾貝利核工廠爆炸事件。如今，貝克的分析被應

用到全球恐怖主義問題以及 2008 年金融體系的崩潰；它已經被用來分析和解釋各種問題，包括國際關係、犯罪控制、人類健康、食品安全、社會政策以及社會工作。

　　最終，貝克在其著作中還是持有樂觀的態度。他指出，對全球風險的回應能帶來創新性解決辦法和建設性社會變遷。只有寄希望於應對災難的新方法，集體福利和公共利益才能戰勝狹隘自私的想法，現代制度也才能相應地獲得再造。■

對酸雨和溫室效應的憂慮，在 1988 年，催生了「聯合國氣候變化政府間專家委員會」。它致力於評估關於氣候變遷的相關科學知識。

有時候全世界似乎都在移動

約翰·厄里（1946 年- ）

背景介紹

聚焦
流動性

關鍵時刻

1830 年 英格蘭利物浦和曼徹斯特之間開通世界上第一趟城際列車。

1840 年 在英國，第一枚預付郵資印花郵票「黑便士」革新了信息和商品的流通。

1903 年 美國萊特兄弟發明的第一架飛機在美國北卡羅來納州亮相。

自 20 世紀 60 年代起 通信衛星進入軌道，預示着即時全球信息傳播的到來。

1989-1991 年 英國科學家蒂姆·伯納斯·李發明了萬維網。

2007 年 英國社會學家約翰·厄里出版《流動性》一書。

自17 世紀以來，新技術不斷出現，使得人口、物質以及思想的全球移動變得比以往更加容易。英國社會學家約翰·厄里指出，這種全球高流動性的影響要求社會學科發展出一種「新範式」，用以研究商品、族羣以及思想是如何流動的。厄里認為，這種運動創造了新的身份、文化以及網絡，帶來了文化多樣性和經濟機會，但同時，也帶來了新的社會不平等形式。

系統和流動性

厄里對全球化研究的主要貢獻在於他對於促進運動的社會系統的關注。特別是，20 世紀見證了汽車、電話、飛機、高速列車、電腦、通信衛星以及聯網等等的問世。厄里認為，這些相互連接的「流動系統」是全球化的動力核心。他指出，對於「流動性」的研究使得全

> **身體的移動已經成為一種全球『生活方式』。**
> —— 約翰·厄里

球化的後果和影響明朗化。同樣，對阻礙流動性的力量的研究——「不流動性」——對於理解當代社會的排斥和不平等至關重要。

通過理解這一全球流動，社會學能夠更好地探究全球化的社會以及環境方面的利弊（如經濟增長或工業污染），同時也能探尋社會變遷背後的驅動力。■

參見：齊格蒙特·鮑曼 136~143 頁，曼紐爾·卡斯特爾 152~155 頁，薩斯基婭·薩森 164~165 頁，戴維·赫爾德 170~171 頁。

民族不需要通過太多的歷史稻草來想像和建構

戴維·麥克隆

在英國社會學家戴維·麥克隆看來，全球化所施加的經濟、政治以及文化力量已經與新民族主義的崛起相伴而生，新民族主義意味着一個國家中的某一社會羣體試圖重新定義其身份。他指出，所有的新民族主義身份都是針對較大的民族國家中的較小實體：例如，英聯邦國家中的蘇格蘭，西班牙的加泰羅尼亞，地跨法國西半部和西班牙北部的巴斯克地區，以及加拿大的法語魁北克。

民族主義和新民族主義身份都是由諸如共同語言、文化傳說和故事、社會理想等「歷史原材料」打造而來的。麥克隆認為，當有足夠多的人出於同一原因而動員這些原材料或「歷史稻草」時，團結就會出現。另外，激發新民族主義感並不需要太多的歷史稻草，通常只需要一些符號就能激發人們強烈的情感，例如加泰羅尼亞人的獨立旗幟或者魁北克的百合花標誌。儘管截然不同的民族差異感可能是促進更大自治權訴求或徹底獨立的主要因素，但新民族主義身份或民族分離主義的動機卻可能千差萬別。例如，它們可能是因為稅收或資源分配中明顯的不公正所導致的。■

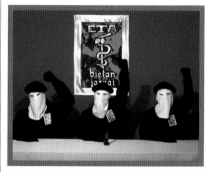

巴斯克獨立主義組織（ETA）為爭取政治獨立，於 1959-2011 年間投入到與西班牙和法國的政治和軍事衝突中。

參見：埃米爾·迪爾凱姆 34~37 頁，保羅·吉爾羅伊 75 頁，約翰·厄里 162 頁，戴維·赫爾德 170~171 頁，本尼迪克特·安德森 202~203 頁，米歇爾·馬費索利 291 頁。

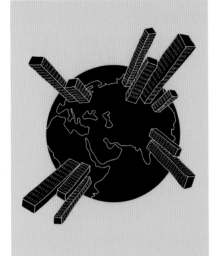

全球城市是新型運作的戰略地點

薩斯基婭·薩森（1949 年- ）

背景介紹

聚焦
全球城市

關鍵時刻

1887 年 費迪南·滕尼斯認為，由於導致了一個更加個人主義的社會，城市化影響着社會團結。

1903 年 喬治·齊美爾指出，城市化可能導致人們採取一種「都市冷淡」和漠然的態度。

20 世紀 20~40 年代 「芝加哥學派」社會學家宣稱，城市具有一種「都市生態」，人們為就業和服務而相互競爭。

自 20 世紀 80 年代起 英國社會學家戴維·哈維和西班牙社會學家曼紐爾·卡斯特爾分別指出，資本主義形塑城市，這不僅影響城市的特色，還影響其中居民的各種互動。

全球化不是自己發生的。在美國紐約哥倫比亞大學社會學教授薩斯基婭·薩森看來，某些城市在產生經濟和文化流動、將世界連為一體方面扮演了重要角色。這些「全球城市」在它們地理邊界之外充分施展着權力和影響力。

社會學家研究城市，用以理解它們對於其中居住者的行為、價值和機會的影響。在 20 世紀中期，他們發現，發達國家的大工業城市正在形成新的連接，經濟越來越相互依賴。這些變化部分是因為貿易

華爾街是紐約這座全球城市的經濟引擎。薩森認為，這些城市是「多樣的全球化過程在當地的具體化和本土化表現」。

自由化和工業資本主義的全球擴張。在這一新「全球經濟」中，經濟和文化活動的中心羣或「全球城市」正在形成。

現代大都市

薩森指出，全球城市生產諸如技術革新、金融產品、諮詢服務（法律、會計、廣告等）之類的商品。這種服務業高度依賴電子通信技術，從而融入跨越國界的商業網絡中。它們同時也是發達世界後工業或「服務業」經濟的一部分，其主要產品是知識、創新、技術知識以及文化商品。

在《全球城市》（1991，2001年修訂）一書中，薩森指出金融和特殊服務業全球市場的出現，給全球城市賦予了一種對經濟全球化的「指揮和控制能力」，這是因為許多主要跨國公司的總部都設在這些全球城市之中。諮詢公司同樣也在這些城市中樞中「隨處可見」。這些

參見：費迪南‧滕尼斯 32~33 頁，喬治‧齊美爾 104~105 頁，亨利‧列斐伏爾 106~107 頁，齊格蒙特‧鮑曼 136~143 頁，伊曼紐爾‧沃勒斯坦 144~145 頁，戴維‧赫爾德 170~171 頁。

全球化正**改變着工業城市**，產生「**全球城市**」，它們是……

驅動全球經濟的方向與政策的指揮所。	**服務業的重要地點**，包括金融和法律公司。	為新興工業和部門進行知識生產與創新的場所。	新興工業與服務產品買賣的市場。

全球城市是新型運作的戰略地點。

公司做出的決定能指揮金錢和知識的全球流動，從而能引起其他地區經濟活動的擴展或萎縮。

全球市場

全球城市同時也是金融商品買賣的市場。紐約、倫敦、東京、阿姆斯特丹、香港、上海、法蘭克福以及悉尼等等，是全球主要金融中心，聚集了諸多大銀行、公司和股票交易所。在全球城市中，本土和全球市場相互連接，導致了金融活動的集中化。

全球城市由多功能的基礎設施所支撐。核心商業區提供就業集羣，來自本土、國內以及跨國公司的僱員在那裏頻繁互動。有影響力的大學和研究機構同樣也有助於知識的生產和創新，各研究機構是以信息為主導的經濟的核心。

薩森的研究表明，全球城市是全球化過程背後的人類活動上演的場所，通過全球社會經濟網絡，他們散播着影響。即便如此，全球城市仍無法擺脫貧困和其他形式的社會不平等，它們仍然是具有不同經濟和社會機會的大都市。∎

跨國城市文化

薩森的研究指出全球城市日漸大都市化。移民們為東道主文化帶來了新的飲食、文化、時尚和娛樂，這些多樣性豐富了城市。

在一個鼓勵多元文化和社會融入的民族國家，隨着觀念和價值的自由分享，全球城市可能會變成文化創新的活力場所。這種原有民族文化經多文化形式的剪裁後，同樣能促進經濟活動。這是因為全球城市更受到短暫訪客和移民的歡迎，他們能一邊擁抱大都市的新體驗和價值，一邊保持着自己的種族和民族身份。全球城市的文化多樣性也意味着它們有支持全球經濟活動和大都市全球文化的傾向。

不同社會的現代性表現各不相同

阿爾君·阿帕杜萊（1949 年－ ）

內容提要

聚焦
全球化和現代性

關鍵時刻

1963 年 雅克·德里達自創了「延異」（différance）這一術語，後來被用於分析文化異質性。

1983 年 英國社會思想家本尼迪克特·安德森認為，基於社會成員感知而非直接互動的羣體是「想像的共同體」。

1991 年 經濟自由化推動印度全球化進程，這個國家一直在努力融入全球秩序。

2008 年 後殖民研究思想家理查德·布洛克運用阿帕杜萊的「景觀」概念批判性地看待愛滋流行病的文化建構。

「**全**球化」一詞已經與資本主義自由市場的傳播以及無國界經濟的發展——全球貿易村——聯繫起來。然而在社會學中，全球化不僅是一個經濟現象，同時還是一種文化、社會以及意識形態現象。

文化理論家總是在爭論，全球化是否必定意味着世界將會變得更同質——走向一種「單一世界」文化——或者，全球化是否會加強語言、文化以及種族的多樣性。印度社會人類學家和社會學家阿爾

參見：齊格蒙特・鮑曼 136~143 頁，伊曼紐爾・沃勒斯坦 144~145 頁，羅蘭・羅伯遜 146~147 頁，曼紐爾・卡斯特爾 152~155 頁，傑弗瑞・亞歷山大 204~209 頁。

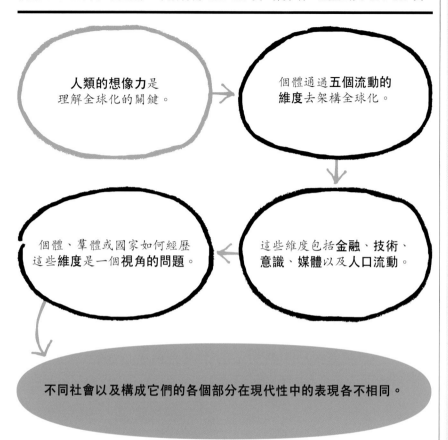

人類的想像力是理解全球化的關鍵。

個體通過**五個流動的維度**去架構全球化。

這些維度包括**金融、技術、意識、媒體**以及**人口流動**。

個體、羣體或國家如何經歷這些**維度**是一個**視角**的問題。

不同社會以及構成它們的各個部分在現代性中的表現各不相同。

阿爾君・阿帕杜萊

阿爾君・阿帕杜萊出生在印度孟買，後來到了美國，在波士頓附近的布蘭迪斯（Brandeis）大學求學。他於 1973 年在芝加哥大學獲得碩士學位，並於 1979 年獲得博士學位。

阿帕杜萊現任紐約大學媒介、文化與傳播學院戈達德（Goddard）教授，同時也是公共知識學院的高級研究員。他也擔任過美國國立博物館、國家人文基金會、國家科學基金會、聯合國以及世界銀行等機構的顧問。阿帕杜萊創立位於孟買的非營利組織「城市知識行動和研究夥伴」，並擔任主席；他也是跨國主義跨學科研究雜誌《公共文化》的創始人之一。

主要作品

1990 年 〈全球文化經濟中的斷裂與差異〉
1996 年 《難把握的現代性：全球化的文化維度》
2001 年 《全球化》

君・阿帕杜萊將這一爭論引向不同方向。他認為那種作為文化帝國主義的傳統全球化觀點沒能反映全球化所引發的變遷現實。相反，阿帕杜萊指出，不同社會的現代性表現各不相同。

也就是說，某一社會，例如中國，可能在全球變遷的一個方面（比如經濟變遷）發展迅速，其他方面（比如意識變遷）進展十分緩慢，而另一個社會則又是另一番景象。結果則是，全球化並不必然意味着一個統一的、無所不包的過程；相反，不同的國家總是更傾向於全球化的某些方面，這取決於一系列的因素，比如經濟狀況、政治穩定性以及文化身份的力量。例如，中國歡迎工業與信息技術，卻與此同時，保留了很強的政治自主意識。

對於阿帕杜萊而言，全球化是一個斷裂的過程，諸如經濟、文化和政治領域並不在同一方向上移動，從而導致社會緊張。全球企業所生產的消費品與當地居民的購買力之間的距離就是一個例證。

> 一個人的想像的共同體是另一個人的政治牢籠。

—— 阿爾君・阿帕杜萊

阿帕杜萊的研究揭示了全球化是如何在型塑文化身份的過程中消減民族國家的角色的，並指出流動、移民以及高速通信正逐漸瓦解着這一身份。人們不再因為他們的國籍或者作為國家成員身份而擁有一致的意識、觀點、信仰及行動。相反，不同國家和地域的間際中正產生新的文化身份——阿帕杜萊稱之為「跨地域」。

全球想像的世界

阿帕杜萊認為，理解全球化的關鍵在於人類的想像力。他指出，我們生活在一個全球範圍的想像社區中，而不是面對面的社區。它由相互關聯的、型塑思想和信息全球流動的五個維度支撐起來。他稱這些維度為「景觀」——種族景觀、媒體景觀、科技景觀、金融景觀和意識景觀。與那種總是固定不變的風景不同，阿帕杜萊的「景觀」是不斷變動的，它們的變動方式主要取決於參與其中的行動者的視角。

在這種情況下，社會行動者可能是許多羣體中的一種，比如民族國家、跨國公司、流散的社區、家庭或個人。這五種景觀可以按照不同的方式組合，這意味着，一個人或羣體感知和想像的世界可能對於另一個觀察者而言截然不同且不真實。

變動的景觀

1990 年，在〈全球文化經濟中的斷裂與差異〉一文中，阿帕杜萊首次使用「種族景觀」一詞來描述全球範圍內的人口流動——外來移民羣體、政治流亡者、遊客、外籍工人、經濟移民以及其他羣體，以及對於「渴望流動的幻想」以尋求更好的生活。國家之間日益增加的流動形成了全球世界的重要特色，這種流動也影響着民族國家的政治。

媒體景觀指的是通過報紙、雜誌、電視和電影以及數字技術，生產和散播信息和圖片。這種信息的多樣的生產方式是全球化的一個主要動力，它在全球範圍內增強了個人和公眾的信息可得性。媒體景觀為受眾提供了一套關於形象和話語的巨大而又複雜的圖像與故事庫，它形塑着人們對於世界各地形形色色事件的理解方式。

技術景觀代表技術和知識——無論是機械的還是信息的——跨越國界、迅速傳播。例如，西歐許多服務產業將他們的客戶服務中心設在印度；而印度軟件工程師往往受僱於美國公司。

金融景觀，指在快速流動的貨幣市場、股票交易以及大宗商品投機世界中，金融和投資資本在全球範圍內的即時交易。

意識形態景觀是由那些「往往是直接政治性的」形象構成的，要麼是政府鼓吹的、意在加強主流意識形態，要麼是由反意識形態運動造就的，「意在爭取政府權力或其中一部分」。例如，通過「民族遺產」這類概念建構的國家意識，應對一些社會和政治運動的反抗，這是運動旨在提升少數羣體的權利和言論自由。

同質和差異

阿帕杜萊所定義的不同「景

法國欣然接受全球化的諸多經濟維度，卻又限制外國文化的入侵，例如，通過徵收電影票稅來資助法國電影工業。

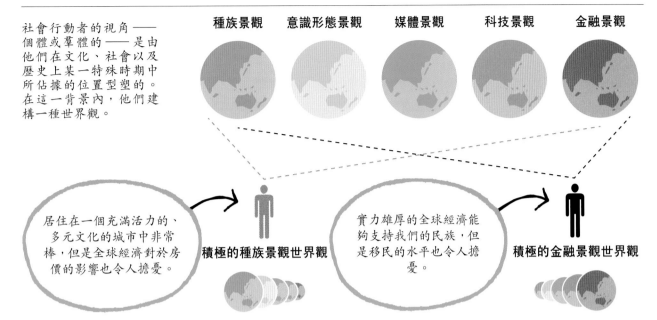

社會行動者的視角——個體或羣體的——是由他們在文化、社會以及歷史上某一特殊時期中所佔據的位置型塑的。在這一背景內，他們建構一種世界觀。

種族景觀　意識形態景觀　媒體景觀　科技景觀　金融景觀

居住在一個充滿活力的、多元文化的城市中非常棒，但是全球經濟對於房價的影響也令人擔憂。

積極的種族景觀世界觀

實力雄厚的全球經濟能夠支持我們的民族，但是移民的水平也令人擔憂。

積極的金融景觀世界觀

觀」可能而且往往是不一致的和脫節的。例如，某個地方的社會行動者可能對由全球化帶來的經濟發展持積極樂觀態度（即，他們認同一種積極的金融景觀），而與此同時，將移民看作是對民族身份和文化的一種威脅（消極種族景觀）。

通過用五種景觀來定義全球化，阿帕杜萊打破了那種將全球化看作統一的、內在一致過程的觀點；相反，全球化是一個多層次的、流動的和不規律的過程——它處在不停的變化中。不同景觀可以組合行進，也可以沿着不同的軌道，彼此相互加強或削弱。

阿帕杜萊聲稱，景觀是視角的建構，因為它們是由觀察者與被觀察對象之間的關係決定的。如果這種關係改變，觀點也會相應改變。簡言之，任何一個社會行動者建構

的世界觀是：由行動者的社會、文化和歷史位置決定的觀點；正因如此，「我們是誰？」「在哪裏？」決定了我們看到的景觀以及如何去解讀它們，想像世界的方式有多種多樣。

阿帕杜萊對全球化理論的貢獻影響巨大，主要是因為它並沒有像社會思想家（諸如美國的伊曼紐爾·沃勒斯坦和西班牙的曼紐爾·卡斯特爾）那樣，試圖以一種正統的方式提出一個關於全球化的宏大理論。恰恰相反，阿帕杜萊的目的是批判性地解構那種在他看來是天真的觀點：即諸如全球化這種複雜的、多面向的事物能夠通過一個宏大理論得到解釋。儘管如此，阿帕杜萊的研究仍受到諸如荷蘭社會思想家吉斯伯特·奧科（Gijsbert Oonk）的批評，後者質疑這一全球

景觀的概念是否可以被有意義地應用於經驗研究之中。■

文化經濟的新全球秩序必須被看作是一種複雜的、相互重疊的、斷裂的秩序。

——阿爾君·阿帕杜萊

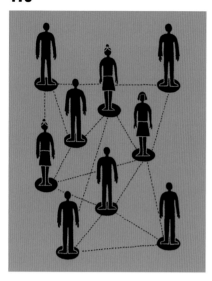

變遷過程改變了人類和社區之間的關係

戴維·赫爾德（1951 年- ）

背景介紹

聚焦
全球化

關鍵時刻
20 世紀 60 年代 加拿大媒介理論家馬歇爾·麥克盧漢宣傳，技術將世界濃縮成一個「地球村」。

1974 年 美國社會學家伊曼紐爾·沃勒斯坦出版《現代世界體系》一書，強調了全球經濟的社會影響。

1993 年 美國社會學家喬治·瑞澤爾指出，生產的系統化方法正在全球範圍內影響着機構和公司的運作。

2006 年 德國社會學家烏爾里希·貝克指出，國家要想在全球時代繁榮，就必須接受多邊合作、跨國機構以及世界主義身份。

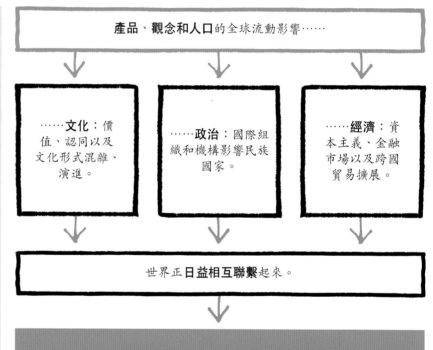

產品、**觀念和人口**的全球流動影響……

……**文化**：價值、認同以及文化形式混雜、演進。

……**政治**：國際組織和機構影響民族國家。

……**經濟**：資本主義、金融市場以及跨國貿易擴展。

世界正**日益相互聯繫**起來。

變遷過程改變了人類和社區之間的關係。

人口的大規模運動以及產品、觀念和文化製品的交換和流動，使得世界正變得越來越小。英國社會學家戴維·赫爾德指出，這些變遷正改變着社區和個人的彼此互動和溝通方式。

例如，移民創造了一種文化混合和多元文化社會的發展。人們也

參見：喬治・瑞澤爾 120~123 頁，伊曼紐爾・沃勒斯坦 144~145 頁，羅蘭・羅伯遜 146~147 頁，烏爾里希・貝克 156~161 頁，阿爾君・阿帕杜萊 166~169 頁。

印度寶萊塢電影代表文化在世界範圍內的不對稱的流動。儘管比荷里活更賣座，它們在國際票房分布中收益甚微。

與諸如音樂流派或烹飪之類的全球文化相連接，在全球文化中加入本土元素以產生新的文化產品。

赫爾德指出，全球化最好被理解為一套過程和變遷。文化維度包括媒介產品的分布、不同社會中思想和人口的運動。政治維度包括國際組織、機構以及跨國公司的增長。經濟維度包括資本主義和消費主義的擴張。

變得更好或是更糟？

在《全球化與反全球化》中，赫爾德考察了不同社會學家關於全球化的觀點，把它們分成「超全球主義論者」、「懷疑論者」以及「轉型主義論者」。超全球主義論者將全球化的力量看作是巨大的、空前的，有助於一種全球文明的發展。

一些超全球主義論者歌頌全球化在推動經濟發展和散播民主方面的作用；還有一些人批評資本主義的傳播以及社會影響。

相反，懷疑論者貶評了全球化這樣一種新現象，拒絕承認全球融合和機構正削弱民族國家的權力。他們認為，全球化一面將發展中國家邊緣化，另一面又讓發達國家的公司受益。

在赫爾德看來，轉型主義論者最能解釋全球化的矛盾過程。他們指出全球和本土之間的邊界正在被打破，人類世界正彼此相連。他們同時也指出，全球化沒有單一的原因，這些過程的結果也不是既定的。

赫爾德指出，全球化正帶來一種新的全球「架構」，它由跨國公司和機構組成、以不對稱的文化和經濟流動為特徵。

伴隨全球化而來的不平等及繁榮的模式的具體性質目前還不清

戴維・赫爾德

戴維・赫爾德 1951 年出生在英國，並先後在英國、法國、德國以及美國接受教育。他在美國麻省理工學院獲得政治科學碩士和博士學位。

1984 年，赫爾德成為著名的社會科學和人文書籍國際出版商 —— 政體出版社（Polity Press）的創始人之一，並擔任總編輯。他撰寫和編輯出版了 60 本著作，內容涉及民主、全球化、全球治理以及公共政策。2011 年，赫爾德辭去英國倫敦政治經濟學院政治科學教授職位，成為英國杜倫（Durham）大學全球政策研究所所長。

主要作品

1995 年 《民主與全球秩序》
2002 年 《全球化與反全球化》
2004 年 《全球協議》

楚。然而，重要的是，赫爾德將全球化看作是一個可被影響的動態過程：民族國家可以採取應對全球問題或風險的政策和關係，不管它們是貧困、流行病還是環境破壞與變化。■

CULTURE AND IDENTITY

文化與身份

在《社會自我》中，社會心理學家喬治·赫伯特·米德解釋到，身份感只有在一定**社會情景**下才有可能。

在三卷本《文明的進程》中，諾貝特·埃利亞斯考察了**社會秩序與個體行為**之間的聯繫。

在《文化與社會》以及同年發表的〈文化是通俗的〉一文中，雷蒙·威廉斯將**文化的概念**置於中心地位。

1913年　　　　**1939**年　　　　**1958**年

20世紀**30**年代　　**1955**年　　**1963**年

安東尼奧·葛蘭西力爭，**統治社會羣體**通過「**文化霸權**」將他們的價值和信仰強加給他人。

在《健全的社會》中，社會學家和心理學家埃里希·弗羅姆**批判**了現代社會所**強加的順從**。

在《污名》中，歐文·戈夫曼考察了個人是如何在社會中被**邊緣化**以及形成**污名化的身份**。

自19世紀早期開始，社會學家不僅努力探究那些產生社會秩序的制度和系統，還包括那些維持社會聚合的因素。

　　傳統上，這來自於社區的共享的價值、信仰和經驗，但是隨着以工業化和世俗化形式出現的「現代性」的到來，社會結構發生了劇烈變化。儘管人們已經意識到，現代性改變了人們彼此連接的方式，直到20世紀，文化——人們作為一種羣體的思考和行為方式，以及他們如何將自身歸屬於某一社會成員——本身才開始成為研究對象。社會學的出現——關於社會如何塑造人類互動和身份的系統研究——與人類學和心理學的創立不謀而合，這三種學科之間存在着一定程度的重合。那麼，無怪乎作為第一批文化社會學家中的一位，喬治·赫伯特·米德同樣也是社會心理學的先鋒人物。通過強調個體與社會之間的連接，特別是社會身份的概念，他為文化的社會學研究做好了準備。他指出，個體只有通過與他人的互動，才能在社會羣體的背景下發展出一種真正的身份感。

　　社會學與社會心理學的這種聯繫在整個20世紀得到延續，特別是埃里希·弗羅姆在20世紀50年代間的研究，他指出許多心理問題都有其社會根源。在與外部世界聯繫和認同某一特定文化的過程中，個體被期望要遵從社會，這扼殺了我們的個人主義，因此而喪失了一種真正的自我感。同一時間，歐文·戈夫曼開始探究身份的形成問題；20世紀60年代，他聚焦於附加在那些越軌或「與眾不同」的人身上的污名。

文化和社會秩序

　　20世紀30年代，諾貝特·埃利亞斯認為，作為「文明進程」的社會規範和習俗直接規制着個體行為。在文化的規制力量和社會秩序的維持二者之間存在明顯的關聯，

在《單向度的人》中，赫伯特·馬爾庫塞認為，多元社會已經實現**文化同質化**，並壓制了反叛精神。

1964年

在《想像的共同體》中，本尼迪克·安德森解釋，**民族身份是一種虛幻的概念**。

1983年

在《社會生活的意義：一種文化社會學的視角》中，傑弗里·亞歷山大指出，**文化獨立於社會**，但仍然是社會變遷的動力。

2003年

1981年

在《擬像與模擬》中，讓·鮑德里亞指出，在後現代世界中**自然和人為難以區分**。

1992年

在〈文化身份的問題〉一文中，斯圖爾特·霍爾描述了由傳統文化觀念的碎片化帶來的「**認同危機**」。

一些人認為，這不僅僅是一種社會化過程。安東尼奧·葛蘭西指出，文化具有作為一種社會控制工具的潛在可能性。通過微妙的強制，一種統治文化帶來「文化霸權」，社會規範變得根深蒂固，以至於任何其他可能性都不存在。

米歇爾·福柯在他的權力關係研究中進一步發展了這一思想；其他人，包括赫伯特·馬爾庫塞，考察了文化被用來平息社會動盪的方式。後來，另一位法國社會學家讓·鮑德里亞指出，在後現代世界中，隨着可得信息的轟炸，文化已經遠遠脫離其所存在的社會，與現實幾乎沒有關係。

文化身份

20世紀後半期，一種截然不同的文化導向型社會學在英國產生：文化研究。它起始於雷蒙·威廉斯對於文化的廣泛研究。他的研究改變了這一概念，將一個全新領域的研究帶入社會學中。

威廉斯解釋到，文化可以通過物質生產和消費，通過某一特定時間地點的社會羣體對於創造和休閒的追求而被表達——他們的飲食、運動、時尚、語言、信仰、觀念、習俗以及他們的文學、藝術和音樂。同樣，站在文化研究不列顛學派前線的還有斯圖爾特·霍爾，他指出文化身份的概念不再是固定不變的。隨着溝通的顯著改善和流動性的增加，傳統的民族、種族、階級甚至是性別身份幾乎消失殆盡。另一位英國社會學家本尼迪克·安德森則指出，任何社羣歸屬感的概念都是想像的。

然而，美國社會學家傑弗里·亞歷山大將文化看作是社會結構中的獨立變量。他的文化社會學主要考察文化是如何通過創造共享的意義而塑造社會。■

主我和客我

喬治・赫伯特・米德（1863－1931 年）

背景介紹

聚焦
自我的發展

關鍵時刻

1902 年 美國社會學家查爾斯・庫利認為，我們認為的自我反映了我們生活中重要他人的觀點。

1921 年 在《手勢語》中，德國哲學家威廉・馮特指出，心靈本質上是社會性的。

1975 年 美國人類學家克利福德・格爾茨宣稱，自我是一個「獨特的整體，並明顯區別於其他類似整體」。

20 世紀 80 年代 美籍英國社會心理學家黑茲爾・羅斯・馬庫斯指出，我們每個人都在過往社會經驗的基礎之上，形成一套作為自我系統的模式。

1999 年 美國心理學家丹尼爾・西格爾指出，社會自我的發展與大腦功能的發展相一致。

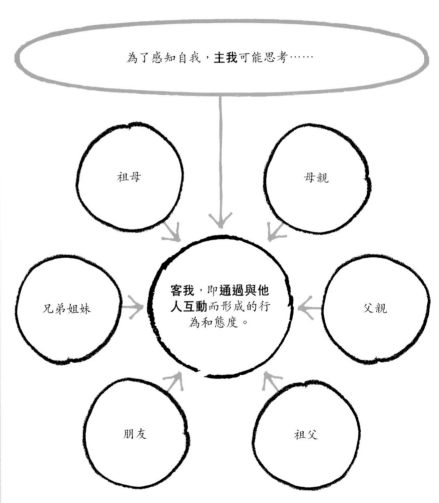

為了感知自我，**主我**可能思考……

祖母

母親

兄弟姐妹

客我，即**通過與他人互動**而形成的行為和態度。

父親

朋友

祖父

參見：W.E.B. 杜博依斯 68~73 頁，愛德華·薩義德 80~81 頁，諾貝特·埃利亞斯 180~181 頁，歐文·戈夫曼 190~195 頁，斯圖爾特·霍爾 200~201 頁，本尼迪克特·安德森 202~203 頁，霍華德·貝克爾 280~285 頁，艾德里安娜·里奇 304~309 頁，傑弗瑞·威克斯 324~325 頁。

喬治·赫伯特·米德是一位社會心理學家和哲學家，他在這兩個學科內試圖解答當我們談及「自我」時，我們的確切所指。傳統哲學家和社會學家將社會看作是由單個的、自主的自我發展而來的，但是米德的觀點卻恰恰相反——自我產生於社會互動，它們形成於社會內部。

這一概念如今在心理學和心理治療中很盛行。但是當米德 1913 年在《社會性自我》一書中首次提出他的這一思想時，這曾是一個革命性的觀點。米德認為，在成為社會過程的一部分之前，並不存在任何可辨識的個體的、經驗的自我。經驗或行為的社會過程在「邏輯上先於個體以及包含於其中的個體經驗」。

因此，米德提出，一個人的意識，及其意圖、慾望等，是在社會關係、一種或多種特定語言以及一套文化規範的情景中形成的。自出生起，嬰兒就開始通過手勢感知溝通，這種手勢就像是符號，建構「一種話語體系」。久而久之，他們學會模仿並「輸入」這些行動、姿勢，以及最終環繞在他們周圍的語言，從而他們能形成自己的反應，並進一步從他人那裏吸收姿勢和語言。

我們是誰

嬰兒經歷和內化（學習）的態度模式創造了「客我」。因此，「客我」代表通過與他人互動而習得的行為、期望和態度。

但是米德指出，我們還有另外一種自我感，他稱之為「主我」。「主我」和「客我」代表自我的不同功能。和「客我」一樣，「主我」也在不停地演進中，它的功能是反省

我們的自我認識、我們是誰，自出生以來通過與周圍人的互動而形成。個體自我不是生物學的產物，而是這種互動的產物。

「客我」，但同時也擁有更大格局：「客我」遵循慣習原則，而「主我」能對此反思，並做出有意識的選擇。通過反思我們的行動，它使得我們與他人以及與以前的自我區分開來。

通過置於一種社會語境中，米德的自我發展理論對於改變心理學和社會學原有那種將「自我」僅僅看作是內在自省的觀點至關重要。■

只有在一定社會環境中，心靈才能得以表達，也才能開始存在。

—— 喬治·赫伯特·米德

喬治·赫伯特·米德

喬治·赫伯特·米德出生在美國馬薩諸塞州。他的父親是公理會教會的牧師；在米德 6 歲的時候，他家舉家遷到俄亥俄州的奧柏林，並在奧柏林神學院教書。1883 年，米德從奧柏林學院畢業之後，擔任了幾年教師，隨後任鐵路勘探工，直到他重回校園。1887 年他進入哈佛大學攻讀哲學和社會學，7 年以後他來到芝加哥大學，在那裏工作直至 1931 年去世。他聲稱要有「活動家精神」，為婦女的選舉權及其他原因而遊行。哲學家約翰·杜威承認米德有「一流的創新精神」。

主要作品

1913 年　《社會自我》
1932 年　《現在的哲學》
1934 年　《心靈、自我及社會》

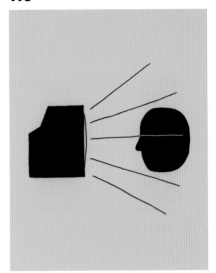

現代性的挑戰是無幻象地生活和無法擺脱幻象地生活

安東尼奧·葛蘭西（1891-1937 年）

背景介紹

聚焦
文化霸權

關鍵時刻

1846 年 卡爾·馬克思和弗里德里希·恩格斯完成了《德意志意識形態》一書；它直到 1932 年才得以出版，並對葛蘭西的意識形態思想產生了巨大影響。

1921 年 意大利共產黨成立。

1922 年 貝尼托·墨索里尼成為意大利獨裁者以及法西斯主義發展的領軍人物。

1964 年 當代文化研究中心在英國伯明翰大學創立，很大程度上吸收了葛蘭西的霸權概念。

1985 年 受葛蘭西的霸權概念影響，厄內斯特·拉克勞和尚塔爾·墨菲在《霸權與社會主義策略》一書中發展了一種後馬克思主義宣言。

在馬克思看來，**統治階級控制經濟基礎**，同時創造了統治工人階級的上層建築和社會關係。

↓

葛蘭西指出，**階級統治同樣也發生在文化領域**：工人階級受制於由統治階級創造的**意識形態幻象**。

↓

這些幻象必須被揭穿、被抵制，不計代價。

↓

現代性的挑戰是無幻象地生活和無法擺脱幻象地生活。

馬克思主義的社會觀認為，生活是競爭性羣體間永無止境的鬥爭，這些羣體是由經濟地位決定的；在現代性之下，鬥爭演變成少數統治精英和由工人所組成的大多數人之間的控制權之爭。意大利社會主義者和社會思想家安東尼奧·葛蘭西試圖解釋：在危機之

參見：卡爾·馬克思 28~31 頁，弗里德里希·恩格斯 66~67 頁，皮埃爾·布迪厄 76~79 頁，齊格蒙特·鮑曼 136~143 頁，赫伯特·馬爾庫塞 182~187 頁，讓·鮑德里亞 196~199 頁。

下，為甚麼革命沒有如經典馬克思主義理論所預言的那樣如期發生。他指出，統治階級的鎮壓並不足以維持一種穩定的社會秩序；必須還有一種意識形態的控制。這是一個複雜的過程，統治精英宣揚自己的世界觀，使其成為一種普世價值、為大多數人所承認。葛蘭西稱之為「霸權」，一種階級統治的隱秘模式，它解釋了為甚麼工人能夠變成法西斯主義者而非革命者。

霸權的鬥爭

葛蘭西指出，霸權是文化意義上的，它存在於相互競爭的階級世界觀中，這一世界觀是對於人類是甚麼、社會是甚麼的一套價值、觀念、信仰和理解。

他認為，霸權是一種無形的機制，既有統治階級往往佔據了社會中有影響力的地位 —— 大部分是在被統治階級的同意之下。統治階級的思想是整個社會的主導思想，知識分子羣體在其中發揮一定作用（通常只是隱晦地知道），諸如記者將這些思想散布到更廣闊的人羣中。經常與這些信息接觸的下層階級逐漸將其看作是自然而然的和不可避免的，並進而對此深信不疑。霸權思想型塑所有社會階級的思想。葛蘭西指出，正是基於此，現代性的挑戰不在於不斷地鬥爭以擺脫幻象，而是看穿「幻象」—— 那些由精英羣體提出的觀點 —— 並抵制它們。

由於個體可以批判性地思考那些強加給他們的觀點，葛蘭西稱之為「反霸權式的」思考，統治階級的意識形態控制總是處於不定狀態。在西方自由主義民主國家，挑戰霸權是日常生活的實在。相互競爭的不同世界觀鬥爭的性質和程度取決於當時社會、政治和經濟的偶然情況。例如，持久的經濟危機引發高失業率，帶來各種工會或抗議運動之類的反霸權形式。葛蘭西指出，在多數資本主義國家中，統治階級面對「來自下層」的不斷反對和異議，不得不花費大量的時間和精力來掌控（完全的控制幾乎不可能，甚至短期掌控也是如此）這種局面。

葛蘭西的思想強調個體和意識形態在社會變遷鬥爭中的角色，因此挑戰了經典馬克思主義的經濟決定論。他的「文化霸權」概念正視了人類的自主性和文化的重要性，對於諸多學術學科具有深遠的影響。■

安東尼奧·葛蘭西

安東尼奧·葛蘭西於 1891 年出生在意大利撒丁島。他是意大利共產黨的創始人之一。作為黨的領袖，1928 年，他被當時意大利首相和獨裁者貝尼托·墨索里尼逮捕，判決入獄 20 年。

葛蘭西在獄中大量地寫作。儘管記憶力驚人，但是如果沒有姐姐塔吉婭娜的幫助（後者是他的主要聯絡者），他的思想可能會很難面世。直到第二次世界大戰結束後若干年，這本廣為人知的《獄中札記》才在他死後問世。到 20 世紀 50 年代，他的獄中作品不僅引起西歐國家的興趣，蘇維埃陣營也表現出興趣。由於他在監獄中遭受的不良飲食、疾病，他的健康狀況逐漸惡化，最終死於中風，享年 46 歲。

主要作品

1975 年　《獄中札記》（三卷本）
1994 年　《葛蘭西獄前著作選》

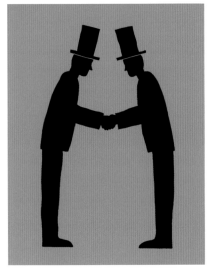

文明化的過程持續地「向前」推進

諾貝特・埃利亞斯（1897－1990 年）

背景介紹

聚焦
文明的進程

關鍵時刻

約 1500 年 西歐封建主義終結，宮廷社會出現。

1690 年 英國哲學家約翰・洛克將「公民社會」描述成在行政權力之下個體的聯合體。

19 世紀 50 年代 奧古斯特・孔德問道，個體是如何既作為社會的原因又作為其結果而存在的。

1958 年 馬克斯・韋伯指出，價值和信仰能給社會結構帶來劇烈變遷。

1962 年 美國人類學家羅伯特・雷德菲爾德指出，文明是「大傳統」與「小傳統」的整體。

20 世紀 70 年代 安東尼奧・葛蘭西指出，統治階級通過公民社會的制度來維持其統治支配。

> 隨着 16 世紀之後西方國家逐漸穩定下來，**權力開始集中化**，並成為一小部分人的專利。

> 這些人不再因他們的身體力量而受到尊崇，而是由於通過他們的禮貌舉止反映出的**社會地位**。

> 為了與權勢階層保持一致，人們被鼓勵與國家統治精英一樣表現出「**文明的行為舉止**」。

> 那些缺乏正確的行為的人（或國家）被看作是下等的，需要按照權勢階層的規則行動進行「**文明教化**」。

為了理解在過去 500 年間西方國家權力的集中化以及日益增加的全球統治，諾貝特・埃利亞斯將其關注焦點轉向「文明的心理進程」——自中世紀以來西方人的行為、情感和意圖的變遷。在其著名的《文明的進程》一書中，他描述了這些變遷以及它們對於個體的影響。

結合歷史、社會學以及心理分析，埃利亞斯總結到：西方社會認為它們優於其他社會之處可以概括為「文明」這一概念。它既是歷史的，也是當代的，並且能夠用來

參見：W.E.B. 杜博依斯 68~73 頁，保羅・吉爾羅伊 75 頁，皮埃爾・布迪厄 76~79 頁，愛德華・薩義德 80~81 頁，以利亞・安德森 82~83 頁，斯圖爾特・霍爾 200~201 頁。

在埃利亞斯看來，「**好的**」餐桌舉止、「**正確的**」禮儀及風度，是歐洲「文明」進程文化模板的重要組成部分。

指代國家中的各種事實：從一般層面，諸如生活方式、價值觀、習俗和宗教，到個體層面，諸如身體衛生狀況、準備食物的方式等等。在任何情況下，西方社會都強調，「它的」版本是其他社會被評判的標準。

禮貌的興起

埃利亞斯通過研究禮儀書籍發現，對於身體行為的態度轉變是這一文明的重要內容。西方人已經逐步轉變了他們對於面部表情、身體機能控制以及舉止儀態等方面的接受和態度。

中世紀的正常行為到了 19 世紀則被認為是「粗野的」。這些小變化導致了宮廷階級的形成，表現為高度規章化的舉止以及規訓化的生活方式。勇武的騎士變成了安靜的侍臣，克制且嚴格控制衝動和情緒。從商人到貴族和婦女，「文明」行為很快變成與他人貿易和社交的核心元素。

埃利亞斯指出，在 16 世紀以來，這一進程在更廣範圍內傳播，因為「良好舉止」能幫助人們和平地相處，城鎮和城市的發展需要這種合作。他指出，這一進程在某種程度上變成一個對父母的（而不是「長輩的」）社會規則的內化問題。然而，關於甚麼是「良好舉止」的規範總是由上層階級來決定，因此，「文明」一直在為增進權力精英的利益而服務。

埃利亞斯將舉止的轉變看作是西方國家中權力集中化的重要部分，是城市化過程中人們日益增長的相互依賴的表現。不過，在埃利亞斯有生之年，文化也是殖民化的重要內容。他創作的時代是 20 世紀 30 年代，那時諸如英國和法國之類的殖民國家，出於它們的民族自覺意識，通過宣稱帶來「有利於」殖民地人民的「文明」，從而為殖民的道德性而辯護。■

諾貝特・埃利亞斯

1897 年，諾貝特・埃利亞斯出生在位於布雷斯勞（Breslau）（原屬德國，現在是波蘭城市弗羅茨瓦夫）的一個富裕猶太大家庭。離開學校之後，他於一戰期間在德國軍隊中效力。他在布雷斯勞大學學習哲學和醫學，並於 1924 年獲得哲學博士學位。接着他來到德國海德堡，跟着馬克斯・韋伯的弟弟阿爾弗雷德學習社會學；之後搬到法蘭克福大學，與卡爾・曼海姆成為同事。

1933 年，埃利亞斯流亡到巴黎和倫敦，在那裏他完成了《文明的進程》一書。作為一個廣受歡迎的學者，埃利亞斯在生命的最後幾年在歐洲和非洲四處遊歷。

主要作品

1939 年　《文明的進程》（三卷本）

1939 年　《個體的社會》

1970 年　《甚麼是社會學？》

大眾文化強化了政治壓制

赫伯特・馬爾庫塞 (1898－1979 年)

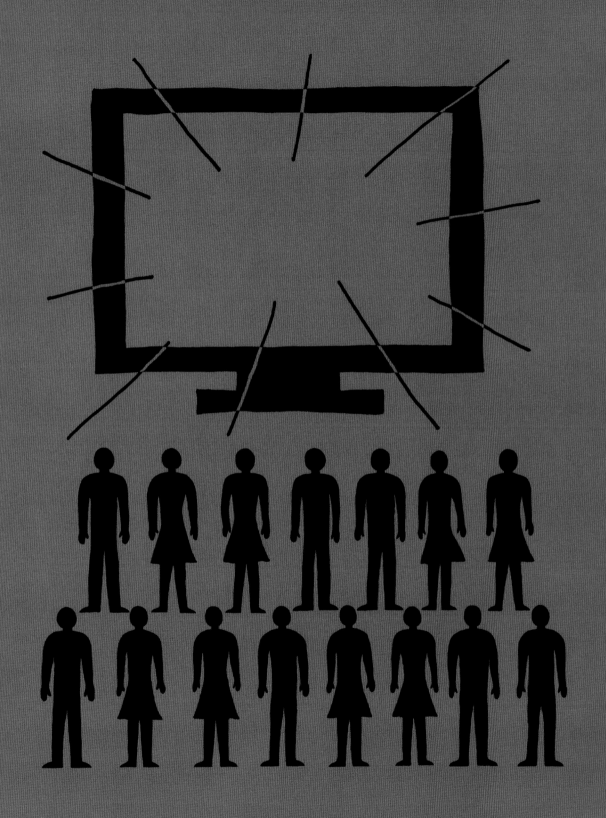

背景介紹

聚焦
文化工業

關鍵時刻

19 世紀 40 年代 卡爾・馬克思指出，資本主義社會至少存在兩個階級：擁有生產資料的階級和出賣勞動力的階級。

1923 年 「社會研究所」在法蘭克福成立，產生新的文化「批判理論」。

1944 年 德國－猶太流亡者馬克斯・霍克海默和西奧多・阿多諾在《啓蒙辯證法》一書中創造了「文化工業」一詞。

1963 年 加拿大社會學家歐文・戈夫曼出版《污名》一書，指出認同是通過他人和社會而建構的。

20 世紀 70~80 年代 米歇爾・福柯考察現代社會中的常規化技術。

在 20 世紀，很明顯卡爾・馬克思所設想的社會轉型沒能實現。社會學家和哲學家赫伯特・馬爾庫塞試圖敦促馬克思主義者超越理論，從真實的、生動的個體經驗出發，找出在這期間究竟發生了甚麼。

馬爾庫塞認為，資本主義在某種程度上整合了工人階級：原先被認為是變革行動者的工人已經接受了當權派的觀念和理想。他們已經忘了自己是一個階級或羣體，成為鼓勵個體性的系統中的「個人」。這似乎是一條通往成功之路，但是工人放棄了他們的羣體，也就喪失了所有討價還價的能力。

選擇的自由

工人是如何輕易地沉默的呢？這並沒有發生在某個明顯的時期，因此馬爾庫塞考察 20 世紀期間對現狀的反叛是如何被有效瓦解的。他向前回溯，從中世紀歐洲封建社

自由女神像象徵着一個機會均等的、「無階級」社會的美國夢——只要努力工作，人人都能改變命運、實現潛能。

會的終結開始。在這一社會轉型時期，人們從原來被束縛在土地上為地主而工作，變成可以只為他們自己的利益自由地到處找工作。但是，馬爾庫塞指出，這種「從業自由從一開始就不完全是一件好事」。儘管有選擇就業的自由，大多數人不得不極度努力地工作，工作朝不保夕，這使他們對未來充滿

文化在指向**社會「規範」**之外的可能生活方式上總是扮演了重要角色。

→

然而自從 20 世紀 60 年代，即使是**曾經被認為是顛覆性的藝術形式**都被納入日常生活，為媒體所挪用。

↓

反抗的可能性被有效地瓦解了：大眾文化強化了政治壓制。

←

通過吸收媒體的信息，**人們吸收並採納了社會的規範和價值**；他們意識到，越線似乎是精神失常的。

參見：卡爾·馬克思 28~31 頁，米歇爾·福柯 52~55 頁，安東尼奧·葛蘭西 178~179 頁，歐文·戈夫曼 190~195 頁，讓·鮑德里亞 196~199 頁，托斯丹·凡勃倫 214~219 頁，丹尼爾·米勒 246~247 頁。

擔憂。

幾個世紀之後，工業革命的機器帶來經濟繁榮，預言個人將不再需要為生計而擔心，而能夠「自由地對自己的生活發揮自主權」；這就是美國夢，是 20 世紀大多數西方人的希望。如果這種被渴望的自由等同於選擇，那麼個體變得前所未有地自由，因為幾十年來，人們在工作、住房、飲食、時尚以及休閒娛樂方面的選擇繼續在擴大。

「虛假需要」

然而，馬爾庫塞在仔細審視之下發現，「一種舒適、流暢、合理以及民主的不自由瀰漫在發達工業文明中」——遠非自由，人們正在被自稱為民主的「極權主義」政體所操控而遠非自由。更糟的是，人們根本沒有意識到這種操控，因為他們已經將這一政體的規則、價值和理想內化了。

馬爾庫塞接着將政府描述成一種國家機構，通過影響人們的工作和閒暇時間而將自己的經濟和政治需求強加給其人民。在羣眾中創造一套「虛假需要」，並通過這些需要來控制他們。事實上，通過說服羣眾，讓他們相信他們有某種需要，而且看似通過某種路徑能夠滿足這些需要（即使這種路徑並不存在），「既得利益」集團有效地控制了社會的其他大眾。

虛假需要不是建立在那些真實需要之上，例如吃、喝、穿衣以及居住的必要，而是人為產生的，它們在任何情況下都無法真正地獲得滿足。馬爾庫塞指出，這種需要包括「放鬆、享樂……以及依據廣告來消費，愛憎其他人之所愛憎」——這些需要的實際內容（例如最新的「必備」利器）是由外部力量所擬定的；它不是一個人的自然需求——如同對水的需求一般。但是，我們在內心也對這些需求充滿渴望，因為我們被各種媒體信息所轟炸：許諾某物或某地會給你帶來快樂。這樣一來，我們開始相信虛假需要是真實需要。馬爾庫塞指出，「人們在商品中找尋自我；他們在汽車、音響、複式住宅

和廚房裝備中找尋自己的靈魂」。

一切都是個人的，個人是首要的，他或她的需要就是一切。在馬爾庫塞看來，個人的這種明顯賦權事實上會走向反面。社會需求——對於職業安全、體面的生活水平等——轉變為個人需求，例如你需要一份工作來購買消費品。如果你認為你的待遇糟糕，你的僱主可能會邀你來談談「你

馬爾庫塞指出，對「**必備**」服裝、「**神器**」以及非必需品的慾望，是一種通過廣告和媒體而植根在我們心中的一種虛假「需要」感。

> 經典已經離開安息地，獲得重生，但是，重生後的他們不再是原來的自己；他們被剝奪了其對抗的力量。

—— 赫伯特・馬爾庫塞

自己」。人們不再把自己視為某個遭受不公正對待的羣體中的一員——馬克思主義式反抗的所有希望都不存在了。

無向度的世界

在馬爾庫塞看來，我們被困在一個無處可逃的氣泡中，置身事外幾乎已經變得不可能。過去在文化和現實之間存在一個「鴻溝」，指向生活和存在的其他可能方式，但是那個鴻溝已經消失了。傳統上，各種藝術形式被看作是「文化」的代表——例如歌劇、劇院、文學以及古典音樂——旨在反映那些卓越的人類靈魂在被迫面對社會現實時所經歷的苦難。它指出冷酷現實之外的一個可能世界。

馬爾庫塞指出，悲劇通常是關乎挫敗的機會，沒有實現的希望以及遭遇背叛的諾言。他引用古斯塔夫・福樓拜的同名小說（1856）中包法利夫人的形象——一個不能在她生活的那個苛刻社會中生存下去的靈魂來作為例證。

然而，到了 20 世紀 60 年代，社會已經變得如此多元化，以至於它能包容每一個人以及所有他們選擇的生活方式。悲劇甚至不再作為一種文化主題，它的不滿被看作是一個有待解決的問題。

馬爾庫塞指出，藝術已經失去了其激發反抗的能力，因為它現在

包法利夫人 選擇了死亡而非「適應」。但是現代生活已經吸納了各種生活方式類型；因此如果是在今天，馬爾庫塞建議，她應該接受治療。

是大眾媒體的一部分。關於叛逆主角的書籍和小説不再能煽動大眾起來革命，而變成個人自我提升計劃的必讀「現代經典」系列。「先鋒藝術和垮掉一代的青年」現在只尋歡作樂而不去叩問人們的良心。文化已經被剝去其所有的力量而不再

赫伯特・馬爾庫塞

赫伯特・馬爾庫塞於 1898 年出生在柏林，二戰期間在德國軍隊中效力，1922 年在弗萊堡大學獲得文學博士學位。在柏林當了短暫的書商之後，他師從馬丁・海德格爾學習哲學。

1932 年他進入社會研究所，但是從未在法蘭福工作過。1934 年他逃亡到美國，並一直留在了那裏。當他和馬克斯・霍克海默一起在紐約時，後者收到來自哥倫比亞大學的邀請，並把研究所搬往那裏，馬爾庫塞加入了他。1958 年，馬爾庫塞成為馬薩諸塞州布蘭迪斯大學的教授，但是 1965 年因為他鮮明的馬克思主義觀而被迫辭職。隨後他來到加州大學，並在 20 世紀 60 年代期間作為社會理論家、哲學家和政治活動家而獲得世界聲譽。他死於中風，享年 81 歲。

主要作品

1941 年 《理性與革命》
1964 年 《單向度的人》
1969 年 《論解放》

是危險的「他者」。馬爾庫塞認為，即便是關於異化的偉大作品，也已經變成了商品用於出售、慰藉或刺激——文化已經變成了一種工業。

高雅文化和社會現實這兩個維度的持平帶來了一種單向的文化，能輕易地決定和控制個體和社會的視角。如今，不存在別的不同世界或其他生活方式。馬爾庫塞指出，在這一點上他並不是過度強調媒體的力量，因為作為成年人，我們所接受的社會信息僅僅是強化了那些自我們出生以來就一直被灌輸的同一類信息——我們自孩童時就被訓練以接收它們。

階級的消失

文化和現實的擠壓反映在階級結構的明顯拉平／平整體中。如果所有的藝術形式和大眾文化都是同質整體中的一部分，並獲得社會的一致認同，那麼來自各個社會階級的人們將無可避免地開始做同樣

> 思想自由可能意味着修復如今被大眾溝通和教條灌輸所吸收的個人思維。

—— 赫伯特・馬爾庫塞

媒體的權力

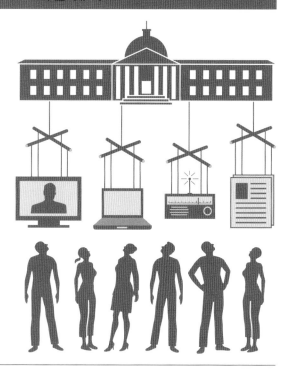

國家及其消費力量控制現代世界中的媒體。

媒體反映和傳播國家的主流價值觀和意識形態，操控社會大眾以接受商品、服務以及生活方式。

社會和個人被哄騙去相信並遵守這些媒體信息。

的事情。馬爾庫塞舉例指出，打字員可能和她老闆的女兒一樣打扮一新，或者工人和其老闆喜愛同樣的電視節目。然而，在馬爾庫塞看來，這種同化並不意味着階級的消失——它實際上反映了那些服務當局的需求在很大程度上已經為所有人所共享。

這一結果使階級不再處於衝突中。社會控制已經被內化，馬爾庫塞指出，我們已經被催眠到一種極端從眾的狀態，沒有人會造反。一個人的內心不再有一塊靈魂或精神的崇高境地，因為所有一切已經或者能夠被轉化成操作性術語、問題和解決辦法。我們已經喪失了一種內在真實感和實際需要，也不再能

夠批判這個社會，因為我們找不到一種置身事外且又看起來沒有喪失理智的辦法。

馬爾庫塞認為社會是無所不包的——多元主義觀點戰勝其他一切對立觀點，這尤其與新媒體爆炸所主宰的全球時代相關。一直以來，馬爾庫塞重視科學知識在塑造和組織社會及日常生活各個方面的重要性。尤其是站在一種激進的、政治化的視角上，他能夠同時看到解放和統治的可能性。這使得他對於文化和新技術應用的重視正切中肯綮。然而，這些因素確實帶來了社會變遷和解放嗎？還是說，它們僅僅是一種權勢統治階級加強操控和社會壓迫的工具？ ■

未來的威脅在於人可能會變成機器人

埃里希・弗羅姆（1900－1980 年）

德國社會學家和精神分析學家埃里希・弗羅姆宣稱，在 19 世紀工業化時期，上帝被宣布死亡，「無人性」意味着殘暴，與生俱來的威脅是人可能會變成奴隸。

然而，到 20 世紀，問題發生了改變：在自我異化中，人們喪失了愛和理性的能力。「人」事實上已經死了。「無人性」意味着缺少人性。弗羅姆指出，人類面臨變成機器人的危險。

他將這種異化感歸因於西方資本主義社會的出現，同時相信國家的社會、經濟和政治因素交織在一起，產生一種適合於其所有公民的「社會性格」。在工業時代，隨着資本主義全球統治的擴張，國家鼓勵個人的競爭性、剝削性、威權性、攻擊性以及個人主義。而相反，在 20 世紀，資本主義國家將個人改造成合作的消費者，擁有標準化的品位，能夠被民意和市場中的匿名權威所操控。技術使得工作變得越來越常規化和無趣。弗羅姆指出，除非人能「走出困住他們的陳規陋習」、重拾人性，否則他們將在一種無意義的、機械的生活中發瘋。■

虛假的微笑已經取代了真心大笑，麻木的絕望已經取代真正的痛苦。

——埃里希・弗羅姆

參見：喬治・赫伯特・米德 176~177 頁，羅伯特・布勞納 232~233 頁，阿利・霍克希爾德 236~243 頁，羅伯特・默頓 262~263 頁，爾文・戈夫曼 264~269 頁，安・奧克利 318~319 頁。

文化是通俗的

雷蒙·威廉斯（1921-1988 年）

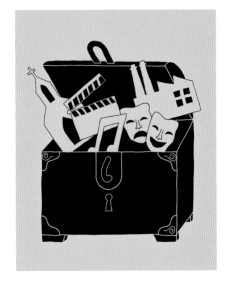

背景介紹

聚焦
感覺結構

關鍵時刻

19 世紀 40 年代　卡爾·馬克思指出經濟決定社會觀念和文化。

20 世紀 20 年代　意大利馬克思主義者安東尼奧·葛蘭西批判了馬克思的經濟決定論。

1958 年　威爾士學者雷蒙·威廉斯在《文化與社會》一書中，討論「感覺結構」概念，將文化置於理解社會網絡的核心。

1964 年　英國社會學家和文化理論家理查德·霍格特在英國伯明翰創立當代文化研究中心；1968年，斯圖亞特·霍爾接任主任。

1975 年　讓·鮑德里亞指出馬克思將經濟作為發展驅動力的觀點是有局限的。

雖然卡爾·馬克思對文化，特別是文學具有強烈的興趣，但他將經濟看作是歷史的驅動力：文化和觀念是第二位的。後來的馬克思主義思想家，諸如安東尼奧·葛蘭西以及匈牙利理論家喬治·盧卡奇，更多地關注文化元素；直到 20 世紀中期，隨着雷蒙·威廉斯大量著作的問世，其中包括他的鴻篇巨製《文化與社會》，文化才開始成為激進理論的核心。

威廉斯將文化的概念與對「傳統」的政治保守理解區分開，使得一種他稱為「長線革命」的分析成為可能：通過艱難但不懈的努力，實現我們整個生活方式的民主化。

文化的形狀

在〈文化是通俗的〉（1958）一文中，威廉斯提供了自己從南威爾士山村到英格蘭劍橋大學的個人成長和反思之路。在威廉斯看來，文化的形狀包括：山丘、農田、教堂以及火爐；家庭關係和政治辯論；貿易技能、語言和觀念；以及文學、藝術和音樂，流行的或嚴肅的。他將這種形狀描繪成「感覺結構」，它指涉一種超越社會制度和正式意識形態之外的社區中的生活經驗（通俗生活）。

威廉斯認為，感覺結構存在於「我們行為的最微妙、最不可觸摸的部分中」。這一概念帶來一種結合：那種可見的、組織良好的研究主題（結構）與那種晦澀的、以至於無法傳遞出複雜的生活經驗（感覺）的結合。威廉斯對於生活經驗的強調將社會學研究引向整個通俗文化系列，諸如電視、電影以及廣告，它們以前被看作是文化上無意義的。■

參見：卡爾·馬克思 28~31 頁，安東尼奧·葛蘭西 178~179 頁，赫伯特·馬爾庫塞 182~187 頁，讓·鮑德里亞 196~199 頁，斯圖爾特·霍爾 200~201 頁。

污名指的是一種非常丟臉的印記

歐文·戈夫曼（1922－1982 年）

背景介紹

聚焦
污名

關鍵時刻

1895 年 埃米爾・迪爾凱姆考察了污名概念及其與社會秩序的關係。

20 世紀 20 年代 符號互動論在芝加哥大學產生，並成為美國主要社會理論模式。

1934 年 美國社會心理學家喬治・赫伯特・米德出版《心靈、自我與社會》，後來影響了戈夫曼的認同思想。

2006 年 在《身體／具身化》一書中，丹尼斯・瓦斯庫和菲利普・萬尼尼（編寫）將戈夫曼的貢獻看作是為理解身體社會學提供了一種「精細框架」。

2014 年 美國社會學家瑪麗・喬・迪根（Mary Jo Deegan）將戈夫曼的理論應用到對性、性別問題以及女權主義的分析中。

社會為我們提供了一套被認為是「**正常**」的**角色和身份**。

我們在**公共場所**扮演的**角色－身份**（例如教師、醫生、護士、店員）是由社會來定義的。

但是當擺脫公共監督時，我們**私下**的**自我－身份**關乎的是我們到底是誰，那個「**核心的／本質的**」自我。

當我們的**公共身份**和**私人自我**存在不符時，當我們的角色身份扮演難以令人信服時，我們更容易**被貼上負面標籤**。

當這種負面標籤**多次重複**後，**產生了污名**。

歐文・戈夫曼是加拿大社會學家，他的思想深受美國社會理論傳統符號互動論的影響。這一傳統關注微觀層面的個體與小羣體間的互動和交換，而不是社會結構或制度與個體間更為非人格性的、宏觀層面的關係。互動主義思想家關注諸如個人身份、自我、團體動力以及社會互動之類的議題。符號互動主義思想的基本觀點是：個體自身首先是一個社會實體，即使是我們個體自身中看起來最具特質的方面，都不是我們自己特定心理的產物，而是社會性決定的，依文化和歷史而定。我們認為自己是誰，我們希望自己是誰，以及更重要的，我們能夠成為誰，這些都無可避免地與我們交往的人口類型以及我們生活的制度背景聯繫在一起，並受到它們的調節。

戈夫曼的特殊興趣在於其對越軌行為以及個體、羣體的污名化（源自於希臘詞彙 stigma，原意是「記號」、「烙印」、「刺烙」）或蒙受恥辱的社會過程的分析。戈夫曼指出，在污名概念中，越軌是其隱含之意，指個人或羣體被認為已經偏離那種指導人際互動行為的社會既定規範。一旦有人違反這些社會規範，他們就會被污名化，被排擠出

參見：皮埃爾・布迪厄 76~79 頁，喬治・齊美爾 104~105 頁，喬治・赫伯特・米德 176~177 頁，霍華德・貝克爾 280~285 頁，阿爾弗雷德・舒茨 335 頁。

學校教師扮演着社會中的一種最「合法」、高度受尊敬的角色——戈夫曼將那種人們扮演的公共角色稱為他們的「虛擬社會身份」。

他們所屬的羣體或社羣。

虛擬和實際的身份

在戈夫曼的標誌性研究著作《污名》一書中，他分析那些身份或多或少被「弄髒」或「存在缺陷」的個體的行為。他區分了那種所謂「虛擬的」和「實際的」社會身份。

虛擬社會身份是自我的社會性合法形式，是個體被期望的公共形象——例如，社會為好醫生所定義的特徵及行為；實際社會認同是個人想像的、私下的自我身份——例如，一個醫生在他或她的私人生活中所表現的特徵和行為。對於戈夫曼來說，一旦虛擬的和實際的自我身份之間的不一致變得無法調和時，污名就會出現。例如，當一個受人尊敬的醫生被揭發在工作之外過度喝酒和吸煙時，難堪或羞恥感就會緊接而來，社會交往就會崩潰。污名產生於這樣一種事實：社會成員對於某種特定情境下的行動者以及他們應該如何行為或表現具有共同的期待和態度。

污名的概念

戈夫曼定義了污名的三種重要特徵。第一，污名不是某種特定個體、屬性或行為方式所與生俱來的，儘管某些行為（如戀童癖）受到普遍譴責。一種屬性或行為所存在的背景深深地影響其他人的反應。第二，污名是在個體或羣體間的互動和交換中產生的一種消極分類，把他人歸類為那種不受社會歡

歐文・戈夫曼

歐文・戈夫曼於 1922 年出生在加拿大一個烏克蘭猶太移民家庭。1945 年在多倫多大學獲得人類學和社會學學士學位之後，他來到美國芝加哥大學，並在那裏獲得碩士和博士學位。為了博士論文的寫作，他在蘇格蘭一個偏遠小島上從事田野調查。在那裏收集的資料為他最負盛名的著作《日常生活中的自我呈現》奠定了基礎。1968 年他來到賓夕法尼亞大學執教，1981 年任第 73 界美國社會學學會主席。戈夫曼 1982 年死於胃癌。

主要作品

1959 年　《日常生活中的自我呈現》
1961 年　《避難所：論精神病患與其他被收容者的社會處境》
1963 年　《污名：受損身份管理札記》

污名構成了虛擬社會身份和實際社會身份之間的一種特殊差異。

——歐文・戈夫曼

迎的屬性或行為的擁有者。

（戈夫曼稱那些非污名化的人為「常人」。）它是一個關係性概念，因為被歸類為污名的事物是容易變化的，這取決於個體或羣體的互動。戈夫曼指出，任何屬性或行為都潛在地在被污名化，也可以說，所有社會關係中都存在一定程度的污名化：我們都能夠在某些時候被污名化。

戈夫曼指出，污名的第三個特徵是它的「過程性」：意味着被污名化，或者更確切地說，形成污名化的身份是一個持續一段時間的社會中介過程。例如，如果一個人因為在公司酒會上大醉而感到不自在，那麼這種尷尬和羞愧感，雖然並不令人愉快和自在，但不太可能對於他的實際社會身份產生任何長期的影響。然而，如果這種過分的行為繼續持續一段時間，那麼通過與羣體成員的互動，個人被賦予了一種偏差地位，而他們的自我概念也將會隨着這種污名化的身份而改變。

> **某一特質，在給其特有者帶來污名的同時也證明了其他非持有者的正常。**
>
> —— 歐文・戈夫曼

污名的類型

除了解釋污名的概念之外，戈夫曼還定義了三種污名的類型。第一種污名稱作身體的「畸形」，例如身體殘疾、肥胖、膚色不均、禿頂、疤痕。第二類污名指的是性格缺陷，包括精神失常、坐牢、癮君子、酒精中毒、同性戀、失業、自殺企圖以及激進政治行為。他將第三種污名類型定義為集團污名，包括基於種族、國籍、宗教以及意識信仰的社會邊緣化。戈夫曼指出，這三類污名所定義的特質容易給那些此類特質的持有人的正常及可預測社會互動模式帶來負面影響，進而產生社會排斥或邊緣化。

印象管理

戈夫曼同樣也關注個體是如何應對以及處理這種消極分類的。他指出，被污名化的人會積極努力管理或抵制（如果有可能）那種強加於他們的負面社會身份。

他的「印象管理」概念在這裏就顯得重要，因為它強調人們努力用各種方法盡可能向別人展示那種受歡迎的自我形象版本：他們採用各種策略以避免被污名化。這包括通過使用「掩體」來遮掩，例如肢體殘缺的人通過安裝假肢來減少羞恥感。「暴露」與之恰恰相反，指的是一個人公開承認他們身份中丟臉的一面。當這些策略失敗或不可行時，污名持有者則傾向於向那些他們認為有可能施以同情的人尋求幫助。

戈夫曼定義了三種最易於滿足這一角色的類型。第一種是「自己人」：那些有相似污名化特徵的人——例如吸毒成癮康復小組的成員。第二類是「智者」：那些在支持污名持有者的組織或機構中工作的人（例如，護理工、殘障官

假髮是一種「道具」或「掩體」，一些禿頭的人試圖用它來「掩蓋」他們的光頭，以此避開可能的污名來源。

員、護士、精神健康治療師以及社會工作者）。第三種類型包括那些被污名化者所熟知的個人以及那些對他們持有同情心的人，例如殘障人士或癮君子的伴侶。

跨越界限

社會學界普遍認為，戈夫曼對於人際互動和小型羣體中的人際動態的細緻研究是空前的。例如，安東尼·吉登斯著名的「結構化」理論深受戈夫曼關於人類行為和認同形成思想的影響，討論了結構和人際互動之間的聯繫。同樣，皮埃爾·布迪厄將戈夫曼的結論用於自己的研究，考察在何種程度上人們能夠改變自我以及他們在特定情境中的自我認知。

然而，英國社會思想家安東尼·伍頓（Anthony Wootton）認為，戈夫曼的研究將某些特質一般化，認為它們永遠是污名化行為的誘因。但是，隨着社會發展，對於某些特質的規範性期望以及道德評價也在變化。因此，他指出，在某些特定社會和國家情境下，精神疾病和身體障礙是否仍然污名是一個可被高度質疑的問題。

戈夫曼的研究跨越了社會學和社會心理學的學科界限——因此他的理論被來自廣泛學科背景的思想家所採納。在社會學界，英國社會思想家吉爾·格林（Gill Green）

污名化的原因是多樣的，但是可能包括產生於無視和／或者基於階級或種族緊張的閒言碎語和消極態度。這接着導致其他羣體對某個人的消極刻板印象。久而久之，個體內化這些標籤，以至於形成自我評價和認同。至此，個體已經獲得一種污名身份。

非污名化的個人或「正常人」　　污名化的個人

被這一羣體貼消極標籤並被邊緣化

污名化的原因包括：
- 行為期望
- 消極刻板印象
- 消極態度
- 大眾媒體
- 流言

污名化的後果包括：
- 無價值感
- 過多的自我評價
- 缺少自信
- 聲譽受損
- 社交迴避

將他的污名思想有效運用到對長期疾病患者的經歷的研究中，包括那些感染 HIV 病毒的人。社會工作者約翰·奧夫（John Offer）運用戈夫曼的概念來考察污名化個人的社會再融入問題。戈夫曼的研究也與政治領域相關，為表達現代多元文化社會中少數羣體的污名化問題提供了一種理解方式。■

污名化的個體可能發現，他不確定正常人將會如何定義以及接受他。

——歐文·戈夫曼

我們生活在一個信息愈來愈多而意義愈來愈少的世界裏

讓·鮑德里亞（1929－2007 年）

背景介紹

聚焦
擬像

關鍵時刻

約公元前 360 希臘哲學家柏拉圖指出，他將在他的完美理想國中驅除「模仿者」。

19 世紀早期 工業革命在歐洲開始。

1884 年 弗里德里希·尼采指出，我們再也不能向上帝找尋生活中的意義了，因為「上帝已死」。

20 世紀 70 年代 羅蘭·巴特指出，意義和符號具有意識形態功能，它們以一種「自然的」簡樸告知讀者。

1989 年 英國電腦科學家蒂姆·伯納斯·李發明萬維網（WWW），一種基於互聯網的超媒體，以實現全球信息共享。

20世紀末期，法國社會學家讓·鮑德里亞宣稱，「千禧年，在某種程度上，不會到來」。他指出，大災難——我們所知的世界毀滅——已經發生，在 21 世紀，我們「已經超越這一結局」。他對此深信不疑，他說，一種完美的犯罪已經存在——「扼殺真實」。

鮑德里亞指出，我們「了解」千禧年的唯一方式就是那種我們認識其他一切事物的方式：通過那種由雜誌、電視、報紙、電影、廣告以及網站所再生的、以消費為目的的、無止境的影像流。在鮑德里亞

參見：亨利‧列斐伏爾 106~107 頁，艾倫‧布萊曼 126~127 頁，戴維‧赫爾德 170~171 頁，安東尼奧‧葛蘭西 178~179 頁，赫伯特‧馬爾庫塞 182~187 頁。

現代世界中有**如此多的信息**以至於**我們不能完全吸收**，並發現到底發生了甚麼。

↓

媒體把事情**簡化**了，決定哪些「**成為真實**」；某些影像和故事的**重複**引導我們相信它們是「**真實**」的。

↓

物理世界中的物體和事件——以一種未解釋的、未被包裝的形式——**再也觸不可及了**。

←

所有的**複雜性**都**消失**了。

↓

我們生活在一個信息越來越多而意義越來越少的世界裏。

讓‧鮑德里亞

讓‧鮑德里亞於 1929 年出生於法國蘭斯（Reims），是家庭成員中第一個上大學的。父母是公務員，而祖父母是農民。當來到巴黎索邦大學學習時，他偏離教育體系，宣稱對現狀感到失望。

20 世紀 50 年代，他一邊在中學教德語，一邊在馬克思主義哲學家亨利‧列斐伏爾的指導下撰寫博士論文。1966 年，他在巴黎九大獲得教職位，教授社會學，隨後獲得這一領域教授職位。他的左翼、激進思想使其享譽（或相反）世界。20 世紀 70 年代，他與馬克思主義決裂，但是一生都保持着政治活躍。當被問及「你是誰？」時，他回答，「我不知道我是誰，我是我自己的擬像」。

主要作品

1981 年　《擬像與仿真》
1983 年　《宿命策略》
1986 年　《美國》
1987 年　《交流的迷狂》

看來，真實不是在物理世界中發生的事物（那種「現實」已死），而是那些可以被模擬和複製的事物。事實上，他指出，真實是「那些已經被複製的」事物。20 世紀，影像開始先於真實，而不是相反。

從地圖開始

鮑德里亞從阿根廷作家、詩人豪爾赫‧路易斯‧博爾赫斯的一個短篇故事開始，來解釋自己的觀點，即一個製圖師繪製一幅帝國巨圖的故事。地圖是按照 1：1 的比例，因此它和它所繪製的對象一樣大，並且完全覆蓋了帝國的整個面積。隨着帝國的衰落，地圖也開始逐漸磨損並最終毀壞，只留下一些碎片。

在這個寓言裏，真實物和複製品能夠被輕易識別；二者之間的差別很明顯。鮑德里亞指出，這是文藝復興時期的場景，那時一個物體和他的影像之間的聯繫是明顯的。影像是深遠現實的一個反映，我們能區分它與現實之間的聯繫和差異。然而，隨着工業時代的來臨，客觀物體和其影像之間的聯繫變得越來越模糊，因為一個原物品或它

的模板，可以被複製成百上千次。

再造真實

　　鮑德里亞注意到 20 世紀 60 年代其他馬克思主義思想家，例如法國理論家居伊・德波及其對工業大生產所帶來的文化思想轉型的關注。德波注意到，在這一時刻，「社會的整個生命歷程被歸結為景象的積累」。因此，生命被濃縮為一套記錄圖片：家族婚禮、法國度假等。相較於做事情，人們對抓住影像更感興趣 —— 成為旁觀者：影像成為核心，而非事情本身（現代人對於「自拍」的痴迷說明了它是如何風靡起來的）。

　　鮑德里亞指出，資本主義使得商品也與它們自身分離開來。例如，小麥不再簡單地只是小麥，而是一種好的投資，或穀物早餐。包裝，而不是事物本身，主宰着其價值。這是廣告時代的開始，品牌信息取代了客觀事物本身的真實性。影像就是一切。

簡化世界

　　鮑德里亞對這個影像和景象的奇異世界的發展軌跡更進行了深入研究。他指出，隨着技術的進步，很明顯，真實事物或仿製品變得完全沒必要。影像 —— 原本是從某種真實事物中抽象出來的 —— 現在可以從無到有地被創造出來。它完全不需要與物質世界相聯繫或反映甚麼。他稱這種影像為「擬像」。

　　鮑德里亞宣稱，只要影像或影像組可以再生產，它就能創造真實。真實是「可以被再造的」。一旦影像被複製和廣泛散播（例如，在雜誌或網頁中），它就創造出一種共享的真實，人們可以對此展開討論，這在過去我們一直努力參與的那個混亂、未結構化的物理現實世界中是不可行的。它們簡化了世界，使其變得易於管理。另外，它們創造的現實在各個方面都比我們生活的這個現實更令人激動和完美。

危險的烏托邦

　　「擬像」—— 在現實中沒有原型的影像 —— 與反映真實世界的影像相比，可以被用來創造出更令人滿意的效果。一個女演員可以通過貼近某一文化中理想的女性形象來獲得「數碼化地提升」，但是即便如此，它也參照了某些真實。基於這一點，鮑德里亞指出，真實的「領域」並未完全消失，還有碎片遺存。但是，那些在這種昇華的影像中獲得愉悅的人，可能會在那種完全數碼化地創造出來的影像中獲得更大的愉悅。例如，在我們與其他真實／虛擬個體互動的虛擬世界中，我們可以看到那種數碼化的「完美」個體和世界，甚至可以在線以任何形式再造我們自己。

　　鮑德里亞指出，這個過程也存

> 真實是從微型單位、矩陣、記憶庫以及命令模式中產生的 —— 通過這些，它可以被複製無限次。
> —— 讓・鮑德里亞

在危險。建構的真實建基於愉悅的最大化，因此它們要遠比真實更受歡迎。我們正在建構一種烏托邦，因為如果你有建構世界的自由，那為甚麼不創造一種烏托邦呢？但是，我們在虛擬世界中建構的烏托邦等同於死亡：我們不再想要某種真實的體驗，而是被告知的某種體驗——以一種超真實，或比真實更真實的方式。例如，我們寧願坐在電影院裏，享受某個家庭團聚的超真實體驗，而不去組織我們自己的家庭團聚。在銀幕上，它更多彩、喧鬧和完整——它看起來是「那麼真實」。相比之下，或許除了那些在「臉書」或其他地方的虛擬生活，我們自己的生活是那麼蒼白。同時，我們坐着，一動不動地看着銀幕。

太多信息

在鮑德里亞看來，現實世界正被大量來自不同媒體的、衝入我們生活的信息所主宰。他指出，奇怪的是，真實正在消失，「不是因為缺少它，而是因為太多了」。湧入我們頭腦的過量信息帶來信息的終結，因為我們被淹沒在複雜性中，而只抓住遞給我們簡單方案的這根救命草。擬像讓我們了解世界，即便這是以複雜的意義為代價，世界正變得越來越膚淺。

如今，構成我們真實生活的擬

在美國迪士尼世界，諸如中國之類的國家被再造。鮑德里亞認為，對於迪士尼的遊客而言，這些虛擬模型要遠比「外部」世界受歡迎得多。

因此，仿真時代開始於所有客觀參照物的終結——更甚者：通過符號體系中的人為再造。

——讓·鮑德里亞

像已經被建構用以即時地滿足我們的慾望。鮑德里亞指出，隨着虛擬世界的不斷增大，我們的理想和想像將會退化。給甚麼我們就接受甚麼，就如從「德國」到「法國」的旅行，我們發現，在迪士尼世界中要比在歐洲版圖上容易得多。對於系統或事物，不再需要「理性」，只要做好工作或正常「運作」就行。他指出，我們已經創造了一種超真實，一種「沒有空氣的超空間組合模型的放射性綜合物」。我們似乎還沒有意識到這一事實，即只有機器人才能離開空氣而「生存」。

一些批判理論家，諸如美國哲學家道格拉斯·凱爾納（Douglass Kellner）批判鮑德里亞偏離了馬克思主義對於文化的解釋。馬克思主義地理學家大衛·哈維立場相似，認為鮑德里亞在「堅持影像背後沒有真實」這一點是錯誤的。然而，還有許多理論家，包括加拿大人亞瑟和瑪麗路易斯·科羅克，贊同他的後現代文化觀，並將他的研究看作是對 21 世紀文化危機的重要指引。正如媒體生態學家肯尼思·魯本（Kenneth Rufo）寫道，「鮑德里亞的思想充滿了有趣的東西，甚至他的錯誤也不乏衝擊力。」■

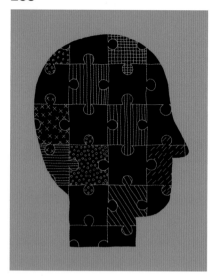

現代身份正在去中心化

斯圖爾特・霍爾（1932–2014 年）

背景介紹

聚焦
文化認同

關鍵時刻
17 世紀 「自我」首次變成一個名詞，作為一個值得探究的觀念開始流行。

20 世紀初 馬克思・韋伯指出，個體根據他們對於世界的主觀理解而行動。

20 世紀 20 年代 喬治・赫伯特・米德的符號互動論思想考察那些連接人們相互溝通的符號，儘管他們對符號有各自的主觀理解。

1983 年 英裔美國教授本尼迪克・安德森指出，民族身份是一種「想像的共同體」。

2010 年 英國社會學家邁克・費瑟斯通通過諸如整容手術之類的身體整形考察了自我驅動的身份變化。

……逐漸意識到**混合血統**的日益增多，因而沒有一個國家可以被視為自我界定的。

……逐漸意識到和身份不同國家的不同傳統、價值以及信仰。

現代身份不再是固定不變的，
因為它來自……

……一個不再由階級、種族和性別所決定的**自我建構的**「生活故事」。

……**因全球互聯**而對於傳統和生活方式的**質疑**。

在 20 世紀末期，社會學家們開始談論一種新的「身份危機」，曾經只被看作是一種簡單觀念的「身份」正變得越來越難懂。斯圖爾特・霍爾教授認為，這是由於結構變化改變了現代社會，將階級、性別、性向、種族、民族和國籍的文化圖景碎片化。而這些元素是傳統上用來解釋我們是誰（不管是在社會中還是作為單個個人）的基本框架。霍爾定義了「身份」的三種現代含義：啟蒙「自我」，社

參見：W.E.B. 杜博依斯 68~73 頁，羅蘭‧羅伯遜 146~147 頁，戴維‧赫爾德 170~171 頁，喬治‧赫伯特‧米德 176~177 頁，諾貝特‧埃利亞斯 180~181 頁，歐文‧戈夫曼 190~195 頁，本尼迪克‧安德森 202~203 頁，霍華德‧貝克爾 280~285 頁。

在現代城市中，不同文化走到一起。我們的生活越是受到這些不同文化的影響，我們就越不可能擁有一種固定的民族認同感。

會學「自我」以及後現代「自我」。啓蒙自我盛行於 17 世紀到 20 世紀早期，被認為是一種完整的、自主的存在：一個人與生俱來的堅定「內核」，會隨着年齡的增長而顯現，但會保持不變。

20 世紀 20 年代，社會學家諸如喬治‧赫伯特‧米德指出，「身份」是在與社會環境和「重要他人」的關係中形成的，其中，「重要他人」解釋和傳播兒童世界的價值、意義和符號。這種定義下的自我仍然被看作是一種內核，但是能夠通過文化價值和意義的內化經由社會而獲得改造。這種自我的「互動主義」觀點，跨越了個體與公共世界之間的鴻溝，成為關於自我的經典社會學觀點。

另一方面，霍爾指出，「後現代自我」沒有穩定的內核，它無法固定，相反，總是隨着其在社會中的表述和呈現方式而不斷地形成和轉變。這是一種變化中的自我，是歷史地定義的，而非生物性地決定的。它包含指向不同方向的衝突性身份，只是因為我們每個人都在建構自我的敘事（我們的「生活故事」），它才看起來連續而穩定。

脫節的身份

霍爾指出，20 世紀末開始的那場迅速、持久而又廣泛的變遷增加了一種不穩定感。傳統和社會實踐在不停地被檢視、挑戰，正在被基於全球互聯增長而帶來的新信息所改造。風格、場地和影像的全球市場，意味着它們滲入到每一個國家，打斷了傳統固定的民族和文化身份。

這種全球文化的「混搭」意味着身份已經與特定時間、地點、歷史和文化脫離，我們現在面臨着一個認同庫，從中可以選擇那些吸引我們的。在全球消費主義的「話語」（意義系統）中，用以定義認同的文化區別和差異已經變成一種全球貨幣。例如，牛仔褲和運動鞋——曾經與「美國人」聯繫在一起——現在只是一個印度或肯尼亞年輕人的必備裝束之一。

對於非裔法國人弗蘭茲‧法儂來說，黑人總是白人之外的「其他人」，而霍爾指出，在全球時代，文化是彼此「相互」混雜的，其他人「不再是簡單地『杵在外面』，他們也在內部」。人們越來越多地來自一種生活空間、血緣以及出生地的混合，並且意識到我們所擁有的內在身份庫可能會在不同時刻顯現出來。霍爾指出，這種內在和外在的多樣性是形塑我們時代的力量。

斯圖爾特‧霍爾

斯圖爾特‧霍爾被認為是「多元文化主義教父」，他出生在一個牙買加家庭，家裏有着本土和帝國主義（殖民）文化背景的衝突。他的父母來自不同社會階層和混合血統；霍爾反抗他們的建議，拒絕只跟那些「上等膚色」朋友玩。

1952 年，霍爾來到英國牛津大學，並成為新興的新左派政治運動的一名重要人物。1957 年，他成為《左派評論》的創始人之一，並成為英國伯明翰大學「當代文化研究中心」主任；1979 年，成為公開大學社會學教授。他同時也與電影製作人和藝術家一道，關注黑人問題。

主要作品

1979 年 《向右急轉彎》
1980 年 《編碼與譯碼》
1992 年 〈文化身份的問題〉

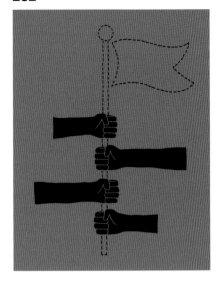

所有共同體都是想像的

本尼迪克・安德森（1936－2015 年）

背景介紹

聚焦
民族主義

關鍵時刻

1800 年 德國哲學家約翰・費希特力主存在一個集權國家，能獨立於世界之外，發展一種民族精神（volksgeist）—— 一種民族特有的自我感。

1861 年 意大利統一之後不久，政治家馬西莫・阿澤利奧（Massimo d'Azeglio）宣稱：「我們創造了意大利。現在我們必須創造意大利人」。

1965 年 英國裔捷克人類學家厄內斯特・蓋爾納（Ernest Gellner）提出，「民族主義不是民族覺醒的自我意識：它創造出了並不存在的國家」。

1991 年 法國哲學家艾蒂安・巴里巴爾指出，「每個『人』都是一個民族的種族化進程的投射。」

在16 世紀之前，民族主義的概念並不存在。它是我們想像出來的一個現代概念，並說服我們自己它有着古老的歷史。這是社會和政治理論家本尼迪克・安德森的觀點，他認為我們將民族主義觀念看作是固有的：你出生在某地，擁有某種國籍，就如同你與生俱來的性別。

安德森在《想像的共同體》（1983）一書中，對民族主義的整個基礎提出了質疑。他將「民族」定義為「一個想像的政治共同體，擁有既有限又至高無上的權力」。

隨着**印刷術的發展**，除了以拉丁語寫作的書籍以外，出版社也出版那些**最廣為傳播的本土語言**寫作的書籍，以迎合大眾。

↓

這使得**語言更穩定**，有利於基於人們所説的語言而**定義其羣體**。

↓

這種**通過共同語言的聯合**促進了共同思想和價值的傳播，以及**民族歸屬感**的增長。

↓

在那個**教會統治開始衰落**的時代，「**民族**」概念給予大眾一種**可以相信的事物**，一個**可以為之獻身**的理由。

參見：保羅・吉爾羅伊 75 頁，愛德華・薩義德 80~81 頁，以利亞・安德森 82~83 頁，薩斯基婭・薩森 164~165 頁，戴維・赫爾德 170~171 頁，斯圖亞特・霍爾 200~201 頁。

他解釋到，之所以是「想像的」，是因為，即使是世界上最小國家的成員，也不可能知道或者遇見絕大部分的同胞，只是「這種交往圖景存在於每個人的頭腦中」。

民族意識

安德森主張，民族觀念是「有限的」，因為再大的國家都有有限的邊界，儘管這種邊界是可變的（例如，由於移民湧入或湧出，領土之爭）。他指出，沒有哪個國家能夠一直確保世界上的每個人都是「他們民族」的一部分，就如同宗教一樣，例如基督教樂於看到每個人都加入一個統一的信仰體系。

安德森宣稱，國家揭示它們的「彈性邊界」的方式之一就是通過印刷工業。在 16 世紀，圖書商迎合那些受過教育的、說拉丁語的少數羣體，但是同時也意識到，要想獲得更大的利潤，就必須開拓更大的市場。不能一一滿足眾多地區的方言，他們就瞄準了更大的區域的

民族性，或者國家，以及民族主義，都是文化製品。

——本尼迪克・安德森

方言，隨着這些方言在出版物中獲得穩定性，他們也創造了溝通的統一領域，幫助定義民族應該「是甚麼樣的」。

給予生活目標

安德森指出，主權同樣也是這一民族概念的一部分，因為這一概念產生於啓蒙和革命時期。宗教喪失了對於人們思想的控制權，君主是由上帝神聖地挑選出來統治大眾的思想也不再被接受。主權國家允許國家結構的存在，而不需要號召其人民信仰宗教教條。但是，在安德森看來，隨着宗教統治的滅亡，對於生活意義的疑問並沒有獲得解答。啓蒙時期的理性不能解釋生或死的理由——但是伴隨着民族這一觀念，一個新的目標產生。它是一種值得為之獻身的東西，同時也提供了一種具有持續性的目標，這是人們以前在來世觀念（如天堂）中才能獲得的。

一些人開始質疑安德森的理論，特別是關於阿拉伯世界，那裏仍然繼續使用傳統語言形式，仍然由宗教信仰所主宰。但是，當世界上那些亞民族（諸如蘇格蘭或加泰羅尼亞）頻繁發生政治動亂時，安德森關於想像的民族性的思想被證明既有爭議又影響巨大。《想像的共同體》被翻譯成 29 種語言出版。

本尼迪克・安德森

本尼迪克・理查德・安德森是美國康奈爾大學國際研究、政府和亞洲研究的榮休教授。他於 1936 年出生在中國昆明，父親是愛爾蘭人，母親是英國人，活躍於愛爾蘭民族運動中。1941 年全家移民到加利福尼亞，後來又到了愛爾蘭。安德森在英國伯克郡（Berkshire）的伊頓公學接受教育，並於 1957 年在劍橋大學獲得古典文學學位。

對於亞洲政治的痴迷使其來到美國康奈爾大學攻讀博士學位，在那期間他前往印度尼西亞的雅加達做過一段時間研究。後來在泰國遊歷了 7 年之後，他回到康奈爾教書。

主要作品

1983 年　《想像的共同體》
1998 年　《比較的幽靈》
2007 年　《三面旗幟下》

在全世界，文化正堅定地將自己推向舞台中心

傑弗里・亞歷山大（1947 年－ ）

背景介紹

聚焦
文化社會學

關鍵時刻

1912 年 在《宗教生活的基本形式》一書中，埃米爾・迪爾凱姆討論文化和意義是如何相關的。

1937 年 在《社會行動的結構》一書中，塔爾科特・帕森斯強調文化的自主性。

1973 年 在《文化的解釋》一書中，美國人類學家克利福德・格爾茨強調意義對於人類社會生活的重要性。

1995 年 在《世紀末社會理論》一書中，亞歷山大批判了當今世界領軍的文化社會學家皮埃爾・布迪厄。

2014 年 英國社會學家克里斯托弗・索普將亞歷山大的思想應用到其對英國是如何體驗意大利的研究中。

社會學家傾向於將文化看作是**次要的**。

物質因素 —— **例如經濟財富和社會階級** ——
被看作是**更有影響力**的。

亞歷山大**強調文化**在決定社會生活方面的**角色**。

沒有文化，**溝通、活動或者人類互動**都無法理解。

在社會學中，文化正堅定地將自己推向舞台中心。

大多數人在生活中都不會去思考，為甚麼我們會習慣性地做我們所做以及想我們所想。我們每天為甚麼要花大量的時間工作？為甚麼我們要儲蓄？為甚麼我們會對那些不認識的人的八卦感興趣？如果被逼着回答這些問題，我們可能會說「因為那是像我們這樣的人所做的」。然而，任何這些事情都不是理所當然的、必需的或不可避免的；相反，我們這樣做，是因為我們所屬的文化迫使我們如此。我們所處的文化用最普遍的存在方式形塑了我們如何思考、感覺和行動。我們之所以成為我們，不是可以無關文化的，而正是因為它的存在。

美國社會學家傑弗里・亞歷山大指出，文化 —— 一個羣體集體產生的思想、信仰和價值 —— 對於理解人類生活必不可少。只有通過文化，人類才能脫離原始的狀態，反思和干預周圍的世界。儘管文化具有核心重要性，亞歷山大堅持認為，社會學家們過去卻一直將文化看作是次要的。作為世界上最有影響力的社會理論家之一，亞歷山大致力於在晚期現代社會的研究中推動文化研究成為中心舞台。

社會學和文化

雖然早期的社會學理論家們認識到文化的核心重要性，但是他們

參見：卡爾‧馬克思 28~31 頁，埃米爾‧迪爾凱姆 34~37 頁，馬克斯‧韋伯 38~45 頁，歐文‧戈夫曼 190~195 頁，塔爾科特‧帕森斯 300~301 頁，赫伯特‧布魯默 335 頁。

> **無論何處，我們並非如我們所認為的那樣合理、理性或明智。**
>
> —— 傑弗里‧亞歷山大

沒能正視文化對於理解人們為甚麼會如此思考和行動的重要性。例如，卡爾‧馬克思將主流文化看作是統治階級觀念和價值的體現；相應地，文化只不過是掩蓋了大多數人所生活的社會中的極度不公正。馬克斯‧韋伯從另一個視角，認為西方文化是理性的，它以一種冷靜和科學的方式看待自然和社會世界；它被剝離了任何意義或價值。

對於亞歷山大而言，這兩種觀點都有缺陷：馬克思的解釋是過度還原性的，它認為文化是由社會結構決定的；韋伯的解釋過於理性的，他沒能認識到西方文化中的非理性方面 —— 特別是情感和價值對於個人，甚至是整個國家，對周圍所發生事件的回應方式的導向性。

亞歷山大的理論路徑非常不同，它建立在法國社會學家埃米爾‧迪爾凱姆所提出的宗教思想的基礎之上。對於迪爾凱姆來說，宗教意味着從世俗或日常生活的

運作中將神聖分離出來 —— 包括神聖的思想、標誌以及表現形式。亞歷山大將文化看作與神聖類似 —— 獨立於社會，而非依賴社會；具有能動性而非僅僅是受到制約；同時包含非理性和理性的元素。他的文化社會學聚焦於理解個體和羣體是如何通過利用集體創造的價值、符號和話語 —— 談論事情的方式 —— 參與意義的創造，以及這反過來又是如何形塑他們的行動的。

文化的三個面向

亞歷山大從起源、解釋和結構三個方面定義文化社會學。第一，文化可以完全獨立於社會生活的物質方面。馬克思的文化理論一度是將「社會」和「文化」之間關係概念化的正統方式。在馬克思看來，社會的物質基礎（經濟、技術和勞動分工）決定思想上層建築（規範、價值和文化信仰）。

相反，亞歷山大相信文化不能僅僅被看作是社會生活中更堅固、更「真實」的物質維度的副產品。物質因素決定觀念因素的觀點，即經濟決定文化，是一種誤導。相反，在亞歷山大看來，文化應該被看作「一個獨立變量」，一方面與它所存在的生活條件相分離，另一方面，能夠對這種文化中的個體或集體施展權力。

傑弗里‧亞歷山大

傑弗里‧亞歷山大出生於 1947 年，是美國耶魯大學社會學莉蓮‧沙旺森‧薩登講座教授（Lillian Chavenson Saden Professor of Sociology），也是文化社會學中心聯席主任。作為其工作之一，他創立《文化社會學》學科雜誌，以推動文化社會學領域的思想和方法。

在美國，通過有名的《銘記大屠殺：一場辯論》（2009）一書，他成為同時代中最為傑出的社會思想家之一。他師從影響巨大的美國社會學家塔爾科特‧帕森斯和羅伯特‧貝拉，推進結構功能主義，揚棄它的邏輯性結論，並創立了自己的文化社會學範式。

主要作品：

2003 年　《社會生活的意義：一種文化社會學的視角》

2012 年　《創傷：一種社會理論》

2013 年　《現代性的黑暗面》

> **當前爭論的核心在於『文化社會學』和『文化的社會學』。**
>
> —— 傑弗里‧亞歷山大

人們對於事件的理解既不是自然而然的也不是不可避免的，而是由他們用以解釋、編碼和理解世界的那種具有文化特殊性的語言和符號決定的。正如亞歷山大所言，一個社會被定義成資本主義、社會主義還是威權主義，並不會有助於我們理解加諸在某一事件上的集體意義。相反，它需要從「內部」被探究，從人們借以理解它的那些集體性創造的結構、意義以及符號入手。

第二，為了理解文化，社會學家必須採用一種解釋的路徑。亞歷山大將文化比作文本——是一種人們用一種相對特殊的、社會建構的方式來加以解讀和解釋的事物，也正是基於此，用簡單的因果關係是無法去理解的。你永遠無法預測人們是如何解釋事件的，相反，它

> 布迪厄的失敗，在於他沒能看出，文化具有獨立於社會結構的相對自主性。
>
> ——傑弗里・亞歷山大

需要站在當事人的立場上去反思和理解。

第三，亞歷山大聲稱，社會結構——高於以及超越個體層面的行為模式——也同樣如此，它同時也是文化結構。文化中的符號性資源、標誌和符號羣被用來賦予世界以意義和關聯。人們往往只部分地意識到這些結構——他們沒能

有意識地去反思自己的各種意識和無意識是如何在這一過程中被塑造的。然而，這些結構是社會地生產和形成的。文化社會學的目的是凸顯這些結構。其終極目標是更好地理解——以及，在必要的時候，干預——集體行動以及應對周圍發生的事件。

意義和猶太人大屠殺

為了展示真價值取向的意義和符號，是如何影響社會羣體的，亞歷山大借用二戰期間納粹對猶太人的大屠殺的例子。他選擇這個例子是因為，大屠殺被看作是人類苦難和罪惡的最有力象徵之一；毫無疑問它（幾乎）找不到其他更好的解釋方式。現在看來可能無法置信，他指出，毫無疑問這些罪行既不應被認為是自然的，也不應被認為是

社會中的文化可以用許多不同的方式來解釋。馬克思將文化與社會結構聯繫起來，而文化社會學家如亞歷山大則將其看作是一種獨立的、巨大的資源。

馬克思將文化看作是形成社會結構的**經濟、技術和社會活動**的產物。

亞歷山大主張，文化行為就如同**雲端運算中的軟件**，使用者可以設計或利用它，以創造世界中的意義。

無可避免的；相反，「……這種『罪行』絕不能被看作是某種客觀自然存在的東西，而應當被理解為一種主觀建構，是文化和社會學研究的產物」。

在 2011 年〈論道德普遍主義的社會建構：從戰爭罪行到創傷戲劇的『大屠殺』〉一文中，亞歷山大用大量的細節展示了，在二戰結束後的隨後幾年中，大屠殺並非像今天這樣被看作是恐怖行為而應當被譴責。作為一個獨特的種族羣體，歐洲猶太人在許多社會中被負面地對待，這反過來導致缺失了對其苦難的同情。只有當他們更多地融入到外部社會中，他們社會羣體的特殊性減弱的時候，行動者和制度才有可能從內心真正接受他們。到 20 世紀 70 年代早期，為對大屠殺進行重新評估、重新敍述並將其重

新標記為一種罪行的必要的文化結構已經就位。直到那時，它才被提升到屬於全人類的創傷性事件的高度，而不僅僅是猶太人。在 1970 年的國事訪問上，西德總理在華沙猶太人死難者紀念碑前的「下跪」已經被瓦倫丁・勞爾（Valentin Rauer），在亞歷山大的《社會表演》（2006）一書中，描繪成一種「行動表達的符號」。

亞歷山大的文化社會學迅速發展成最具創新性和遠見性的社會學理論框架之一。作為社會科學中更廣的「文化轉型」的一部分，他的研究有助於重新將社會思想家的分析焦點集中在「意義」中。尤其是他改造和運用迪爾凱姆的思想，用以理解在一系列領域中意義的創造和維持 —— 包括大屠殺、民主和公民社會，以及「9・11」襲擊 —— 這一做法吸引了更多學者發展和

1997 年一場地震毀壞了意大利阿西西的聖弗朗西斯科教堂中的喬托壁畫。米拉・德布斯考察了這一災難如何帶來社會建構的文化創傷。

擴展他的思想。例如，美國社會學家米拉・德布斯（Mira Debbs）對 1997 年意大利阿西西聖弗朗西斯科教堂中藝術家喬托的標誌性壁畫坍塌後意大利人的反映的分析。在意大利民族文化中，這些壁畫被賦予了如此神聖地位，以至於它們的毀壞相較於人類生命來說往往要更加突出。德布斯利用亞歷山大的觀點展示了，藝術品被以一種特殊方式的敍事和編碼 —— 作為神聖的國家珍寶 —— 給大部分意大利人帶來一種強烈的、近乎非理性的、集體性的情感反映。■

1970 年維利・勃蘭特在華沙猶太人死難者紀念碑前的**下跪**是德國人懺悔行為的象徵，引發了集體認同的轉變。

WORK AND CONSUMERISM

勞動與
消費主義

在《共產黨宣言》中，卡爾·馬克思和弗里德里希·恩格斯描述了工人所遭受的**剝削和異化**。

在《新教倫理與資本主義精神》中，馬克斯·韋伯描述了現代資本主義勞動的**宗教根源**。

在《後工業社會的來臨：對社會預測的一項探索》中，丹尼爾·貝爾預測**信息和服務產業將取代製造業**。

1848年　　　　**1904–1905**年　　　　**1973**年

1899年　　　　**1964**年　　　　**1974**年

在《有閒階級論：關於制度的經濟研究》中，托斯丹·凡勃倫引入**炫耀性消費的概念**。

在《異化和自由：工廠工人與其勞作》中，羅伯特·布勞納表明，**自動化的增長有助於減少工業工人所感到的異化**。

在《勞動與壟斷資本——二十世紀中勞動的退化》中，哈里·布雷弗曼描述自動化的增長中**工人的去技藝化**。

社會學最初將焦點集中在由工業化所引致的社會變遷上。現代性的一個主要方面是人們勞動生活的變遷本性：從農村共同體中的農業和手工業向新興製造業僱傭關係的劇烈轉變。伴隨這一過程而來的是資本主義的興起，給社會中至少是部分成員帶來了繁榮。

首先研究現代工業社會中勞動的意義的是卡爾·馬克思和弗里德里希·恩格斯，他們看到了兩個社會階級的出現：一個富裕的資產階級或中產階級，以及一個被壓迫的無產階級或工人階級。但是正如工人階級的被剝削，他們認識到，沒有靈魂的重複性勞動本身異化了工人，勞動分工帶走了工人與其所生產產品的情感聯結以及勞動過程的自豪感。隨後，馬克斯·韋伯指出合理性和工作倫理是如何聯繫起來，迫使工人為某一特定經濟目的而不是整個集體的利益而工作。傳統集體價值已經被腐蝕，取而代之的是對物質價值的強調。

消費社會

對於工人階級而言，這意味着為家庭生計而全力掙扎，順從一種從任何意義上看都不值得的勞動生活。對於不斷壯大的資本主義中產階級而言，它意味着增長的財富和閒暇。賦予物質財富以價值意味着，一個人的社會地位是由經濟價值決定的。

到了 19 世紀末期，社會學家托斯丹·凡勃倫指出，資產階級可以通過炫耀性消費來維護其真實或虛幻的社會地位 —— 不是花費在那些必要的商品和服務上，而是在那些引人注意的奢侈品和休閒活動上。柯林·坎貝爾後來將 20 世紀「消費社會」的崛起與因 18 世紀理性主義和工業化而繁榮起來的浪漫主義聯繫在一起。丹尼爾·米勒將物質消費主義的增長看作是社會凝聚的一個潛在來源 —— 一種指認某一羣體的方式。20 世紀，工業化繼續在全球擴展，無論是農業、

在《區隔：一種趣味判斷的社會學批判》中，皮埃爾・布迪厄**重新考察了凡勃倫的炫耀性消費思想**。

1979年

在《被管理的心靈》中，阿利・霍克希爾德表明，服務業經濟擁有**商業化的人類情感**。

1983年

在《浪漫倫理與現代消費主義精神》中，柯林・坎貝爾回應韋伯，考察了浪漫主義與消**費主義之間的聯繫**。

1987年

在《材料》中，丹尼爾・米勒力爭，物質消費在建立個體認同和社會凝聚方面是一股積極力量。

2010年

1979年

在《製造同意》中，麥克・布洛維考察工人是如何找到應對不令人滿意的工作的策略。

1986年

在《工作中的父權制：僱傭中的父權和資本主義關係》中，希爾維亞・沃爾比強調職場中的性別不平等。

2007年

在《集合女性：全球製造的女性化》中，泰瑞・琳・凱拉韋考察更多女**性進入職場的影響**。

傳統手工業，還是製造業技術的進步都帶來了自動化的增長。至少在工業化的西方，社會物質變得更加繁榮，促進了大眾消費主義的快速增長，但是社會學家們不贊同自動化在勞動力上的影響。

羅伯特・布勞納預測，自動化將會把人們從機械的任務中解放出來，減少他們的異化感。另一方面，哈里・弗雷弗曼爭辯說，自動化意味着工人不再需要發展專業技能，對他們勞動生活的控制能力減弱，並感到更加異化。然而，在這兩種觀點之間，麥克・布洛維提出，通過認清它的積極方面，工人最終與無聊且壓迫性的勞動達成和解。

後工業勞動

在 20 世紀 70 年代，大約工業革命開始 200 年之後，勞動的性質似乎又將發生改變。丹尼爾・貝爾預測，機械化將把工人帶出製造業，他們將主要在信息和服務業中就業。至少在富裕世界中，這已經被證實是正確的。20 世紀後半段的另一個明顯變化是，工作不再被看作是男性的領域；更多女性前所未有地進入到僱傭勞動中。

阿利・霍克希爾德發現了向所謂後工業世界轉變過程中的一些特質。相較於製造業，服務業具有更強的情感要求；阿利・霍克希爾德認為，他們將情感商品化，從而使得人們把他們的感情與工作聯繫在一起，而不是其家庭生活和休閒活動。僱傭性質的這些變化所帶來的社會影響還有待進一步研究；相較於製造業勞動，服務業經濟中的工作是否更有價值，或更有利於社會凝聚 —— 或者職場中更多女性的參與是否將會減少性別不平等，現在下論斷還為時尚早。■

貴重物品的炫耀性消費是有閒紳士取得名聲的手段

托斯丹・凡勃倫（1857－1929 年）

背景介紹

聚焦
炫耀性消費

關鍵時刻

1844 年 在《1844 年經濟學哲學手稿》中，卡爾・馬克思討論了資本主義社會中的階級結構。

1859 年 在《論借助自然選擇方法的物種起源》中，查理・達爾文解釋了其進化理論。

1979 年 在《區隔》中，皮埃爾・布迪厄重新關注凡勃倫的炫耀性消費理論。

1992-2005 年 美國社會學家理查德・彼得森的研究指出，「擺架子」不再是中產階級消費行為的一個決定性因素。

自 2011 年起 凡勃倫的炫耀性消費概念影響了關於非理性和消費行為的經濟思想。

美國經濟學家和社會學家托斯丹・凡勃倫的研究集中在經濟與社會的關係，以及不同階級羣體是如何消費特殊商品和服務的。他吸收了一大批主要理論家的觀點，包括卡爾・馬克思、英國社會學家赫伯特・斯賓塞以及英國自然學家查爾斯・達爾文。凡勃倫對於資本主義社會以及它引起的消費類型的分析主要包含在他最有名的著作《有閒階級論：關於制度的經濟研究》(1899) 中。

資本主義和階級

凡勃倫將傳統社會到現代社會的轉型看作是由技術知識和工業生產方式的進步所推動的。如馬克思一樣，凡勃倫指出資本主義社會分化成兩個相互競爭的社會階級羣體：由工人組成的勤勞階級；以及擁有工廠和車間的有閒階級，也稱作金錢或商業階級（也包括政

所有權的根本動機在於競賽。

—— 托斯丹・凡勃倫

治家、經理人、律師等）。勤勞階級佔人口的絕大多數，參與生產勞動，諸如手工藝和機器勞動。相反，有閒階級在人數上要少得多，他們卻是擁有社會和經濟特權的羣體，寄生於勤勞階級的勞動中。在凡勃倫看來，這個壓榨性的有閒階級的成員並不生產任何對社會真正有益的東西。他們擁有的財富和特權來自驅動競爭和操縱工人，而唯一的目標是增加他們的個人財富。

資本主義社會分化為**兩個階級**。

→

勤勞階級生產消費品，**有閒階級**靠勤勞階級創造的利潤而繁榮。

↓

貴重物品的炫耀性消費是有閒紳士取得名聲的手段。

←

有閒階級成員通過購買**非必要的奢侈商品**來展現他們的**財富、權力和地位**。

更糟的是，通過蓄意對工業和社會整體的不當管理，特權階級持續地妨礙着積極的社會進步。

社會認可

凡勃倫的「炫耀性消費」概念是他對經濟學和社會學理論最著名的貢獻。受達爾文主義影響，即生命是一個不斷爭奪資源的過程，以取得物種進步（這裏是指個體所屬的人類社會羣體），凡勃倫認為，在資本主義社會中，大部分人類行為是由爭奪社會認可、地位和權力所決定的。這在消費和休閒模式中表現得最明顯。

炫耀性消費指的是，消費或者把錢花在不必要的奢侈品上，以向社會其他成員顯示自己擁有的經濟和物質財富。例如，現代商業大亨購買一艘昂貴的遊艇用來招待朋友和客戶。對這個大亨來說，重要的不是遊艇的使用價值（即它是否是一種高效的交通工具），它的價值在於作為大亨所擁有財富的高度炫耀性標誌，能給他帶來崇拜和尊敬。

休閒和浪費

與凡勃倫的炫耀性消費概念密切相關的是炫耀性休閒的概念：有閒階級成員花費大量的時間追求

「**凡勃倫商品**」的概念，或象徵高社會地位的奢侈品，出現在 20 世紀 70 年代的經濟學理論中。與普通趨勢相反，消費者對商品需求數量隨着其價格的上升而上升。

對商品的慾望隨着價格的上升而上升

奢侈品價格

對奢侈品的慾望

經濟和社會產出之外的活動。簡言之，休閒意味着不工作。對於那些與經濟需要（工作的需要）保持足夠距離的特權階級成員來說，非生產性的時間花費能夠進一步提升他們的社會聲望和階級地位。在凡勃倫看來，去國外度假以及了解異國文化都是典型的炫耀性休閒。

炫耀性休閒和消費不可避免的後果是生產不必要的浪費。凡勃倫聲稱，炫耀性浪費來自炫耀性消費和炫耀性休閒的混合。這兩種活動的最終結果是社會重要資源（生產消費品和服務所必需的原材料和人力）和時間的浪費。這種浪費文化的典型，諸如石油和礦物質之類的自然資源在奢侈品製造中的消耗，

轉而帶來二氧化碳排放量的增加以及各種氣候變化。

凡勃倫的炫耀性消費和炫耀性休閒的概念含有一定的「政治性」，

去國外旅行、學習外國語言以及掌握異國文化，這些是 18 和 19 世紀歐洲有錢人的重要身份象徵。

因為它們之中包含一種他對於其稱之為掠奪性和寄生性休閒階級的行為和生活方式的強烈道德立場。

財富競賽

除了有閒階級生活方式所必然帶來的浪費，凡勃倫的財富競賽概念抓住了它的另一個負面影響。這個概念指的是，來自下層社會階級群體中的個體會自覺或不自覺地模仿有閒階級成員的消費行為。這是在向他人顯示自己屬於社會中最具權勢和統治群體的證明。

財富競賽起因於所有權思想：

> **現在財富本質上是光榮的，給予其所有者的榮譽。**
>
> ——托斯丹・凡勃倫

一旦個體即時的物質需要獲得滿足，他們購買消費品就變成一種社會階級地位的象徵，表明自己從屬於某一社會群體的身份和生活方式。在資本主義社會，社會階級群體等級化分層，每一個階級群體都被賦予一種特殊的社會地位。所有權、權力、地位和統治糾纏在一起，以至於地位之爭主要表現在經濟財富的展示和重視金錢方面。凡勃倫宣稱，人們總是在不停地把自己以及自己所擁有的與他人相比較。他認為，這一現象會帶來許多真實的、負面的、意料之外的後果。

在凡勃倫看來，個體和整個群體受到來自「可憎的」、不公正的相互攀比的壓力。資本主義變得越來越有競爭性，可憎的攀比過程也在激增。評價他人的主要方式是「從值錢和價值方面對他們進行評價和排序」。但是除了產生更大的浪費之外，財富競賽過程並不能保證社會尊重和聲望的積累。這裏，凡勃倫使用「暴發戶」一詞，來描

某些中產階級社區中的「雷同」式生活方式歸因於試圖模仿鄰居們的消費方式以獲得地位和聲望的壓力。

述那些進行炫耀性消費行為的人，例如購買豪華小汽車或設計師品牌的衣服。這可能會遭到一些人的反對——那些從上代那裏繼承財富、地位或低調但品位高雅的人。這可能會導致暴發戶與他們想要模仿的主流社會群體的進一步疏遠。購買炫耀性消費品可能會帶來社會聲望，但是不包括那些超出他們實際經濟能力的消費。

凡勃倫的遺產

凡勃倫關於消費的炫耀性質的思想影響了社會學分析的發展，同時也吸引了各類反駁和爭辯。

例如，法國理論家皮埃爾・布迪厄的研究深受凡勃倫關於財富競賽和炫耀性消費理論的影響，但是他修改了一些理論以適應自己的理論模型。布迪厄勾勒出個體和社會

階級羣體是如何通過消費具有社會區分性的特定商品和服務，來實現持續的相互競爭和相互區分。

然而，英國出生的社會學家柯林・坎貝爾認為凡勃倫的研究是過度還原的。他指出，凡勃倫沒有注意到消費品的獲得具有重要且積極的作用：通過購買的商品以及從事的活動，人們能夠建構一種自我認同和價值。

最近，社會學家們已經開始質疑，一個社會獨特的有閒階級是否真的存在。例如，英國社會學家邁克・薩維奇力證，現代階級關係的變動本性意味着現代世界中並不存在貴族有閒階級。這也意味着，在薩維奇看來，不再有一個清楚界定的、品位氣質和消費活動被其他所有羣體模仿的社會羣體。

美國社會學家理查德・彼得森將這一思想進一步發展，並發明

> 個人試圖在財富地位上勝出，以此贏得同伴的尊重和嫉妒。
>
> —— 托斯丹・凡勃倫

了「文化雜食者」一詞，指代一個新興的社會羣體，他們工作在新媒體產業和廣告業中，他們受過教育，屬於中產階級，通過消費一些既高雅又低俗的消費品來積累聲望。在彼得森看來，社會聲望現在不再單單來自對於奢侈品的炫耀性消費，而是來自非奢侈品的「會意的」和「諷刺的」消費，諸如復古服裝、棒球帽、馬丁靴等等。

凡勃倫的《有閒階級論》對消費者消費行為的各種有意或無意的社會後果以及資本主義社會中的消費模式進行了詳細考察；儘管受到各種批判和修正，這本書中的思想對經濟學家、社會學家等仍有重要參考價值。∎

托斯丹・凡勃倫

托斯丹・凡勃倫出生在美國威斯康星州的一個挪威移民家庭。1880 年他在約翰・霍普金斯大學獲得經濟學學士學位；四年以後，他從耶魯大學獲得博士學位。

凡勃倫與學術機構格格不入。在 19 世紀末期，許多大學與教會關係密切，而凡勃倫對於宗教的懷疑主義以及他奇怪和據說乏味的教學風格，使他難以獲得教職。結果，1884 至 1891 年間，他依靠家裏的接濟生活。

1892 年，他以前的導師，勞倫斯・勞克林（Laurence Laughlin）來到芝加哥大學，並把凡勃倫帶去當一名助教。凡勃倫在那裏寫作並出版了《有閒階級論》。很快，他被芝加哥大學開除了，隨後，又因他臭名昭著的濫交行為而被史丹佛大學開除，這最終導致 1911 年他與妻子離婚。最後他搬到加利福尼亞，在抑鬱的獨居中度過餘生。

主要作品

1899 年　《有閒階級論：關於制度的經濟研究》

1904 年　《營利企業論》

1914 年　《勞作本能和工業技藝的本能》

清教徒是應「天職」而主動去工作；我們是被迫工作

馬克斯 · 韋伯（1864—1920 年）

背景介紹

聚焦
新教工作倫理

關鍵時刻

1517 年 德國神學家馬丁 · 路德張貼他的《九十五條論綱》，催動了新教改革。

自 19 世紀 40 年代起 卡爾 · 馬克思聚焦於經濟，而不是宗教或文化，用以解釋資本主義的崛起。

1882 年 德國哲學家弗里德里希 · 尼采表達了一種敵對基督教的世界觀，他宣布「上帝已死」。

1920 年 馬克斯 · 韋伯出版《宗教社會學》，對宗教的社會學理論具有重要影響。

作為社會學的創始人之一，馬克斯 · 韋伯對於資本主義的興起提出了一種與社會學其他兩位創立之父卡爾 · 馬克思和埃米爾 · 迪爾凱姆完全不同的解釋。在韋伯最受讚譽的《新教倫理與資本主義精神》（1904—1905）中，他分析了宗教思想、信仰和價值觀在現代資本主義興起中的作用。

在韋伯看來，資本主義社會的標誌特徵是其獨特的「工作倫理」或他所謂的「資本主義精神」，這

參見：埃米爾・迪爾凱姆 34~37 頁，齊格蒙特・鮑曼 136~143 頁，傑弗里・亞歷山大 204~209 頁，柯林・坎貝爾 234~235 頁，卡爾・馬克思 254~259 頁，布萊恩・威爾遜 278~279 頁。

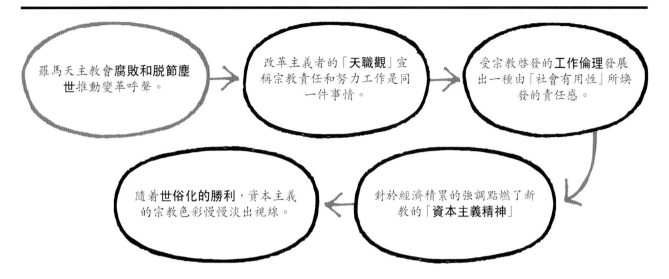

羅馬天主教會腐敗和脫節塵世推動變革呼聲。

改革主義者的「**天職觀**」宣稱宗教責任和努力工作是同一件事情。

受宗教啓發的**工作倫理**發展出一種由「社會有用性」所煥發的責任感。

對於經濟積累的強調點燃了新教的「**資本主義精神**」

隨着**世俗化的勝利**，資本主義的宗教色彩慢慢淡出視線。

是現代經濟以及追求財富和利潤的驅動力。他宣稱，這種「工作倫理」建立在理性主義、可計算性、自律和收益的價值觀基礎之上。

追求利潤

韋伯對於文化因素的強調是為了回應馬克思關於「資本主義的興起是一個自然而然且不可避免的過程」的觀點。韋伯反對人類歷史由潛在的、不可阻擋的「法則」驅動，並決定社會發展的路徑的觀念。

韋伯指出，以超出本身價值的價格出售商品和服務並不是資本主義所特有的。從古至今，人們總是期望在相互買賣中獲利。他認為，資本主義的獨特之處在於，追求利潤成為其終極目標。跨國銀行集團滙豐銀行就是當代的一個例子，它在 2013 年的稅前利潤為 22.6 億美元。如果這一利潤分配給公司所有的員工，他們將不用再工作，還能衣食無憂。相反，諸如「滙豐」之類的公司將這些利潤重新投資在公司中，提高其效率，以追求更大的利潤。韋伯想知道，這種資本主義核心的完美「工作倫理」—— 對於利潤的不懈追求，或者為財富而財富 —— 到底是從何而來的？

韋伯深信，要回答這個問題，我們不能從社會團結或技術的變遷入手，而是要回到人類社會的一個最古老特徵 —— 宗教。他回溯到

美國零售巨頭沃爾瑪的員工認為，沃爾瑪的**巨大利潤**應該重新分配給員工，提高員工工資水平。2014 年該公司因低工資水平而受到審查。

16 世紀歐洲的宗教發展時期，那時新教作為對羅馬天主教會的日益腐敗和墮落的一種回應而出現了。新興的新教為上帝和子民的關係以及主宰它們的倫理提供了一種與眾不同的視角。

新教的「天職」

韋伯特別界定了「呼喚」對於新教倫理系統的重要性，即上帝召喚子民在世界上承擔的使命。鑒於羅馬天主教會主張從世俗世界（如日常生活和工作）中抽離出來，新教則要求信徒完成他們現世的職責和義務。

在指出這兩種宗教理想的差異之後，韋伯認為德國神學家馬丁・路德（1483—1546 年）及其神學思想對新教的發展具有重要影響力。路德第一個指出了，完成世俗生活責任同樣也是敬畏上帝的表現。他宣稱，「天職」的核心是相信努力工作和宗教責任是同一件事情。

路德的思想在隨後的二十多年裏盛行，並被具有爭議的、最具影響力的宗教改革家約翰・加爾文（1509—1564 年）進一步發展。然而，加爾文卻提出另外一種明顯不一致甚至對立的論題體系：如果上帝是無所不知、無所不曉的，那麼我們個體的命運是已經預定的，因為上帝創造了世界和世界中的人。

加爾文的概念被稱為「上帝的選民」。因為上帝已經知道我們命定的生活，他也知道他選取了哪些靈魂能得救，哪些靈魂會下地獄。然而，新教徒的問題在於，他們沒有辦法預知自己屬於哪一類——被拯救或是被詛咒。在韋伯看來，這種未知帶來「救贖焦慮」，導致新教徒中的心理恐懼。為了解決他們的不安，清教徒説服他們自己和

加爾文教堂美學強調簡單：與天主教的宏偉和浮誇風格相反，新教強調苦行和節儉。

其他人，一定存在某些明顯跡象，能夠揭示誰會在命定中獲得拯救。

社會有用性

新教徒認為，他們是否被拯救的一個最明顯辨別方式是，獲得成功，特別是在經濟方面。他們相信，達成這一結果的關鍵是在新教中一種特殊的工作倫理——強調在經濟活動中對於節儉、自我監督和自律的絕對需要。韋伯將其稱為「資本主義精神」。

這一精神的進一步表現是：在經濟活動領域趨向日益增加的合理化、控制以及可計算性。實現經濟繁榮就是向自己和他人展示「天職」的觀念：個體在行動中越努力

現代性和猶太人大屠殺

對於韋伯來説，定義新教工作倫理的那些可計算性、合理性以及自律價值的傳播，對於現代性的發展來説也極為重要。

德裔波蘭社會學家齊格蒙特・鮑曼認為，這種倫理的價值基礎也可以用來解釋納粹大屠殺是如何發生的。與傳統觀點將大屠殺看作是非理性的勝利以及一種向原始的、前現代思維行動方式的倒退不同，鮑曼將其看作是一種高度理性化的事件。現代性的理性不僅使大屠殺成為可能，也是它的一個必要條件，因為這種滅絕是官僚化的、有組織的。鮑曼指出，大屠殺罪犯所展現的高度理性和自律與在整個新教歐洲所表現出的宗教文化和價值密不可分。

工作、苦行和克己自律，他就會收穫越多的經濟回報；他們積累的財富越多，這就越被看作是他們宗教純潔和獲得救贖的證據。

新教倫理的反面是逃避工作——犯懶散和怠惰的罪行，以及沒能實現經濟繁榮。

世俗化

隨着自工業革命以來正式宗教（世俗化）的穩步衰退，支撐「資本主義精神」的新教倫理也已經削弱。當韋伯指出，早期新教徒是「應召喚而主動去工作」，但是今天「我們是被迫的」，他的意思是，儘管資本主義所建基的那些努力工作、自我控制和自律的價值還存在，並且被社會所認可，但似乎他們的宗教根基已經消失不見。

為了確定新教改革，特別是約翰·加爾文教義中工作倫理與資本主義精神之間的親和性，韋伯注意到一個巨大的歷史性諷刺。新教改革意圖從羅馬天主教會的腐敗影響中挽回上帝的旨意。將近 500 年之後，正式宗教明顯衰落。一項試圖挽回「上帝」的努力帶來了資本主義繁榮所必需的工作倫理。隨着資本主義的發展，正式宗教對於我們行為的影響力已大大減弱。

韋伯關於新教倫理的理論在其德文第一版出版一百多年後，仍在當代社會學家和歷史學家中引起熱議。例如，意大利社會學家盧西亞諾·波利加尼（Luciano Pellicani）力爭，資本主義精神的產生要比韋伯所提出的更早得多，它在中世紀社會就已經出現。

不同於韋伯，英國歷史學家蓋·奧克斯（Guy Oakes）指出這一事實：中世紀的資本主義是由貪婪而非由加爾文主義所提倡的那種冷靜而世俗的責任感所驅動的。不管怎樣，工業資本主義最先在諸如荷蘭、英國和德國等歐洲新教國家鞏固這一事實，證明了韋伯所看到的在新教和資本主義發展所必需的進取精神之間的聯繫。在《浪漫倫理與現代消費主義精神》（1987）一書中，柯林·坎貝爾使用韋伯的理論來解釋歐洲和美國消費文化的興起。韋伯思想的擴展證明，對於資本主義興起的宗教性解釋繼續對社會學思想具有重要影響力。■

> **完成世俗的責任是獲得上帝認可的唯一生活方式。**
>
> —— 馬克斯·韋伯

新教世界觀主張，世俗的責任顯示了對上帝的敬畏，並增加他的榮耀。物質上的成功被看作是上帝的認可——一種對於努力、節儉、節制以及其他「正確」生活方式的嘉獎。

世俗責任：努力工作 克己 紀律

敬畏「天職」，你會獲得嘉獎。

技術，如同藝術，是人類想像力的翱翔

丹尼爾・貝爾（1919－2011 年）

後工業社會以科學和理論知識的激增為特徵。

↓　↓　↓

科學進步帶來**技術進步**和服務業的崛起。

大學和以工業為基礎的研究是創新和**社會變遷**的主要動力。

技術官僚因他們的技術能力和專業知識而掌握權力。

↓　↓　↓

技術進步將社會推向富於想像的和不可預測的**新方向**。

20世紀 60 年代和 70 年代間，社會經濟基礎的深刻變革席捲了西歐國家和美國。在頗具影響力的《後工業社會的來臨》(1973) 一書中，政治記者和社會學家丹尼爾・貝爾提出「後工業主義」概念用來指代這些變遷。貝爾曾在紐約和芝加哥居住過，對於這些迅速發展的城市有第一手經驗。

貝爾同意卡爾・馬克思的觀點，資產階級佔有生產資料——工廠和機器生產商品，滿足廣大羣眾的消費，是工業社會中最具權勢的社會羣體。然而，在貝爾的後工業社會中，最具有價值的社會「資源」是科學和理論知識，誰掌握了

參見：卡爾‧馬克思 28~31 頁，曼紐爾‧卡斯特爾 152~155 頁，烏爾里希‧貝克 156~161 頁，馬克斯‧韋伯 220~223 頁。

它，誰就掌握了權力。

他也指出，隨着科學進步和技術發展相互滲透，科技正推動人類社會走向未來，社會正以一種前所未有的速度改變着。因此，他認為，後工業時代是一個科學技術進步和人類想像力一樣不可預測和無邊無界的歷史階段。

後工業社會

在貝爾看來，後工業社會與工業社會的區別表現在三個相互關聯的方面：第一，「理論」知識的增長和進步超越消費商品的生產；第二，隨着大學和工業主導型創新形成互相滲透且越來越緊密的關係，科學和技術發展也越來越相互交織；最後，隨着大部分人進入和依賴日益增長的服務業，非熟練和半熟練工人的數量在下降。貝爾所稱

的服務業，是那些致力於管理和指導信息和知識的運用的人類活動領域。

根據貝爾的觀點，後工業社會的另一個關鍵特徵是「技術官僚」的權力的上升，或那些通過技術知識以及邏輯地解決問題而施展權威的人。技術官僚的社會權力是由他們在預測和指導新科學思想方面的能力決定的。

貝爾相信，技術鼓勵想像力和實驗 —— 如此一來，他開啓了一種思考世界的新方式。他指出在希臘語中 "techne" 的意思是「藝術」。對他而言，藝術和技術不應當被看作是不同的領域：他認為，技術是「一種連接文化和社會結構的藝術形式，並在這一過程中重塑二者」。■

現代城市不再由製造業所必需的工廠所主宰。在服務業的後工業世界中，未來派建築擁有繁榮的空間。

丹尼爾‧貝爾

丹尼爾‧貝爾於 1919 年出生在美國紐約，是頗具影響力的社會思想家、作家和社會學家。他的父母是來自東歐的猶太移民。父親在貝爾只有幾個月大的時候就去世了；少年時期，他的姓氏由博洛茨基（Bolotsky）改為貝爾。

1938 年貝爾從紐約城市學院獲得學士學位。他作為一名政治記者工作了超過 20 年。作為《新領袖》雜誌的主編和《幸福》雜誌的編輯，他的寫作涉獵各種社會議題。1959 年，為了表彰他對政治新聞學的貢獻，他被聘為哥倫比亞大學社會學教授；隨後他又被該校授予博士學位。1969—1990 年間，他在哈佛大學擔任社會學教授。

主要作品

1969 年　《意識形態的終結》
1973 年　《後工業社會的來臨》
1976 年　《資本主義文化矛盾》

機器變得越精密，工人所需技藝就越少

哈里・布雷弗曼（1920－1976 年）

背景介紹

關鍵時刻

1911 年 美國機械工程師弗雷德里克・溫斯洛・泰勒出版《科學管理原理》。

20 世紀 50 年代 馬克思異化論被翻譯成英文，推動他的著作重回英語社會學界。

1958 年 美國思想家詹姆斯・R. 布萊特（James R. Bright）出版《自動化與管理》一書，警告自動化與去技藝化之間的聯繫。

20 世紀 60 年代 機械化帶來美國非熟練和半熟練工人中的大規模異化。

20 世紀 70 年代 名為《在美國工作》的美國政府報告總結道，相當多的工人對他們的工作表示不滿意。

20 世紀 50 年代，美國經濟經歷了快速**工業化**。

↓

勞動力的「科學」分工強調**理性化、可計算性和控制**。

↓

工廠和辦公室熟練工人被日益增加的**自動化**和管理**控制**所異化。

↓

聲稱增加培訓、技能和教育的主張被證明是錯誤的，因為工人整體技術水平明顯下降。

↓

機器變得越精密，工人所需技藝就越少。

---

20 世紀 50 年代以來，卡爾・馬克思的異化概念一直是北美和歐洲社會學家用來理解僱傭現代化及其對勞動力的影響的主流分析工具。

馬克思和馬克斯・韋伯都預測，伴隨工業技術的崛起而來的將是對更高生產效率的追求，以及勞動力合理化之下的分工細化和專門化的加劇。哈里・布雷弗曼明確承認自己是沿著這一思想傳統進行

研究，於 1974 年在其經典著作《勞動與壟斷資本 —— 20 世紀勞動的退化》中，系統地探究了工業勞動的性質以及壟斷資本主義之下工人階級的組合變化。布雷弗曼的分析依據「去技藝化」的概念：即工業技術和機器生產的進步帶來工人階級和技工中熟練工人的異化和「解構」。他相信，工作的去技藝化和工業工人的貶位是一個自第二次世界大戰以來就開始不斷推進的過

程。他的焦點不僅集中在工廠工人，同時也討論辦公室職員，儘管不是那麼詳細。

熟練勞動力神話

布雷弗曼反駁那種「工廠作業的工業化會賦權於工人」的思想，發現它存在嚴重不足。基於他自己的工廠作業經歷，布雷弗曼挑戰了關於工人的官方統計和政府分類，展示了美國工人階級中漸進的和持

參見：卡爾・馬克思 28~31 頁，馬克斯・韋伯 38~45 頁，喬治・瑞澤爾 120~123 頁，曼紐爾・卡斯特爾 152~155 頁，埃里希・弗羅姆 188 頁，丹尼爾・貝爾 224~225 頁，羅伯特・布勞納 232~233 頁。

> 工業程序和組織已經掠奪了工人的技藝及其遺產。

——哈里・布雷弗曼

續的「去技藝化」。

他指出，工廠中技術的提升需要工人技術熟練度和受教育水平的提升，這種觀點是錯誤的。諸如「培訓」、「技能」、「學習」這類術語是模糊的，可以有不同的解讀；而操作工廠和辦公室機器所需的訓練往往只需要花費幾分鐘，或者至多幾個星期。僅僅是工人能操作機器的這一事實，並不意味着他們的技能水平也顯著提高。熟悉機器以及知道如何操控它——例如學習如何使用複印機——並不意味着一個工人就能因此被歸為「熟練」類型。

另外，布雷弗曼發現，雖然工人中總體受教育水平已經提升，通常這對有償僱傭勞動中的個人反而會帶來不良的且意外的後果。

在布雷弗曼做調查和訪談的過程中，他經常發現，好的教育資歷往往使工人在工廠和辦公室中更沮喪而沒有成就感，因為個人可以利用和運用的他們在學校中學得知識的機會少之又少。教育成就越大，就越可能導致一種更強烈的異化感。

漸進的技術侵蝕

在工業革命以前，布雷弗曼指出，物質產品由熟練和半熟練工匠和技工生產。技術進步使得工業生產規模達到一種前所未有的水平。機器能夠完成許多以前由熟練工人手工完成的任務，這意味着某些技能和技術知識不再需要，而取代它們的是一些新能力和專門知識。

以此類推，布雷弗曼指出，自動化在取消某些技能需要的同時，還創造了一種對不同的新技能的需要。單單是技術進步並不必然導致工人技術水平的下降。異化也不會是它的一個直接後果。

布雷弗曼並不是在緬懷過去，要求重回手工工人的前工業模式；相反，他承認自動化可以是一種積極的發展。他指出，當工作場所的自動化伴隨着生產的社會關係（即整個勞動力過程組織、管理和操縱的方式）劇烈變遷的時候，後果才會變得完全負面。他強調一方面區分科學和技術進步以及它們是如何在工廠中被實施的，另一方面

這給生產的社會關係所帶來的變化——尋求更高效的勞動力組織和分配方式。

正如機器的發明是為了以一種最高效的方式完成工作，勞動力的結構化是為了提高生產率和利潤。布雷弗曼的目標是，證明熟練工人的具體知識和技術能力已經被削弱和遺忘。布雷弗曼的工作貶位指的是需要工人進行概念化和執行任務的工作數量的減少。他指出，勞動力已經被重構成一個工作中需要較少概念化的龐大工人羣體和一個為數不多的管理者羣體。

管理的崛起

美國工程師、工業主義者弗

20 世紀 50 年代位於西德的**歐寶生產線**。勞動力的細分是為了提高效率，但是，布雷弗曼聲稱，這一過程使工人去技藝化，從而使其退化。

雷德里克·泰勒提出了一種科學管理和工作流程的理論，受他的影響，布雷弗曼指出，三種全新而顯著的發展加速並突出了勞動力的去技藝化。

第一，整個勞動過程的知識和信息牢牢掌握在管理層而非工人的手中。第二，作為第一種發展的直接後果，工人在整個勞動力分工中是在「需知」的基礎上履行自己指定的任務。對於他們所從事工作的影響，以及這些工作在整個勞動過程中的角色，工人們完全一無所知。第三，管理層擁有整個勞動過程的知識，能夠精確地掌握每個個體勞動者的工作。認真監控和管理生產力水平意味着，當生產力出現下降或者當工人表現不佳的時候，管理層能夠隨時干預。

布雷弗曼指出，以突出強調效率、可計算性以及生產率的方式來組織工作所帶來的終極負面後果

> 工人的異化在管理層看來只是成本和控制的問題。
>
> ——哈里·布雷弗曼

是，從「執行」中區分出「構思」。

援引一個生物學的比喻，工人就好比是手，他的每一步都受到遙遠的大腦的控制、監督和更正。

資本主義的冰冷邏輯

工人所擁有的技能範圍隨着時間的推移在不斷縮減，相應地，他們的價值也在減少。工人可以被支付較少工資，因為他們從事的工作正日益瑣碎和無需特別技能。被剝去了他們的專業技能之後，工人們

變得更加可有可無，關鍵是，可替代性增強。對於布雷弗曼而言，資本主義體系的殘酷無情不可避免地將他的分析與社會階級概念聯繫在一起。勞動力中技能的解構能夠確保防止整個人口在社會等級中向上攀爬。

布雷弗曼的研究主要集中於工業工廠勞動，同時，他的關注點也轉向辦公室工人的去技藝化。他注意到，對行政工作中日常活動的控制——包括記賬、定計劃以及由此衍生的其他責任——已經被降格為無盡的文檔、複印以及其他枯燥事務。他還觀察到，英國和美國的辦公室人員幾乎都是女性，她們的工資較低，這反過來降低了成本，同時使利益最大化。

專門技術的消減

《勞動與壟斷資本》被看作是對社會學學科的一項經典貢獻，這

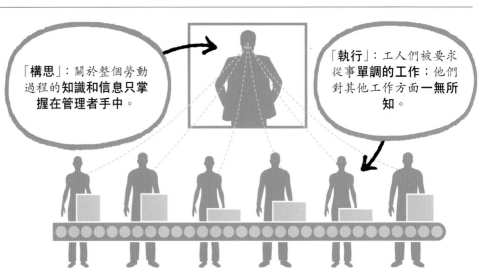

在布雷弗曼的比喻中，管理者是大腦，而工人是工作場所內全景管理中的手。當勞動力的組織是基於效率、生產力和利潤的最大化時，對工人來說就存在一種負面結果。布雷弗曼將這歸咎於管理的崛起，它如今觀察、監控、控制以及調節工作場所中的每一個行為。技術的這一後果最先出現在工廠中；如今，甚至零售折扣店也受到來自遙遠的、集中化的總辦公室的監督。

「構思」：關於整個勞動過程的知識和信息只掌握在管理者手中。

「執行」：工人們被要求從事單調的工作；他們對其他工作方面一無所知。

1912 年一家**郵購公司的女性打字員**。到 20 世紀初期，書記員的職業已經讓位於大規模的、有效組織的以及科學管理的辦公室。

是布雷弗曼寫過的唯一一本學術著作。該書在將批判性的馬克思主義思想運用到對工業勞動的經驗研究上影響非常深遠。與馬克思一樣，布雷弗曼從未獲得過大學教職，可能也正是出於這一特殊原因，他不用擔心被審查，而能夠寫出這樣一本犀利而又辛辣的作品，批評工業資本主義的不公正以及他們對於大多數勞動力的影響。儘管布雷弗曼不是第一個或唯一一個界定和譴責自動化和去技能化之間關係的思想家，他的研究對於復興不同學科領域中的勞動分析卻至關重要，包括歷史、經濟學以及政治科學。自《勞動與壟斷資本》出版以來，布雷弗曼的思想持續在勞動社會學家中引起爭論。美國社會學家麥克·

布洛維在其 1979 年的著作中強烈支持布雷弗曼的觀點，此外，同樣還有美國社會學家麥克·庫利及其關於電腦輔助設計的研究。

雖然布雷弗曼展示的論斷已經招來某些批評（例如，羅伯特·布勞納的研究），他的核心思想仍舊經歷住了考驗，並在來自西班牙的極具影響力的全球化和網絡社會學家曼紐爾·卡斯特的推動下進一步發展。∎

哈里·布雷弗曼

哈里·布雷弗曼 1920 年出生在美國紐約一個波蘭猶太流亡家庭。他進入大學學習 1 年後因經濟困難而退學。隨後，他在布魯克林當銅匠學徒，在那裏深刻地洞察到科學技術對於工人階級「去技能化」的影響。

深受其經歷的影響，布雷弗曼加入社會主義工人黨（SWP），大量閱讀馬克思以及那一時期其他社會主義思想家的作品。1953 年，他被社會主義工人黨開除，接着成立社會主義者聯盟，並擔任《美國社會主義者》雜誌編輯。1963 年，布雷弗曼終於從社會研究新學院獲得學士學位。

主要作品

1974 年 《勞動與壟斷資本 —— 20 世紀中勞動的貶位》

馬克思主義敵視的不是科學和技術，而是它們如何被用作統治的武器。

—— 哈里·布雷弗曼

自動化增加了工人對勞動過程的控制

羅伯特·布勞納（1929 年－　）

背景介紹

聚焦
異化

關鍵時刻

1844 年　卡爾·馬克思在《1844年經濟學哲學手稿》中提出同世界的疏遠或異化概念。

1950-1960 年　美國經濟日益增長的工業化帶來了社會中顯著的職業重構。

1960 年　「法蘭克福學派」的新馬克思主義理論家將異化概念引入美國社會學。

1964 年　羅伯特·布勞納的研究將美國、法國和英國社會學家的關注焦點重新引向異化和自動化。

2000- 至今　諸如「蘋果」和「微軟」之類的商業組織通過自動化的勞動過程賦權於工人。

在自動化勞動過程中，不同產業中的工人經歷着**不同程度的異化**……

……那些**缺少技術知識和對技術的控制能力的人異化程度高**。

……那些擁有**專門技術知識的人異化程度低**。

自動化知識增加了工人對勞動過程的控制，減少了異化。

在卡爾·馬克思看來，當工人與他們的勞動相分離或缺少對勞動的控制時，異化就會產生。在那本關於工業社會的重要著作《異化和自由：工廠工人與其勞作》（1964）中，美國社會學家羅伯特·布勞納很大程度上借用馬克思的異化概念，來考察在工作場所中技術的有效運用對於顯著減少異化的可能性。

布勞納指出，異化是理解工業革命期間及之後自動化所帶給工人的負面影響的關鍵。他的研究批判性地評估了馬克思關於「勞動中增

參見：卡爾・馬克思 28~31 頁，埃里希・弗羅姆 188 頁，丹尼爾・貝爾 224~225 頁，哈里・布雷弗曼 226~231 頁，阿利・霍克希爾德 236~243 頁，麥克・布洛維 244~245 頁。

長的自動化必然帶來工人的異化」的觀點。相反，布勞納認為，事實上自動化能夠促進、賦權以及解放工人。

利用大量資料（包括統計數據、與工人的訪談以及態度調查），布勞納考察了四種類型的工業：工藝印刷、汽車裝配線、紡織機器維護、化學加工業。異化水平的衡量基於四個標準：工作控制、社會隔離、自我異化感以及工作的意義。

技術和異化

布勞納將他的結論描述為與「倒 U 型曲線」相一致。根據他的研究，異化尤其在印刷工人中非常低。他指出，機器的使用對這些僱傭工人來說是增權，因為它給他們帶來了更大的控制力和自主性。對於化學加工廠的工人也是如此，他認為，工人們被賦權，是因為他

> **當工人不能夠控制他們的勞動過程時，就產生了異化。**
>
> —— 羅伯特・布勞納

汽車裝配線中的**自動化技術**，應該以一種能夠促使產業工人重獲對其環境控制感的方式進行組織和配置。

們擁有相關專業技術知識，這反過來，通過增強對自己工作經歷和工作環境的控制能力，能給他們帶來意義和滿足。

相反，汽車生產和紡織廠中的自動化技術帶來了一種相對較高的異化。這些發現似乎跟布勞納所宣稱的「自動化的增長減少異化」相矛盾。然而，他對此解釋到，不是技術本身帶來了工人的異化，異化產生於對技術的使用方式缺乏控制，對勞動的組織以及工人和管理層之間的關係性質缺乏控制。

布勞納總結到，在正確的組織條件下，自動化能增加工人對於其勞動過程的控制，並相應地消除其異化感。

布勞納的研究對於勞動社會學影響巨大，並在 20 世紀七八十年代，被來自美國、英國以及法國的社會學家們不斷地研究和驗證。另外，布勞納研究中的「政治」色彩

羅伯特・布勞納

羅伯特・布勞納是美國加州大學伯克利分校社會學榮休教授。他於 1948 年在芝加哥大學獲得學士學位。

布勞納是一名堅定的社會主義者；本科畢業之後，他在工廠工作了 5 年，致力於激發一場工人階級革命。這些努力失敗之後，他來到伯克利繼續攻讀碩士學位，並於 1962 年獲得博士學位。他的博士論文於 1964 年出版為《異化和自由》，為他的聲望奠定了基礎。除了對於異化和勞動研究的貢獻，布勞納對於美國的種族關係也有深刻的分析。

主要作品

1964 年 《異化和自由：工廠工人與其勞作》

1972 年 《美國的種族壓迫》

1989 年 《黑人生活，白人生活：美國種族關係三十年》

意味着，關於異化勞動環境的研究已經深深影響着商業運作的方向和政策。例如，全球科技公司「蘋果」公司以其對員工的人力資本投入而著稱，它倡導培訓，運用「蘋果」的技術來提升員工的工作體驗以及他們的個人生活。■

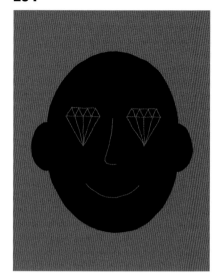

浪漫倫理促進了消費主義精神

柯林・坎貝爾（1940 年－　）

背景介紹

聚焦
浪漫倫理

關鍵時刻

1780-1850 年 歐洲浪漫主義運動是對啓蒙時代過度的理性主義和抽象理想的回應。

1899 年 在《有閒階級論》中，美國社會和經濟思想家托斯丹・凡勃倫指出，消費是由為獲得社會地位而相互「競賽」的羣體所驅動的。

1904-1905 年 馬克斯・韋伯研究了「新教工作倫理」與資本主義興起之間的關聯。

當今 學者們諸如美國社會學家丹尼爾・貝爾和意大利社會學家羅伯塔・薩薩泰利（Roberta Sassatelli），在其關於消費的研究中很大程度上借用了柯林・坎貝爾的思想。

为甚麼西歐和美國能發展出一種消費文化？約克大學榮休教授、英國社會學家柯林・坎貝爾在他著名的《浪漫倫理與現代消費主義精神》（1987）中討論了這一問題，以期能作為馬克斯・韋伯的具有類似命名且具有巨大影響力的《新教倫理與資本主義精神》（1904）一書的續篇。

韋伯宣稱，現代資本主義社會的核心內涵，即自律和勤奮工作的價值觀，是以 16 和 17 世紀的新教

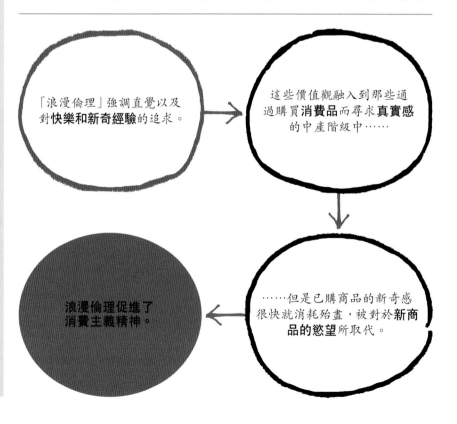

「浪漫倫理」強調直覺以及對**快樂和新奇經驗**的追求。

這些價值觀融入到那些通過購買**消費品**而尋求**真實感**的中產階級中……

……但是已購商品的新奇感很快就消耗殆盡，被對於**新商品的慾望**所取代。

浪漫倫理促進了消費主義精神。

參見：卡爾・馬克思 28~31 頁，馬克斯・韋伯 38~45 頁，赫伯特・馬爾庫塞 182~187 頁，讓・鮑德里亞 196~199 頁，托斯丹・凡勃倫 214~219 頁，丹尼爾・貝爾 224~225 頁。

品牌商品刺激了人們購買和擁有的慾望，以及一種對遠離世俗的存在現實的渴望。但是，慾望，就其本質而言，是貪得無厭的。

工作倫理為基礎的。受韋伯思想的影響，坎貝爾提出了自己的理論：驅動消費文化的情感和享樂慾望深深地植根於 19 世紀浪漫主義理想中，這種浪漫主義緊隨啓蒙運動和工業革命而來。

慾望、幻象和現實

啓蒙運動認為個人應該是理性的、勤奮工作的以及自律的。然而浪漫派將這看作是對人性本質的一種否定。他們強調直覺高於理性，相信個人應該自由地去追求享樂的快感，以及新奇而激動人心的感覺。

坎貝爾指出，浪漫倫理灌輸到迅速成長的中產階級中，特別是女性中，並由他們推動。在消費文化中，這一倫理被表述成一個自我持續的循環：個體將他們對於快感和新奇的渴求投射到消費品上；他們購買和使用這些商品；隨着新鮮感和最初興奮感的消退，這一物品的吸引力也很快消失；接着，對於興奮、滿足和新奇的慾望再次投射到新的消費品上，並再次獲得刺激。因此，消費→短暫的滿足→最終幻滅，不斷重複着這一循環。

資本主義的引擎

坎貝爾所描述的這個循環對消費者來說是一種起起伏伏。消費者的慾望是資本主義的引擎，因為它刺激個人在新商品的無盡浪潮中找尋觸不可及但令人激動的經歷。這一過程對於那種基於消費的經濟影響巨大，因為消費者總是在不斷地追求最新的商品。

坎貝爾的浪漫倫理概念對社會學和人類學影響巨大。他的研究不僅驅散了那種將人類看作是因生存需要而獲取物品的那種過於簡單的觀點，還試圖闡明消費社會中的積極面向。

在坎貝爾看來，不應該將消費主義看作是一種本質上的壞東西。相反，追求我們內心最深的渴望，把它投射到消費品上，形成了現代社會中的自我實現的基礎。

坎貝爾對那種消費主義經濟還原論和諷刺看法的高度原創性的、有力的更正，為當代思想家提供了豐富的養分，使他們能夠對現代消費社會提出更積極的、更有遠見的評價。■

欺瞞大眾的消費主義

坎貝爾那種將浪漫倫理看作現代消費主義之關鍵的觀點，其獨特之處在於，它包含了長期的歷史進程。他的思想與十年左右或更早之前的具有重要影響力的法國後結構主義和後現代思想家諸如羅蘭・巴特和讓・鮑德里亞的觀點有很大不同。

與坎貝爾不同，對於他們來說，應該不惜一切代價地抵制消費文化的勝利。他們將 20 世紀 60 年代末社會和政治革命的失敗看作「馬克思主義之死」的象徵，以及資本主義的勝利。巴特對於符號語言學的研究認為，廣告業在遮蔽消費者，使他們看不到自己真正的需求和慾望方面扮演了重要角色；而在鮑德里亞看來，媒體造就了龐大的消費者羣體，掩蓋了現代資本主義社會的空虛性質。

對人進行加工，產品是一種精神狀態

阿利·拉塞爾·霍克希爾德（1940 年－ ）

背景介紹

聚焦
情感勞動

關鍵時刻

1867 年 卡爾·馬克思完成了《資本論》第一卷，它啟發了霍克希爾德的情感勞動概念。

1959 年 加拿大社會學家歐文·戈夫曼出版《日常生活中的自我呈現》。

20 世紀 60 年代 歐洲和北美迅速發展的服務業開始出現性別化，偏重於女性勞動力。

20 世紀 70 年代 女權主義思想家開始將他們的注意力轉向資本主義給女性帶來的負面影響。

2011 年 社會學家安·布魯克斯（Ann Brooks）和特麗薩·德維薩哈亞姆（Theresa Devasahayam）出版《性別、情感和勞動力市場》，將霍克希爾德的思想與全球化理論結合起來。

當卡爾·馬克思在《資本論》中表達出對於流水線工廠工人以及勞動力的「人力成本」的關注時，他指出，他們已經變成勞動力的「工具」。這一洞見，以及殘酷的物理工作環境，導致了他的異化概念，缺少滿足感和控制力使得工人感到隔離和疏遠。

伴隨着馬克思的洞見，19 世紀末期和 20 世紀早期出現了兩種情感模式。受查爾斯·達爾文、威廉·詹姆斯以及西格蒙特·弗洛伊德的影響，「有機體」模式將情感主要看作是一個生物過程：外部刺激引發人們以相似方式表現的本能反應。自 20 世紀 20 年代起，約翰·杜威、漢斯·格斯、查爾斯·懷特·米爾斯以及歐文·戈夫曼創造了一種「互動」模式，他們認同情感包含一種生物成分，但是堅持認為它更具有互動性，由一系列社會因素所區分：文化影響情感的

> 『真誠』對一個人的工作是有害的，除非銷售和商業中的規則變成了一個人的『真正的』面向。

—— 查爾斯·懷特·米爾斯

形成，人們主觀地管理感情。20 世紀 60 年代，馬克思的著作被翻譯成英文之後，異化成了社會學家們試圖理解北美和西歐當時所發生的勞動條件變化的有力分析工具。

精神狀態

受這些不同思想的啟發，以及吸收女性思想家諸如西蒙娜·德·波伏娃的思想，美國女權主義者、社會學家阿利·霍克希爾德在她

新興服務業需要工人具有「情感資源」。 → 由於女性被刻板地認為更具**情感性**，因此這些產業**更傾向於女性勞動力**。

在資本主義之下，人類情感是商品化的：對人進行加工，產品是一種精神狀態。 ← 女性就業者被要求**產生一種積極情感狀態**，以確保潛在的客源。

參見：卡爾‧馬克思 28~31 頁，喬治‧赫伯特‧米德 176~177 頁，歐文‧戈夫曼 190~195 頁，哈里‧布雷弗曼 226~231 頁，克里斯汀‧德爾菲 312~317 頁，安‧奧克利 318~319 頁。

霍克希爾德指出，**人們兒童**時期就接受到「心靈的童年訓練」。女孩學習關懷別人、控制攻擊性和憤怒，而男孩則學習隱藏恐懼和弱點。

一生的研究中分析人類互動的情感維度。特別地，她專注於分析資本主義社會中，社會和文化因素是如何決定情感體驗和表現的。

她的研究繪製了自 20 世紀 60 年代以來北美服務業的興起，以及新的僱傭形式的出現：工人的情感成為市場化的商品被出售以換取工資，她將其稱之為「情感勞動」。

霍克希爾德說，她對於「人們是如何恰當地管理情感」的興趣可能開始於她成長的家庭。她的外交官父母經常在家裏招待外國大使館的工作人員，她總是好奇，這個人何時告辭，行動從哪裏開始？後來，作為一名研究生，她受到懷特‧米爾斯《白領》一書中〈巨大的售貨場〉一章的啟發：我們在出售商品和服務的同時，也在出售我們的人格。

霍克希爾德感到，這一觀點是正確的，但是它忽視了銷售過程中包含的積極情感勞動。與 19 世紀的工廠勞動不同，在工廠裏，產出可以量化，而你是否喜歡或討厭你所生產的產品並不重要，而服務業中的僱傭則存在質的不同。它意味着「提供服務過程中的情感狀況是服務本身的一部分」，這使得工人

有必要保持某種外表以給他人創造一種合適的心境。對馬克思來說，工廠中的個體與他們所生產的產品相異化，而霍克希爾德則認為，在以服務業為基礎的經濟中，「產品是一種精神狀態」。

在霍克希爾德看來，越來越多的情感勞動而非體力勞動的使用對於女性的影響相較於男性要更大，因為女性自兒童時期就習慣於提供情感。但是她相信，這可能會給個人帶來損害，他們可能會變得異化於他們自己的情感，感到他們是屬於工作而非他們自己的。

管理互動

對霍克希爾德產生主要影響的是符號互動論者歐文‧戈夫曼。他的研究的基本觀點是自我是在社會互動中創造的。只有通過與他人互動，以及管理我們呈現自我的方式，個人才能夠獲得一種自我身份感。本質上，我們內心的自我感不可避免地與我們所牽涉的社會情景聯繫在一起。

霍克希爾德以一種批判的方式拓展了這一思想，指出情感作為某種外在的東西 —— 存在於個體和羣體的互動中 —— 亦服從於自我管理。情感和感覺同樣也直接與行為相連，在準備行動和與他人互動的過程中被個體所體驗。

霍克希爾德指出，與聽覺感官類似，「情感可以溝通信息」。她把

情感與弗洛伊德的「信號功能」聯繫在一起，諸如害怕或焦慮的信息能夠轉告給大腦，指出危險的存在等等。霍克希爾德說，「從感覺中，我們發現自己對於世界的看法。」情感產生一種精神元素，協調過往事件和我們所處的實際情境。

除了將情感維度放在社會互動的核心之中，霍克希爾德還強調更廣泛的過程對於情感的眾多調解和塑造方式。社會和文化通過社會化干預個體的情感經濟。例如，在初級社會化過程中，人們學會解讀自己的情緒，並在不同程度上成功操控和管理它們。霍克希爾德強調，情感不是人類簡單的被動行為，相反，個體積極參與產生和創造他們自己的感覺和情感。

情感工作和規則

霍克希爾德指出，作為個體，我們可以「做出」情緒。感情用事或用情緒化的方式行動，是可以刻

> 行動是在身體語言中，偽裝的冷笑，裝腔作勢的聳肩，可控的嘆息，這就是表層行為。
>
> ——阿利・拉塞爾・霍克希爾德

意為之的。她把這一過程稱為「情感工作」，並用它來描述人們是如何改變和加強某種特殊情感，以及試圖克服令人不愉快的情緒的。她界定了人們產生情感的三種主要方式：認知情感工作、肢體情感工作以及表達情感工作。

在認知情感工作中，個體利用影像、觀念或想法來喚起或抑制各種與之相聯繫的情感。肢體情感工作指的是，試圖控制與某種特定情感狀態相連的身體反應的努力，例如緊張時流汗，或生氣時發抖。表達情感工作包括為了實現某一特定情感或情感集合而試圖管理特定情感的公共表現。

霍克希爾德的情感類型學，強調了個體能在多大程度上積極參與塑造和管理他們的內在情感狀態以喚起某種感知。這一領域的早期研究聚集於外在表現：我們用來溝通情緒的身體行為和語言信號，霍克希爾德稱之為「表層行為」。她將她的分析擴展到對「深度行為」的關注上，並將它解釋為「表演方法」：「這裏，展示是調動感知的一個自然結果；行動者並不是努力看起來高興或悲傷，而是自發地表達出來的，正如俄國戲劇導演康斯坦丁・斯坦尼斯拉夫斯基說的，那種自我誘發的真實情感。」

霍克希爾德的目的並不是暗示人們有意地相互操控或欺騙，儘管這總是有可能。她試圖展示，人們是如何以及在何種程度上互動和合

許多女性在服務業中工作，僱主要求她們散發出真實情感以滿足顧客。如同霍克希爾德所說，這就是「友好」。

作以定義某一特殊社會情境的，反過來，這又是如何反饋到以及緊密地塑造他們的情感狀態的。

霍克希爾德主張，人類行為中更多情感方面的理性化及邊緣化，意味着支撐個人互動的那些隱性規則已經開始朝着新的方向發展。為了解釋這一點，她引入了「感覺規則」的概念，它們是社會習得的特殊文化規範，個體用以溝通和指導情感和感覺的展現和經歷。在現代資本主義社會，存在兩種類型：展示規則和情緒規則。展示規則，就如同「表層行為」，是人們相互溝通的外在語言和非語言信號。情感規則，指的是人們的情感水平、選取的方向以及維持的時間。例如，如果一個深愛的人死了，那麼存在

一種強烈的社會預期：悼念過程將會花上一些時間。本質上，情感規則影響着對死亡的合適反應，這種反應的力度如何，以及它應該持續多長時間。

達美航空

在霍克希爾德最有名的《被管理的心靈：人類情感的商業化》(1983) 一書中，她探究了情感勞動和情感工作的相互關係。她的研究主要針對美國達美航空公司。她發現，航空公司一直僱傭那些他們認為能夠被身體控制 (在他們的個人外形方面) 和情感控制的人。為了增加乘客數量，達美專門僱用那些年輕、漂亮、單身的女性，儘管也有少量男性被僱用。女性的

吸引力在於，她們被打造成公司想要投射給客戶的某種特定理想和形象。尤其重要的是，當空乘人員展示情感時，她們不使用表層行為。為了確保乘客感到他們所收到的情感體驗是真誠的，通過在其內心產生誠摯和真誠的情感展示，空乘人員被教導如何踐行「深層行為」。航空公司認為，「當感情被真實呈現時」，情緒和情感表現的真實展現會更容易完成和維持。例如發布培訓手冊和指南，空乘人員能夠表現情感勞動並產生真誠的表現。手冊教授一系列精巧的策略，以體現出集體精心策劃的情感狀態和感情劇目。如果他們是真誠的，乘客將會感到安心、愉悅和放鬆。通過喚起乘客正面的情緒狀態和舒適安全

> **就空乘人員而言，情感風格就是服務。**
> ——阿利・拉塞爾・霍克希爾德

感，達美相信它能獲取乘客的忠誠度並再次惠顧。

霍克希爾德指出，雖然這一公司哲學可能第一眼看起來巧妙而又創新，但對空乘人員深層行為和情感勞動的要求，最終將會損害他們的心理健康。不停地去控制、管理

表層行為　　**深層行為**

在霍克希爾德看來，**情感勞動**是「人類情感的商業化」。她指出，達美航空訓練新人，使他們能夠超越「表層行為」，這種姿勢和表情是騙人的，讓人感到很假。公司敦促受訓者將客艙想像成他們的家，歡迎乘客就如同迎接「私人貴客」。一旦員工掌握了「深層行為」的真諦，真誠就不再需要假裝，因為真實的情感是自我激發的。

和顛覆他們自己的感覺的同時，還要產生和展示一系列積極的真誠情感，這被證明是有害的。

霍克希爾德界定了長期情感勞動所產生的兩種特殊負面後果。第一，空乘人員的私下自我感與其公共自我（她們所扮演的乘務人員角色）的融合容易導致情感和心理的倦怠。第二，往往產生一種自我異化感：試圖管理她們的個人感覺與她們努力在乘客中喚起的情感狀態二者之間存在的不一致，往往導致兩種不同的結果——要麼她們開始情緒性地厭惡自己，要麼她們形成對工作的憤恨。

霍克希爾德宣稱，即使個體積極參與那些致力於自我保存的策略，其最終結果仍然是一樣的，仍會憤恨工作、敵視工作。個體的情緒和心理健康受到傷害，導致他們越來越感到與其內在的自我以及他們的情感相異化。

性別不平等

作為一名女權主義社會學家，霍克希爾德對達美航空的研究也為理解美國社會中性別不平等，其如何維持及再生產，打開了一扇窗戶。自20世紀60年代起，越來越多的女性進入職場，其中有許多人投入到迅速發展的服務業中。對霍克希爾德來說，這並不必然是一種積極的進步，因為它使得現代資本主義社會中的情感勞動的極度不平等分工更加朝着不利於女性的方向發展。為了論證這一觀點，霍克希爾德宣稱，女性更傾向於情感生產，她們隨之又把它出售給男性。儘管職業女性數量的增加似乎證實了現代社會中女性職業地位的轉

> **女性從事情感生產，並把產品提供給男性。**
> ——阿利·拉塞爾·霍克希爾德

變，但對統計數據的仔細分析則表明，女性遠遠比男性更可能在服務業中工作——大多數營業員、電話服務中心接線員以及賓館和酒吧職員都是女性。

在現代資本主義社會中，整個情感勞動中絕大部分工作都落在了女性頭上。從長期來看，這是資本主義的一個負面和所料未及的後果，因為它使得女性在情感上更容易筋疲力盡，而心理上和社交上容易感到自我疏離和異化。

永不滿足的資本主義

霍克希爾德的情感工作概念以及其對航空空乘人員所表現的情感勞動的分析，標誌着社會學思想歷史中的一個關鍵時刻。對馬克思而言，資本主義帶來工人身體和精神

許多護士聲稱，一些同事無視她們的情感勞動。她們付出愛心，每日照顧病人，往往是在努力試圖彌補更資深員工的麻木。

的惡化，因為工作的性質變得日益重複、枯燥和特殊化。社會思想家哈里·布雷弗曼指出，工作場所的自動化導致一個曾經高度熟練的勞動力的穩步解構。沿着馬克思主義傳統，霍克希爾德認為，即使個體自我中最個性的方面——我們的情感、感覺以及情感生活——都轉變成商品，也仍然受資本主義的剝削，以獲得利潤。霍克希爾德的思想被許多與其他勞動和情感社會學的相關學者進一步發展，並被運用到許多職業中，從護士和看護者，到女服務員、電話行銷員以及電話服務中心接線員。

霍克希爾德特別稱讚一項日本和美國之間關於情感管理的跨文化研究，這一研究記錄在艾維爾德·拉茲（Aviad Raz）2002 年出版的《工作中的情感》一書中。在其中，日本東京巨蛋公司經理們對於那種「無力的、無靈魂的、外部強加的微笑」感到不滿意，他們認為那是

荷蘭社會學家丹尼爾·范·亞斯維爾德（Danielle van Jaarsveld）研究發現，由情緒勞動所致，**電話服務中心接線員**經歷着高度的情緒衰竭和痛苦。

美國經理們可能會接受的。相反，日本人認為有必要提升工人潛在的精神，他們通過關於羞恥的文化性強大力量將其從僱員中激發出來。攝像頭被安放在不友好的售貨員的收銀台處，他們的行為會被錄影，隨後將會播放給其同事觀看。

「微笑」可能現在是一種全球時尚，但是拉茲證實了霍克希爾德的洞見，即資本主義剝奪了文化的情感面向。■

　　當一個工人拋棄了他的工作微笑，在她的微笑和她自己之間還剩下怎樣的聯繫呢？

—— 阿利·拉塞爾·霍克希爾德

阿利·拉塞爾·霍克希爾德

阿利·拉塞爾·霍克希爾德出生於 1940 年，是一位美國女權主義者，勞動和情感社會學家。她的父母都是美國外交官。霍克希爾德聲稱，在她的成長環境中，人們總是微妙而有力地控制和管理着自己的情緒，這啓發了她對於現代社會生活中的情感維度的思考。

霍克希爾德在加州大學伯克利分校獲得碩士和博士學位。在這期間，她成為一名女權主義者，對資本主義社會中女性作為勞動者和主要照顧者的雙重角色產生持續興趣。

霍克希爾德著作中明顯的政治立場深深影響了美國和西歐的女權主義思想家。它也帶來業界巨頭和高級政治家之間的不斷對話。

霍克希爾德的研究不同程度地影響着社會政策，包括美國加州兒童發展政策委員會以及前美國副總統艾伯特·戈爾的工薪家庭政策方針。

主要作品

1983 年 《被管理的心靈：人類情感的商業化》
2003 年 《私人生活的商業化：家庭和工作札記》
2012 年 《外包的自己：市場主導型時代下的私人生活》

自發的同意中包含強制

麥克·布洛維（1947 年－ ）

背景介紹

聚焦
製造同意

關鍵時刻

1979 年 全球石油危機影響美國製造業，導致工人和管理層之間的緊張。

1981 年 英國社會學家安東尼·吉登斯把麥克·布洛維的著作《製造同意：壟斷資本主義勞動過程的變遷》稱為「對工業社會學最重要的貢獻之一」。

1998 年 在〈製造不同意？布洛維在法國日本車間中〉一文中，法國社會學家金－皮埃爾·杜蘭德（Jean-Pierre Durand）和英國社會學家保羅·斯圖爾特（Paul Stewart）將布洛維的製造同意概念運用到一個「日產」汽車工廠。

通過玩**職場「遊戲」**，管理層用**選擇的錯覺**安撫工人，諸如……

……「集體談判」拉攏而非離間工人。

……內部就業市場，通過允許流動以**減少衝突**。

……「計件工資制」，促使**工人競爭**，以提高生產。

工人們**參與**這些「遊戲」，以建立**共識型職場關係**。

同意和強制一起，確保對工人的控制。

為甚麼資本主義社會中的工人會努力工作，工人和管理層的利益是如何協商的，英裔美國社會學家麥克·布洛維站在馬克思主義的理論框架內對這些問題進行了分析。從這一視角出發，勞動力和資本的利益被認為是處於基本對立兩方。布洛維認為，現代管理

參見：卡爾·馬克思 28~31 頁，米歇爾·福柯 52~55 頁，皮埃爾·布迪厄 76~79 頁，安東尼·吉登斯 148~149 頁，哈里·布雷弗曼 226~231 頁，羅伯特·布勞納 232~233 頁。

如今正引導工人同意更加努力地工作。

他拒絕馬克思那種「工人只不過是在剝削和壓迫之下盡力工作」的觀點。工會和工人集體的權力崛起對限制管理階層的權力具有很大的作用，以前管理層的權力是通過恐嚇工人而得以施展。布洛維承認，在任何一個組織中都存在着強制和同意，但是它們的構成比例和表達方式已經發生了變化。

他認為，管理，正努力通過創造限制性的社會關係和組織結構來控制工人，它能給工人帶來一種「選擇錯覺」，但最終是為了掩蓋和維持不平等的權力關係。

工廠「遊戲」

布洛維研究了一家叫聯合股份公司（Allied Corporation）的工廠，在那裏他考察工作場所中的「遊戲」，例如集體談判（協商工資和工作條件），確保工人的內部職業流動，工人能多勞多得的計件工資制。他指出，這一體系讓人產生一種「工作是一個遊戲」的錯覺；工人是玩家，在相互競爭中追求「超額」——超出他們預期的生產量。通過掌握不同生產條件下工人所使用的那些複雜而往往狡猾和非正式的「超額」策略，從而實現工作滿意。布洛維宣稱，工人玩遊戲的目的並非是試圖減少工作不滿意或反

對管理層，因為參與遊戲和執行遊戲規則的往往是基層管理者。玩遊戲在工人中製造出一種共識，一種關於工廠遊戲規則的共識——以及更重要的，制定這些遊戲規則的社會關係格局（老闆—管理者—工人）的共識。

另外，由於管理者和工人都參與了遊戲，定義兩者之間社會關係的眾多對立利益變得模糊，以確保管理者與工人衝突的最小化。布洛維指出，這種製造和培育合作與共識的方法要比早期資本主義中的強制方法有效得多。

布洛維的研究對勞資關係社會學具有重大貢獻，對於英國社會思想家保羅·布萊頓（Paul Blyton）和史蒂芬·阿珂羅伊德（Stephen Ackroyd）關於工廠中抵制與強制的研究有重要啟發。■

> 衝突和共識不是工作組織的原始條件，而是其產物。
>
> ——麥克·布洛維

麥克·布洛維

麥克·布洛維是美國加州大學伯克利分校的一位英裔美國馬克思主義社會學家。他於 1968 年在英國劍橋大學獲得數學學士學位，之後來到芝加哥大學，並於 1976 年獲得社會學博士學位。

布洛維的學術生涯一直在不停改變方向和興趣。他早期的研究包括一系列對於美國、匈牙利以及前蘇聯國家工業工廠的民族志研究。在他學術生涯後期，他的研究方向從車間轉向運用社會學理論分析突出的社會問題，以此提升社會學的公共形象。

2010 年，為表彰他對這一學科的重要貢獻，特別是在將社會學推向更廣大公眾方面，布洛維在第 17 界ISA世界社會學大會上當選為國際社會學協會（ISA）主席。他是國際社會學協會雜誌《全球對話》的編輯。

主要作品

1979 年 《製造同意：壟斷資本主義勞動過程的變遷》
1985 年 《生產的政治：資本主義和社會主義體制下的工廠政體》
2010 年 《馬克思主義碰上布迪厄》

事物塑造我們，就如同我們製造它們一般

丹尼爾·米勒（1954 年－ ）

現代社會是**物質的**和**消費主義的**。

↓

消費主義常常被看作是消極的——例如，作為**浪費**和**膚淺**的一個標誌。

↓

然而**物質物品**和**所有物**有助於**塑造**和**加強**人們的自我身份，以及其**與他人的互動和關係**。

↓

事物塑造我們就如同我們製造它們一般。

在吸收 19 世紀末期托斯丹·凡勃倫的開創性研究的基礎上，社會學家們傳統地認為消費品是符號性的，是人們借以相互傳達特定意義的東西——例如，他們的生活方式以及他們所擁有的社會地位。

然而，英國社會學家丹尼爾·米勒在其 2010 年出版的《材料》一書中指出，消費品展示個人身份、自我以及與他人互動的各種方式一直被看作是負面的。他認為，大多數評論者都認為消費主義是浪費的和糟糕的；對消費品的渴求被看作是膚淺的和應受到譴責的；消費主義是一種異化和社會分裂——它區分了「富人」和「窮人」，可能帶來嚴重的社會問題，包括盜竊。

米勒從一個完全不同的視角來看待這一問題，強調物質物品以各種積極的方式幫助我們成就自己，並調和與他人的關係和互動。

參見：卡爾・馬克思 28~31 頁，皮埃爾・布迪厄 76~79 頁，赫伯特・馬爾庫塞 182~187 頁，托斯丹・凡勃倫 214~219 頁，柯林・坎貝爾 234~235 頁，西奧多・阿多諾 335 頁。

對房屋的再思考

米勒以他自己的住宅為例來進行說明。他說，建築風格和外形設計注入和塑造了他與這一財產關係的認同，但是，它們也影響與家庭成員以及成員之間的互動。

他說，他的房子保留了「許多原始特色」，包括橡木樓梯、壁爐以及窗檐，這些物理的和審美的特色透露着他對房屋的體驗以及與房屋的關係。例如，他對流行的瑞典家居品牌 IKEA（宜家）的傢具和設計的偏愛給他帶來內在的緊張：他感到他對於這一品牌的時尚、冷靜和流線型特色的喜愛意味着他已經「貶低」和「背叛」了這個房子，它配得上一個擁有「更好品位」的人。為了解決這一緊張，他描述了他是如何不斷地與家庭成員討論，以及如何在布置家居和裝潢方面達成妥協的。

米勒說，他和家人將房子想像成一名家庭成員，擁有特殊的認同和其自己的需求。他的論點是，房子的物質性並不必然是壓迫的、異化的或分裂的；相反，它不僅積極地塑造家庭與它的關係，還有利於家庭成員間的互動和增強團結。

一種平衡

米勒的研究提供了一種不同於法蘭克福學派思想家諸如赫伯特・馬爾庫塞和西奧多・阿多諾關於消費主義的解釋，後者將大眾消費文化看作是「世界喪失深度的一個症狀」。每當全球經濟和環境危機給物質主義的消費文化的可持續性帶來重大懷疑時，米勒的研究被許多人——包括社會學家費爾南多・多明戈斯（Fernando Dominguez）和伊麗莎白・席爾瓦（Elizabeth B. Silva）——看作是對

> **材料實現了它對於我們的精確掌控，因為我們一直沒能留意它到底做了甚麼。**
>
> —— 丹尼爾・米勒

那種貶低社會物質文化的觀點的挑釁性反駁。米勒的思想瀰漫在社會學分析中，並在一定程度上昭示着日益增長的、對由法國社會學家布魯諾・拉圖爾（Bruno Latour）所開創的物質對象研究（文化形式的物質性）的興趣。■

緊身藍色牛仔褲 在巴西受到歡迎，因為它們被認為能提升女性臀部的自然線條。

牛仔褲現象

自 2007 年，英國社會學家索菲・伍德沃德（Sophie Woodward），與米勒及其他社會學家合作，對藍色牛仔褲作為消費主義的一個現象而產生興趣。她指出，儘管牛仔服裝到處都有，但它們往往被視為高度私人的物品，它們的所有者與其有着親密關係——例如，一件喜愛的牛仔夾克或一條牛仔褲。

基於對牛仔褲作為全世界一種時尚元素的民族志研究，伍德沃德發現，牛仔褲的吸引力不可避免地與特定地方的文化風俗和意義框架聯繫在一起。例如，在英國倫敦，許多不同類型的人通常使用牛仔褲來解決關於穿甚麼的焦慮——它們的匿名性和普遍性可以保護穿着者免受負面評價。而在巴西，女性通常穿着牛仔褲以突出她們的性感。

女性化在減少性別不平等方面只帶來有限的影響

泰瑞・琳・凱拉韋

背景介紹

聚焦
工作的女性化

關鍵時刻

自 20 世紀 60 年代 發展中國家中全球化和工業化的興起吸引了勞動女權主義學者的興趣。

1976 年 米歇爾・福柯在〈性史，第一卷：引言〉中宣稱，性別角色和關係是社會性地建構的話語。

1986 年 希爾維亞・沃爾比出版《工作中的父權制：僱傭中的父權和資本主義關係》一書。

1995 年 在《男性氣質》一書中，R.W. 康奈爾表達了性別類型的流動概念，認為它具有靈活性，並可以被改變。

更多的女性進入**女性化**的職場。

儘管全球化有助於削弱**男性對於經濟的統治**，但**勞動中性別分工的不平等**仍然存在。

工業化經濟中的**顯著女性化**可能發生，只有當……

……**勞動力需求**超越可獲得的男性勞動力容量。

……女性更有可能就業，歸因於更好的**高等教育和兒童照料途徑**。

……工會要麼支持女性進入職場，要麼**不能夠把她們排除出「男性」職位**。

參見：卡爾·馬克思 28~31 頁，米歇爾·福柯 52~55 頁，R.W. 康奈爾 88~89 頁，羅蘭·羅伯遜 146~149 頁，羅伯特·布勞納 232~233 頁，傑弗瑞·威克斯 324~325 頁。

近幾十年來，儘管東南亞勞動力市場見證了女性參與度的大大提高，勞動力的性別分工已經被重新劃分，而不是消除。美國女權主義者、社會學家泰瑞·琳·凱拉韋在其《集合女性：全球製造的女性化》一書中，研究了印度尼西亞的工業。受米歇爾·福柯思想的影響，她認為，職場中的性別是流動的、並不斷被重新商議的，它甚至受到工廠經理人所持有的女性氣質和男性氣質思想的影響，這些人可能決定機器操作是適合男性還是女性工人。

凱拉韋拒絕主流經濟學理論，因為它將個人看作是理性的、無性別的，反映了提出這一理論的那些人的男性、中產階級特質。她也駁回馬克思主義者的分析，因為他們優先考慮社會階級而不是性別。儘管傳統觀點認為，僱主付給女性較低的工資，這導致更多的女性進入全球勞動力，凱拉韋認為，這低估了勞動力市場中性別的力量。相反，提供不同勞動力形式的關於男性和女性的思想和實踐 —— 她稱之為「性別化話語」—— 在女性化過程中扮演了重要角色。

女性化的條件

凱拉韋指出，工業勞動力女性化的產生需要三個條件。第一，當勞動力的需求超過供給時（例如，當男性工人不足時），工業轉向女性。第二，只有當家庭計劃和大眾教育普及時，女性才能進入勞動力市場。第三，當諸如工會之類的障礙 —— 它保護男性主宰的職場不受廉價女性勞動力的衝擊 —— 不再有效時，工作對女性才變得可能。在印度尼西亞，當政府削弱伊斯蘭組織和工會時，它才變成現實；後兩者都是女性勞動力的潛在對立者。

凱拉韋注意到那些基本假設，即一些僱主付給男性更高工資，因為他們認為男性的工作更優越，而其他人認為從長期來看，女性是不可靠的（歸咎於生育或結婚）。事實上，凱拉韋力爭，兩者都是複雜「性別化的成本收益分析」的例證；女性工人被如何看待和對待，以及為甚麼女性會被看作更適合某些特定勞動力類型，這些能夠通過關於某一社會中性別角色的更廣泛的文化理想型、價值觀和信仰來加以解釋。■

印度尼西亞的 **女性工廠工人**，跟那些蘇科哈蕉（Sukoharjo）的製衣工人一樣，與男性同酬。根據凱拉韋的研究，在東亞地區，情況並非如此。

全球化和性別健康

全球化帶來的經濟變化以及勞動力市場中新的、彈性需求被認為是有益於女性的。正如泰瑞·琳·凱拉韋所說，儘管女性化「為女性打開就業機會之門」，但結果是混雜的。凱拉韋、希爾維亞·沃爾比以及瓦倫蒂娜·穆哈丹（Valentine Moghadam）都表示，女性工人更有可能生病。再者，女性在家務勞動中的超負荷意味着，家庭之外就業給她們帶來巨大壓力。

德國社會學家克里斯塔·維奇特里奇（Christa Wichterich）在《全球化的女性》（2007）一書中主張，全球化孕育了一個新的下層階級，而不是將女性解放到職場中。她展示了，從金邊到紐約，在不得不回應跨國公司的要求、從低薪崗位中設法生存，以及應對公共服務的流失的過程中，女性的生活是如何被摧毀的。

> 只有當僱主認為女性比男性更具生產力時，他們才會將其勞動力女性化。

—— 泰瑞·琳·凱拉韋

THE ROLE OF INSTITUTIONS

制度的角色

在《〈黑格爾法哲學批判〉導言》一文中，卡爾·馬克思指出，宗教是「被壓迫生靈的嘆息……人類的鴉片」。

1844年

在《新教倫理與資本主義精神》中，馬克斯·韋伯解釋了現代社會的世俗化和理性化過程。

1904–1905年

安東尼奧·葛蘭西使用「**霸權**」概念來解釋統治階級的觀念是如何被社會其他成員看作是「**常識**」而不容置疑的。

20世紀**30**年代

在《避難所》中，歐文·戈夫曼描述了「**總體機構**」是如何重新打造人們的**個性和身份**。

1961年

1897年

在《自殺論》中，埃米爾·迪爾凱姆引入「**失範**」概念來解釋不同的自殺率，揭示這一個體行為是一種社會現象。

1911年

在《政黨》中，羅伯特·米歇爾斯指出官僚制使得**民主政府難以實現**。

1949年

在《社會理論與社會結構》中，羅伯特·默頓提出「**失範**」是**越軌行為的根源**。

1963年

在《局外人》中，霍華德·貝克爾提出，如果社會對之加以標籤，**任何行為都可能被看作是越軌**。

幾個世紀以來，歐洲的統治機構是教會以及作為統治階級的君主和貴族。直到文藝復興，教會的權威受到人文主義思想和科學發現的挑戰，共和民主開始威脅君權神授的主張。啓蒙運動思想進一步削弱了這些制度，到 18 世紀，美國和法國的政治革命推翻了舊秩序，工業革命開始從英國傳播開來。

世俗化和理性化

受啓蒙運動理性思想和工業經濟需求的影響，一個顯著的現代社會迅速形成。基於集體價值和共同信仰的社會聚合讓位於新的世俗制度，政府轉變成公民的代表。伴隨世俗化過程而來的是適合現代社會日益增長的物質本性的理性化。工業化，以及其伴生的資本主義，需要更高層次的行政體系，同時官僚制思想也從商業領域擴散到政府。

現代社會的制度從下面這些官僚體系中演化而來：金融和商業機構、政府部門、醫院、教育、媒體、警察、軍隊等等。這些新機構構成了現代社會結構的重要部分，而社會學家們一直致力於界定它們在創造和維持社會秩序方面的作用。

然而，官僚制以效率為組織原則，相應地往往也帶來一種等級制度。正如羅伯特·米歇爾斯所指出，這導致少數精英的統治，即寡頭，它與遏制寡頭統治的民主政府背道而馳。結果，人們處於這些新制度的控制之下，無異於以前宗教和君主的統治。米歇爾·福柯隨後考察了制度的權力（往往是隱形的）在塑造社會和個體行為中的作用——強加社會規範，扼殺個體性。尤爾根·哈貝馬斯同樣對制度權力持批判態度，但是主張只有當人們信任這些制度時，權力才能獲得行使。最近（有爭議地），米歇爾·馬費索利指出，隨着人們對制度的幻滅，他們按照部落形成新的社會羣體和相應的新制度。

宗教制度的社會影響，以卡

在《世俗社會中的宗教》中，布萊恩·威爾遜討論了**宗教正在衰減的社會角色**。

1966年

在《民間惡魔與道德恐慌》中，斯坦利·科恩受到關於1964年摩登派和搖滾派之間暴力衝突的**媒體報道的啟發**。

1972年

在《醫學的範疇：徵用健康》中，伊凡·伊里奇宣稱，醫療體系的建立構成了「**對健康的主要威脅**」。

1975年

在《學做工》中，保羅·威利斯描述了**教育**是如何再生產和延續階級差異的。

1977年

1970–1984年

米歇爾·福柯討論政府是如何使用政策來**塑造公民和社會的**。

1973年

在《合法性危機》中，尤爾根·哈貝馬斯解釋了如果沒有公眾的信心，制度是如何**喪失其社會控制權力**的。

1976年

在《資本主義美國的學校教育》，塞繆爾·鮑爾斯和赫伯特·金蒂斯指出教育通過「**隱性課程**」灌輸態度和性格。

1988年

在《部落時代》中，米歇爾·馬費索利指出，隨着人們試圖創造**新社會羣體**，個體主義正日漸衰落。

爾·馬克思將其描述為「人類的鴉片」而著名，也隨着官僚制的增長而衰落；到20世紀，大多數國家已經（至少在名義上）建立世俗政府。然而，現今大約世界上75%的人口仍然認為他們自己屬於某一信仰羣體，而許多地方宗教正日漸成為一種社會力量。

個體主義和社會

除了研究社會中制度的性質和範圍，社會學家們在20世紀後半部分更多地採用一種解釋的路徑，考察這些制度對於社會中個體成員的影響。馬克斯·韋伯已經警告了官僚制的矛盾作用，把人們困在理性化的「鐵籠」中；隨後，歐文·戈夫曼描繪了制度化的後果，當個體已經習慣於某種制度時，他們再也離不開這種制度。正如伊凡·伊里奇所描述的，一個典型的例子就是作為一種治癒所有情況的基本方式，我們越來越依賴藥物。同樣，教育作為一種培育社會態度和維持某種預定社會秩序的制度手段，受到的人們密切關注。

然而，埃米爾·迪爾凱姆注意到了個體主義和遵從的制度期望之間的衝突。他的「失範」概念，作為一種個體與社會之間在信仰和欲求上的不符，被羅伯特·默頓所採用，以解釋那些越軌行為。霍華德·貝克爾將其進一步發展，指出在制度的標籤之下，任何行為都有可能被看作是越軌；根據斯坦利·科恩的觀點，現代媒體就是這樣將事情妖魔化的。■

宗教是被壓迫生靈的嘆息

卡爾‧馬克思（1818－1883 年）

背景介紹

聚焦
宗教

關鍵時刻

1807 年 德國哲學家格奧爾格・黑格爾在《精神現象學》中介紹了異化的概念。

1841 年 在《基督教的本質》中，德國哲學家路德維希・費爾巴哈借用黑格爾的異化思想，並將它批判性地應用到基督教中。

1966 年 英國社會學家布萊恩・威爾遜在《世俗社會的宗教》中認為，宗教已經喪失其權威。

2010 年 德國社會學家尤爾根・哈貝馬斯在《缺失的意識：後世俗時代中的信仰與理性》中思考宗教為甚麼沒有消失。

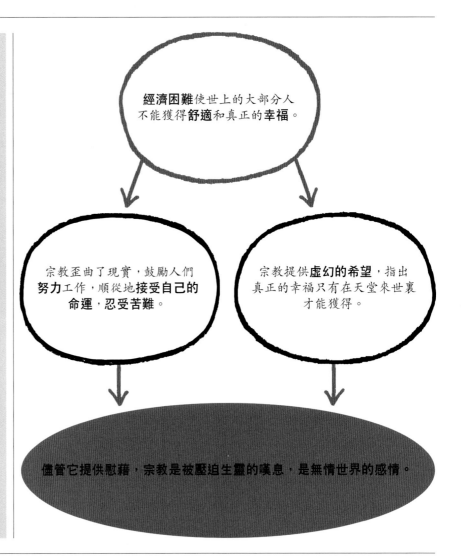

經濟困難使世上的大部分人不能獲得**舒適**和真正的**幸福**。

宗教歪曲了現實，鼓勵人們**努力**工作，順從地**接受自己的命運，忍受苦難**。

宗教提供**虛幻的希望**，指出真正的幸福只有在天堂來世裏才能獲得。

儘管它提供慰藉，宗教是被壓迫生靈的嘆息，是無情世界的感情。

在德國哲學家格奧爾格・黑格爾看來，完全意義上的自由應該與某種倫理制度聯繫起來。更令人詬病的是，他還認為，只有在國家之中「人才能成為理性的存在」。他相信，基督教是現代性萌芽時期的完美（consummate）宗教，因為它反映了它的靈魂或精神（geist）——信仰理性和真理。然而，由於那種被稱為「辯證法」的矛盾過程（即，由於其本身的性質，事物可以包含它的對立面），

人們為服務自身而創造的社會結構和制度到頭來反而會控制甚至奴役他們。這種理性的自我發現的過程可能帶來「異化」——持續對社會科學產生深遠影響的「疏遠」概念。

德國哲學家黑格爾從前的學生路德維希・費爾巴哈使用異化的概念來批評宗教。費爾巴哈爭辯道，人賦予上帝人性，並因這些人性而崇拜他，因此他們是在不自覺地崇拜他們自己。這使他們不能完全意識到自己的潛力，神不過是異

化了的人類意識的投射。卡爾・馬克思的親密戰友、弗里德里希・恩格斯承認，他們兩個在 19 世紀 40 年代的思想都受費爾巴哈的《基督教的本質》的影響。

人創造宗教

卡爾・馬克思的父親從猶太教轉向基督教，僅僅是出於保住工作飯碗的需要，但是他給自己的兒子灌輸一種思想，即宗教對道德來說是非常重要的。然而，卡爾・馬

參見：奧古斯特・孔德 22~25 頁，卡爾・馬克思 28~31 頁，弗里德里希・恩格斯 66~67 頁，希爾維亞・沃爾比 96~99 頁，馬克斯・韋伯 220~223 頁，布萊恩・威爾遜 278~279 頁，尤爾根・哈貝馬斯 286~287 頁。

> 宗教被那些掌管世俗權力的人用來增加自己的權威性。

—— 克里斯托弗・希欽斯
英裔美國作家 (1949-2011)

克思年輕時就批判那種認為社會秩序的維持需要精神支柱的觀點。他後來堅信，世俗化（宗教社會意義的衰落）將把人從社會壓迫的神秘形式中解放出來。在〈《黑格爾法哲學批判》導言〉(1844) 中，他概述了其主要宗教思想。

在異化思想的基礎上，馬克思認為，「人創造了宗教，而不是宗教創造了人」。他指出，人類已經忘記了是他們創造了上帝，而上帝在開始有了生命之後，反過來控制人類。人類創造事物，也能摧毀它們。他相信，革命工人階級將會意識到那些奴役他們的資本主義社會的意識形態和制度，並不是天生的或必然的，是能夠被推翻的。到那時，宗教將成為物質剝削和人類異化所帶來的病症；人類在這一過程

天主教會的財富歷來被許多人所詬病。在馬克思看來，宗教為資本主義利益服務，是富有的精英用來控制和壓迫工人階級的工具。

中飽受苦難，以至於他們需要宗教的慰藉。

與法國哲學家奧古斯特・孔德認為宗教信仰是理性的嬰兒期一樣，馬克思相信社會正科學地走向世俗主義。然而，馬克思更批判性地將宗教看作是社會的反映，而不是一套信仰體系。他的目標是把工人從資本主義壓迫中解放出來，他指出，統治階級的意識形態主宰着社會 —— 傳播這些思想的機構之一就是教會。

教會和國家

在 18 世紀的英格蘭，有一個不知名的智者把英格蘭教會描述成「禱告」的政黨。對馬克思來説，任何服務於資本主義利益的制度，包括宗教，都必須接受考驗，並最終被淘汰掉。取而代之的將是一

個基於社會主義和共產主義的人性社會。

在馬克思看來，宗教是對現存國家和社會的「慰藉和修正」。教會宣稱，統治階級的權威是由超自然的權威所授予的，因此，工人階級的低等地位是不可避免的和合理的。當社會因不平等而分裂時，不公正就會永遠存在而不是消除。馬克思宣稱：「因此，反抗宗教就是間接反抗那個以宗教為精神食糧的世界」。這裏看法在 20 世紀 60 年代英國社會學家布萊恩・威爾遜那裏得到回應，後者宣稱教會的作用在於教化每一代人接受他們自己的命運。

馬克思旨在揭露宗教的幻象性質，揭示其為統治階級意識形態工具。由於對來世的信念成為窮人和被壓迫者的一個安慰，馬克思將宗

馬克思主張，宗教是統治階級維持當下權力的一種信仰體系，他們向工人階級許諾，來世將會更好。工人階級則在這種道德教化中找到安慰，因為他們相信，最終他們的苦難將會換來回報；宗教通過穩定社會、維持現狀，防止了社會變遷。

來世

今生

馬克思描述為「人類的鴉片」。俄國革命家弗拉基米爾・伊里奇・列寧說，它是一種「精神烈酒」：宗教緩解工人階級生活的殘酷現實，人類被裹挾着接受現世的卑微生活，以換取一個更好的來世。事實上，宗教可以被看作是一種有效的社會控制形式，讓窮人安於現狀，阻礙社會變遷。

宗教和激進主義

馬克思沒有忽視，基督教是從壓迫中成長起來的，它支撐和安慰了那些悲慘的、沒有希望的人。宗教裏的苦難既是「現實苦難的表現」，又是對現實苦難的抗議」——它是被壓迫者的「嘆息」，這表明宗教有激進或者潛在革命性方面。

例如，在 17 世紀的英格蘭，清教運動導致國王被處決和一個共和政體的建立。然而，馬克思指出，面對現實快樂的要求，宗教就是「人類虛幻的幸福」：「號召他們放棄對

現狀的幻想就是號召他們打破一種需要虛幻的條件」。他認為，歷史和哲學的任務，是「在人類自我疏遠的神聖形式被揭露後去揭露自我疏遠的非神聖形式」。

馬克思贊同德國社會學家馬克斯・韋伯的假設，即新教運動在資本主義建立中扮演了重要角色，因為它更好地滿足了 16 世紀商人以及後來工業家們的商業需求。努力工作以換取回報是新教哲學的核心，而加爾文教尤其將物質成功視作上帝寵兒的標誌。

馬克思將宗教改革描述為德國革命歷史 —— 一個在修道士大腦中開始的革命。他指出，路德「克服了忠誠的束縛，卻用信念的束縛取而代之」；他把教士變成了俗人，是因為他把俗人變成了教士。在馬克思看來，新教運動沒能提供真正的解決出路，但是它卻提供了一種「真實環境」，人們現在不再與外部神職人員做鬥爭，而是與其

女權主義和宗教

19 世紀美國作家，《女人的聖經》的作者伊麗莎白・卡迪・斯坦頓（Elizabeth Cady Stanton）認為，上帝的話就是男性的話，被用來征服女性。從那以後，宗教的女權主義理論一直都在回應這一關於性別主義和性別不平等的主題。

女性往往比男性更傾向於參加教會活動，但是她們通常是被邊緣化和受到歧視的，權利較少、懲罰

更多。埃及作家納瓦爾・艾・沙達威（Nawal EI Saadawi）指出，宗教可以被用來實現壓迫女性，但是根源在於社會的父權制結構，它重塑了宗教。英國社會學家琳達・伍德海德（Linda Woodhead）指出，許多穆斯林女性用宗教和服裝來象徵他們的自由。

在一些宗教內部，女性的地位發生了顯著變化；自從 1992 年英國國教允許授予女性神職之後，如今女性佔神職人員五分之一的比例。

內在的「神職本性」較量。

同時，社會現狀為真正的人類解放設置了進一步障礙。儘管地主和資本家變得更加富有，對於那些長時間辛苦工作而收入微薄的工人階級來說，回報他們的只是天堂裏的一席之地；忍受苦難變成一種美德。馬克思關注 19 世紀教會作為地主和僱主的角色，並將其視為進一步的證據，證明宗教是統治階級用來控制工人的意識形態工具。

無宗教的工作場所

在英國，既得利益者害怕工人日益與組織化的宗教失去聯繫，而轉向其他基督教宗教羣體或工人階級政治運動，如憲章運動。基於這個原因，1851 年進行了一項宗教崇拜普查。它反映了工人階級在社會中的冷漠，以及保守的、既有的英格蘭教會與諸如貴格會、唯一神教派主義之類的新型、大眾宗教教徒聚會的禮拜堂或教堂之間的分化。

衛理公會 —— 一個致力於幫助窮人的新教教派 —— 在英國製造業聚集的工人階級地區特別流行。它也吸引了新興工廠主，他們既對工人明顯的無宗教性感到不安，也對他們的墮落感到震驚，諸如酗酒。一些工廠主強制工人參加

基督教組織例如貴格會教徒被看作是對宗教—政治現狀的一種威脅。反對戰爭和奴隸制，拒絕向他人宣誓，他們反對教會中的等級制思想。

> 現代宗教深深植根於對工人階級大眾的社會壓迫中。
>
> —— 弗拉基米爾・伊里奇・列寧
> 俄國政治理論家(1870-1924)

教會奉獻、聖經學習班、對談以及興趣小組，以試圖「教育」他們成為「體面」、冷靜的人，這能促使他們更有效地工作。這也再一次佐證了馬克思主義者那種將宗教看作是統治階級的意識形態工具的觀點。以這種方式消解他們的能量，能夠挫敗他們起來革命的可能性，從而確保他們成為工廠聽話的「老黃牛」。

西方知識分子或者稱為「新無神論者」，諸如 A.C. 格萊林（A.C.Grayling）、克里斯托弗・希欽斯（Christopher Hitchens）和理查德・道金斯（Richard Dawkins），非常認同馬克思關於宗教的看法。也就是說，正如最初在哲學中所爭議的，宗教很有意思，但是在情感上和理智上都是一種異化形式，是對社會公正和幸福的低級替代品。然而，馬克思在他對宗教改革的觀察中，承認了宗教在激進思想和社會行動方面的潛力，英國後來一個多世紀的社會改革進程中的非國教教派就證明了這一點。為了解答為甚麼到了 21 世紀宗教還沒有消失，尤爾根・哈貝馬斯承認在世界許多地方宗教團體所扮演的重要公共角色。今天，儘管世俗化無處不在，但沒人認為宗教或宗教人士會消失。■

寡頭統治鐵律

羅伯特・米歇爾斯（1876－1936 年）

背景介紹

聚焦
寡頭統治

關鍵時刻

1904-1905 年 馬克斯・韋伯在《新教倫理與資本主義精神》中，將科層制帶來的合理性看作是現代性不可避免的一個特色。

1911 年 在《政黨》中，德國社會和政治理論家羅伯特・米歇爾斯主張，組織內的民主是不可能的。

1916 年 意大利社會學家維弗雷多・帕累托指出，民主是一種幻想，精英只會為自己服務。

2009 年 就英國 2003 年入侵伊拉克而發起的柴考特調查（Chilcot Inquiry）表明，政府官員，諸如前首相托尼・布萊爾，是如何免於為他們的行為被公開問責的。許多人認為布萊爾應該為戰爭罪行而受到審判。

在羅伯特・米歇爾斯看來，官僚制是個人自由的敵人。在 20 世紀早期，他就指出了官僚制與政治寡頭（少數人對多數人的統治）之間的聯繫。在對政黨和工會的觀察中，他發現民主的規模和複雜性需要等級制。擁有一套清晰的控制鏈、與大眾相分離的領導權很重要，這會帶來一種金字塔式的結構，少數領導掌握着巨大而重要的組織。

米歇爾斯採納了馬克斯・韋伯關於責任等級有助於提高效率的思想，但同時指出，這也帶來了權力集中，有害於民主。儘管標榜民主的理想，事實上佔據核心地位的往往是組織精英的利益，而非普通大眾的需求。

維護他們的權力地位變成了諸如政黨之類的官僚機構的重要任務；通過複雜的選舉制度維持一種神秘而優越的氛圍，使用晦澀的語言以及通過下設機構來確保這一目標的實現。官員往往不受他們決策後果的影響——官僚制保護他們免受公共問責。寡頭統治在官僚制的等級結構中得以興盛，並往往會削弱人們左右其所選領導的能力。■

言組織，必言寡頭統治。

—— 羅伯特・米歇爾斯

參見：卡爾・馬克思 28~31 頁，馬克斯・韋伯 38~45 頁，弗里德里希・恩格斯 66~67 頁，米歇爾・福柯 270~277 頁，尤爾根・哈貝馬斯 286~287 頁。

健康的人不需要官僚機構來結婚、生育和死亡

伊凡·伊里奇（1926－2002 年）

背景介紹

聚焦
醫源性疾病

關鍵時刻

約公元前 460-370 年 希波克拉底，一位古希臘醫師，相信醫護人員不應該對病人帶來損害；醫源性疾病成為一種應受到懲處的罪行。

1847 年 匈牙利醫學家伊格納斯·塞麥爾維斯（Ignaz Semmelweis）建議外科醫生洗手，以減少感染帶來的死亡。

1975 年 伊凡·伊里奇在《醫學的範疇》一書中宣稱，醫療機構構成了對人類健康最主要的危險。

2002 年 醫學社會學教授戴維·克拉克（David Clark）認為，以人為本的治療技術提供了虛假的希望，帶來的結果是晚期癌症病人接受了殺傷力極大的化療治療。

社會已經深深地意識到醫學所帶來的危害。例如懷孕期間對診斷性 X 射線的過度使用可能帶來兒童癌症，以及有害的處方藥——藥物相互作用。希臘詞語「醫源性疾病」——由治療者所帶來的疾病」——被用來描述這些問題。激進奧地利思想家伊凡·伊里奇指出，醫療機構已經成為人類健康的一個嚴重威脅，因為在與資本主義的結合中，它已成為一個利己的制度，創造了比治癒者更多的病人。

伊利奇認為存在以下三種主要的醫源性疾病。臨床型醫源性疾病，是指由醫療干預所帶來的損害；例如，抗生素類藥物的過度使用導致的對細菌抵抗力的下降。社會型醫源性疾病，是指生活的醫療化：隨着對非疾病的昂貴治療技術的發展，越來越多的問題被認為適合於進行醫療干預。例如，輕度抑鬱症經常使用依賴性的藥物治

醫院分娩，20 世紀之前是罕見的，現在被一些人認為是社會型醫源性疾病的例證——日益增長的、不必要的生活醫療化。

療。其中涉及的行動方，如醫藥公司，在這一治療過程中獲得了巨大利潤。

在伊利奇看來，更糟糕的是文化型醫源性疾病——對待疾病、痛苦和死亡的傳統方式的瓦解。我們生活的過度醫療化意味着我們已經變得越來越不願意面對死亡和疾病的現實：醫生扮演着神父的角色。■

參見：喬治·瑞澤爾 120~123 頁，羅伯特·普特南 124~125 頁，烏爾里希·貝克 156~161 頁，爾文·戈夫曼 264~269 頁，米歇爾·福柯 270~277 頁，302~303 頁。

有些人犯罪是他們對某種社會情境的反應

羅伯特・默頓（1910－2003 年）

背景介紹

聚焦
失範或緊張理論

關鍵時刻

1897 年　在《自殺論》中，埃米爾・迪爾凱姆使用失範的概念來解釋清教徒和天主教徒之間不同的自殺率。

1955 年　美國犯罪學家塔爾科特・帕森斯從前的學生艾伯特・科恩（Albert Cohen）指出，下等階層所面臨的窘境導致身份挫折，或緊張，帶來越軌，後者被看作是尋求尊重的一種方式。

1983 年　英國犯罪學家史蒂文・博克斯（Steven Box）指出，一些對於越軌的解釋，諸如來自艾伯特・科恩的觀點，沒能解釋社會中有權者的犯罪。

1992 年　美國社會學家羅伯特・阿格紐（Robert Agnew）堅持認為，失範或緊張理論能夠被用來解釋犯罪和越軌，但是不應該與階級聯繫在一起。

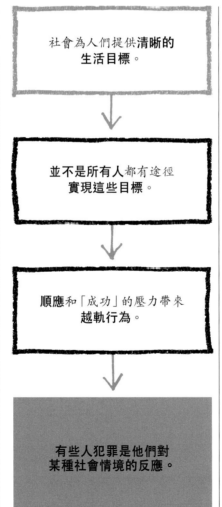

社會為人們提供**清晰的生活目標**。

並不是所有人都有途徑**實現這些目標**。

順應和「成功」的壓力帶來**越軌行為**。

有些人犯罪是他們對某種社會情境的反應。

在法國理論家埃米爾・迪爾凱姆看來，越軌是普遍的、正常的和功能性的。他指出，一旦人們不再覺得被融進社會之中，對它的規範和規則不再確信時 —— 例如，在迅速社會變遷時代 —— 他們更有可能採取越軌行為或自殺。這一狀況被稱作失範，希臘語的意思是「缺少法律」。在 1938 年發表的〈社會結構與失範〉一文中，美國社會學家羅伯特・默頓接受迪爾凱姆關於越軌的分析，並將它運用到當代美國社會，指出此類行為的發生是緊張所帶來的一個直接後果。

美國夢

默頓指出，在美國，與個人「成功」聯繫在一起的理想和抱負 —— 例如，物質富裕、有房有車的「美國夢」—— 是社會建構的。並非每個人都能夠通過合法途徑實現這些目標，因為，一些限制，諸如社會階層，阻礙了它們的

參見：理查德・桑內特 84~87 頁，羅伯特・普特南 124~125 頁，馬克斯・韋伯 220~223 頁，霍華德・貝克爾 280~285 頁，塔爾科特・帕森斯 300~301 頁。

對許多人來說，一生順遂、有房有車有存款的美國夢僅僅是一個夢想，特別是對於那些陷入貧困和失業中的人。

實現。在默頓看來，越軌（同樣也是社會性地建構的）容易發生在社會期望和實現它們的能力或慾望之間存在明顯緊張或不一致情況下。對默頓來說，這一「緊張理論」解釋了失業和犯罪之間的直接關聯：例如，沒錢意味著沒法通過合法的方式購買汽車、住房或其他物品，但是符合期望的壓力能把人們引向盜竊。

反叛論者或遵從論者？

默頓擴展了其理論，根據個體與文化接受的目標以及實現它們的手段的關係，將人們劃分為五種類型。他指出，遵從論者，全身心投入到美國夢中，並且通過教育和就業能夠實現這一目標。「儀式論者」並不認可社會的文化目標，但是他們尊重實現那些目標的規則。例如，他們可能每天去上班，認真地履行自己的職責，但是他們沒有更為遠大的目標，不打算攀登「成功」的階梯。

革新論者（往往指罪犯）深信社會目標，但是選擇非法的或非傳統的方式實現它們。「退卻論者」是社會的脫節者——他們不僅拒絕傳統社會目標，也不接受社會認可的實現這些目標的手段。最後，「反叛論者」與退卻論者相似，但是他們創造替代性的目標以及實現這些目標的替代性手段，並致力於倡導一種反文化。在默頓看來，正是這一羣體（往往包括恐怖分子和革命者）能帶來社會變遷。

默頓的緊張理論一直被批判聚焦於個體越軌，而忽視了羣體或幫派行為。也有批評指出這一理論過於依賴官方的犯罪統計，後者往往掩蓋了中產階級的犯罪。■

　　當獲取合法追求文化目標的被認可的機會存有差別時，就會招致反社會行為。

—— 羅伯特・默頓

總體機構剝奪了人們的社會支持系統以及他們的自我感

爾文・戈夫曼（1922–1982 年）

背景介紹

聚焦
制度化

關鍵時刻

1871 年 英國精神病學家亨利・莫茲利，認為精神病院不利於個體的自我感。

1972 年 《心理倖存者》中，斯坦利・科恩和勞里・泰勒關於英國達勒姆市男子監獄的一項研究，揭示了囚犯調節其行為和身份以獲得生存。

1975 年 法國思想家米歇爾・福柯在《規訓與懲罰：監獄的誕生》中，探討了監獄和精神病院維持社會秩序和遵從的方式。

1977 年 在《取消監禁》中，美國社會學家安德魯・斯卡爾（Andrew Scull）認為，減少針對精神病人和囚犯的機構數量會帶來一種更大的照料缺失。

當應對現代社會典型的官僚程序以及它們所產生的挫敗時，我們中的大多數人能夠逃避到私人生活中，以維持一種平衡感。然而，對有一些人來說，這不是一個選擇，因為他們終其一生都在結構化的機構中，諸如監獄或精神病院。

美國社會學家歐文・戈夫曼想知道當人們無法逃避日常生活中的規則和管理時，他們是如何應對的。在他開創性的研究《精神病院》（出版於 1961 年）中，戈夫曼考察了「自我」是如何進行調試，以生活在一個永久的、無處不在的官僚體系中的。他認為，對精神醫院的病人來說，最重要的因素不是疾病而是機構——受影響者所做的反應和調適也同樣在其他類型機構的被收容者中出現過。

總體機構

那些與外部世界相隔離的機

> 這些機構是改變我們社會中個體的溫床。其中每一個都是一個自然實驗，在對於如何塑造自我方面，特別苛刻。

—— 爾文・戈夫曼

構——通常物質性地通過牆、圍欄以及鎖上的門來實現——就是戈夫曼所稱的「總體機構」。精神病院、監獄和集中營，甚至是寄宿學校和修道院，是這種組織的極端形式的典範。

在「總體機構」中，居住者不僅在身體上處於與外界隔離的狀態，他們往往還被孤立相當長的一

「總體機構」的目標是全面地**影響個體的生活**。

個人之前的身份和**自我感崩潰**……

……他們**被迫調整**，開始去適應機構的目標。

「總體機構」**剝奪**了人們的社會支持系統以及他們的自我感。

參見：埃米爾・迪爾凱姆 34~37 頁，米歇爾・福柯 52~55 頁，270~277 頁，喬治・赫伯特・米德 176~177 頁，伊凡・伊里奇 261 頁，霍華德・貝克爾 280~285 頁。

段時間，有時是身不由己地。由於這些特殊情況，這些組織發展出特殊方式進行運作。戈夫曼指出，在這些地方內，相對人數較少的工作人員監視着一個較大的居住者羣體。他們通過使用監視技術以達到服從——來自米歇爾・福柯在其 1975 年的研究發現，將監獄描述成一個全景式的、萬能的機器。戈夫曼的補充看法是，居住者通過塑造一種新的生活方式來回應「總體機構」。

功能主義理論認為，社會是由社會共識黏合在一起的——一種共同的目標感。一個「總體機構」得以運作是因為它有目標，它內部的一切都是取向這些目標的。戈夫曼曾經於 1955—1956 年間在美國一所精神病院工作，他指出在這一組織的官方目標之外，還存在着

美國惡魔島監獄，是機構統治的有力象徵。福柯將監獄看作是萬能的，而戈夫曼認為，機構中的犯人試圖改變生活以滿足自己的需要。

貝斯萊姆皇家醫院，倫敦臭名昭著的精神病院，成立於 1247 年，「瘋人屋」(Bedlam) 一詞就是由此而來。它現在是一家現代精神病機構。

其他隱形的目標和實踐，構成了機構運作的關鍵部分。他稱之為「公共機構的私生活」，他集中考察了精神病人的世界以期理解這種「私生活」。

基於自己的觀察資料，以及大量出版物，例如關於相似機構的自傳文學、小説，戈夫曼得出結論：身份是在與他人的互動中塑造和調適的。他指出，如果要實現機構的主要目標，有時候有必要將官方的活動和理想暫放一下，以給人一種「正在維護他們」的印象。

戈夫曼認為，病人進入精神病機構之前所擁有的社會關係和身份讓位於他們在適應新的機構生活的過程中所樹立的全新身份。

瓦解自我

這一過程開始於舊的自我的

瓦解。病人往往是被家庭成員和醫護專業人員強制或者哄騙進入機構中，發現還是這幫人正在剝奪他們的權利。這樣一來，他們喪失了自主性，自身的行為和心智受到質疑，經歷羞辱以及對自我身份的挑戰。

醫院的准入程序繼續了這一瓦解過程：被拍照，個人物品被沒收，採集指紋，以及扒光衣服——所有這些程序擊垮了「舊我」。戈夫曼指出，我們的自我感部分地被投射到我們的外形、我們擁有的東西以及我們所穿的衣服上；如果這些改變了或者被奪去了，這就給人們傳達一種信息：他們不再是原來

「**自我的屈辱**」是戈夫曼的用語，描述個體被剝去自我感的一種機構過程。個人認同轉化為機構認同——作為「病人」或「犯人」。一開始，「舊我」是部分地構陷的，諸如財產和服飾。在機構的迷宮中，成為其中一員，剪去頭髮或穿上制服，身體受到限制進而自由被剝奪。規則，或者可能是藥品，改變著人的行為，一個順從的「新我」被打造出來。

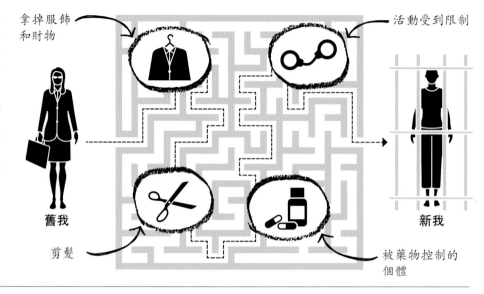

拿掉服飾和財物

活動受到限制

舊我

剪髮

被藥物控制的個體

新我

的自己。一旦承認了這一點，這種感覺持續得到強化：例如，獲得允許才能去上廁所。這驗證了戈夫曼所稱的「自我的屈辱」，它是由生活中的羞辱和貶位帶來的。

應對這種情景的常規的保全面子的做法，例如諷刺或褻瀆，在「總體機構」中不可能發生，因為一定會帶來懲罰。患者不得不對這一組織要求做出重大調適，往往以一種平和的狀態結束：他們被輕易控制住，使得機構得以有效運作。機構所用的特權和獎賞體系，作為對在廚房或其他地方工作的回報，在保持他們順從的同時，還能有助於集中患者的精力和注意力，產生一種新的目的感的意義感。

有時候，機構能夠征服患者，帶來「轉換」或「殖民化」。在精神病院中，轉換是指病人接受醫院對他們的定義，例如，情緒混亂，接著，努力遵照理想病人的行為模式行動。在戈夫曼看來，殖民化是指機構制度淹沒了患者，機構之內的世界看起來比外面的更好，患者將沒有能力在機構之外的世界中生存。

拯救身份

精神病患者進入的第二個階段是拯救某種意義上的個性。儘管「總體機構」致力於生產標準化行

許多總體機構看起來好像僅僅是堆積病人的儲藏所，但是往往以理性組織的面目出現在公眾的視野裏。

——爾文・戈夫曼

為，但許多患者都能找到調適的方式。戈夫曼指出，面對這些機構的不同自我需求種類，人類可以發展出複雜的應對方式。他認為，二級調適過程使個體能夠創造出一種以組織為中心的新的自我，它居住於那種不是由規則和制度充斥的空間之中。

這些二級調適組成了機構的「私生活」，是患者基於日常基礎之上的權宜手段，從而使患者產生一定的自主性，保持某種個性。在戈夫曼看來，最普遍的方式是「耍酷」；大致與工作人員交好的同時，分割出一種身份，保持系統「運作」而不公開與規則發生衝突。病人能夠發現和利用組織中他所稱之為「潮濕角落」——諸如廚房、手工場、醫務室之類的場所——為實現對自我和處境的控制提供機會。在這些地方，患者可以創造新的貨幣——例如，用煙草或糖果

交易——或者通過創造性地使用語言，來發展出溝通的特殊方式。通過悄悄地把尿撒在散熱器上而不是請示獲批後去上廁所，一些人試着以此維繫一種自主的反叛感；因為加熱器能蒸發掉所謂不當行為的所有痕跡。機構往往對這些小動作睜一隻眼閉一隻眼，因為他們知道這些行為在大多數情況下反而使患者易於管教。

並不是所有的人都能夠在「總體機構」的規範中成功地實現社會化。儘管戈夫曼並沒有詳細論述這一點，一些病人可能保持一種抵抗和反叛精神，例如通過蓄意破壞水管、集體拒絕某些特定的食物，鬧事，或者甚至給某個工作人員製造點「小意外」。

自利的機構

儘管戈夫曼一直用一種冷靜、客觀的寫作語調，但一些人仍舊指責戈夫曼在他的研究中過度認同病人。還有一些人，諸如美國社會學家、犯罪學家約翰·埃爾文（John Irwin）曾指出，戈夫曼的研究在範圍上有點窄，並且只關注機構中的病人是有局限的。

然而，將「總體機構」看作是一個並非以患者的最大利益為運作原則、而是有效地侮辱他們的場所，戈夫曼的研究被引用在促成精神健康病人的治療變化中。他揭露了「總體機構」的自我合法化的組織方式——通過定義他們的目標使其活動獲得合法性，反過來又將他們為實現這些目標所採取的措施合法化。

他的研究同時也對身份社會學具有重要影響，因為他認為名字、財產以及服飾是灌注了意義的符號，對身份的形成很重要。他強調自我的官方定義與個人所試圖呈現的自我之間的顯著差異。

戈夫曼的研究仍然具有社會意義。儘管事實上，在英國，許多精

肯·克西的小說《**飛越瘋人院**》，場景設定在精神病院。它描述了病人採用應對策略，以及機構如何摧毀對於其權威的挑戰。

神健康機構自20世紀60年代以來在去機構化和支持本地照料（在社區中）的過程中都已經關閉，仍有相當一部分人將會在機構中度過晚年。人口老齡化意味着許多人可能不能夠生活自理，因此不得不選擇護理或照料之家，這些可能印證了「總體機構」的某些負面特徵。■

美國城市監獄，關押着那些被逮捕但還沒有提出訴訟和判決的人。有人認為，這種機構將正常市民視為囚犯的文化暴露出來。

監禁危機

約翰·基思·埃爾文（John Keith Irwin）與戈夫曼相比，擁有一種完全不同的第一手「總體機構」經歷：1952年，他因為搶劫罪而被判入獄5年。他利用那段時間學習，後來獲得社會學博士學位，成為美國監獄系統和社會需要的社會控制形式方面的專家。

基於他自己的觀察和對囚犯的訪談，埃爾文出版了《監獄：管理美國社會中的下層階級》一書，以向爾文·戈夫曼致敬。他指出，城市監獄關押着那些被逮捕但還沒有提出訴訟和判決的人，在那裏，他們被貶位、被侮辱，甚至他們給犯人灌輸特殊的行為方式，而不是控制聲名狼藉的人。

他宣稱，這些監獄是為了管理那些被看作是對中產階級具有價值威脅的「下層階級」或「下層民眾」。監獄被看作是小偷、癮君子以及性向異常者的收留罐，這證實了他們的局外人地位。

治理是對事物的正確處理

米歇爾・福柯（1926－1984 年）

背景介紹

聚焦
治理術

關鍵時刻

1513 年 在《君主論》中，佛羅倫薩政治理論家尼可羅・馬基雅維利建議如何維持權力。

1567 年 法國作家紀堯姆・德・拉・佩里埃（Guillaume de la Perrière）在《政治之鏡》中指出，「統治者」一詞可以運用到更廣的人或羣體中。

1979 年 米歇爾・福柯發表一篇題為〈論治理術〉的文章。

1996 年 英國社會學家尼古拉斯・羅斯考察諸如監獄和學校之類的社會制度如何塑造公民的行為。

2002 年 德國社會學家托馬斯・萊姆克（Thomas Lemke）將福柯的治理術概念運用到現代新自由主義社會中。

在中世紀的歐洲，每個人都面對兩個「**統治者**」……

……君主，君權神授，維持其領土上的安全和和平。

……**教會**，「統治」**人們的靈魂**。

這些角色在**世俗統治**中合二為一，它照管領地（現在是「國家」）和其人們。

治理日益變成以一種理性方式（「治理術」）的「**事物**」管理藝術。

治理的角色是將其人民的福利最大化 —— 設法正確處理事物。

從古至今，人們一直都在關注治理的性質，何時以及何地需要它，以及誰有權利去統治他人的問題。法國哲學家米歇爾・福柯將其研究焦點集中於權力的運作，特別對 16 世紀至 20 世紀西歐社會中治理的過程和合法性問題感興趣。

1970 至 1975 年間，福柯走進了巴黎法蘭西學院的聖殿，成為那裏的一名教授；在此期間，他教授一系列課程，奠定了他重要的思想特色。其中一講後來在 1979 年以「治理術」的名字發表在頗具影響力的雜誌《思想和意識》上。在這篇文章裏，福柯指出只考察權力的形成而不考慮其統治人民的實踐 —— 各種技術和合理性 —— 是行不通的。這種合理性不是以往大多數哲學家所宣稱的那種能夠通過純粹理性而獲得的絕對的理性，它是一種隨時間和地點而發生變化的東西。在某一地點和時間被認為是「理性的」，可能在其他時空中則被看作是非理性的。為了總結這一概念，福柯結合法語單詞 "governeur"（總督）和 "mentalité"（思想）而創造出一個新詞 —— governmentality（治理術），用以描述政府看待自己及其角色的方式（它的「合理性」）。

福柯的哲學分析方式集中在「主體的系譜」上，而非依賴傳統

參見：米歇爾・福柯 52~55 頁，302~303 頁，戴維・麥克隆 163 頁，諾貝特・埃利亞斯 180~181 頁，馬克斯・韋伯 220~223 頁，羅伯特・米歇爾斯 260 頁。

的考察方式。其他哲學家尋找知識的普遍和不變基礎，而福柯則探究主體是如何在歷史中構成的，以及這如何引致了它的現代形式。

福柯關於治理術的系列講座考察了自主、獨立的自我概念是如何與民族國家的思想相協調的。他特別的興趣點在於，這兩個概念是如何相互決定彼此的存在，並隨着當時的政治合理性而變化。

中世紀統治

福柯的考察追蹤了不同時代、不同地點所發生的統治方式的變化。回溯到中世紀（約 500-1500 年）的歐洲，他指出，在那時，我們現在所熟知的民族國家是不存在的，治理術也不存在。人們生活在一種「公正狀態」中，通過直

我想去研究統治的藝術，也就是最佳統治的合理方式，同時，也去反思統治的最佳可能方式。

—— 米歇爾・福柯

白的法律和習俗（如將犯人關起來），而把人民整合到其羣體中。那是封建主義時代，君主作為塵世上上帝的神聖代表，依賴不同領主們來維持對其臣民的控制。由忠誠於國王的領主組成的領主網絡是在廣闊領土上維持統治秩序的一種方式。

通過向君主提供軍事服務以及支持，領主們贏得他們的封號、城堡以及土地權。最終這些特權變成世襲。農民或農奴有義務耕作土地，為他們的統治者創造豐厚利潤。這種擁有清晰明確個人權力運作的體系，意味着集權統治是沒有意義的：不同的貴族有不同的統治方式。衝突和內戰同樣也是家常便飯。君主的臣民並不認同他們的民族身份，相反，他們向其封建領主效忠，與他們站在一起。

中世紀期間，農民在土地上耕作，為他們的領主創造了巨大財富。封建體系控制着人們，而非大一統的政府。

統治的新方式

在福柯看來，在 16 世紀中期封建主義開始衰落的時候，統治開始變成一個重要問題。隨着帝國和領土的擴張，如何統治個體、家庭以及國家變成一個核心問題，從而，治理術誕生了。

與封建制度的決裂，同時也增多了國家間的衝突；於是，對於一個國家來說，知己知彼，知道自己和對手的能力和實力變得日益重要。福柯宣稱，這是為甚麼 16 世紀會出現「警察」的原因。這些力量不僅給政府提供安全，也能夠測量和評估國家的實力。警察的出現使得對於市民的治理變得容易，從

德國牧師馬丁・路德發起宗教改革，挑戰天主教教會的權威；福柯指出，這標誌着治理轉變的開始。

而確保處在監視下的個人保持持續的生產力和服從。

16 世紀同樣也見證了歐洲宗教實踐的巨大轉變。始於 1517 年的宗教改革是對天主教會及其權力的重要挑戰。在福柯看來，伴隨着領土國家的崛起以及新教和天主教會之間的矛盾，使得早期現代政治理論家將兩種截然不同的思維方式結合在一起。神學家一直以來從精神的路徑入手考察統治：牧師的終極責任是拯救靈魂，像牧羊人守護羊羣一般地守護着他自己的「羊羣」。世俗政治家則是以一種更世俗化的方式看待統治的藝術——認為他們的角色是管理衝突、保護領土和維護和平。福柯指出，這兩種思維方式在 16 世紀後期和 17 世紀融合在一起，形成了一種新的統治藝術的混合型。

君主之死

公民和他們的統治者首次有可能在一個互益的系統中走到一起。統治者的個人利益不再是統治的唯一指導原則；在這一轉變下，「統治」的思想轉變為「管治」。通過考察佛羅倫薩外交官尼可羅・馬基雅維利的《君主論》（1513 年）中的政治思想，福柯追蹤從至高無上

的權力到作為有效運作方式的政府的這一轉變。在這部短篇著作中，君主主要關注其領土的維持和擴張，對生活在其土地上的臣民不感興趣，只要他們安分守己。君主保持與其領土的道德疏離感——他不欠任何人的恩情。隨着君主喪失他們至高無上的權力，以及教會權力的喪失，這種思維方式逐漸走到末路，新技術（諸如印刷術）使得革命思想的傳播成為可能。

從中世紀末期到 17 世紀，文藝復興引領一股重回自由和民主古典主義的思潮，帶來了更革命性的思想，威脅到君主的人身安全以及他們的統治權力。例如，在英格蘭，國王查理一世對自己神聖統治權力的深信不疑，導致他在英國內戰期間與議會力量產生衝突。

1649 年查理以叛國罪被處死。

仁慈的統治？

福柯高度讚揚法國文藝復興時期作家紀堯姆・德・拉・佩里埃在 1567 年對於統治的定義，其特殊之處在於沒有提到「領土」。相反，在這裏統治被描述成對事物的正確處理，以達成一種適當的目的。在仁慈的理念下，統治的責任被擴展到包括其公民的福利，儘管在現實中，這種統治形式實際上關注的是管理人的生命——以及他們奮鬥而來的物質成果——以實現國家力量的最大化。確保財富的增長被認為是統治中的關鍵，但是如果統治者想確保長久的繁榮和生產力，那麼擁有健康繁衍的民眾也很重要。福柯指出，在這一點的

基礎之上，「人和事物」（人們與財富、環境、飢餓、繁衍、氣候等等的關係），而不是領土，需要以一種有效的方式進行管理。統治現在是一種「藝術」。

公民或者臣民？

福柯認為，早期諸如 18 世紀約翰‧洛克和亞當‧弗格森所揭示的那種自由主義公民社會觀，使得一種社會統治成為可能。這種自由主義統治藝術依着「小政府的合理性」組織原則；換句話說，它倡導最少的政府干預以及更多地關注公眾的作用。這裏，「公眾」的概念以及其對政府成功的重要性變得至關重要，這帶來了將「公眾中的個體成員」看作是生活、工作以及社會存在的觀點。這種自主個體的新觀點將會帶來許多新的政治問題，包括個體和國家的權力和責任。如果一個人是在政府的統治

之下，那麼他將如何獲得自由呢？「自主的」的個體的自我控制與政治控制之間的聯繫成為一個重要問題，就如同統治的可能性與經濟剝削之間的聯繫。

為了探討這一階段，福柯再次回到了他關於「被動的身體」的討論。在《規訓與懲罰》中，他回溯了在 17、18 世紀，身體是如何被那些掌權的人看作是一個（被使用和改造的）目標。他同時還考察了寺院和軍隊中產生的監視技術是如何被用來控制人們的身體，生產出那些沒有反抗能力的被動主體。

在《規訓與懲罰》這一早期著作中，福柯堅持認為，規訓產生順從；但是當談及治理術時，他則認為這過於重視統治，論辯過於簡單。他現在指出，個體比他以前所認為的要擁有更多的機會去改變和建構他們自己。治理術指的是社會去中心化的方式以及公民在自我治

> 讓我們不要質疑為甚麼一些人想要統治，相反，讓我們問一問，我們的身體是如何被支配的，我們的姿勢是如何被控制的，以及我們的行為是如何接受命令的。
> —— 米歇爾‧福柯

理方面所扮演的積極角色；而這其中的核心問題是公共權力與個體自由之間的關係。

統治的藝術

福柯認為，治理術之所以重要，是因為它在他所稱的「自我的技術」（個體主體的創造）與「統治的技術」（國家的形式）之間提供

減肥者 根據大眾標準和文化要求來管理和規訓他們自己，而不是基於個人選擇。

管理身體

減肥機構，諸如減肥中心或纖體中心，反映了福柯的自我治理概念與當今時代所標榜的「正常」理念相一致。當這些組織幫助個人發展出一種自我和價值感時，他們同時也將這些人裹挾在一個最終會使許多公司獲益的權力網絡中。

許多女權主義者，諸如美國作家金‧徹寧（Kim Chernin）力爭，通過節食而獲得完美身體的追求將女性放在

了一個「纖細暴政」中。纖體公司和膳食組成規訓時間，許諾了一個「改善的自我」，但是他們也將女性置於父權制（男性主宰的）關於女性「應該」是甚麼樣，以及她們應該如何舉止的思想之下。這種遵守「正常」的當前標準的必要性，將節食從一種飲食行為轉變為道德命令。美國女權主義者桑德拉‧巴特基（Sandra Bartky）和蘇珊‧博爾多（Susan Bordo）認為，這是一個暗示過程，其中女性同時既是主體又是服從者。

> 如果想要分析西方文明中的主體系譜，就不能只考慮統治的技術，還要將自我的技術納入考慮範圍。

—— 米歇爾・福柯

了一種聯繫。在福柯看來，這是由於「統治」沒有一個純粹的政治意義。從 18 世紀直到較為近期，統治是一個廣泛的概念，包括引導家庭、家庭管理、心靈手則以及傳統政治。福柯將這種全包式的治理形式描述為「行為引導」。福柯認為，在現代世界中，治理不僅僅是一種簡單的從上而下的權力關係，它基於一個多層網絡。那些曾經基

於暴力——或暴力維繫的治理，現在只是控制的一個元素。在現在的治理形式中，掌握主導的其他體系包括強制策略，以及那些建構和塑造公民可能採取的行動形式的策略。與通過恐懼和暴力的治理相比，那些運用更為隱秘的控制形式要有效得多，諸如給定有限的選擇或者使用諸如學校之類的規訓制度來指導個體的行為。這樣一來，自我控制就與政治規則和經濟剝削聯繫起來。看起來好像是個人選擇的結果，但這也「恰好是」符合國家利益。因此，福柯指出，現代民族國家與現代自主性個人相互依賴而存在。

行動中的治理術

福柯的觀點，將治理術看作是一種塑造和指導羣體及個體的選擇和生活方式的努力，被許多當代學者進一步發展。例如，美國人類學家馬修・科曼將治理術運用於考

> 由國家這頭『冰冷的怪獸』……為人們所規劃的美夢或噩夢遠不足以解釋生活在其中的人們所被統治的方式。

—— 尼古拉斯・羅斯 英國社會學家(1947-)

察中國醫生的吸煙情況。在 2008 年〈醫生中的吸煙：當代中國社會中的治理術、具體化以及過失轉移〉一文中，他考察了醫護專業人員的吸煙狀況是如何被看作是公共人羣中高吸煙率人羣的。公共健康運動以這些醫生為目標，譴責他們應對中國的煙草相關疾病負責，呼籲他們管理自己的身體並且停止吸煙。

個體與國家

福柯認為，當君主的神聖權力和天主教教會的至高無上遭到挑戰時，**個體**被看作是政治的重要部分。政府的任務變成，如何尋找一種一方面明顯是在為公眾服務，而另一方面又能繼續鞏固其力量的方式。

由君主和教會所統治（大約 6~16 世紀）

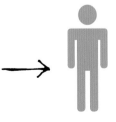

個體的崛起（16 世紀晚期 ~17 世紀）

公民參與到他們自己的治理中（18 世紀以來）

福柯關於將現代民族國家看作是一個治理化的整體的觀點也遭到批評。例如，他被指責在定義治理術時概念模糊和前後矛盾。哲學家德里克·科爾（Derek Kerr）指出，通過消滅自由的、主觀的選擇，福柯的定義「砍掉了社會主體性」。加拿大社會學家丹妮卡·杜邦（Danica Dupont）和弗蘭克·皮爾斯（Frank Pearce）指責福柯過於簡單化和理想化地理解西方政治歷史，將它看作是「由種子而生長成的植物」，應當克服障礙，實現它真正的潛力（在某種程度上，好像它總是隱含的）。

新自由主義

然而，福柯的治理術思想仍然是改變和批判新自由主義的一個有力工具。第二次世界大戰後，以及 20 世紀末期的後福利政治和經濟時期，政府在許多方面將其責任轉嫁給其公民。在他的講座中，福柯討論了三個戰後國家的新自由主義：西德、法國和美國。這種治理形式被描述成是資本主義戰勝國家，或是「反人道主義」，強調個體以及集體紐帶的摧毀。在新自由主義看來，工人被看作是一個自我擁有的單位，需要具有競爭性。

新自由主義依賴負責任、理性的個體，能夠對他們自己、他們的生活以及他們的環境負責，特別是通過「技術的常規化」—— 社會

中一致認可的目標和程序是如此的「一目了然」，以至於它們被看作是「常規的」。在 21 世紀，它包括諸如廢物回收、減肥、參加「鄰里守望計劃」以及戒煙等行為。

福柯認為，我們關於健康、工作、家庭等等的思考和談論方式鼓勵我們以特殊的方式行動。人們根據自己信以為真的東西管理自己和他人。例如，許多社會認為一夫一妻制的異性婚姻是養育孩子的「正確」環境，並通過許多方式樹立這

福柯的研究永久地改變了人們對於現代社會中人是如何被治理的理解。
—— 布倫特·皮克特（Brent Pickett）
美國政治科學家

在 2008 年的美國總統競選中，巴拉克·奧巴馬的支持者高呼「我們一定能！」，暗示着民治政府。這一策略回應了福柯的自我治理概念。

一「真理」，從文化作品到關於家庭價值的政府話語。政治政策同樣也可以被用來支持某一特定理念，例如通過減稅政策來影響家庭。

英國學者尼古拉斯·羅斯吸收了福柯的主要思想，圍繞「社會之死」撰寫作品，試圖解釋新自由主義國家中的個體是如何在幾乎沒有任何幫助的情況下去探索通往公共服務之路的。福柯認為，只有通過這種視角，我們才能發現權力是壓迫性的，即使它看起來好像是為着每個個體的利益服務。福柯力爭，當「自由選擇」掩蓋一切行為時，政治控制 —— 治理的藝術最為有效。現代新自由主義者政府已經發現了或許最危險的統治方式 —— 讓人根本覺察不到統治的存在。■

宗教已經喪失了其合理性和社會意義

布萊恩・威爾遜（1926－2004 年）

內容提要

聚焦
世俗化

關鍵時刻

1904-1905 年 馬克斯・韋伯宣稱，合理化和世俗化之間存在着密切關係。

1966 年 奧地利裔美國社會學家皮特・伯格（Peter Berger）和托馬斯・盧克曼（Thomas Luckmann）指出，宗教權威的喪失已經帶來一種合法性危機。

1978 年 英國社會學家戴維・馬丁（David Martin）爭辯到，所謂宗教的衰落不能以數字統計的方法來測量。

1985 年 美國社會學家家羅德尼・斯達克（Rodney Stark）和威廉姆・本布里奇（William Bainbridge）宣稱，宗教是不變的永恆，因為人類需要超自然力的慰藉。

1992 年 在英國社會學家史蒂夫・布魯斯（Steve Bruce）看來，傳統宗教不得不進行適當的調整，變得不那麼「宗教」，以便生存下去。

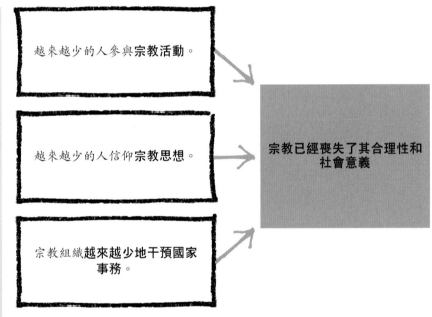

越來越少的人參與**宗教活動**。

越來越少的人信仰**宗教思想**。

宗教組織**越來越少地干預國家事務**。

宗教已經喪失了其合理性和社會意義

在英國許多小鎮和城市中，曾經的教堂和禮拜堂都已經變成了酒吧、展示廳和公寓。英國社會學家布萊恩・威爾遜在他 20 世紀 60 至 90 年代的著作中指出，世俗化過程正在發生。在他看來，宗教超自然和神聖的重要性正在下降，它對社會生活、制度以及個體的影響力越來越小。在研究了關於宗教生活的不同方面的統計數據之後，他注意到，從調查結果來看，越來越少的兒童在英國教會受洗，越來越少的人參加復活節活動，而越來越多的人承認他們不信仰上帝。

威爾遜指出，現代性——工業化、國家的發展以及伴隨而來的科學和技術的進步——是導致社

參見：奧古斯特・孔德 22~25 頁，卡爾・馬克思 28~31 頁，254~259 頁，埃米爾・迪爾凱姆 34~37 頁，馬克斯・韋伯 38~45 頁，220~223 頁，尤爾根・哈貝馬斯 286~287 頁，米歇爾・馬費索利 291 頁，米歇爾・福柯 302~303 頁。

會中宗教思想重要性下降的原因。

　　他指出，起初，宗教在現代世界中並未被完全打敗，但是不得不與其他真理主張相競爭。但是最終，科學戰勝了其他對手。與中世紀的緊密關係相反，國家和教會逐漸分道揚鑣，愈行愈遠，成為相互獨立的領域。學校中宗教的重要性微不足道，就如同職場中一般，在那裏，組織原則並未給宗教神話留下太多空間。

上帝已死？

　　和卡爾・馬克思一樣，威爾遜相信，諸如基督教、猶太教之類的世界宗教通過對下一代進行社會化，讓他們接受社會分化，從而在維持現狀方面發揮作用。但是，伴隨着現代性的到來，宗教在教化人們相信甚麼以及如何行動方面已經喪失權威。他指出，教會意識到它

們的邊緣地位，不得不進行調整，以適應變化中的道德價值。隨着舊秩序的崩潰，人們轉而尋求新的支撐。

　　社會碎片化帶來了文化多元主義：替代性信仰相互競爭，宗教變得更加私人化。在這種意義上，對威爾遜而言，世俗化與社區的衰落聯繫在一起。他將諸如科學教派之類的新宗教運動 (NRM) 看作是「反文化的」，而不是宗教延續的一種表現：它們象徵着社會的解體，對控制和維持社會秩序毫無幫助。它們無法將其宗教表達轉化為一種在現代社會中具有顯著反響的形式。

　　19 世紀的許多主要思想家，諸如馬克思、迪爾凱姆和孔德，相信隨着工業化的到來，宗教將會喪失其重要性。但是近年來，這種儘管擁有一些支持者，例如英國社會學家史蒂夫・布魯斯，但這種

根據威爾遜的觀點，統一教是幾種新宗教運動中的一種，反映了現代世界中的碎片化和世俗化。

觀點受到了尖銳的批評。例如，英國記者邁克爾・普勞斯 (Michael Prowse) 指出，這一觀點已經過時了，有證據表明宗教仍然充滿活力。在美國，上教堂做禮拜的流行以及英國非基督教重要的增長，特別是伊斯蘭教的增長，無疑是這一觀點的有力證明。■

　　教會試圖宣揚的教義內容，以及它試圖倡導的態度和價值，不再體現我們的國家生活。

—— 布萊恩・威爾遜

布萊恩・威爾遜

　　布萊恩・羅納德・威爾遜 1926 年出生在英國利茲。他在倫敦政治經濟學院獲得博士學位之後，成為利茲大學的一名講師，並在那裏工作了 7 年。隨後他來到牛津大學，在那裏待了 30 年，直至 1993 年退休。威爾遜是 1971—1975 年國際宗教社會學會的主席。儘管是一位不可知論者，他一生都熱衷於新宗教運動和教派，並且是自由宗教信

仰的忠實倡導者。除了對宗教的着迷，他在青年文化和教育方面也廣泛着書。威爾遜飽受帕金森症若干年。他與 2004 年辭世，終年 78 歲。

主要著作

1966 年　《世俗社會中的宗教》
1979 年　《魔法與千禧年》
1990 年　《教派主義的社會維度》

我們的身份和行為是由他人對我們的描述和分類來決定的

霍華德・貝克爾（1928 年－　）

背景介紹

聚焦
標籤理論

關鍵時刻

1938 年　奧地利裔美國人弗蘭克・坦南鮑姆（Frank Tannenbaum）指出，犯罪行為是羣體與周圍社區之間衝突的結果。

1951 年　愛德華・拉默出版《社會病理學》，引入初級越軌和二級越軌的概念。

1969 年　大衛・馬察（David Matza）在《走向越軌》一書中指出，權威創造偏差身份。

1976 年　美國社會學家阿隆・西庫雷爾（Aaron Cicourel）指出，警察有一種將越軌者等同於工人階級年輕男性的刻板印象；因此相較於犯罪的中產階級年輕人，這些青年更容易被判獲罪。

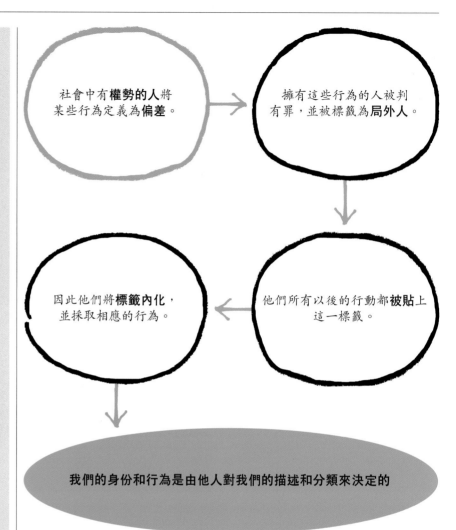

社會中有**權勢的人**將某些行為定義為**偏差**。

擁有這些行為的人被判有罪，並被標籤為**局外人**。

他們所有以後的行動都**被貼**上這一標籤。

因此他們將**標籤內化**，並採取相應的行為。

我們的身份和行為是由他人對我們的描述和分類來決定的

儘管社會中許多人違反法律——例如，超速或偷拿辦公文具，但只有一部分人被看作是真正的犯人。於 20 世紀六七十年代戰後英國和美國社會中對於政府權力的不信任環境中產生的標籤理論考察了這一現象的原因。

標籤理論的支持者認為，犯罪學家曾經試圖將罪犯視為人口的某種類型，考察為甚麼特定個人或人羣會犯罪。相對而言，標籤理論回答為甚麼一些行為被看作是越軌，以及誰有權將他人的行為標籤為越軌；它還考察了這種標籤行為對社會和個體的影響。

看看下面的案例。如果一羣中產階級青年男性在一個單身漢派對上醉醺醺地出現在鬧市區，警察往往會將他們的行為看作是年輕人精力充沛而已。但是，如果同樣的混亂出現在工人階級青年人中，他們更有可能被標籤為小流氓或罪犯。

在標籤理論家看來，這是由於規則的制定者，諸如法官或政治家們，往往都是中產或上層階級，對待他們同類的偏差行為要比對待工人階級的越軌行為更加寬容。這些理論家指出，我們的越軌概念多半不是來自於人們做了甚麼，而是其他人是如何對此回應的——標籤是一種政治行動。這一學派——與埃米爾・迪爾凱姆、喬治・赫伯特・米德以及美國芝加哥學派頗有淵源，這一思想流派的代表人物是美國社會學家霍華德・貝克爾以及愛德華・拉默。

參見：埃米爾・迪爾凱姆 34~37 頁，費迪南・滕尼斯 32~33 頁，愛德華・薩義德 80~88 頁，以利亞・安德森；喬治・赫伯特・米德 176~177 頁，歐文・戈夫曼 190~195 頁，薩謬爾・鮑爾斯和赫伯特・金蒂斯 288~289 頁，斯坦利・科恩 290 頁。

> 偏差行為就是人們被標籤的行為。

—— 霍華德・貝克爾

越軌的類型

拉默區分了「初級」和「二級」越軌的思想。在他看來，初級越軌是指犯罪或其他行為發生時，並沒有被正式地定義為越軌，要麼是因為它沒被注意到，要麼是因為被認為是肇事者的性格使然。不管是哪一種，它都沒有給個體貼上「越軌」的標籤。二級越軌指的是社會反映對個體的影響。如果一個人犯了某種罪行，被逮住並標籤為犯罪或越軌，他們可能會在未來改變自己的行為，以迎合這一標籤。

在《局外人》（1963）中，貝克進一步發展了拉默的許多觀點，奠定了所謂「標籤理論」的基礎。他指出，不存在那種叫作偏差行為的東西：我們如何回應行動取決於某種特定的行為是否能夠在既定的社會中被認可。例如，「恐怖分子」被指控為謀殺，但是軍隊有合法權力殺死恐怖分子。20 世紀 90 年代以來，在西方國家中，根據法律，丈夫的婚內強迫性交並不算強姦罪。貝克爾指出，越軌的不是行為本身；社會的反映塑造了現狀；更重要的是，權勢階層的回應決定了社會將如何看待這些行為。只有那些有權的人才能夠貼標籤，諸如刑事司法系統之類的制度能夠確保某一越軌標籤與個體如影隨形。越軌是相對的，而不是普遍的——它取決於當事人以及它是如何被回應的。

道德企業家

在創造了「標籤」這一社會科學中極其重要的概念之後，貝克爾稱那些在社會中有權力標籤他人的人是「道德企業家」。他們認為自己有責任說服他人按照適合自己的道德信仰看待世界。他們有兩種類型：規則的制定者和規則的執行

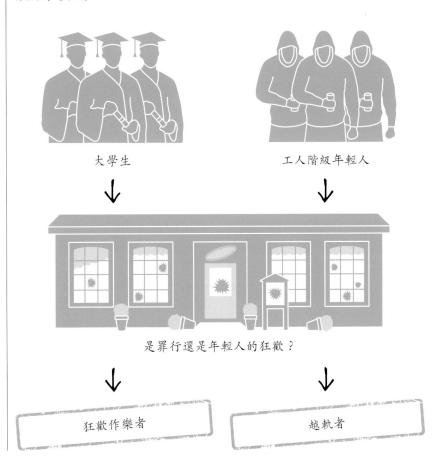

一羣有特權的大學生在餐館裏搗亂，飲酒縱火，可能被控訴為學生的狂歡作樂，而一羣工人階級男孩如果採取同樣的作為，可能會被標籤為越軌者。

大學生　　　　　　　工人階級年輕人

是罪行還是年輕人的狂歡？

狂歡作樂者　　　　　　越軌者

電影《**大麻狂熱**》(1936) 就是一種不加掩飾的宣傳，影片描述了一羣高中生因為吸食大麻而導致的墮落。

者。不同社會中道德企業家的地位和身份各不相同，但是他們總是社會中擁有相對權力的那些人；他們使用權力實現自己的方式，要麼是通過將自己的意願強加給他人，要麼通過與他們協商。

犯罪的過程是一個貼標籤、下定義、做識別、相隔離的過程。

—— 弗蘭克·坦南鮑爾(Frank Tannenbaum)
奧地利籍美國歷史學家(1893-1969)

貝克爾通過 1937 年美國聯邦調查局 (FBI) 所進行的一項宣傳活動的個案研究，展示了道德企業家的行動。它的目的在於禁止大麻的娛樂性使用。道德企業家對愉悦或狂喜的公眾展示的厭惡，以及新教徒對名聲和自制的關注，推動了法律變革。在貝克爾看來，聯邦調查局採取各種不同策略以實現他們的目標；包括諸如電影《大麻狂熱》的宣傳，以及公共討論和政治遊説。

越軌「生涯」

貝克爾尤其對那些將越軌標籤內化的人感興趣，這些人使這一標籤成為他們的標誌性特徵，並堅持以越軌作為他們的主要生活方式。他研究大麻吸食者，調查他們是如何經歷越軌「生涯」的不同階段的，並發現大麻的首次吸食者們不得不學習如何理解並進而享受毒

品的影響。他指出，離開了這一學習過程，吸毒可能並不是令人愉快的，或者明顯不可能那麼有效果。學習是偏差行為意義的重點——人們只願意學習那些對他們有用的事物，只有當個體學會如何向「正統」或「規矩」世界隱瞞這種習慣時，他們才變成合格的「癮君子」。

如果癮君子被抓住、指控或逮捕，他們的越軌身份很可能就被坐實了。貝克爾推論到，伴隨越軌生涯而來的是它的獎勵，儘管它們並非來自於外部的社會；相反，它們來自於一種從屬於某一羣體的歸屬感，通過對整個世界的對抗而獲得團結。

對標籤的批評

儘管它深有影響力，並且得到持續好評，許多批評也對準了標籤理論。例如，英國社會學家喬克·楊指出，大部分標籤理論聚焦於邊緣越軌行為而非那些更加「嚴重」的罪行，因此，它忽視了這樣一個事實：一些諸如謀殺之類的罪行幾

規則破壞者可能覺得他的裁判是局外人。

—— 霍華德·貝克爾

> 社會羣體通過規定誰的違規組成了越軌,從而創造了越軌。
>
> —— 霍華德・貝克爾

乎是無一例外受到譴責的,不受到偏差的其他定義的影響。美國社會學家阿爾文・古爾德納(Alvin Gouldner)就曾抱怨道,貝克爾的越軌者被動地接受了那些強加給

在對爵士音樂家的一項研究中,貝克爾指出,他們的「越軌」生活方式使他們與社會相脫離,發展出一種強化了其偏差行為的價值觀。

他們的標籤,而不是努力反抗。古爾德納挑戰貝克爾的理論,認為人們經常出於自衛而反擊:自由意志要遠比貝克爾的研究發現要強大得多。

貝克爾之類的學者往往被指責將弱者浪漫化;作為回應,貝克爾聲明,「非常規的多愁善感不是最邪惡的」。貝克爾的研究迫使我們探究關於權力關係和社會公正中的重要問題,對研究越軌的眾多社會學家們具有重要意義。例如,美國社會學家戴維・馬茨阿(David Matza),通過論證犯罪之所以為犯罪是政府和政府行動做決定和採取行動的結果,發展了貝克爾的許多思想。在這一過程中,罪犯和他們的行動都被看作是異常的,而站在越軌者的立場上,越軌是完全正常的行為。∎

霍華德・貝克爾

　　社會學家霍華德・貝克爾1928年出生在美國芝加哥,在幼年時期就混跡在音樂界。15歲時,他就作為準職業的鋼琴師在酒吧及俱樂部工作,經常接觸到毒品文化,這成為他後來的研究主題。在芝加哥大學攻讀社會學之後,他的大部分學術生涯都是在西北大學度過的。在其職業生涯中,貝克爾獲得了眾多獎項,包括1998年獲得美國社會學學會的學術成就卓著獎。貝克爾以其學術慷慨而著稱,儘管已經退休了,他仍繼續幫助博士生學習,指導他們如何發表論文。音樂,特別是爵士樂,一直是他個人和研究興趣的一個主題。

主要作品

1963年　《局外人:越軌社會學研究》
1982年　《藝術世界》
1998年　《行業秘訣》

經濟危機隨即轉化為社會危機

尤爾根·哈貝馬斯（1929 年－ ）

內容提要

聚焦
合法性危機

關鍵時刻

1867 年 在《資本論》中，卡爾·馬克思指出，資本主義易於發生經濟危機。

1929 年 美國紐約華爾街的證券交易危機引發了一場影響整個西方經濟的、為期十年的經濟衰退。

1950-1960 年 塔爾科特·帕森斯討論合法性和社會秩序，宣稱社會化能使人們習得價值觀，促使他們遵守社會規範。

2007 年 全球經濟衰退帶來歐洲向政治右翼政黨的搖擺。

2009 年 智利社會學家羅德里戈·科爾德羅·維加（Rodrigo Cordero Vega）指出，與哈貝馬斯的觀點相反，馬克思對當代社會仍有影響。

晚期資本主義社會經歷週期性經濟衰退。

↓

應對這一狀況的**政策**對大多數選民來說似乎是**不公平**的。

↓

遇到這種情況時，公民**質疑政府的權威**。

↓

抗議和示威威脅政府的合法性。

↓

經濟危機隨即轉化為社會危機。

卡爾·馬克思認為，資本主義社會易於發生經濟危機，並隨着頻率的增加而不斷惡化，最終帶來工人革命。但是，為甚麼當一個社會發生這種危機時，往往會帶來不同程度的政治氣候的變化呢？

這是德國社會學家尤爾根·哈貝馬斯在 20 世紀 70 年代早期提出的問題。他對資本主義與危機之間的關係很感興趣，見證了這一體系在一系列重大事件之後仍能倖存，諸如美國 1929 年華爾街股災，隨之而來的大蕭條，歐洲法西斯主義運動的起落，以及第二次世界大戰和冷戰。

哈貝馬斯指出，傳統馬克思主義關於危機及其趨勢的理論並不適合西方晚期資本主義社會。這是因為這些社會已經變得更加民主，並且在福利國家政策的影響下已經發生了翻天覆地的變化，例如提供免費醫療服務，用以彌補經濟不平等。另外，他指出，集體身份已經碎片化，個人主義增加，以階級為

參見：亞當・弗格森 21 頁，卡爾・馬克思 28~31 頁，赫伯特・馬爾庫塞 182~187 頁，丹尼爾・貝爾 224~225 頁，米歇爾・福柯 270~277 頁，斯坦利・科恩 290 頁。

基礎的衝突不斷減少。

合法性危機

　　儘管經濟繁榮和衰退的交替仍在繼續，民族國家的政策措施已經能夠使他們避開主要危機。與早期資本主義社會不同，在國家治理的晚期資本主義社會中，危機和衝突主要發生在文化和政治領域。

　　在哈貝馬斯看來，現代西方社會的危機之一是合法性問題。合法性已經變成關注的焦點，因為國家作為「自由市場」經濟的管理者，同時也在解決經濟問題，確保民主制度以及取悅選民。如果公眾感到政府政策是不公平的，他們就不會支持政府。因此，政府的一大難題就是要在追求資本和維持公眾支持之間取得平衡。換句話說，國家政策必須一方面迎合商業和資本家，同時也要看起來像是代表所有人的利益。這意味着政府機構的存在條件承受着合法性的大範圍喪失。

　　如果公民認為政府是公正的和仁慈的，他們就會支持它。然而，如果他們覺得政策有悖他們的利益，人們就會表現出政治冷漠，或者甚至是大規模地不滿和抗議。如果出現對現狀的威脅，政府可能採取短期的社會福利措施以取悅其公民。

　　哈貝馬斯指出，民主資本主義是一項「未竟的事業」，意味着社會系統有望被進一步改造。自2007 年全球金融危機以來的西方政府行動，已經展示了狹隘的資本主義利益與公眾利益、大眾民主之間的緊張關係，以及確保制度合法性的必要。■

2011 年，希臘雅典防暴警察與示威者的對峙，表明政府應對國家債務的財政緊縮政策是以犧牲大部分人的利益為代價而迎合極少數人。

尤爾根・哈貝馬斯

　　尤爾根・哈貝馬斯 1929 年出生於德國杜塞爾多夫，他的政治覺悟來自於其青少年時期在希特勒青年團中的經歷，他目睹了第二次世界大戰的創傷和猶太人大屠殺——這影響了他大部分的作品。

　　哈貝馬斯是最重要的當代社會思想家之一。他的許多作品關注知識溝通和公共及私人領域的變遷性質。他生來就有齶裂，這影響了他的演講，同時也使得他在青年階段處於社會孤立中。這一經歷影響了他的溝通理論。

　　他在法蘭克福社會研究所學習社會學和哲學，師從馬克斯・霍克海默和西奧多・阿多諾，二者共同開創了批評理論，20 世紀 60 年代後期他成為社會研究所所長。

主要作品

1968 年 《知識和人類旨趣》
1973 年 《合法性危機》
1981 年 《交往行為理論》

學校教育已經淪為一種面向窮人和為窮人服務的制度

塞繆爾·鮑爾斯(1939年-)、赫伯特·金蒂斯(1940年-)

學校教育窮人在現代職場的等級結構中**循規蹈矩、任勞任怨**。

建立**平民學校**是**公費教育**項目的一個主要部分,以實現**社會平等**。

學校教育已經淪為一種面向窮人和為窮人服務的制度。

學校的存在是為了教育兒童以適應成年和社會,但是在20世紀60年代,關於現代生活的這一美好共識開始瓦解。到60年代末期,菲利普·傑克森創造了「隱性課程」一詞,宣稱社會化的基本元素並非發生在學校的正式教育課程之中。儘管埃米爾·迪爾凱姆早在幾十年前就已經觀察到這一點,直到現在才給出了一個不太受歡迎的解釋,並由此發展出若干社會學的解釋路徑。

最激進的視角來自於美國經濟學家塞繆爾·鮑爾斯和赫伯特·金蒂斯,他們在《資本主義美國的學校教育》(1976)一書中指出,教育不是一個中立的領域,而是一個資本主義需求的再生產領域,通過隱性地培育青年人的態度,使他們在未來的生活中能適應那些異化他們的工作。在鮑爾斯和金蒂斯看來,學校教育的存在是為了再生

參見：埃米爾・迪爾凱姆 34~37 頁，皮埃爾・布迪厄 76~79 頁，爾文・戈夫曼 264~269 頁，保羅・威利斯 292~293 頁，塔爾科特・帕森斯 300~301 頁。

產社會不平等。因此，對兒童未來最好的預測是其父母的經濟地位，而非他的學業成就或智力。儘管顯性的課程內容是關於機會的平等，教育的主要功能不是教授職場中所需的技能，而是給兒童灌輸「隱性課程」。

工人階級孩子習得他們的社會地位，知道諸如努力工作、遵從、守時以及服從命令之類的品質是值得嘉獎的。這些特質值得讚賞，而創造性和獨立思想是不受重視的。這維持了經濟現狀，它需要的是勤奮而無批判精神的僱傭者。

鮑爾斯和金蒂斯宣稱，美國 19 世紀早期的學校教育的建立是本着將移民者同化到「美國人」的工作倫理中的理念。更重要的是，學校體系內的等級社會關係與經濟體系內的等級關係之間存在某種「類似」。工作的性質也有相似之處：學生對於學習甚麼以及是否學習知識的內在價值毫無發言權；與工人一樣，他們是「異化的」。學校教化學生，讓他們知道社會不平等是公正的和不可避免的，因此教育可以被看作是一種社會控制形式。

階層的重要性

在法國，皮埃爾・布迪厄具有不同的觀點，認為隱性課程是通過知識的文化再生產而實現的。支配階層有能力將其文化和價值定義為優越的，這造就了學校中教甚

> 教育中的社會關係結構有助於學生適應職場中的紀律。
>
> ── 塞繆爾・鮑爾斯 & 赫伯特・金蒂斯

麼，因此人們學會尊重那些被看作是上層階級的東西，鄙視工人階級的所有。例如，工人階級孩子可能會被教導認為，古典音樂優於流行音樂，對他們來說要欣賞前者太難了，而中產階級孩子則會被教導如何欣賞它。類似地，中產階級孩子被教導那些如何成為一個領導者的品質。因此，下層階級孩子在這一體系中面臨着一種針對他們的系統偏見。

許多社會學家，諸如英國學者戴恩・雷（Diane Reay）主張，學校並沒有淪為只是經濟機會的工具。鮑爾斯和金蒂斯的著作仍然擁有很多共鳴，因為在過去的一個世紀中，工人階級境況基本沒有得到改善。窮人只是比過去獲得了更好的教育。在整個西方社會中，最貧困者的「真正」收入一直在減少，不平等正逐漸加大，低收入工作中的大學畢業生隨處可見。■

塞繆爾・鮑爾斯和赫伯特・金蒂斯

塞繆爾・鮑爾斯出生在美國康涅狄克特州的紐黑文，赫伯特・金蒂斯出生在賓夕法尼亞州的費城，他們都從佛大學獲得博士學位，並一起密切合作多年。他們受美國民權運動領袖馬丁・路德・金的邀請，為 1968 年的「窮人前進」撰寫教育背景論文。他們的大多數作品被看作是馬克思主義的，認為許多社會制度，諸如學校，反映了權力的運作。

1973 年，他們倆都加入了馬薩諸塞大學的經濟系。金蒂斯至今仍然在那裏工作，而鮑爾斯則於 2001 年離開，加入聖菲研究所，成為研究教授和行為科學主任，他同時也是錫耶納大學經濟學教授。二人近期的合作主要集中在文化和基因演變，討論為甚麼一大羣毫不相干的個體聚集起來、相互合作。

主要作品

1976 年 《資本主義美國的學校教育：教育改革與經濟生活的矛盾》

1986 年 《民主與資本主義：財產、共同體以及現代社會思想的矛盾》

2005 年 《不平等的機會：家庭背景與經濟成功》（主編）

社會時不時地遭遇道德恐慌

斯坦利·科恩（1942－2013 年）

「**道**德恐慌」這一社會學概念如此重要，以至於它如今被記者和政治家們所廣泛運用。這一思想產生於 20 世紀 70 年代，部分地出自南非出生的社會學家斯坦利·科恩所著的《民間惡魔與道德恐慌》（1972）一書，其靈感來自於被媒體所誇大渲染的英國 1964 年摩登派和搖滾派青年羣體之間的衝突。

科恩考察了羣體和個人是如何被定義為是主流社會價值觀的一種威脅，以及媒體在放大它的過程中如何扮演了重要角色，以一種負面或刻板印象的方式呈現它們，並由此創造了一種國家恐慌。媒體是一種具有重要影響的機構，往往反映權勢者的價值觀，呈現問題以引導公眾在問題的最佳解決上迎合「專家」（例如，政治家和警察）。

那些備受指責的人變成了替罪羊，或者是科恩所稱的「民間惡魔」，因為問題往往取決於政府；道德恐慌反映了一種根深蒂固的緊張。通過鼓勵它所報道的行為，媒體關注可能創造出一種「自我實現的預言」。道德恐慌可能是短暫的，在被解決的過程中逐漸消失，它們也可能成為一種更大的、持續恐慌的一部分。

道德恐慌的概念繼續被諸如英國社會學家安吉拉·麥克羅比之類的學者使用，用以描述在創造越軌行為和為加強對邊緣羣體的社會控制而辯護的過程中，媒體所扮演的角色。■

美國紐約的「9·11」襲擊，激起了對「恐怖主義」的道德恐慌，導致普遍的「伊斯蘭恐懼症」——對穆斯林或被當作穆斯林人的偏見。

參見：哈羅德·加芬克爾 50~51 頁，愛德華·薩義德 80~81 頁，赫伯特·馬爾庫塞 182~187 頁，斯圖爾特·霍爾 200~201 頁，霍華德·貝克爾 280~285 頁。

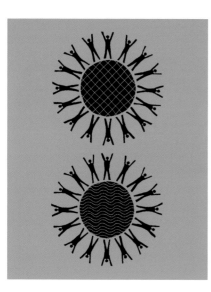

部落時代

米歇爾‧馬費索利（1944 年－　）

在法國社會學家米歇爾‧馬費索利看來，我們生活在「部落時代」。在一個迅速變遷、充滿風險和不確定性的世界中，個體需要新的方式以發現他們生活的意義。馬費索利指出，新的集合體或部落已經出現：它們是動態的、短暫的，以及「狂歡的」（以希臘之神狄俄尼索斯命名：感性的、自發的）。一種共同的社會經歷或集體審美感對部落要比對個人重要得多，共同儀式的重複是打造強烈集體團結的一種方式。

20 世紀 80 年代和 90 年代早期的銳舞運動，以「銳舞」（具有節奏性的音樂和獨特舞蹈方式）為特色，更多地是以一種共同的意識（對狂野舞蹈和音樂的熱愛）為特徵，而不是一種共同身份。不像以階級為基礎的諸如朋克之類的亞文化那般固定，這一運動豐富了馬費索利所描述的團結的部落形式。與

> 部落隱喻使我們能夠解釋每個人在部落中所被要求扮演的角色。
>
> —— 米歇爾‧馬費索利

傳統的制度和紐帶不同，這些歸屬和共同體的新形式是後天積極獲得的，而不是某種天賦的。

馬費索利認為現代部落是短暫的、多變的以及流動的，而不是固定的，因此一個人能在日常生活中在不同羣體之間流動，實現多樣化的存在。馬費索利指出，部落成員必須需要一種共享的信仰或意識來維持聚合。∎

參見：費迪南‧滕尼斯 32~33 頁，皮埃爾‧布迪厄 76~79 頁，齊格蒙特‧鮑曼 136~143 頁，本尼迪克特‧安德森 202~203 頁。

工人階級子弟為何繼承父業

保羅・威利斯（1950 年－ ）

背景介紹

聚焦
文化再生產和教育

關鍵時刻

1971 年 英國社會學家巴茲爾・伯恩斯坦在其頗有影響力的研究中指出，工人階級子女在教育體系中處於劣勢。

1976 年 美國學者薩謬爾・鮑爾斯和赫伯特・金蒂斯指出，學校是教導給人們他們的社會位置的制度。

1979 年 英國記者保羅・科里根（Paul Corrigan）在《教育出色的街頭孩童》一書中指出，工人階級拒絕那種「努力工作取得成功」的中產階級價值觀。

1994 年 英國社會學家馬丁・麥克・安・蓋爾（Mairtin Mac an Ghaill）在《製造男性》一書中，部分地回應了保羅・威利斯的發現，展示了「男子漢」是如何抵制學校的。

工人階級的反學校文化**拒絕中產階級價值觀**。

正式的**學院知識**被嘲笑為是**女人的**。

實踐工作被認為是**男人的**。

這些信仰在**工廠車間**和其他**低收入工種**中作用巨大。

工人階級子弟繼承父業。

　　一個不斷重複的論調是，社會遵守精英制度：人們有多大本事，就能站多高。但是，保羅・威利斯通過對 20 世紀 70 年代英國一個工業城鎮中工人階級青年人的研究，提出為甚麼工人階級子弟還會子承父業。通過對 12 個男孩在

學校最後兩年以及就業的第一年的追蹤研究，威利斯發現，是這些年輕人周圍的文化和價值影響了他們的生活選擇。他們發展出一種反文化，它抵制用功讀書能夠獲得成功的學校哲學。通過語言、穿着和諸如吸煙喝酒之類的行動，他們明確

參見：米歇爾・福柯 52~55 頁，弗里德里希・恩格斯 66~67 頁，皮埃爾・布迪厄 76~79 頁，R.W. 康奈爾 88~89 頁，斯圖爾特・霍爾 200~201 頁，塞繆爾・鮑爾斯和赫伯特・金蒂斯 288~289 頁。

其對中產階級典範的拒絕，相反，強調他們對於實踐技能和生活經驗的信仰，形成一種威利斯認為是沙文主義或父權制的態度。

學校出局

男孩們認為學院知識是「女人的」，那些努力學習的學生——呆瓜（遵從者）——是「娘娘腔」和低人一等。威利斯指出，工廠工作以及類似職業被認為是適合男人的。許多男孩兼職工作，例如上貨員或車間工人，習得這種工作的價值以及與之相關的文化。

他們對待女孩的態度是剝削性的和偽善的（渴望「性感」女孩，但同時也蔑視她們），威利斯指出，這是基於勞動的性別分工觀念。他們文化的另一個挑戰性方面是種族主義，這被用來區分他們的白種、工人階級羣體身份。工廠或車間文化影射了男孩的學校經歷——這兩個地方都強調開開玩笑以及反對過多的工作。

只能到工廠幹活？

威利斯認為，事實上，通過提供低收入（男性）職位，男孩的工人階級男子氣概「表現」支持了父權制。然而，這些小伙子在就業的過程中認為這是他們自由選擇的結果，而非剝削。威利斯指出，這不是簡單的弗里德里希・恩格斯所稱的「虛假意識」，從馬克思主義視角看，更重要的是支持了資本主義，憑藉後者，主流意識形態得以自上而下地強加下去。相反，關於階級、性別以及種族的思想也產生於他們文化內部；他們明確意識到為了在社會階梯上向上移動，他們將會犧牲自己的階級身份。而老師們往往對這些男孩不抱有太高的期望，以至於他們逐漸放棄了教育他們的想法。學校因此在複製文化價值、經濟分工以及工人階級軌跡方面扮演了至關重要的角色。

新問題

威利斯的研究一度被批評為沒有基於足夠的樣本，例如英國社會學家戴維・布萊基（David Blackledge）和巴里・亨特（Barry Hunt）就對其持批判態度。然而，20 世紀 90 年代，英國社會學家英格・貝茨（Inge Bates）重新構建了威利斯的問題，探究為甚麼工人階級女孩最終從事工人階級和女性化的工作。

在英國，工人階級子弟所展現的對學校的強烈反抗，用威利斯的觀點，明確體現在他們「努力在規則之下贏得象徵性和實質性空間」中。

她的其中一項研究表明，想要從事兒童照料方面工作的女孩選擇接受照顧老人的培訓。另一項研究聚焦於那些想要進入女性化的時尚世界的女孩。貝茨指出，這些理想抱負證明工人階級女孩的視野有限。總之，貝茨指出，受約束的勞動力市場、有限的資歷以及朝着「選擇」性別化工作而努力的社教化，意味着社會流動幾乎不存在。■

保羅・威利斯

作為一名文化理論家、社會學家以及民族志學者，保羅・威利斯出生在英國伍爾弗漢普頓（Wolverhampton）。在劍橋大學畢業獲得文藝批判學位之後，他來到位於伯明翰大學的當代文化研究中心攻讀博士學位。

1989—1990 年，威利斯是工黨青年政策工作小組成員。他近期的大多數研究都聚焦於文化的民族志研究；2000 年，保羅・威利斯與他人共同創立了雜誌《民族志》。曾經一度是基爾大學（Keele University）社會和文化民族志教授，他現在是美國普林斯頓大學社會學系教授。

主要作品

1977 年《學做工：工人階級子弟為何繼承父業》

1978 年 《世俗文化》

2000 年 《民族志的想像》

FAMILIES AND INTIMACIES

家庭與
親密關係

瑪格麗特・米德的跨文化研究**挑戰了**關於性別角色和性的傳統西方概念。

20世紀**30**年代和**40**年代

在《家務社會學》中，安・奧克利描繪了**女性**是如何**被家務**勞動異化的。

1974年

在〈強迫性異性戀與女同性戀的存在〉一文中，艾德里安娜・里奇描述在**異性戀被看作是正常**的社會中存在的**女性壓迫**。

1980年

1955年

在《家庭、社會化和互動歷程》中，塔爾科特・帕森斯指出，家庭承擔着向子女**灌輸社會的文化規範**的社會功能。

1976年

在《性史》第一卷中，米歇爾・福柯考察了**控制社會規範的權力關係**。

1984年

在《走近家外：對女性壓迫的唯物主義分析》中，克里斯汀・德爾菲考察了在女性被作為**二等公民**來對待的過程中**資本主義扮演的角色**。

長久以來，社會學家們一直使用科學的方法來研究社會制度和社會結構。然而，20 世紀中期見證了一場向理解個體的社會行動的重心轉變——研究理由和意義，而非數量和相關度。這被社會學家稱為詮釋進路的研究。

自 20 世紀 50 年代以來，這一解釋方法的範圍進一步擴大到對於家庭的研究，後者或許可以被看作是介於個體和制度之間的社會單位。如此一來，這不僅可以界定個體和其家庭之間的關係，也可以找尋家庭和更大社會之間的聯繫。研究領域拓展到考察人際關係以及它們是如何被社會形塑的。

家庭角色

第一批研究家庭的社會學家中包括美國學者塔爾科特・帕森斯，他將德國社會理論家馬克斯・韋伯的解釋範式與功能主義的概念聯繫起來。對帕森斯而言，家庭是社會的「基石」之一，對於社會的整體運作具有特殊的功能。他指出，家庭的主要功能是通過灌輸給兒童社會規則和社會規範，為他們習得將來的社會角色提供一種環境。成年人也同樣從家庭單位的另一個功能中獲益——提供一種他們可以發展穩定關係的框架。

其他人對傳統家庭概念持更加批判的態度。傳統上，家庭反映了更廣闊社會中的規範——擁有父權制結構，男人負責養家糊口，女人負責照料孩子和做家務。但是，第二次世界大戰以後，社會態度發生了迅速轉變。居家主婦的觀念越來越多地被看作是一種壓迫形式，女性主義社會學家諸如安・奧克利和克里斯汀・德爾菲描述了這些女性所經歷的異化。

家庭中的性別角色以及社會整體中的性別角色，開始受到挑戰，同樣，那種認為存在一種所謂「典型」或「正常」家庭的觀念也受到挑戰。傳統父權制家庭模式的衰落帶來的一個結果是，家庭和職場中的矛盾性壓力如今同時影響着夫妻

在《性別，政治和社會》中，傑弗瑞·威克斯提出，性別是**社會建構**的，就如同它是生物決定的一般。

朱迪斯·斯泰西的研究展現了對於老套的「**正常**」**家庭**的傳統西方理解的激進**替代物**。

《區分麻煩：酷兒社會理論和性政治》中，史蒂文·賽德曼拒絕「**正常**」**行為和性別身份**的觀念。

1989年　　　**20**世紀**90**年代　　　**1997**年

1990年　　　**1995**年

在《性別麻煩：女權主義與身份的顛覆》中，朱迪斯·巴特勒通過挑戰關於**穩定性別和性別身份**的傳統觀念引領了酷兒理論。

在《愛情的正常混亂》中，烏爾里希·貝克和伊麗莎白·貝克—格恩斯海姆考察了現代社會中**維持親密關係的問題**。

雙方，給他們的關係帶來緊張。在斯泰西看來，家庭的性質處在不斷的變動中，以迎合時代的需求，並響應和塑造社會規範，如今，單親家庭和同性家庭在西方社會中不再被看作是異常的。

人際關係

然而，西方關於性關係和性向的認知解放進展緩慢。在 20 世紀三四十年代，人類學家瑪格麗特·米德用她關於世界各地不同文化中的性別角色和性向研究，指出性行為更多是一種社會建構而非生物性的客觀事實。在西方，儘管世俗化不斷增加，但宗教道德仍繼續影響着婚姻中異性關係的社會規範。

20 世紀 60 年代期間，對於關係的態度發生了顯著改變。一種反制度青年文化打破了圍繞性別的禁忌，它倡導享樂主義自由戀愛和一種輕鬆的同性戀觀。這種文化上的變遷在學術著作中得到法國學者米歇爾·福柯以及其他人的回應。

福柯相信，對各種親密關係的開放態度是對社會強加的性別規範的一種挑戰，他的思想為對性別的社會學研究鋪平了道路。

20 世紀 80 年代，傑弗瑞·威克斯將性別規範的社會建構觀應用到他對於性向的研究中，尤其是同性戀；而克里斯汀·德爾菲描述了在一個異性戀主宰的社會中，女同性戀的經歷。然而，在這一研究領域中最具影響力的社會學家或許是朱迪斯·巴特勒，她倡導不僅要挑戰性向觀念，還包括整個性別和性別身份概念，開創了一個被稱為酷兒理論的全新的、激進的研究領域，質疑關於正常性別行為的傳統思想。■

性別差異是文化的產物

瑪格麗特‧米德（1901－1978 年）

男人和女人通過獎懲制度**學習他們的性別角色**……

↓

但是關於男人和女人**「自然」**傾向的定義在**不同文化間存在差異**。

↓

女人**不必是**兒童的**養育者**。

男人**不必是**性別的主宰者。

↓

性別差異是文化的產物。

在 20 世紀早期美國社會中，男人的角色是掙錢養家，而女人被限制在私人領域，負責照料兒童和做家務，因為她們被認為天生適合這些角色。然而，瑪格麗特‧米德相信，性別不是基於性的生物學差異之上的，而是反映了不同社會中的文化條件。

米德在 20 世紀三四十年代對非西方社會中的親屬生活的調查，凝聚了她對其自身社會的批判。她宣稱，美國社會表達性別和性向的方式限制了男性和女性的可能性。米德指出，女性和男性通過獎勵和

參見：朱迪斯・巴特勒 56~61 頁，R.W. 康奈爾 88~89 頁，塔爾科特・帕森斯 300~301 頁，安・奧克利 318~319 頁，傑弗瑞・威克斯 324~325 頁。

懲罰實現着性別遵從，那些看作是男子氣概的處於支配地位。

比較不同文化

米德採用比較研究的方式考察了新幾內亞三個部落的性別。她的發現挑戰了關於人類行為決定論的傳統西方觀點。阿拉佩什的男人和女人是「溫柔的、負責任的和合作的」，他們都承擔照料兒童的職責——這些特性在西方則被看作是「陰性的」。

同樣，蒙杜古馬的女人以一種「陽剛的」方式行事，她們像男人一樣富有暴力性和攻擊性。而對傳統西方性別角色的更進一步反轉是在德昌布利社會中，女性處於主導地位，而男性則是依賴者。

某種行為在一個社會中被定義為陽剛的，而在另一個社會中則可能被看作是陰柔的，這一事實促使

米德主張，氣質態度並不必然與性別聯繫在一起。

她的理論主張性別角色不是天生的，而是由社會創造的，從而將性別作為一個關鍵概念；它使得我們能夠考察男性氣質、女性氣質以及性向的歷史和跨文化的觀念建構方式。

改變的發生

米德的研究為婦女解放奠定了基礎，並啟發了 20 世紀 60 年代之後的所謂「性革命」。她的思想就性別角色和性向的嚴格的社會理解提出了挑戰。

自米德之後，女權主義者諸如美國文化人類學家蓋爾・盧賓指出，如果社會性別不同於性別，而是一種社會建構，那麼女性仍然受到不平等的對待就沒有理由了。這種社會性別的文化決定論使我們

在米德看來，**性別角色**是文化的產物。沒有證據表明女性在做家務或照料兒童方面天生比男性具有優勢。

能夠意識到、並進而挑戰那些諸如法律、婚姻以及媒體之類的社會結構因素所鼓吹的踐行親密關係的生活。

與 20 世紀早期相比，21 世紀的男性和女性性別角色都已經變得具有較少限制性，女性更多地參與公共領域。■

瑪格麗特・米德

瑪格麗特・米德 1901 年出生於美國費城。她的父親是一名金融教授，母親是社會學家，她自己則成為紐約美國自然歷史博物館榮譽館長。

1929 年米德在哥倫比亞大學獲得博士學位，繼續成為一名傑出文化人類學家，以其對大洋洲部落的研究而著稱。她關於性別和性向的早期研究被標籤為「可恥的」，她則被譴責為一個「骯髒的老女人」。然而她成為一名公眾人物，就諸如婦女權利、性別行為以及家庭之類的關鍵社會議題廣泛

發表意見。米德撰寫了 20 多部著作，其中許多致力於將人類學推向公眾。她於 1978 年卒於紐約。

主要作品

1928 年　《薩摩亞人的成年》

1935 年　《三個原始部落的性別與氣質》

1949 年　《兩性之間》

家庭是生產人的性格的工廠

塔爾科特·帕森斯（1902－1979 年）

背景介紹

聚焦
兒童的社會化和成人的穩定化

關鍵時刻

1893 年 在《社會分工論》中，社會學家埃米爾·迪爾凱姆指出，勞動分工對維持經濟、道德和社會秩序至關重要。

1938 年 美國社會學家路易斯·沃思（Louis Wirth）宣稱，工業化正在破壞擴展的家庭和社區。

1975 年 受女權主義理論影響，英國社會學家戴維·摩根（David Morgan）在《社會理論與家庭》一書中指出，重視核心家庭具有潛在的危害性。

1988 年 在《性契約》一書中，英國政治科學家卡羅爾·帕特曼（Carole Pateman）揭示出，「分離但平等」的概念隱藏了男性在私人和公共領域中的權力。

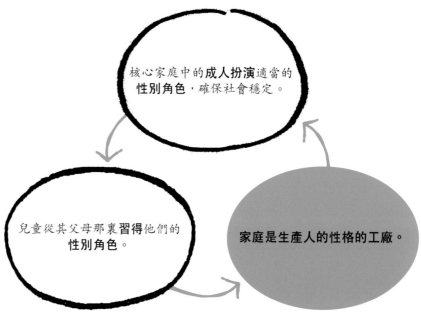

核心家庭中的**成人扮演**適當的**性別角色**，確保社會穩定。

兒童從其父母那裏**習得**他們的**性別角色**。

家庭是生產人的性格的工廠。

社會學家塔爾科特·帕森斯的許多作品聚焦於 20 世紀四五十年代的美國社會。帕森斯（受埃米爾·迪爾凱姆和馬克斯·韋伯思想的影響）宣稱，美國經濟秩序需要一個更小的家庭單位。帕森斯相信，家庭與教育體系和法律一樣，是諸多制度的一種，能夠相互支撐，使社會作為一個整體穩定運行。

從帕森斯的視角，現代核心家庭——丈夫、妻子和他們的孩子生活在一起，相對遠離他們的擴展家庭和社區——是社會化的主要場所。人們從他們在家庭中的不同位置推論出地位和角色。儘管在二戰期間，婦女展示出她們完全能夠勝任那些以前被看作是「男人的工

參見：埃米爾·迪爾凱姆 34~37 頁，馬克斯·韋伯 38~45 頁，瑪格麗特·米德 298~299 頁，朱迪斯·斯泰西 310~311 頁，烏爾里希·貝克和伊麗莎白·貝克－格恩斯海姆 320~323 頁。

作」，許多非女權主義作家仍典型地假設男人和女人之間天生的勞動分工，帕森斯也不例外。

快樂家庭

在帕森斯看來，家庭生活和僱傭勞動應該分離，而女人待在家裏是天經地義的，因為女人是天生的照顧者。男人在承擔養家糊口方面責無旁貸。這一分工相當有效，因為這樣在家庭工資方面競爭性較小。遠離僱傭勞動使得女人能夠專注於她們的照料角色：養育兒童和成人性格的穩定化。

除了做飯和打掃，這一角色要求心理管理以確保有一個快樂家庭。帕森斯堅信這一觀點，認為性格不是天生的，而是造就的，而家庭就是人們性格形成的首要場所。他指出，女性能夠利用她們與兒童的情感紐帶來引導他們慢慢成為社會化的人。例如，通過認同與父母性別一樣的角色，兒童習得他們的性別角色。這些角色經過內化，女孩變成「溫柔的」女性，而男孩變成相應的「陽剛」男人，為他們在異性戀家庭生活中承擔相應角色做好準備。因此，和工廠生產產品的方式差不多，每個穩定的家庭單位生產出適當的個體，他們被訓練成對社會有益的人。

核心權力

對帕森斯來說，這種簡潔劃分避免了家庭受到理性而又充滿競爭的外部世界干擾，當兒童做好準備時，父親能夠提供外部世界和家庭的聯結。站在帕森斯主義者的立場，核心家庭可以被看作是文明的關鍵，對社會的道德健康至關重要。這種對家庭的理解方式一直是社會科學中的主流，直到 20 世紀

核心家庭一度被看作是傳統家庭單位。但是，不同家庭類型的存在如今得到承認，包括同性家庭和單親家庭。

七八十年代，女權主義者以及一些人開始質疑它。核心家庭只適合於有特權的、白人中產階級西方家庭，它忽視了社會中許多其他羣體的不同現狀。它同時也為性別不平等找到藉口並使其得以持續。■

家庭的重要性以及其對社會的功能構成了性別角色差異之所以存在的主要原因。

—— 塔爾科特·帕森斯

塔爾科特·帕森斯

塔爾科特·帕森斯 1920 年出生於美國科羅拉多，其家庭屬於美國最古老的家族之一。他的父親是一名自由主義學者和公理會牧師。

帕森斯在安默斯特學院學習哲學和生物學，並取得學士學位，隨後他進入英國倫敦經濟學院以及德國海德堡大學繼續學習。他強烈批評法西斯主義和共產主義，是美國社會的忠實倡導者。他大部分的學術生涯是在哈佛大學度過的，直到 1973 年退休；之後他繼續發展理論和講學。帕森斯 1979 年在德國慕尼黑死於中風，當時他正在那裏做講座。

主要作品

1937 年 《社會行動的結構》
1951 年 《社會系統》
1955 年 《家庭、社會化和互動歷程》

西方人變成了一種懺悔的動物

米歇爾·福柯（1926－1984 年）

背景介紹

聚焦
追求真理意志

關鍵時刻

1782 年 瑞士政治哲學家讓－雅克·盧梭出版《懺悔錄》，成為首批聚焦於世俗生活，而非宗教體驗和內在情感的自傳作品之一。

1896 年 奧地利精神病學家西格蒙德·弗洛伊德引入「精神分析」術語。

1992 年 社會學家安東尼·吉登斯在《親密關係的變革》一書中指出，男性不願意公開表露情感，在交往關係中依靠女性來完成情感工作。

2003 年 弗蘭克·富里迪（Frank Furedi）在《治療文化：不確定年代中的脆弱培育》一書中，提到談話和揭露的意志所具有的潛在危害。

為甚麼如今人們更多地談論性？這是影響巨大的法國哲學家米歇爾·福柯在《性史：第一卷》（1976）中提出的主要問題之一。福柯宣稱，懺悔、真理和性之間存在着重要關係。他提出，要理解西方的性，我們必須考慮知識是如何運作的以及特定的知識形式，如性科學（scientia sexualis）和心理學，是如何日益主宰我們思考性別和性向的方式。

這些知識是一種「話語」形

基督教教會需要懺悔來**赦免「肉體的罪惡」**。

精神病學和心理學需要對**性慾**和性飢渴的懺悔來**揭示真實的自我**。

我們被告知，把一切說出來而**揭露「真理」**將會治癒我們。

西方人變成了一種懺悔的動物。

參見：米歇爾・福柯 52~55 頁，270~277 頁，諾貝特・埃利亞斯 180~181 頁，阿利・霍克希爾德 236~243 頁，卡爾・馬克思 254~259 頁，傑弗瑞・威克斯 324~325 頁。

在懺悔中，我們賦予「專家」（牧師、治療師、醫生）以權力來判斷、懲罰和糾正我們。懺悔者陷入一種羞愧、內疚和進一步懺悔的無限循環中。

式 —— 建構知識世界、創造它們自己「真實」的方式。福柯指出，西方對話語的興趣開始於四個世紀之前。17 世紀基督教教會對於「肉體的罪惡」的強調引致人們對於性向的廣泛關注，並帶來 18 世紀「醜聞」書籍的增多 —— 關於不正當性行為的虛幻解釋。這一話語在 19 世紀的性科學達到頂峰，創造了現代性向 —— 從原先的一種行為轉變為一種身份。

懺悔

隨着 19 世紀末期精神病學和心理學的出現，懺悔的基督教儀式 —— 在牧師面前坦白罪行和告解以重新獲得上帝的恩典 —— 以科學的形式重新建構。揭示性習慣和性慾被看作是發掘「真實」自我的方式。

在福柯看來，懺悔已經變成揭示我們社會中的「真理」的最有價值的方式之一。從作為一種儀式，它逐漸傳播開來，現在已經成為家庭生活、社會關係、工作、醫療以及治安的一部分。匈牙利社會學家弗蘭克・富里迪提出，正如電視真人秀節目以及諸如臉書、推特之類社交媒體平台所展示，懺悔如今主宰私人、社會以及文化生活。

一直以來我們相信，健康的關係需要講出真理。因此，「專家」（例如治療師或醫生）有責任揭示「真實的」我們。懺悔的妙處在於，它越詳細，我們對自我了解得就越多，我們就越有可能獲得自由。一個經歷精神創傷的人經常被告知，重述這一經歷將帶來治療的效果。然而，福柯指出，這種「追求真理意志」是一種權力策略，它能變成一種監視和規訓的形式。他宣稱，懺悔沒有揭示真理，它生產真理。

福柯的研究對 20 世紀 80 年代以來的女權主義和性研究帶來了重要影響。他的思想特別影響了英國社會學家傑弗瑞・威克斯，後者借用福柯來揭示立法和法律規訓社會中的性別和性向的方式。■

治療文化

英國肯特大學社會學榮休教授、匈牙利社會學家弗蘭克・富里迪指出，在現代社會中，我們沉迷於情感中。曾經被看作是正常的經歷和情感，諸如沮喪和無聊，現在則被認為需要治療和藥物干預。

我們不斷地接觸到運動明星的吸毒成癮或者社會名流的性生活。為了治癒，這些情感受傷者被鼓勵與他人分享他們的痛苦，從而忽視了公與私的界限。公開尋求幫助 —— 例如通過自傳 —— 在治療文化中被看作是一種美德。情感已經被看作是身份的標誌性特徵，我們被鼓勵將它們看作是疾病的預兆。弗蘭克・富里迪指出，這種現象一無是處。諷刺的是，這種傳說中的「治療」文化使人們感到更脆弱。

一切都必須被告知，性處於被監管，被追查中。

—— 米歇爾・福柯

異性戀必須作為一種制度來加以認識和研究

艾德里安娜・里奇（1929－2012 年）

如果異性戀不是天生的或者唯一「正常」的性向，將會怎樣？異性戀往往被看作是社會的「自然」基礎，然而艾德里安娜・里奇在她重要的一篇文章「強迫性異性戀與女同性戀的存在」(1980)中挑戰了這一思想。里奇受到法國思想家西蒙娜・德・波伏娃影響，後者指出一直以來女性被敦促着接受社會賦予她們的角色，將自身看作是弱者。

里奇指出，異性戀絕非是天生的，而是強加給女性的，必須被看作是一種鼓勵錯誤二元思維的權力體系 —— 異性戀／同性戀，男性／女性 —— 其中，「異性戀」和「男性」擁有高於「同性戀」和「女性」的特權。她指出，強迫性異性戀對我們來說是「腳本」，展示了我們如何定位關係以及「扮演」我們的角色。例如，我們習慣性認為男性在性行為中是主動的，而女性則是被動的，儘管並沒有研究能證明這

> 色情作品所傳遞的最惡劣的信息是女人是男人的天生性獵物，並樂此不疲；性行為和暴力是一致的。

—— 艾德里安娜・里奇

一點。因此，在里奇看來，女性的行為受到更多的限制，被動和依賴男人。有違這些期望的行為被看作是越軌的和危險的。例如，性行為主動的女性被看作是變態的和淫亂的。父權制（主張男性至高無上的權力體系）是里奇用來解釋女性長期受壓迫的重要概念工具；她提議有必要將男性對女性的控制看作是理解女性從屬地位的關鍵。

異性戀被建構為正常；男人是主動的；女人是被動的。

異性戀通過**意識形態**和**強迫手段**而獲得**推廣**和維持；女同性戀則受到質疑和詆毀。

異性戀必須被看作是一種制度和權力體系，它有利於男性，卻制約了女性。

參見：卡爾‧馬克思 28~31 頁，朱迪斯‧巴特勒 56~61 頁，R.W. 康奈爾 88~89 頁，貝爾‧胡克斯 90~95 頁，席爾瓦‧沃爾比 96~99 頁，史蒂文‧賽德曼 326~331 頁。

意識形態的力量

里奇討論了強迫性異性戀意識形態「迫使」女性走進男女兩性關係的各種不同方式。例如，勞動力市場中男性和女性的不平等地位可能帶來女性在經濟上依賴男性。女性在公共場所中總是面臨男性暴力的風險，因此應該限制她們的活動、尋求男性庇護，這是女性如何被脅迫進異性戀關係中的另一例證。在性方面，女性被鼓勵作為性的犧牲者，而男性則作為「天生的」性的掠奪者（被諸如陌生人危險之類的觀念所強化），因此進入一段異性戀關係能給女性帶來一種（虛假的）安全感。

儘管選擇推遲婚姻的人在增加，許多年輕女性仍然將其看作是他們生活中正常和不可避免的部分：這一預期是里奇關於強制性異性戀論斷的重要方面。同樣，意識形態通過電影中的浪漫橋段支持異性戀，如《泰坦尼克》和諸如《灰姑娘》之類的童話故事。

社會中異性戀思想如此盛行，以至於人們都被默認為異性戀，除非他們宣稱自己不是。諷刺的是，一旦男同或女同「出櫃」的話，與那些不出櫃的人相比，他們被看作性慾更強。因此，異性戀就暗含了一種「正常」的狀態。

壓迫性策略

卡爾‧馬克思指出，資本主義

在一定程度上是通過諸如征服和奴役之類的暴力行為而維持的。里奇指出，異性戀與之具有相似性。在強迫性異性戀中，男性和女性對於異性戀和同性戀的選擇並不比工人對於工資的選擇具有更多的自由性。

與意識形態的符號性暴力一起，身體暴力經常被用來控制女性的行為。諸如對女性通姦或女同性戀的女性生殖器切除，否定女性性向等。孩子和包辦婚姻、將女性描繪成享受性暴力和羞辱的色情形象、兒童性虐待、亂倫——都強調男性對女性的性主宰。強姦是另

荷里活電影《本能》將女同性戀者描繪成殺手，提供了一種意識形態暗示，即女同性戀是危險的和越軌的，而異性戀則是正常的。

里奇指出，那些限制女性活動的服裝設計樣式是為了限制女性自由，防止她們參與外部的公共生活，以及自立於男性。因此，她指出，女性能夠在強迫性異性戀關係中被置於男性控制之下。

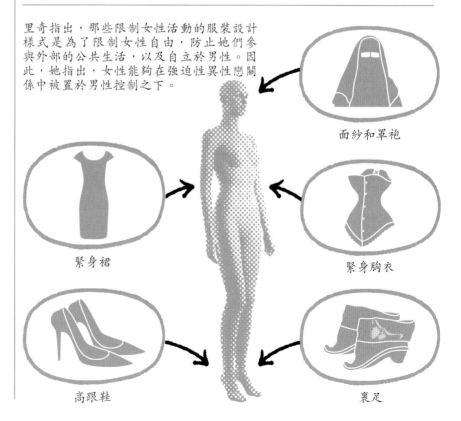

面紗和罩袍

緊身裙

緊身胸衣

高跟鞋

裹足

一種暴力手段;直到 20 世紀 90 年代,婚內強姦在許多西方國家才獲得認可——反映了一種婦女必須在性上服從於其丈夫的觀念。里奇指出,「在男性交易中將女性作為目標」是強迫性異性戀的另一種壓迫性策略——例如,在性剝削中販賣女性或嫖娼以獲得性愉悅。

在一些文化中認為,送兒子去學校接受教育更划算,因為兒子將會留在家裏,而女兒則會在婚後與丈夫的家庭生活在一起。這意味着,就全球範圍來說,只有 30% 的女孩接受了初等教育。低教育水平不可避免地意味着糟糕的就業前景。

男權得以維持的另一方式是通過限制女性進入俱樂部,或者進入諸如高爾夫之類的休閒活動中,那些都是談生意的重要場所。

通過這些不同的方式,異性戀通過對性別和性向的嚴格社會建構成為一種制度。一定的社會控

> 『異性戀』已經通過強迫手段被強加、管理、組織、宣傳和維持。
>
> —— 艾德里安娜·里奇

制,包括暴力,被用來實施這些性別思想。後果是將女性限制在異性戀內,確保她們在其中處於從屬地位。在里奇看來,異性戀的一個直接後果就是壓迫女性。抹除和否認歷史和文化中的女同性戀是異性戀得以維持的一個方式。里奇認為,社會是由男權定義的,意味着它將男性和他們的需求置於女性需求之上。女性感到有必要在男性面前展露美貌,相對於與女性之間的友誼,更重視男女之間的浪漫關係。

里奇呼籲女性嘗試重塑女人世界的生活——換句話說,由女性來定義。這並不意味着她呼籲所有女性放棄男性,尋找女性伴侶;相反,她希望所有女性能體驗那些只在女同羣體中才可能的經歷—— 即,去愛其他女性。

女同性戀連續體

里奇挑戰了關於女同性戀的偏見——它不是指憎恨男性或與女性上床,而僅僅是指愛上女性的女人。這一思想被稱為政治女同性戀:里奇將它看作是對父權制的一種反抗形式,而不單單是一種性向選擇。那麼,女同性戀可以被置於一個連續體中,即包括那些對女性有性吸引力的人,也包括那些政治上與其他女性相連的異性戀。這並不意味着不同程度的女同經歷,那些「較少」女同性戀傾向的人更容易被社會所接受。相反,里奇建議,社會中總是存在拒絕這種強迫

艾德里安娜·里奇

艾德里安娜·里奇於 1929 年出生在美國馬里蘭州,是一名女權主義者、詩人和散文家。由於父母在宗教和文化方面的差異,她的家庭生活頗為緊張。

儘管里奇後來變成一名女同性戀,但她結過婚,部分地脫離其家庭。在這期間,她在哥倫比亞大學找到一份教職。母親和妻子的角色阻礙了她的才智潛能,激化了她的政治立場。她致力於反戰抗議,同時也積極投身女性主義政治和民權運動。1997

年,為抗議美國的社會不平等,她拒絕接受克林頓政府頒發給她的國家藝術勳章。

主要作品

1976 年 《生為女人:作為經驗和制度的母親》

1979 年 《論謊言、秘密和沉默:散文選集,1966—1978》

1980 年 〈強迫性異性戀與女同性戀的存在〉

女巫總是因她們的「另類」而遭受畏懼和迫害。在 15 世紀晚期，人們相信女巫們擁有能導致男人陽痿和不育的神力。

式生活的女性，幾百年來她們已經在這個連續體內外存在着——歐洲許多女性，特別是在 16、17 世紀，生活在父權制外，被當作女巫絞死或燒死，到 19 世紀晚期的「維岡坑的眉毛小妞」在英國引發的醜聞，一幫礦工女孩堅持在開採煤礦工作中穿着褲子。

里奇的女同性戀連續體思想引發了一系列爭論，在某種程度上是因為它被看成是女同的去性別化過程，使女權主義者能夠宣稱自己是這一連續體的一部分，而不去考慮其自身的性向。英國激進女權主義者希拉·傑弗瑞斯指出，它使得異性戀女性一方面繼續維繫着與男性的關係，另一方面感到自身在政治上是合法的。但是，里奇的研究意義不在於批判異性戀女性，它批判的是作為一種制度的異性戀。

里奇的思想也挑戰了異性／同性的二元劃分，並啓發了酷兒理論家們諸如美國學者伊芙·可索夫斯基·賽菊寇（Eve Kosofsky Sedgwick），她指出性別身份是西方文化的建構。賽菊寇同樣反對那種認為，性關係的社會建構僅僅是諸如男同性戀或女同性戀之類的少數羣體所存在的問題的假定。

概念的轉換

通過提議將異性戀作為制度來檢視，里奇 1980 年的文章中所提出的觀點或許為性別研究提供了最重要的概念工具。這是前所未有的，因為正如英國社會學家卡羅爾·斯馬特（Carol Smart）所說，異性戀，就如同白人身份一般，不費吹灰之力一直處於優勢地位，潛移默化，因為它把自己建構成正常。異性戀女權主義者諸如英國社會學家史蒂菲·傑克森（Stevi

Jackson）繼續將改變異性戀作為里奇研究的一個直接結果。法國女權主義者莫里克·維蒂格（Monique Wittig）在 1992 年指出，異性戀是一種政治制度，依賴女性的服從和及對女性的佔有。

近期，關於英國社會名流對女孩的性虐待，以及非洲尼日利亞伊斯蘭博科聖地組織對 200 多名女學生的綁架，都是異性戀如何仍然強加於女性和女人之上的典型例子。因此，里奇所提出的論斷仍在不斷激發着對異性戀作為一種社會和政治結構的重要探索。■

母性的父權制制度，與強姦、賣淫以及奴隸制一樣，都不是『人的境況』。
——艾德里安娜·里奇

西方家庭設置是多元的、流動的和沒有定論的

朱迪斯·斯泰西

背景介紹

聚焦
後現代家庭

關鍵時刻

1870 年 美國激進女權主義者凱特·米麗特（Kate Millet）指出，核心家庭是女性處於從屬地位的場所。

1977 年 在《無情的世界裏的避風港》一書中，美國社會評論家克里斯多夫·拉斯奇（Christopher Lasch）對於現代世界中傳統家庭價值是如何被侵蝕的，給出了一種反女權主義的解釋。

1997 年 在《女同性戀的生活方式：女性工作與性別政治》一書中，英國學者吉利安·鄧恩（Gillian Dunne）爭辯道，女同性戀關係比異性戀伴侶更平等。

2001 年 在《同性親密關係：選擇家庭和其他生活實驗》一書中，傑弗瑞·威克斯等指出，家庭日益變成一種選擇。

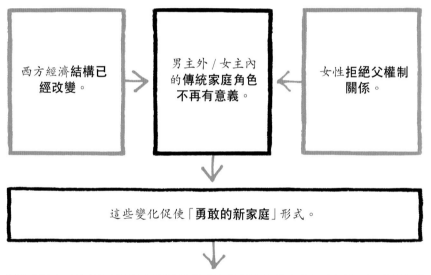

西方經濟結構已經改變。 → 男主外／女主內的傳統家庭角色不再有意義。 ← 女性拒絕父權制關係。

這些變化促使「**勇敢的新家庭**」形式。

西方家庭設置是多元的、流動的和沒有定論的。

「**現**代」美國家庭單位，受到諸如塔爾科特·帕森斯之類的稱讚，是一種過時的以及具有潛在壓迫性的制度。這是美國紐約大學社會和文化研究榮休教授朱迪斯·斯泰西的觀點，她的研究主要集中在家庭、酷兒理論、性向和性別。在對加州硅谷家庭的詳細研究基礎之上，斯泰西提出，隨着帶來貧困和失業的經濟結構變遷，家庭也經歷了一場劇烈轉變。婚姻被弱化，因為女性拒絕父權制關係。取而代之，存在一種向混合家庭、女同性戀和男同性戀家庭、同居家庭

參見：希爾維亞・沃爾比 96~99 頁，塔爾科特・帕森斯 300~301 頁，艾德里安娜・里奇 304~309 頁，烏爾里希・貝克和伊麗莎白・貝克－格恩斯海姆 320~323 頁，傑弗瑞・威克斯 324~325 頁。

以及單親家庭轉變的趨勢——所有這些都是她所稱的「後現代」家庭的一部分（儘管許多人爭辯道，這些形式一直都存在，而帕森斯的核心家庭只與少數特權中產階級家庭相關）。為了反映這一新事實，斯泰西堅持認為，職場結構應當男女同酬，並且應當提供普遍的健康和兒童照料。

一種先驅精神？

斯泰西指出，家庭的經濟功能已經減弱，從而親密關係和愛變得更重要。儘管結婚率下降，斯泰西不相信個體不再構建有意義的社會聯結，相反，離婚和再婚帶來更複雜的紐帶。

由於家庭的傳統功能以及法定和血緣紐帶沒有過去那麼有價值，家庭成員現在擁有更多的選擇，並因此創造了更多試驗性親密關係。她指出，異性戀／同性戀的二元劃分正變得越來越不穩定，正逐漸被「酷兒的」家庭關係所取代。這些「勇敢的新家庭」正努力擁抱變遷和多元化，打造更多非傳統的和平等的關係。

斯泰西與其他主要思想家一道，諸如傑弗瑞・威克斯和英國社會學家吉利安・鄧恩，認為女同性戀和男同性戀家庭站在創造更民主和平等關係的前沿。對她而言，這些關係代表了一種理想的後現代親

> 家庭事實上已經死了，如果我們的意思是指現代家庭體系。
>
> —— 朱迪斯・斯泰西

屬關係，而其中傳統角色已經不那麼適用。

平等的愛？

英國社會學家安東尼・吉登斯同意斯泰西的觀點，認為當代家庭形式給親密關係帶來更大的平等，削弱了刻板印象和傳統性別角色。相反，英國近期研究表明，在異性戀夫妻中，女性仍然承擔了大部分的家務勞動。

一些人對於同性關係究竟在多大程度上能夠帶來平等提出了質疑。例如，加拿大學者珍妮絲・里斯托克（Janice Ristock）提出了同性夫妻中家庭暴力的普遍存在。社會學家貝克和貝克－格恩斯海姆，則強調去傳統化的家庭生活中的各種困難。然而，斯泰西堅信，愛情紐帶的社會試驗正在繼續。■

同性戀父母

斯泰西指出，美國壓力團體宣稱，因為父親角色的缺失，這個國家正面臨着危機：異性戀男人拋棄懷孕的伴侶或選擇根本不生育子女。新技術和避孕藥的隨手可得已經使得性和生育分離開來。養育子女不再確保父母未來的收益。因此，斯泰西指出，為人父母如今更多的是關於情感而非物質。

然而，越來越多的男同性戀選擇成為父母，儘管他們比女同性戀或異性戀夫妻面臨更多的挑戰，包括獲得生殖工具（卵子和子宮）。當異性戀夫妻選擇領養，他們通常被給予健康的嬰兒。男同性戀則往往被給予年齡稍長的兒童或那些不太健康或在某方面被認為是「困難的」孩子。因此，斯泰西認為，是男同性戀者，給予了某些社會中最需要幫助的兒童一個家。

選擇成為父親的**男同性戀者**挑戰了社會中許多關於男子氣概、父親角色以及同性戀濫交等刻板印象。

婚姻契約是一種工作契約

克里斯汀·德爾菲（1941 年－ ）

背景介紹

聚焦
唯物主義女權主義

關鍵時刻

1974 年 在《家務社會學》中，英國社會學家安‧奧克利將家務置於女權主義審視之下。

1980 年 美國作家和女權主義者艾德里安娜‧里奇指出，異性戀是一種政治制度，它維持男權並控制女性。

1986 年 在英國社會學家希爾維亞‧沃爾比看來，家務中的勞動性別分工是維繫社會中的父權制的主要結構之一。

1989 年 法國唯物主義女權主義者莫里克‧維蒂格（Monique Wittig）出版《社會契約論》，指出異性戀契約是一種性和勞動契約。

在父權制體系中，**異性戀**是一種**社會地建構**的制度，它**鼓勵婚姻**。

↓

婚姻使得作為一家之主的丈夫能夠通過從妻子的**無償勞動**中獲益，而實現**對其剝削**……

↓

……**家裏家外**。

……**支持他的工作**。

……**生育和照料兒童**（他的合法繼承人）。

↓

婚姻契約是一種工作契約。

在多數社會中，幾百年來，婚姻一直是每個年輕女孩的歸屬和夢想。無數的文化作品——從童話故事到小說和電影——都強化了這一觀點。然而，在 20 世紀 80 年代，女權主義者諸如安‧奧克利和克里斯汀‧德爾菲指出，在現實中，婚姻是一種極其惡劣的制度，它從根本上助長了男性對女性的持續壓迫。

克里斯汀‧德爾菲是一位馬克思主義理論家，她主張探究任何形式的壓迫的唯一方法，是通過馬克思主義分析，考察各方所獲物質利益。但是，馬克思是通過階級結構來考察壓迫，而德爾菲則是通過父權制（男人的權力和權威）權力結構來考察女性壓迫。她指出，在一個父權制體系內，異性戀（以及所帶來的男女夫妻）不是一種個體的性偏好，而是一種社會建構的制度，目的是維護男權統治。她認為，女性被引導進入婚姻和母親的角色，因此男人可以由此剝削她們的勞動力。

家務生產

德爾菲指出，馬克思的概念能夠應用在家庭環境中，她將其作為生產的父權制模式的一個場所。在這種工作場所中，男性有系統地利用女性的勞動並從中獲益。在這種條件下，女性為一家之主勞作，承

參見：朱迪斯·巴特勒 56~61 頁，弗里德里希·恩格斯 66~67 頁，希爾維亞·沃爾比 96~99 頁，阿利·拉塞爾·霍克希爾德 236~243 頁，泰瑞·琳·凱拉韋 248~249 頁，艾德里安娜·里奇 304~309 頁，安·奧克利 318~319 頁，史蒂文·賽德曼 326~331 頁。

電影敍事，諸如《傲慢與偏見》，改編自簡·奧斯汀的同名小說，強化了那種認為「每個女人的夢想就是找到一個『黃金』單身漢並嫁給他」的觀念。

擔可能是無休止的工作。她指出，這一角色沒有具體的工作內容，沒有協議的工作，也沒有勞動時間限制。在任何一種其他工作職位中，這種條件都可能被視為是剝削。已婚婦女即使從事着家庭之外的僱傭勞動，她同樣也被期待承擔家務和照料兒童的責任。根據德爾菲的觀點，如果從唯物主義的角度看待家務情況，很明顯已婚婦女是在無償勞動。

德爾菲指出，對馬克思主義者而言，階級只存在於彼此的相互關係中：沒有無產階級（工人）也就無所謂資產階級（生產工具的擁有者）。弗里德里希·恩格斯的著作大量涉及階級社會的發展是如何成為女性壓迫的基礎的。他指出，隨着 19 世紀私有財產的增加，不平等也相應加劇，因為男人越來越控制生產的公共領域，並因此也變得越來越富有和有權勢。此外，男人熱衷於確保他們的財富將會被其男性合法繼承人所繼承，而做到這一點的最有效方式是通過一夫一妻的父權制家庭制度。這樣一來，婚姻變成一種財產關係。

無償的助手

工業革命期間及其以後對勞動力的需求增加。女性被要求生育更多的子女以滿足這一需求。但是，女性生育的子女越多，她就被緊密地捆綁在家庭中而無法從事其他工作。德爾菲同時也指出，未婚婦女也變成「妻子」，因為她們的勞動往往被其兄弟、父親或僱傭者所佔有。這一觀點在一定程度上是受到

英國社會學家珍妮特·芬奇（Janet Finch）的《嫁給工作》一書的影響。這本書記錄了老闆是如何將女性指派到其男性親屬的工作中，而不付任何報酬。它可能是通過間接幫助來進行：諸如款待（商業夥伴或政治家）；直接參與，諸如充當助手（為商家或學者）；或者提供福利，例如做飯和清掃（為神職人員）。

唯物主義女權主義

德爾菲將資本主義和父權制看作是兩個不同的社會體系，都佔有勞動力，相互影響、相互形塑。她看待家庭的唯物主義女權主義視角標誌着與早期女權主義分析的分道揚鑣，後者沒有考慮到資本主義的角色。然而，德爾菲指出，妻子對於承擔家庭義務的責任已經通過進入婚姻而被制度化，使得婚姻變成一種勞動契約。

德爾菲指出，**家庭**中的女性剝削，是父權制和資本主義共同作用的結果，兩者的目的都是維持男權統治和控制。

2009-2011 年間，OECD（經濟合作與發展組織）國家中的調查顯示，家庭中存在着巨大的勞動分工的不平等，女性要遠比男性花費更多的時間來照料家庭成員（例如預備食物）和做家務。

每天照料家庭成員

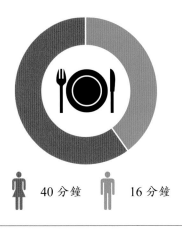

👩 40 分鐘　　👨 16 分鐘

每天常規家務

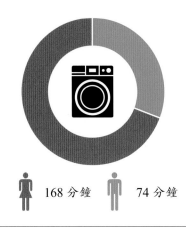

👩 168 分鐘　　👨 74 分鐘

這一觀點存在爭議，但是受到來自其他學者，包括英國政治理論家卡羅爾・帕特曼（Carole Pateman）的支持。借鑒英國哲學家約翰・洛克的思想，想像存在一種社會契約，其中個體扮演好公民的角色以換取來自政府的保護，帕特曼由此從一種性契約的角度看待異性戀關係。女性可能被認為通過婚姻以換取男性的保護；而男性擁有支配妻子的勞動和身體的權利（當 1988 年帕特曼創作其《性契約》一書時，「婚內強姦」在英國還未被定罪）。

德爾菲宣稱，這並非如某些女權主義者所指出的，僅僅是關於女性勞動被低估的簡單問題。支付女性更高的工資並不能解決問題。這是因為——正如馬克思主義的階級分析所展現的——只有存在被剝削羣體時，這一體系才能運作。沒有被剝削羣體，就沒有利益。反過來，一個被剝削羣體的創造依賴於存在一個貫穿社會的主流意識形態，不斷地以某種方式定位某一人羣。在資本主義、父權制社會中，這種意識形態是性別偏見（因為其性別而針對女性的偏見）。

一項對德爾菲理論的批判指出，它們忽視了這樣一種事實，即一些女性從婚姻中受益，不論是經濟上或性方面。德爾菲並沒有否認這一點，然而，她認為，同時存在着一種不平等的交換。妻子們出於自身的需要，可能會享受她們所承擔的部分工作，以及她們深愛自己的丈夫，但是這不能掩蓋這樣一個事實：她們被期望承擔大量的無償

勞動。德爾菲提出，已婚夫妻可能會彼此相愛——但是「愛上女人並不能阻止男人剝削她們」。

女人是造就的，而非天生的

德爾菲爭辯道，人的性別絕不是不證自明的：例如，男性並不單單是只具有陰莖或胸毛，或者女性就是指擁有生兒育女的功能。社會中強調性別，是因為我們生活在一個基於性別的簡單二元劃分的世界中——男性優於女性，異性戀優於同性戀。這樣一來，性別支配、性別優先、性，以及基於性的人口分類維護着等級結構以及權力結構。

德爾菲認為，使用性來劃分人口是被誤導的，會帶來思考中的嚴重錯誤。為甚麼一個人的性別應該比其他同樣具有區分度的生理特徵更重要？為甚麼生物性別會成為將世界人口劃分為兩大類的唯一身體

　　家庭勞動是無償的這一事實並不是父權制體系中固有的，因為如果這些勞動是在家庭之外完成的，它們就是有償的。

——克里斯汀・德爾菲 & 戴安娜・倫納德
英國社會學家（1941-2010）

簽署婚姻契約意味着進入一種法定夥伴關係。它在不同國家具有不同意義,但是德爾菲指出,它總是有利於男人。

特徵,並進而承載着明顯的「天生」特徵和角色?這種將性別看作是一種完全錯誤分類的思想是德爾菲關於父權制激進評價中的關鍵概念,因為它低估了將性別用來區分主宰者(經濟、社會和性方面)與被主宰者的觀念。

在發展其理論的過程中,德爾菲深受法國女權主義者西蒙娜·德·波伏娃作品的影響,後者指出,男性製造了女性成他類「形象」,以支持一種不平等的父權體系。通過挑戰「男人」和「女人」的劃分,德爾菲的思想可以被看作是酷兒理論的先驅,它質疑現存的關於性別、性向以及性的觀點,以及它們在建構身份中的角色。

女權主義和馬克思主義

德爾菲的思想一問世就在女權主義中帶來轟動。當時女權主義的興趣在於家庭勞動以及如何理解它,而對於女權主義和馬克思主義的關係則存在爭議。一些馬克思主義女權主義者,諸如英國學者米歇爾·巴雷特(Michele Barrett)和瑪麗·麥克因托什(Mary McIntosh),完全反對那種認為男人受益於妻子的勞動並因此直接剝削她們的指控。還有人爭辯道,在一個特定社會中,兩種剝削模式(父權制和資本主義)的共存是不可能的。

持續的不平等

自20世紀80年代以來,德爾菲和許多其他女權主義者吸收了這些批判,並仔細推敲它們,使得德爾菲的研究在世界範圍內對女權主義產生了持久影響。例如,美國哲學家朱迪斯·巴特勒在其研究中廣泛使用德爾菲的概念,特別是其對於性別/社會性別區分的質疑。在發展德爾菲的理論中,法國女權主義者莫里克·維蒂格指出,社會中的兩性劃分是不平等的產品,而不是原因。在《平等的終結》(2014)中,新聞工作者和社會運動家比阿特麗斯·坎貝爾(Beatrix Campbell)描繪了女性在親密關係中的被剝削方式。例如,世界上很少有男性和女性平攤照料子女的工作。在坎貝爾看來,當代全球資本主義的加劇更加深化了男性對女性的統治。

經濟剝削之外的客觀壓迫形式,諸如在某些國家對於墮胎的持續討論,同樣受到德爾菲的啟發。如果生育和養育子女被看作是對女人勞動的壓榨,德爾菲指出,男人可能會擔心女人通過限制生育來逃避這種剝削。因此,在諸如北愛爾蘭之類的國家墮胎權利的取消,以及在美國關於墮胎的激烈爭論,可以被看作是男性控制女性選擇的一種形式,使她們一直處於被剝削階級以維持資本主義和父權制。■

克里斯汀·德爾菲

克里斯汀·德爾菲1941年出生在法國,並在法國巴黎和美國加州伯克利大學接受教育。受1968年巴黎政治風暴的啟發,她成為法國婦女解放運動的一名積極分子。1977年,她和法國哲學家西蒙娜·德·波伏娃共同創立雜誌《新女性主義議題》。

德爾菲是Gouines Rouge(女同性戀)的一員,一個通過革命性立場試圖改變指代女同性戀的侮辱性詞語"dykes"的羣體。最近,她投票反對在法國學校中禁止穆斯林女孩戴面紗的法律,稱這一舉措是一種種族歧視立法。

主要作品

1984年 《走近家外:對女性壓迫的唯物主義分析》

1992年 《熟悉的剝削》(與戴安娜·倫納德合著)

1993年 《性與性別再思考》

家務勞動與自我實現直接對立

安‧奧克利（1944 年－ ）

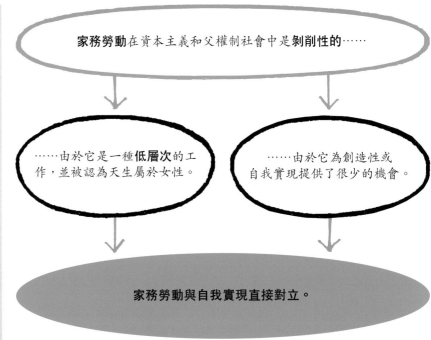

家務勞動在資本主義和父權制社會中是剝削性的……

……由於它是一種低層次的工作，並被認為天生屬於女性。

……由於它為創造性或自我實現提供了很少的機會。

家務勞動與自我實現直接對立。

大部分女性工作仍然是屬於家庭中的家務勞動。大約一兩代人以前，在 1974 年，社會學家安‧奧克利開始了第一批對於家務勞動的女權主義社會學研究，她訪談了 40 位年齡在 20~30 歲之間、至少有一個 5 歲以下兒童的倫敦家庭主婦。這項先驅性研究採用

這些婦女的視角來看待家務勞動。

奧克利指出，家務勞動應該被看作是一種獨立的工作，而非作為妻子或母親的女性角色的自然延伸。在家務勞動並未被承認是「真正的勞動」的那個時代，這是一種充滿爭議的觀點。女性被迫無償承擔家庭責任——一種使得資本主

參見：希爾維亞·沃爾比 96~99 頁，哈里·布雷弗曼 226~231 頁，羅伯特·布勞納 232~233 頁，阿利·霍克希爾德 236~243 頁，塔爾科特·帕森斯 300~301 頁，克里斯汀·德爾菲 312~317 頁。

義運作和成功的核心的剝削形式：通過滿足男性工人的需求，家庭主婦確保男性工人能夠滿足資本家的經濟的需求。

女性的角色？

由於她們的生育能力，家庭責任往往被看作是女性的天職；儘管我們還不清楚為甚麼這種能力就意味着女人在燙平衣服中的褶皺方面能做得更好。而且，可以説，大多數女人都不會要求對這種「免費」的勞動付工資。

卡爾·馬克思關於男性工人在僱傭勞動中處於被剝削地位的論斷同樣也適用於家庭中的女性剝削。在觀念上，通過將家務勞動看作是女人的「天職」，並一文不值，以掩蓋這一事實。然而，奧克利指出，性別和性別角色應該被看作是文化和歷史進程的反映，而不應該

局限在生物學中。

異化

馬克思宣稱，在私有制中，工人經歷着異化或者與他們勞動的分離，因為他們並不擁有其勞動成果。類似地，奧克利主張，大多數家庭主婦對自己的命運感到不滿，她們感到孤獨、單調和無聊，對她們的工作極度不滿。她們憎恨與家庭主婦相連的低層次地位。與工廠工人一樣，她們發現自己的工作是重複的、碎片化的以及有壓力的。

奧克利的研究揭示出，相較於工廠工人，婦女對自己的工作更多地表達出一種異化感。這在某種程度上是因為其作為家庭主婦的社會孤獨感——她們中很多人在結婚之前是有工作的，婚後就辭職了。這些婦女，奧克利指出，沒有自主性或控制權；家務勞動完全是她們

> 女性的家庭生活是一個習得性剝奪和誘發性服從的循環。
>
> —— 安·奧克利

的責任，如果沒有做好，可能會招致丈夫的憤怒或孩子生病。

站在這一角度上，家務勞動妨礙了女性真正潛力的發揮。奧克利的發現至今仍有意義：其中，英國社會學家卡羅琳·加特萊爾（Caroline Gatrell）的研究表明，40 年後，女性仍然承擔着大部分的家務勞動，儘管更多地參與有償工作。■

20 世紀 50 年代以來的家用產品廣告將女性刻畫成幸福的主婦，對洗滌劑有情感依戀，成為她們生活中的重要部分。

安·奧克利

社會學家、女權主義者安·奧克利 1944 年出生於英國。她是倫敦大學社會學和社會政策教授。在牛津大學獲得學士學位並成為第一批選修社會學的學生之後，她創作了兩部小説，但是卻沒能找到出版社出版。她隨後繼續攻讀博士學位，並在她的第一本學術著作《性別、社會性別與社會》一書中，將「社會性別」概念引入日常使用。1988 年，奧克利出版第一本小説《男人的房間》，並於 1991 年改編成由比爾·奈伊（Bill Nighy）主演的BBC受歡迎連續劇。奧克利一直致力於女權主義，她的大部分作品圍繞性別議題。她同時也對發展環境無害型清潔產品感興趣。

主要作品

1972 年 《性別、社會性別與社會》
1974 年 《家務社會學》
1974 年 《家庭主婦》

當愛情最終取得勝利時，它不得不面對各種挫折

烏爾里希·貝克（1944－2015 年）、伊麗莎白·貝克－格恩斯海姆（1946 年－ ）

背景介紹

聚焦
愛情的混亂

關鍵時刻

1992 年 安東尼·吉登斯在《親密關係的變革》一書中，對反省性（自我意識）社會中的平等主義關係持樂觀主義觀點。

1994 年 美國右翼思想家查爾斯·默里（Charles Murray）宣稱，必須加強傳統家庭觀念以阻止社會的解體。

1998 年 英國社會學家林恩·賈米森（Lynn Jamieson）指出，「親密」是用來描述私人關係組織的最有用詞語。

1999 年 英國學者卡羅爾·斯馬特（Carol Smart）和布倫·尼爾（Bren Neale）指出，父母與子女的關係遠比脆弱的親密關係要持久得多。

維持一種愉快而親密的關係可能是一件困難而又辛苦的事情，但同時也很有誘惑。在《愛情的正常性混亂》（1995）一書中，德國夫妻組合烏爾里希·貝克和伊麗莎白·貝克－格恩斯海姆試圖解釋這一原因。他們追蹤了那種改變我們個人生活行為方式的新社會秩序的發展，指出這一新秩序的一個主要特徵是，「愛情、家庭以及個人自由之間的利益衝突」。傳統核心家庭「建立在性別基礎之上」，它們在面對「解放和平等權問題」時正在不斷瓦解。傳統社會身份的

參見：烏爾里希・貝克 156~161 頁，戴維・赫爾德 170~171 頁，柯林・坎貝爾 234~235 頁，塔爾科特・帕森斯 300~301 頁，艾德里安娜・里奇 304~309 頁，朱迪斯・斯泰西 310~311 頁。

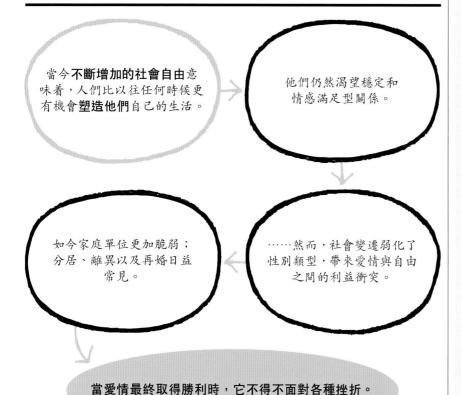

當今**不斷增加的社會自由**意味着，人們比以往任何時候更有機會**塑造他們**自己的生活。

他們仍然渴望穩定和情感滿足型關係。

……然而，社會變遷弱化了性別類型，帶來愛情與自由之間的利益衝突。

如今家庭單位更加脆弱；分居、離異以及再婚日益常見。

當愛情最終取得勝利時，它不得不面對各種挫折。

伊麗莎白・貝克－格恩斯海姆

伊麗莎白・貝克－格恩斯海姆 1946 年出生於德國弗萊堡，是一名社會學家、哲學家和心理學家。她的部分猶太血統意味着，她的大多數家庭成員在 20 世紀 30 年代逃離了納粹德國，其中一些叔叔們搬到英國倫敦。

她與其丈夫烏爾里希・貝克合作出版了一系列重要作品，同時也廣泛涉獵許多議題，從社會變遷到生物技術。最近，她對跨國婚姻、移民以及種族認同產生興趣。她目前是慕尼黑大學全球研究所的高級研究員。

主要作品

1995 年 《愛情的正常性混亂》
2002 年 《個體化》（與烏爾里希・貝克合著）
2002 年 《再造家庭》

人們因愛而結合，也因愛而分道揚鑣。

——烏爾里希・貝克 & 伊麗莎白・貝克－格恩斯海姆

逐漸消失，意味着，男人和女人在性別角色上的對立體現在「私人領域的核心問題上」，其結果是更多的夫妻離異或分居，不同家庭形態正在形成。這些都是「所謂愛情的正常性混亂」的一部分。

個體化的生活

貝克在早期的《風險社會》（1986）中提到，女性在「解放」與傳統性別角色的延續之間不斷轉換，此後，這一對夫婦又認為新的「反身性現代性」時代的到來，帶來了新的風險和機遇。全球資本主義的特殊社會和經濟條件帶來了一種更大的個體身份感；生活更加不可預測，個體故事更多帶有一種做你自己的性質。

這對夫妻解釋道，「個體化」與 19 世紀晚期德國《民事訴訟法》中的精神相反，後者確立「婚姻應該是一種獨立於夫妻意志之外的道德和法律秩序」。而個體化促進了個人和社會實驗的新形式。他們的觀點回應了安東尼・吉登斯的觀點，後者在《親密關係的變革》（1992）一書中指出，在當代社會中，我們創造我們的身份而不是繼

對愛情和婚姻的嚮往仍然是現代社會的一個特徵，儘管事實上，我們生活的壓力意味着婚姻比以往更可能以離婚收場。

承它們。他認為，這一變化改變了我們體驗家庭和性別的方式。

在吉登斯看來，過去，婚姻是一種經濟合作關係而不是愛的結合，期望較低而失望較少。吉登斯認為，現在既然男人和女人通過日常決策，越來越不由自主地反思性地創造他們的身份，那麼他們能夠基於一種相互理解來選擇伴侶，帶來他所描繪的「純粹關係」——基於自己考量而走進婚姻，也只有當雙方都愉悅時才能維繫。這種關係，他認為，帶來了個體間更大程度的平等，並挑戰了傳統性別角色。

親密但是不平等

儘管貝克和貝克－格恩斯海姆同意吉登斯的觀點，認為現代世界中男人和女人比以往有更多的機會塑造他們自己的生活，並因此弱化了性別類型，他們對此並非完全樂觀。

個體屈從於他們控制能力之外的力量；生活可能是你自己的，但是它並不是隨心所欲的。這對夫妻指出，女人和男人「強制地尋求生活的正確方式」——試圖找尋一種能提供一個「富裕而非個人的社會的避難所」的家庭模式。個體化可能已經將人們從工業社會的性別角色中解放出來，但是，現代生活的實際需求是，他們被迫建立一種適應勞動力市場需求的生活。貝克和貝克－格恩斯海姆說到，家庭模式能夠以「勞動力市場去改編終身的全職家務勞動，而非可以同時編織兩種勞動力市場」，因為他們的內在邏輯是，「雙方都將自己放在第一位」。不平等將一直存在，除非男人更多地接受女人進入職場工作，或者男人承擔更多的家務勞動。

社會環境創造了個體，對個體而言，愛情成為賦予其生活意義的核心。

—— 烏爾里希・貝克 & 伊麗莎白・貝克－格恩斯海姆

脆弱但是堅韌

貝克和貝克－格恩斯海姆主張，大多數情況下，親密關係不可能是平等的；如果追求平等，那麼這種關係就必須解除：「愛情變得冷淡」。

男人和女人如今所面臨的選擇和約束與以前大不相同，這歸因於各種關係（家庭、婚姻、母親、父親）需求與職場對於流動的、靈活的僱員需求之間的矛盾。這些選擇和約束要對家庭的分崩離析負責。貝克和貝克－格恩斯海姆指出，與以前受規範、傳統和儀式的塑造相比，當代家庭單位正經歷着從「需求的社羣」（在親密關係中，紐帶和責任將人們聯結在一起）到基於選擇和個體意願的「選擇性親密關係」的轉變。儘管轉變的過程艱難，但浪漫關係的誘惑仍然強烈。正如貝克和貝克－格恩斯海姆所說，在一個不確定的社會中，「除去傳統因素及各種可能的風險機

會」，愛情「比以往變得更重要，同時也更不可企及」。

人們現在更深地渴望情感滿足型關係，這推動了諸如夫妻治療和自助出版行業的發展。然而，這種聯繫紐帶是脆弱的，一旦不完美，人們傾向於一拍兩散。他們指出，即使某人真的陷入愛情中（「愛情最終獲得勝利」），往往接下來還有很多挑戰——例如吵架、憎恨、離婚。

貝克和貝克－格恩斯海姆指出，增進個人關係與應對快速變遷的經濟世界需求之間需要一種精心的平衡，結果是離婚率的增加。然而，人們對於幸福的期望是如此的強烈，因此許多離異者仍會再婚。

子女的重要性

貝克和貝克－格恩斯海姆指出，我們已經不可能再回到從前，況且不管是男人還是女人也都不希望如此，個體化生活的壓力意味着它可能帶有懷舊色彩，渴望着或許根本不存在的確定性——那種政府常常提倡的「家庭價值」。我們的關係越脆弱，我們就越熱切盼望真愛。

這種嚮往過去的狀態在當代社會中是對子女重要性的重視。成人間的愛戀可能是短暫而脆弱的，而對子女的愛則變得更加重要，父母雙方都毫無保留地疼愛着他們的子女。

在這一點上，貝克和貝克－格恩斯海姆指出，男人可能挑戰了女人在家庭中作為情感管理員的角色。因此，你會發現，越來越多的父親在離婚後要求子女的監護權，以及各種倡導父親的平等權利的組織的興起，諸如「為公平而戰的父親」（Fathers4Justice）。

女權主義學者戴安娜·倫納德（Diana Leonard）支持這一觀點，指出父母用小禮物來「寵溺」其子女，使他們與自己親近。在這種情況下，與孩子的連接變成一種強烈的自我驅動行為，這是與那種成人關係的混亂完全不同的持久情感體驗。

> **子女是一種紐帶，比社會中的任何其他關係都更深遠和持久。**
>
> ——烏爾里希·貝克 & 伊麗莎白·貝克－格恩斯海姆

不可避免地，對貝克和貝克－格恩斯海姆的論斷也存在着批評。一些理論家，諸如瑞典學者戴安娜·木里納瑞（Diana Mulinari）和科爾斯汀·桑德爾（Kerstin Sandell），反對那種認為女性應該對離婚率上升負責的觀點。然而，《愛情的正常性混亂》轉變了對於家庭的學術研究——從作為一種回應社會變遷的制度，到成為變遷的實際推動力。∎

西方世界的**結婚率和離婚率**在過去 50 年中經歷了顯著的改變。結婚率下降，而離婚率上升。儘管這一模式看起來已經穩定化，但家庭如今更加脆弱。

1960:
■ 結婚
□ 離婚

2012:
■ 結婚
□ 離婚

* 直到 1981 年，西班牙才宣布離婚合法。最早的數據始於 1990 年。

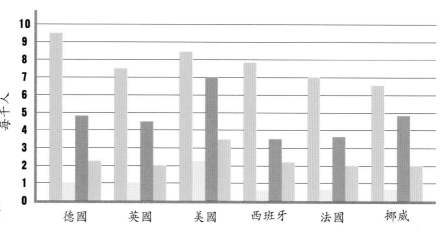

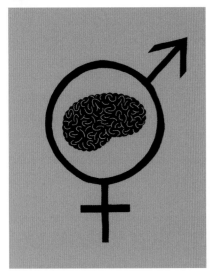

性就像關乎肉體那般關乎信仰與意識形態

傑弗瑞·威克斯（1945年－ ）

背景介紹

聚焦
性別的社會建構

關鍵時刻

1885 年 《刑法修正案》在英國通過，將男性同性戀重新入罪，並加強對賣淫的處罰。

1968 年 英國社會學家瑪麗·麥克因托什（Mary McIntosh）的一篇「同性戀角色」的小文推廣了一種觀點：性別是社會性地決定的而非生物性地決定的。

1976 年 在《性史：第一卷》中，法國哲學家米歇爾·福柯考察了在性別分類中「專家」的角色。

2002 年 同性夫妻在英國有領養的合法權利。

2014 年 同性婚姻在英國合法化。

傑弗瑞·威克斯在性問題上或許是最具影響力的英國作家，他在為回答性關係是如何被社會形塑和規訓的問題上提供了詳細的歷史解釋。他認為性並非植根於身體中，而是一種由意識形態決定的社會建構。受英國社會學家瑪麗·麥克因托什的啓發，他指出工業化和城市化鞏固了性別劃分，增加了男性同性關係的污名。

威克斯考察了維多利亞社會是如何使用心理學和性科學（對性的

性科學創造了「**同性戀**」和「**異性戀**」的類型。

婚姻被鼓吹為一個健康而穩定的社會的必需品。

法律通過決定誰能做甚麼事情來**管理性別**。

同性戀被建構成異常；異性戀被建構成正常。

性就像關乎肉體那樣關乎信仰與意識形態。

參見：希爾維亞・沃爾比 96~99 頁，瑪格麗特・米德 298~299 頁，米歇爾・福柯 302~303 頁，艾德里安娜・里奇 304~309 頁，史蒂文・賽德曼 326~331 頁。

奧斯卡・王爾德在 19 世紀末期被審判和指控與其他男人「發生有傷風化的行為」。對於這位愛爾蘭作家的審判，推動了將同性戀建構為一個社會問題。

研究，它宣稱自己是一門科學，但是通常是由富裕業餘者所從事）這類新「科學」來對同性戀者定罪的。

對性關係的分類假設，女性天生性被動，而男性天生性主動，但是沒有任何證據證明這種假設。任何與這類「本質主義」觀點（性別是生物學的反映）相反的事物往往被看作是變態；因此，新科學堅定地支持着現存的父權制思想。

威克斯發現，越來越多的人認為，婚姻制度是維持一個社會穩定、「健康」發展的必要條件。從而，也存在一種通過引導男人走向婚姻來規訓其「天生」的色慾的關注。當婚姻被宣告是社會中的常態和根本時，「同性戀」也被創造出來。那些可能是同性戀的行為曾一度被看作是犯罪，但是在歷史上，性科學家第一次界定了一種新的人羣：「同性戀者」（隨後「同性戀」類型創立）。許多關於性別的研究都受到基督教教會教義的影響。

性作為一種社會控制

男同性戀被看作是一種性變態，並逐漸被看作是一種社會問題，引致更多的法律和社會控制。例如，1885 年的《刑法修正案》擴大和重新定義了同性戀行為。它確立了將同性戀建構成變態，以及關於女性氣質和男性氣質的本質主義思想，支持異性戀是正常的，同時是性行為的唯一合法形式。

威克斯指出，可以將這一關於性的定義同時看作是一種社會建構和一種社會控制形式。法律能夠決定誰被允許結婚，收養兒童，在甚麼年齡可以開始性生活。宗教能夠告訴社會，任何不會帶來生殖的性都是有罪的。

但是，關於誰應該以及誰不應該有性生活的文化觀念可能具有負面影響。例如，在英國，50 歲以上人口中與性傳播相關的疾病顯著增加，因為人們在觀念上認為，與其他事物相比，老年人之間的性行為是令人反感的，這導致少有老年人尋求醫療幫助。■

傑弗瑞・威克斯

社會歷史學家傑弗瑞・威克斯 1945 年出生在英國威爾士的朗達鎮（Rhondda）。他的研究深受其早期作為一名同性戀權利活躍分子參與「同性戀解放陣線」（GLF）的影響。

威克斯是雜誌《同性戀左派》的創始人之一，他的作品持續受到來自女同性戀和男同性戀政治、社會主義及女權主義思想的啓發。他在性別和親密生活領域出版了 20 多本著作，並發表眾多文章。他目前是英國倫敦南岸大學同名的威克斯社會和政策研究中心的研究教授。2012 年，為表彰其對社會科學的貢獻，他被授予大英帝國勳章（OBE）。

主要作品

1977 年　《出櫃：從 19 世紀到現在的英國同性戀政治》
1989 年　《性、政治和社會》
2001 年　《同性親密關係：選擇家庭和其他生活實驗》

社會過程不僅在範疇類型之中也在個體慾求層次上建構主體性。

——傑弗瑞・威克斯

酷兒理論質疑
身份的基礎

史蒂文・賽德曼（1950 年－　）

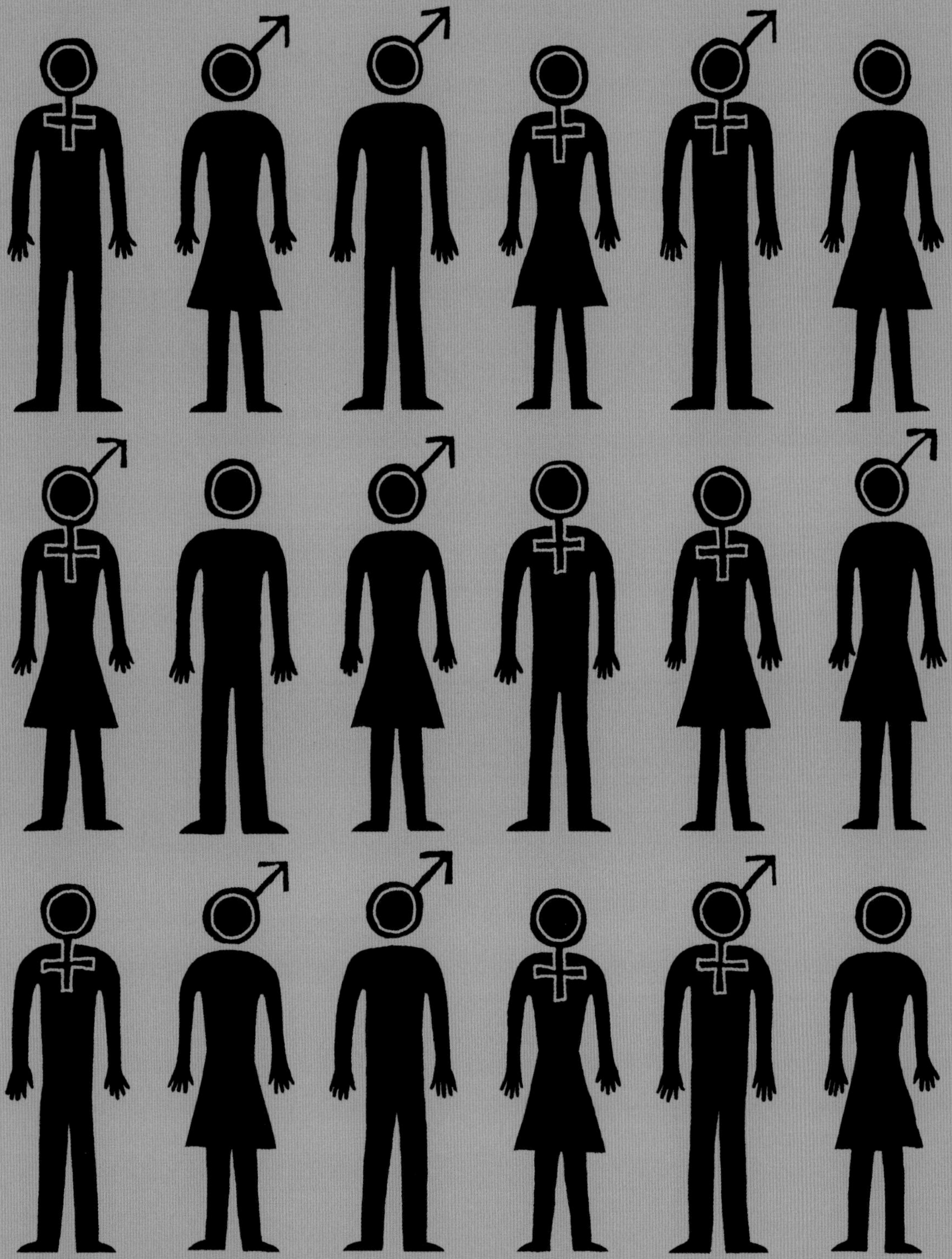

背景介紹

聚焦
酷兒理論

關鍵時刻

1976 年 米歇爾·福柯在《性史（第一卷）》中，追述了性的社會建構；他將性身份看作是歷史的產物，是由權力所生產的，因此不是基於天生或生物學基礎。

1987 年 ACT UP（愛滋病解放動力聯盟）在紐約成立，作為對愛滋病恐同運動的一個回應。

1990 年 在《性別麻煩》一書中，朱迪斯·巴特勒提出，性別是社會建構的，是行動和行為不斷地重複的結果。

1998 年 美國學者朱迪斯（「傑克」）哈伯斯塔姆（Judith Halberstam）在《女性陽剛》一書中，考察了男性之外的男子氣概。

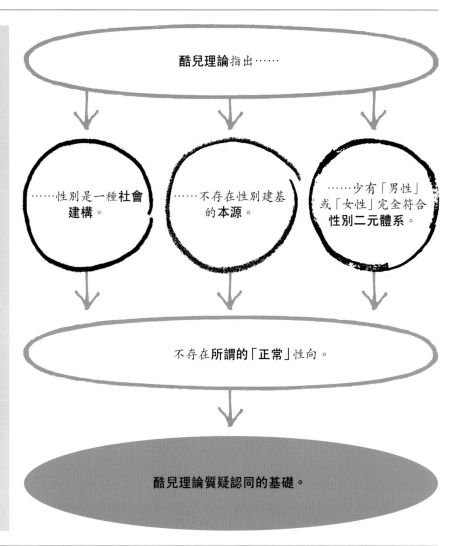

酷兒理論指出……

……性別是一種**社會建構**。

……不存在性別建基的**本源**。

……少有「男性」或「女性」完全符合**性別二元體系**。

不存在**所謂的「正常」**性向。

酷兒理論質疑認同的基礎。

20世紀 80 年代早期，在公眾的眼中，愛滋病危機被錯誤地等同於一種主要影響男同性戀的傳染病。隨之而來的健康恐慌和恐同的增長使得女同和男同羣體感到被孤立和邊緣化。

作為回應，男同和女同政治活躍分子創立了「酷兒」政治和理論，試圖除去「酷兒」這一詞的貶義方面。使用「酷兒」一詞是要消除相關貶義詞的負面意含，但對一些人來說「酷兒」仍然是一個有爭議的概念。從廣義上來說，它包括反對異性戀男－女「自然」模式的任何一種類型 —— 不僅僅是男同和女同，還包括變性者、異裝癖等，包括那些拒絕「正常」的異性戀。

酷兒理論及其政治路徑來自於女權主義、女同和男同理論。受米歇爾·福柯和朱迪斯·巴特勒的影響，主要酷兒理論家，諸如伊芙·可索夫斯基·賽菊蔻、蓋爾·盧賓以及史蒂文·賽德曼，打破了傳統統一的身份 —— 或社會 —— 類型，相信諸如「女人」或「男同性戀者」種類的內部差異減損了它們的有用性。酷兒理論，與一些女權主義者類似，最初都同樣批判女同和男同社區，認為它們是一種同化主義 —— 通過為諸如婚姻權之類的目標而抗爭以試圖進入主流。

參見：朱迪斯・巴特勒 56~61 頁，R.W. 康奈爾 88~89 頁，米歇爾・福柯 302~303 頁，艾德里安娜・里奇 304~309 頁，克里斯汀・德爾菲 312~317 頁，傑弗瑞・威克斯 324~325 頁。

建構的性關係

基於對其他酷兒理論家的解讀和批判，史蒂文・賽德曼被認為是酷兒思想史中的一位重要人物。如同福柯和英國社會學家傑弗瑞・威克斯，賽德曼指出，性關係是「被建構的」。工業化和城市化，通過創造職場的公共男性世界和家庭的私人女性世界，將社會空間性別化，也在我們如何理解男性氣質和女性氣質以及性向管理方面帶來顯著變化。許多我們現在認為是正常（「異性戀主流價值觀」意味着異性戀注定是正常的性取向）的性別和性關係內容都是在這一時期確立的，例如女性被賦予照料和養育，男性被看作性活躍，以及同性戀被看作是性變態。

賽德曼指出，一直到 20 世紀後期為止，性向研究等同於一部同性戀歷史。對 19 世紀的科學，以及性學和弗洛伊德心理學來說，

在印度，最高法院於 2014 年支持印度閹人「海吉拉斯」的權利，肯定他們對其性別的自我身份，因此在法律上創造了第三中性別身份。

異性戀是正常的，毋庸置疑的。事實上，歷史上的這一時期為許多當今社會仍然存在的不平等奠定了基礎，諸如男性和女性之間的分工。

身份的質疑

由於酷兒理論家諸如賽德曼將身份看作是社會建構，它被認為是不穩定的和缺少連貫性；甚至是諸如生物性的性別這種看似穩定的對象也受到質疑。很少有個體完全適合於「男人」或「女人」的劃分——當測試染色體、荷爾蒙、基因或者解剖，大部分人將落在一個連續體上的某處。一些男性可能看起來非常具有男子氣概，但是卻具有高度的「女性」荷爾蒙，或小陰莖，而一些女性可能會看起來非常高或毛髮旺盛，這是我們認為都是男性氣概的表現。

當新生兒性別不清時，外科手術往往進行干預，切除男孩的小陰莖，宣告這是個女孩：一個矛盾的選擇，一方面是本質主義者，假設「真」漢子的一個特徵是擁有巨大的生殖器，而另一方面是社會建構主義者，指出身份實際上是社會條件的產物。通過質疑單一身份的思想，諸如直男，反對諸如男人／女人的二元劃分，賽德曼從根本上批判身份理論和政治。

女權主義和女同男同運動作為一種身份政治形式來挑戰了父權制和異性戀主流價值觀社會。然而，

> **讓我們以差異的名義向中心、所有的中心以及所有的權威宣戰。**
>
> —— 斯蒂文・賽德曼

批評家指出，這些運動迅速被白人中產階級（就女同男同政治來說，是男性）所掌握。同時，這些羣體也採用本質主義者的路徑來看待身份，意味着他們認為身份植根於生物學，因此是天生的或正常的。正如巴特勒指出，在這種情況下，被邊緣化的身份本身，通過生產不變的意義，成為重申二元劃分體系的共謀。薩義德指出，酷兒理論對傳統的男同女同政治提出了必要挑戰，因為這些性別身份令他們試圖挑戰的權力過程得到再生。

挑戰規範

在頗具影響力的《正常的麻煩：性別，政治以及酷兒生活的倫理》(1999) 一書中，邁克爾・沃納 (Michael Warner) 指出，「酷兒」概念不僅僅是抵制正常，還挑戰所謂的正常行為。由於「酷兒」是關於態度而非身份，任何挑戰常態或社會期望的人都可以是「酷兒」——

例如，決定不生育的夫妻。在《區分麻煩：酷兒社會理論和性政治》(1997) 中，賽德曼承認酷兒理論對現代政治和文化的重要貢獻，探究了那些為差別政治而鬥爭的人們可能會碰到的困難。社會思想家如何將差別概念化，諸如性別或種族，而不掉入將其簡化為從屬地位的陷阱？

他的實用主義式的回答是主張其所謂的「關於差異的較少壓迫性觀點」——一種社會後現代主義，其中「酷兒」是一個動詞，描述行動，而不再是一個名詞。他的目的

是通過承認差異和採用「積極的差異政治」而非一種「非自由主義的的身份政治」，例如「差異和民主可能共存」，以挑戰現存規範。賽德曼堅持認為，正如其他社會思想家一樣，酷兒理論家們必須考慮社會理論的其他形式，並繼續批判主要社會制度，考察人們是如何生活的。

對於「酷兒」概念及其理論路徑存在着諸多批評。儘管它反對身份的概念，它已經變成一種總括術語，尤其泛指男同性戀、女同性戀、雙性戀以及跨性別人羣。事實上，「酷兒」可以被看作是一個新

瓶裝舊酒的概念。它被用來囊括了許多不同種類的人羣，也被指責忽視了關鍵的差異和不平等。

一個有瑕疵的路徑？

酷兒理論家諸如美國人大衛・霍爾柏林 (David Halperin) 將「酷兒」理解為一種立場，任何因為其性取向而感到自己被孤立的人都可以借用，因此，澳洲學者伊麗莎白・格羅茲 (Elizabeth Grosz) 警告說它可能會被用來論證那些存在倫理爭議的實踐，諸如「性虐者、戀童癖……皮條客」。

酷兒理論被指責專注於性向而忽視了其他類型：沃納指出色情作品是「酷兒」，因為——作為隨心所欲的性想像展現的結果——它是「正常」的反面，但是，他忽視了在諸多色情作品中對待女人的方式依賴於對「正常」男性氣質的使用。在《酷兒種族》中，南非學者伊恩・巴納德 (Ian Barnard) 指出，酷兒理論創造了一種洗白了的

那些宣稱性向的自我認同的羣體近年來挑戰着那種將男女異性戀看作是正常性取向的假設。下面的符號只是現在被用來向主流宣示存在着不同性別認同的諸多符號中的一部分。

自我認同符號

符號	取向	靈感
⚢	女女夫妻	一對維納斯的鏡子式的天文學和煉金術標誌，通常被用來代表女性性別。
⚣	男男夫妻	一對戰神的矛與盾的天文學和煉金術標誌，通常被用來代表男性性別。
◯	雙性人或無性別的人	維納斯和戰神標誌中的圓圈部分，沒有定義性別的元素。
⚥	變性人	男性和女性性別標誌的結合。
☽	雙性人	雙月標誌在北歐國家被廣泛採用，而不是「重複」某些國家中使用的納粹時代的粉色三角。

西方版「酷兒」，它忽視了種族。英國歷史學家傑弗瑞·威克斯譴責它忽視了物質約束，例如缺錢，這意味着並不是所有的人都能做到越界。那麼，也可以說酷兒理論已經變成為白人中產階級男同性戀服務。

酷兒理論也宣稱是第一個挑戰性／性別區分的社會理論。但是正如英國社會學家戴安·理查森指出，這一說法誇張了：激進女性主義者諸如《主要敵人》（1970）的作者克里斯汀·德爾菲早在 20 世紀 70 年代就開始了這項任務。

儘管存在着這些批評，酷兒理論影響了一系列學術領域，特別是在對男子氣概的研究中。例如，美國學者朱迪斯·哈伯斯塔姆（Judith Halberstam）的研究借用了「酷兒」的概念，指出如果要理解男性氣概，那麼考察諸如女性男子氣概之類的邊緣或從屬形式也很重要。賽德曼指出，酷兒理論範式也被廣

泛應用在小說和電影中。他爭辯道，當代文學批評的目標是解構大多數文學作品中的二元對立——「酷兒」使這一點成為可能。

對於那些性向被邊緣化以及表現形式有限的人來說，對敘事進行再詮釋的「酷兒」式解讀打開了作者或製片人原來可能未有預見到的可能性——例如，柯南·道爾的小說《夏洛克·福爾摩斯》可能暗示了福爾摩斯和華生之間的浪漫友

「酷兒」解讀如今被用在許多電影中。在《異形：浴火重生》中，艾倫·蕾普利——一半地球人，一半外星人——與一個女機器人之間有一種微妙的肉慾聯繫。

誼；莎士比亞戲劇中的男女變裝也能夠用「酷兒」來解釋；電影《異形》系列開啓了一個「掠奪性女性」的轉折。「酷兒」也充斥在電視節目中，例如美國真人秀系列《粉雄救兵》。■

美國變裝國王默里·希爾（Murray Hill）（如圖）被哈伯斯塔姆描述為「改造男性氣質，展示出其戲劇性」。

女性男子氣概

朱迪斯（「傑克」）·哈伯斯塔姆指出，男子氣概同樣存在於非男人中，並質疑人們對於「女漢子」以及假小子的誣蔑。女性特徵並不必然帶來女子氣質；男性特徵也不總是產生男子氣概。

這一思想從根本上挑戰了性別／性的區分，其中社會建構的性別（男子氣概）被看作是生物上的性別（男性）的自然表達。從事「酷兒」研究的哈伯斯塔姆指出，存在一種將所有性別——「古怪」女性納入女同性戀的總括術語下；但是諸如「女同性戀」或「男同性戀」之類的詞並不足以解釋一切非傳統異性戀的愛慾活動。女性化的男性成為一種性別而非一種模仿。

「變裝國王」（女扮男裝）凸顯了男性男子氣概並非建立在真我的本質上，而是通過日常行為的重複而生產出來的。

DIRECTORY

人名錄

人名錄

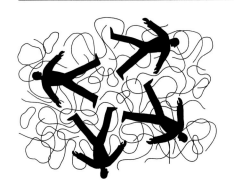

儘管直到相對近期社會學才被看作是一門社會科學，它追根溯源可以回溯到古代哲學家，諸如柏拉圖，尤其是他對「理想」社會的思考。它的主題長期以來一直讓統治者感興趣，後者從理解人們形成較大羣體（社會）的方式，以及他們如何散布信息、文化價值、財富和權力中獲益良多。社會改革者意識到，這些理論可以被用來改造世界，隨着社會學成為一門「科學」，他們的聲音變得更加振聾發聵。這一領域中的領袖已經涵蓋在本書的主體部分；這一部分則納入其他一些思想家，他們同樣對這一學科以及理解我們的社會生活作出了重要貢獻。

赫伯特·斯賓塞
1820–1903 年

英國社會學家、哲學家赫伯特·斯賓塞是最早期的進化論理論家之一。他創造了「適者生存」一說，並指出社會和人的身體一樣，遵循着同樣的進化規律：它們自然地發生改變，從簡單階段進化到較高的複雜形式，只有更強的社會能夠生存和成長。這一觀點被稱作「社會達爾文主義」。

參見：哈里特·馬蒂諾 26~27 頁，卡爾·馬克思 28~31 頁。

查爾斯·霍頓·庫利
1864–1929 年

查爾斯·霍頓·庫利出生於美國密歇根，創立了「鏡中我」理論，認為我們的自我意識主要來自對別人是如何看待我們的感知，因此依靠社會互動。這一概念形成了「社會化」的社會學理論基礎。

參見：G.H. 米德 176~177 頁，歐文·戈夫曼 190~195 頁。

羅伯特·帕克
1864–1944 年

羅伯特·帕克是美國社會學家，以研究集體行動、種族關係和「人類生態學」（認為人類的功能和動植物類似）而廣為人知。他對城市社會學的研究——將城市看作是一個「研究試驗場」——開創了後來著名的社會學芝加哥學派。

參見：喬治·齊美爾 104~105 頁，G.H. 米德 176~177 頁。

齊格弗里德·克拉考爾
1889–1966 年

齊格弗里德·克拉考爾出生於德國法蘭克福，以其關於現代文化的理論以及技術威脅並取代記憶的思想而廣為人知。卡拉考爾和瓦爾特·本雅明和恩斯特·布洛赫一道，作為《法蘭克福報》的電影和文學編輯，從廣告到電影，開始分析社會的文化產品。1933 年，他從納粹威脅中逃亡，輾轉去了巴黎再到美國，卡拉考爾主要影響了西奧多·W. 阿多諾。

參見：瓦爾特·本雅明 334 頁，西奧多·W. 阿多諾 335 頁。

瓦爾特·本雅明
1892–1940 年

瓦爾特·本雅明出生於柏林，是一位著名的文化理論家。1919 年，他從瑞士伯爾尼大學獲得文學博士學位。之後回到德國，在 1933 年逃離納粹。流亡期間，他在法蘭克福社會研究所發表藝術和文化論文。1939 年他被關押在法國的一個集中營，釋放後試圖經比利牛斯山脈逃亡西班牙。被拒入境後，他選擇了自殺。

參見：尤爾根·哈貝馬斯 286~287 頁，齊格弗里德·克拉考爾 334 頁。

卡爾·曼海姆
1893–1947 年

卡爾·曼海姆是知識社會學的創立人之一，強調考察「認識」世界的過程。他指出，我們透過我們的

文化和意識來「看待」這個世界，並受到我們社會地位的影響；「真理」是相對的，依賴於主觀建構。曼海姆在德國柏林師從喬治·齊美爾。1933 年，他加入倫敦經濟學院。

參見：卡爾·馬克思 28~31 頁，馬克斯·韋伯 38~45 頁，喬治·齊美爾 104~105 頁，諾貝特·埃利亞斯 180~181 頁。

芭芭拉·亞當·伍頓
1897–1988 年

社會學家芭芭拉·亞當·伍頓以《犯罪與刑法》(1963) 一書而著名，顛覆了關於「犯罪型人格」的一般觀點。1919 年，她在英國劍橋大學學習經濟學，並於 1920 年攻讀碩士學位，但在當時，女性並未被正式接納為學生，因此她沒有被授予學位。她隨後在倫敦和貝德福德的大學教授社會學。

參見：希爾維亞·沃爾比 96~99 頁，安·奧克利 318~319 頁。

阿爾弗雷德·舒茨
1899–1959 年

阿爾弗雷德·舒茨在奧地利維也納大學獲得法學博士學位，對馬克斯·韋伯和哲學家埃德蒙德·胡塞爾的作品產生興趣。1938 年，他搬到巴黎，隨後又來到紐約。沿着胡塞爾的現象學路徑，及其對個體主觀意識是如何感知世界的分析，舒茨奠定了現象社會學新領域的基礎，聚焦於社會現實的本質。

參見：馬克斯·韋伯 38~45 頁，彼得·伯格 336 頁。

赫伯特·布魯默
1900–1987 年

赫伯特·布魯默在美國芝加哥大學社會學系獲得博士學位，並在那裏執教 27 年。1952 年，他擔任美國加州大學伯克利分校社會學系主任。在其著名的《符號互動論》(1969) 一書中，他指出，個體和集體行動反映了人們賦予事物的意義，這些意義產生於人類羣體生活情境內部。

參見：G.H. 米德 176~177 頁，霍華德·貝克爾 280~285 頁，查爾斯·庫利 334 頁。

西奧多·W. 阿多諾
1903–1969 年

西奧多·W. 阿多諾是新馬克思主義「批判理論」的支持者。出生在德國法蘭克福，他師從齊格弗里德·克拉考爾，並於 1924 年在法蘭克福大學獲得哲學博士學位。1931 年，他和馬克斯·霍克海默共同創立了社會研究所（也被稱為法蘭克福學派），隨着納粹的崛起，他搬到英國，而研究所也搬往海外。他在美國重新回歸研究所，並助其成為反對美國資本主義「虛假」繁榮的主要聲音。1949 年，研究所和阿多諾回到德國（西德）。阿多諾在瑞士度過餘生。

參見：赫伯特·馬爾庫塞 182~187 頁，尤爾根·哈貝馬斯 286~287 頁，齊格弗里德·克拉考爾 334 頁。

安塞爾姆·斯特勞斯
1916–1996 年

美國社會學家安塞爾姆·L. 斯特勞斯和巴尼·格拉斯共同提出了一種定性研究的創新性方法，即「扎根理論」，試圖從研究中建構一種理論，而非通過研究去證明某種理論。斯特勞斯在芝加哥大學師從赫伯特·布魯默，隨後和阿爾弗雷德·林德史密斯合著《社會心理學》(1949)。他是「第二芝加哥學派」中的一員，其中還有霍華德·貝克爾和爾文·戈夫曼。

參見：爾文·戈夫曼 264~269 頁，霍華德·貝克爾 280~285 頁，赫伯特·布魯默 335 頁。

路易·阿爾都塞
1918–1990 年

法國馬克思主義哲學家路易·阿爾都塞是 20 世紀 60 年代結構主義運動的主要人物，主張通過符號研究來分析社會（符號語言學）。他對馬克思的重新解讀指出了特定意識形態之下並使之得以維持的「意識形態國家機器」的角色。他出生於阿爾及利亞，於 1930 年搬到法國。二戰期間，他大部分時間是在德國戰俘集中營中度過的，並患上了伴隨其後半生的心理疾病。1945 年，他在著名的巴黎高等師範學院開始研究哲學。住院治療期間堅持寫作散文和書籍，並獲得極大的讚譽。1980 年，他殺害了自己的妻子，最後死於精神病醫院，終年 72 歲。

參見：卡爾·馬克思 28~31 頁，安東尼奧·葛蘭西 178~179 頁。

帕博羅 · 岡薩雷斯 · 卡薩諾瓦
1922 年 –

帕博羅 · 岡薩雷斯 · 卡薩諾瓦是墨西哥歷史學家和社會學家，他於 1965 年發表了一篇耳目一新的〈內部殖民主義和民族發展〉文章。「包含於一個民族」中的民族的觀點最早由 W.E.B. 杜博依斯於 20 世紀 30 年代提出，而卡薩諾瓦則揭示了實踐中這一思想的結構基礎。他對於墨西哥政治和社會結構的深層分析為發展中國家帶來啓發。2003 年，聯合國教科文組織（UNESCO）表彰他的研究，並授予他著名的荷塞 · 馬蒂國際獎章。
參見： W.E.B. 杜博依斯 68~73 頁，戴維 · 麥克隆 163 頁。

多蘿茜 · 史密斯
1926 年 –

多蘿茜 · 史密斯來自英國約克郡。她提出一種「女性社會學」，採用現象學的視角，使用生活中主觀的日常經歷，而非那些來自男性主宰的理論知識。史密斯在倫敦經濟學院學習社會學，並於 1955 年就讀於美國加州大學伯克利分校。隨後，她來到英屬哥倫比亞大學教授第一批女性研究課程。
參見：卡爾 · 馬克思 28~31 頁，阿爾弗雷德 · 舒茨 335 頁。

羅伯特 · 內利 · 貝拉
1927–2013 年

美國社會學家羅伯特 · 內利 · 貝拉是 20 世紀具有爭議的著名宗教社會學家。〈美國公民宗教〉一文考察了宗教符號主義的政治運用，並為他首次帶來讚譽。貝拉出生於美國俄克拉荷馬州，畢業於哈佛大學社會人類學系，並在塔爾科特 · 帕森斯的指導下獲得博士學位。在加拿大蒙特利爾麥吉爾大學學習兩年的伊斯蘭研究之後，他回到哈佛執教。1967 年，成為加州大學伯克利分校的社會學教授。
參見：布萊恩 · 威爾遜 278~279 頁，尤爾根 · 哈貝馬斯 286~287 頁，塔爾科特 · 帕森斯 300~301 頁。

戴維 · 洛克伍德
1929–2014 年

英國社會學家戴維 · 洛克伍德是社會分層理論中具有影響力的人物。10 歲時經歷了父親的去世，母親經濟拮据，這迫使他早早地離開學校開始工作。在武裝部隊服役期間，他偶然接觸到馬克思主義，並繼續在倫敦經濟學院學習社會學。洛克伍德曾執教於劍橋大學和埃塞克斯大學。1998 年，他因其對社會學的貢獻，獲得大英帝國司令勳章（CBE）。
參見：卡爾 · 馬克思 28~31 頁，埃米爾 · 迪爾凱姆 34~37 頁。

彼得 · 伯格
1929 年 –

彼得 · 路德維希 · 伯格出生於奧地利，在其與托馬斯 · 盧克曼合著的《現實的社會建構》（1966）一書中，其最著名的論斷是，「現實」是通過一種社會共識而建構的。17 歲時，伯格移居到美國，並從紐約社會研究新學院獲得碩士和博士學位。他成為波士頓大學社會學和神學教授，並於 1985 年擔任波士頓經濟文化研究所主任，考察經濟發展與社會文化變遷的關係。
參見：卡爾 · 馬克思 28~31 頁，卡爾 · 曼海姆 335 頁，阿爾弗雷德 · 舒茨 335 頁。

費爾南多 · 恩里克 · 卡多佐
1931 年 –

1986 年，費爾南多 · 恩里克 · 卡多佐成為巴西聖保羅議員，並於 1995 年和 1998 年當選為巴西總統。他宣稱要給巴西帶來經濟穩定和社會改革。卡多佐在聖保羅大學學習社會學，並於 1958 年成為那裏的一名教授。他的左翼思想使他在羣眾中擁有廣泛的基礎，但是它們反對軍人政權，這使他於 1964 年被迫流亡海外。在重返巴西之前，他一直在拉丁美洲、歐洲以及美國的大學執教。
參見：卡爾 · 馬克思 28~31 頁，伊曼紐爾 · 沃勒斯坦 144~145 頁。

克里斯托弗 · 拉什
1932–1994 年

美國政治理論家和歷史學家克里斯托弗 · 拉什是一對左翼知識分子夫婦的獨子。1954 年他畢業於哈佛大學，並在哥倫比亞大學獲得歷史學碩士。在英國休假期間，他寫作了《美國新激進主義》（1965）一書。它將知識分子描述成放縱的奮鬥者，一面宣稱要提供指引，但是另一面真正的興趣卻在於地位和權力。反傳統者試圖打破共識思考，其工作包括對於民主公民權、精英羣體、消費主義、大眾文化、美國

制度以及那種認為西方社會帶來某種「進步」的觀點的強烈批評。

參見：卡爾・馬克思 28~31 頁，尤爾根・哈貝馬斯 286~287 頁，西奧多・W・阿多諾 335 頁。

約翰・戈德索普
1935 年 –

約翰・戈德索普出生於英國約克郡，就讀於倫敦經濟學院。作為一名社會流動和階級分層的專家，他提出了〈戈德索普量表〉，一種如今在歐洲、大洋洲和北美洲使用的七層結構。他是「文化資本」、「慣習」概念的批評者，特別是皮埃爾・布迪厄提出的概念。1969—2002 年間，他任職於牛津大學，並曾是美國康奈爾大學訪問教授。

參見：馬克斯・韋伯 38~45 頁，皮埃爾・布迪厄 76~79 頁。

邁克爾・羅伊
1938 年 –

法裔巴西社會學家和教授邁克爾・羅伊成長於巴西聖保羅一個奧地利移民家庭。他以發展喬治・盧卡奇的「浪漫主義的反資本主義」思想而著稱，試圖通過一種對前工業歷史和思考方式的回歸來打破資本主義，而非通過社會主義。羅伊閱讀馬克思主義思想家羅莎・盧森堡著作，並在聖保羅大學師從費爾南多・卡多佐和安東尼奧・坎迪多學習社會學。他從法國索邦大學獲得博士學位，主攻馬克思主義理論。

參見：卡爾・馬克思 28~31 頁，皮埃爾・布迪厄 76~79 頁，瓦爾特・本雅明 334 頁。

喬恩・埃爾斯特
1940 年 –

挪威社會學家喬恩・埃爾斯特聚焦於理性選擇理論——認為人們做出選擇是基於對事實的理性思考（儘管他後期的研究揭露了他對於理性能力的失望）。埃爾斯特的思想對於政府、經濟學家、社會學家以及心理學家都有影響。他曾執教於英國、美國和法國。1995 年，他成為美國哥倫比亞大學首位社會科學羅伯特・默頓教授。

參見：卡爾・馬克思 28~31 頁，馬克斯・韋伯 38~45 頁，塔爾科特・帕森斯 300~301 頁。

朱莉婭・克里斯蒂娃
1941 年 –

朱莉婭・克里斯蒂娃出生於保加利亞。她關於語言學、符號學、心理分析學以及女性主義的著作廣受讚譽。在索菲亞的大學畢業之後，她獲得獎學金留學巴黎。她成為與聖日耳曼（巴黎「左岸」）相關的左翼思想家羣體中的一員，而她對於語言和語言學的研究則深受其同齡人諸如米歇爾・福柯和羅蘭・巴特著作的影響。她成為一名心理分析學家，並逐漸對語言和身體之間的關係性質產生興趣。

參見：米歇爾・福柯 52~55 頁，302~303 頁，伊麗莎白・格羅茲 339 頁。

南希・喬多羅
1944 年 –

南希・喬多羅出生於美國紐約，是一位傑出的女性主義理論家。她在

馬薩諸塞州的拉德克利夫學院學習人類學，隨後在舊金山接受心理分析學家訓練。1975 年，她從波士頓布蘭迪斯大學獲得博士學位。採用交叉學科視角，她提出一種女性主義的心理分析理論，開創了女性主義心理學領域。她執教於加州大學伯克利分校。

參見：哈里特・馬蒂諾 26~27 頁，朱迪斯・巴特勒 56~61 頁，埃里希・弗羅姆 188 頁。

唐娜・哈拉維
1944 年 –

「技術科學」專家唐娜・哈拉維來自美國科羅拉多，在巴黎學習進化哲學和神學，最後回到美國，學習動物學、哲學和文學三學位課程。她在耶魯的動物學博士學位考察了實驗過程中隱喻的使用——她將生物看作是政治、宗教和文化的一部分。作為加州大學聖克魯茲分校意識史系的榮休教授，哈拉維是人與技術親密關係領域的重要權威。她在〈賽博格宣言〉一文中指出，人類已經是半人、半機器的，這種混合使得女性在「賽博格女性主義」時代能夠重構嶄新的自我。

參見：卡爾・馬克思 28~31 頁，米歇爾・福柯 52~55 頁，302~303 頁，布魯諾・拉圖 338 頁。

舒拉米斯・費爾斯通
1945–2012 年

革命女性主義者舒拉米斯・費爾斯通出生於加拿大渥太華。她在美國聖路易斯的華盛頓大學學習藝術，接着去到芝加哥藝術學院，在那裏，她成為芝加哥婦女解放聯

盟中的一員，這是美國首個類似羣體。在其頗具影響力的著作《性的辯證法：女權革命實例》(1970)中，費爾斯通指出，女性是一個受壓迫的階級，性別不平等最終受生物學所控制。作為對馬克思的回應，她感到，對女性來說答案是要掌握人類繁殖的工具（通過新的避孕方式而成為可能）。她隨後只出版了一本書，但是她對於女性主義的影響一直都在。

參見：哈里特·馬蒂諾 26~27 頁，卡爾·馬克思 28~31 頁。

沃爾登·貝羅
1945 年 –

沃爾登·貝羅出生於菲律賓馬尼拉，20 世紀 70 年代在費迪南德·馬科斯頒布戒嚴法之後，他成為一名政治活動家。貝羅的官方職位包括菲律賓、美國以及加拿大大學的社會學教授；綠色和平南亞董事會主席，以及菲律賓眾議院議員。貝羅是全球化的傑出批評家。

參見：羅伯特·N. 貝拉 336 頁，邁克爾·羅伊 337 頁。

布萊恩·S. 特納
1945 年 –

出生於英國伯明翰，布萊恩·S. 特納是一位宗教社會學的世界權威。他的第一部著作《韋伯和伊斯蘭教》(1974) 非常經典。1998 年，他成為劍橋大學社會學教授，並一度在澳洲、荷蘭和美國擔任教授職位。他的興趣包括全球化和宗教、宗教權威和電子信息、宗教消費主義和青年文化，以及人權和宗教。

在《身體與社會》(1984；2008) 一書中，他指出，身體與階級之類的抽象概念不同，應該成為社會學分析的焦點。

參見：愛德華·薩義德 80~81 頁，馬克斯·韋伯 220~223 頁。

布魯諾·拉圖
1947 年 –

布魯諾·拉圖出生在法國勃艮第，先後接受哲學和人類學訓練。20 世紀 80 年代，與米歇爾·卡龍和約翰·勞一道，他創立了「行動者網絡理論」(ANT) —— 認為知識不是依賴於等待被發掘的「真理」，而是通過分析行動者與網絡之間的互動而獲得的。其中，參與創造意義的「行動者」既是客觀的又是符號化的。拉圖是巴黎政治學院的教授。

參見：哈羅德·加芬克爾 50~51 頁，米歇爾·福柯 302~303 頁，唐娜·哈拉維 338 頁。

西達·斯考切波
1947 年 –

美國社會學家、政治理論家西達·斯考切波是哈佛大學管理與社會學系維克托·S. 托馬斯教授。她的研究集中在美國社會政策、健康改革以及美國民主的公民參與。她的職業生涯開始於其對於法國、俄國和中國革命的研究；20 世紀 70 年代，她成為國家自主性理論的主要倡導者。她的主要貢獻在於創造了一種新的範式：制度（包括國家）被看作是政治生活的結構性因素、體現着意識形態，因此，適用於因

果分析。她 1992 年的著作《保衛士兵與母親：美國社會政策的政治起源》為她帶來了五項大獎。

參見：馬克斯·韋伯 38~45 頁，戴維·麥克隆 163 頁，阿爾君·阿帕杜萊 166~169 頁。

安吉拉·麥克羅比
1951 年 –

文化理論家安吉拉·麥克羅比是英國倫敦金史密斯學院的教授。她宣稱儘管在「性別平等已經實現」這一點上存在共識，但 20 世紀 90 年代仍然存在一種對女性主義的集體抵制。在其 2009 年的著作《女性主義的後果》中，她採用烏爾里希·貝克和安東尼·吉登斯的研究指出，「女性個體化」是一種後女性主義的偽裝，它加強了男性霸權。

參見：安東尼·吉登斯 148~149 頁，斯圖爾特·霍爾 200~201 頁，貝弗利·斯凱格斯 339 頁。

伊麗莎白·格羅茲
1952 年 –

伊麗莎白·格羅茲是文化和女性主義理論家，出生在澳洲悉尼，在那裏她學習哲學。受後結構主義思想家諸如法國哲學家雅克·德里達的影響，她的研究聚焦於性別研究（特別是性的差異、女性性向以及女性主義視角下的時間本質）。她是美國北卡羅來納州達勒姆市的杜克大學的女性研究教授。她最有名的著作是《破滅》(2011)，其中，她概括了一種後現代達爾文主義的女性主義理論。

參見：米歇爾·福柯 52~55 頁，

302~303 頁，朱莉婭·克里斯蒂娃 337 頁。

塔里克·莫多德
1952 年 –

塔里克·莫多德出生在巴基斯坦的卡拉奇，但成長於英國。先後就讀於杜倫大學和斯望西大學，1997 年，他創立英國布里斯托大學種族和公民權研究中心，並擔任主任。同時，作為該大學社會學、政治學以及公共政策教授，他是種族主義、多元文化主義以及世俗主義領域的專家。他指出，當代穆斯林自信是受到認同政治而非神學需要的鼓舞。莫多德是國際雜誌《種族關係》的創始人兼編輯之一。

參見：斯圖爾特·霍爾 200~201 頁，布萊恩·特納 338 頁。

哈特穆特·羅薩
1965 年 –

德國社會學家哈特穆特·羅薩以其「社會加速」理論而廣為人知，這同時也是其 2013 年著作的名字。這一理論指出，社會不僅是以三種方式在加速（技術革新、社會變遷以及生活步伐），有些領域也在減速，其中大型人口羣體可能會衰落。他同時也指出，世界正處於一個「狂熱的停滯」點上，沒有甚麼能保持原狀，同時也沒有甚麼真正發生了改變。羅薩是德國耶拿大學一般社會學和理論社會學教授。

參見：卡爾·馬克思 28~31 頁，馬克斯·韋伯 38~45 頁，尤爾根·哈貝馬斯 286~287 頁。

湯姆·莎士比亞
1966 年 –

湯姆·莎士比亞就讀於劍橋大學，隨後在位於瑞士日內瓦的世界衛生組織（WHO）工作了五年。作為一名有殘疾的醫學社會學家，他是差異社會學中的重要聲音。他的研究興趣在於遺傳學的倫理方面以及殘障研究，特別是在性別政治和人權領域。如今，作為英國東英吉利亞大學醫學社會學的講師，他宣稱，人們「因社會以及他們的身體而成為殘疾」。

參見：G.H. 米德 176~177 頁，歐文·戈夫曼 190~195 頁，霍華德·貝克爾 280~285 頁。

貝弗利·斯凱格斯

貝弗利·斯凱格斯在約克大學和基爾大學學習社會學，後來成為蘭卡斯特大學女性研究的主任（與西莉亞·盧瑞一道）。在《階級和性別的形成》（1997）一書中，她指出，階級應該是性別、身份以及權力理論的顯著特點。斯凱格斯是倫敦金史密斯學院的社會學教授。

參見：卡爾·馬克思 28~31 頁，皮埃爾·布迪厄 76~79 頁，安·奧克利 318~319 頁。

術 語 表

能動性 在社會學中，自主決定或自由意志。

異化 卡爾·馬克思認為，由於缺乏權力、控制、實現以及滿足，工人往往覺得疏離於他們自己或社會。馬克思將這一點歸咎於資本主義社會中生產資料的私人佔有。戰後，各種思想家，包括羅伯特·布勞納，進一步發展了這一概念。

失範 由迅速社會變遷帶來的一種迷茫或「無序」狀態。當控制日常行為的社會規範和價值突然發生變化，人們容易感到迷失方向和漫無目的，直到一種新的社會秩序重建。參見越軌。

資產階級 在馬克思主義者看來（參見馬克思主義），是指擁有工業生產資料的社會階級。

科層制 馬克斯·韋伯將其定義為以具有細緻分工和分層、與規則相聯繫的官僚等級體系為特徵的組織體系。

資本 使用經濟資產（諸如機器）或經濟資產的價值（現金）來創收。是除土地、勞動力以及企業之外的又一經濟活動的關鍵要素。

資本主義 一種基於財產和生產資料的私人佔有的經濟體系，企業出售商品以盈利，工人出賣勞動力以換取工資。

資本家 在工業社會中佔有生產資料的社會階級。

芝加哥學派 不能混同於提倡自由市場經濟的思想流派，這一社會學學派發展於 20 世紀二三十年代。儘管它的興趣不拘一格，它通常被看作是城市社會學的起源。

社會衝突 由相互競爭的社會－經濟利益所帶來的不同社會階級之間的緊張。

殖民主義 一個國家控制另外一個國家，實現經濟剝削。這一術語通常指歐洲列強對世界其他地區的征服、佔領和剝削。

共產主義 一種基於財產和生產資料的集體所有制的經濟體系。

社會建構 社會中創造出來的一種概念或觀念。

消費主義 一種高級資本主義社會形態，由購買和出售各種商品和服務而定義的時代。這一術語還用來指個體通過商品來建構自我認同。

炫耀性消費 由托斯丹·凡勃倫提出，描繪了富裕的有閒階級中的成員使用奢侈品來顯示他們的身份。參見物質文明。

文化 任何社會中構成生活方式的語言、習俗、知識、信仰、價值和規範的結合。同樣也用來指藝術（諸如音樂、戲劇、文學等）。

行為不良 青年人犯的小罪行；這一術語同樣可以指代那些被社會規範所「不接受」的行為。

決定論 相信一個人的行為是由某種外部力量形式決定的（諸如上帝、遺傳或者環境），因此真正的自由選擇是不可能的。參見經濟決定論。

越軌 就一個特定社會或社會羣體的規範而言，某種行為或人被認為「打破規則」。

話語 從一般意義上，指語言或文字交流；在社會學中，是指看待生活的一種視角框架或思想體系，支配著其被討論的方式。話語傳達事件的意義，並依不同的時代、地理區域以及羣體內部而不同。

家務勞動 在家庭中的無償勞動，諸如烹飪、清潔、兒童照料以及照顧病人和老人。

經濟決定論 一種歷史唯物主義觀點，認為經濟力量決定社會現狀以及人類社會的演進。

精英 一小部分人，佔據了大量的社會財富和權力。

情感勞動 由阿利·霍克希爾德提出，有償勞動要求被僱傭者展現出某種情感，以達到某一預期的回應。

經驗證據 能夠通過感官觀察到、並以某種方式測量的證據。

啓蒙運動 17、18 世紀歐洲的一場文化和思想運動，融合神學、理性思想和自然，形成一種贊賞邏輯

及理性而非情感和直覺的世界觀。

本質主義　相信事物或人擁有天生的特徵、屬性或者「本質」以定義他們是誰或是甚麼。這一思想進而認為，特定的人口類型擁有本質特徵。

種族　一個社會羣體共有的文化（諸如語言或宗教信仰），給予其成員一種共同認同，並與其他羣體區分開來。

人種志　對於人種和文化的研究。

人種學　不同人種和文化之間差異的比較研究。

女性主義　一種倡導性別間的社會、政治和經濟平等的社會運動。女性主義通常被認為有若干「波」或若干時代，其議題設置各不相同。

封建主義　歷史上一種主要的社會體系，武士貴族向其君主提供軍事服務，以換取封地；他們統治這些封地，佔有奴隸或農民提供的勞動力和產品，作為交換，為他們提供保護。

法蘭克福學派　一個跨學科的社會理論學派，由社會研究所演化而來，隸屬於法蘭克福大學。這一學派在 20 世紀促進了新馬克思主義思想的發展。

功能主義　在社會學中，認為社會就如同一個生物有機體，不同部分具有各自不同的功能。社會中的各個部分相互依賴，共同促進整體運作和穩定。

性別　男性和女性之間的差異是社會地建構的，而非生物性的。

性別身份　在性別角色和生物性別方面，個體和他人如何看待自己的方式。

性別角色　男性和女性的被預期的社會行為。

縉紳化　一個破敗城市社區的轉變，地價和租金明顯上升，富裕人口不斷湧入。

全球化　隨着媒體、文化、消費品以及經濟利益的全球擴展，世界各地的聯繫和彼此依賴不斷加強。

全球本土化　通過與本土社區和個體的聯繫對全球形式的改進——從流行時尚到音樂類型。

慣習　基於托馬斯·阿奎那的觀點，我們每個人都自認為自己屬於某一類人，皮埃爾·布迪厄的概念指涉一系列習得的性情，同一社會階層的人共享文化價值。

霸權男性氣質　某一社會中的理想男子氣概。在西方國家中，這與異性戀、「堅韌」，財富以及女性的從屬地位聯繫在一起。這一思想強調男性氣質是一種後天的認同。

霸權　居統治地位和主導性的權力以及在這個過程中社會羣體的形成。安東尼奧·葛蘭西認為，霸權就是統治社會階級維持其統治地位的方式。

異性戀　對不同性別的人的吸引。

同性戀　對同一性別的人的吸引。

超現實　正如鮑德里亞所指出，圖形和符號所指代的並非是一個單獨的「現實」，而是一種仿真的現實，然而後者看起來似乎比任何物質世界中的存在都更加真實。

醫源性疾病　由醫療體系帶來的威脅，比起治癒的人，它可能傷害更多。

身份　個體如何看待和定義他們自己，以及其他人如何定義他們。

意識形態　一種思想框架，為某一社會羣體提供觀念和信仰。

工業革命　起源於 18 世紀英國的一個發展階段，機械化的新形式使得經濟從農業經濟轉向城市工業化經濟。

詮釋　考察社會的一種主觀方式，與客觀、科學的實證主義範式相反。

左翼　在政治系譜中，支持改革或社會主義思想的人。

邊緣化　一個人或一羣人被排斥在主流或統治羣體之外的過程，進而導致權力、地位和影響力的喪失。

馬克思主義　由卡爾·馬克思和弗里德里希·恩格斯提出的關於社會的理論，宣稱歷史是由不同時代組成的，社會階級—生產資料的所有者和被剝削的工人大眾之間的衝突帶來社會變遷。

大眾文化　面向一般公眾出售的娛樂產品（書籍、電視節目等等）。

物質文明　物質的歷史和哲學；人和物之間的關係。

生產工具　生產社會商品所需要的主要資源（諸如土地、工廠、原材料和機器）。

生產方式　馬克思主義的一個概念，指生產商品和服務的社會組織方式；它包括生產資料以及勞動力之間的關係。

現代性　自 17 世紀以來的社會狀況，特別是由工業革命和城市化帶來的社會變遷。

民族　一個由文化、歷史或語言連接起來的人類共同體，往往基於某一特定地理位置之上。

民族主義　與一個國家相關的認同感，產生於對一種共同意識和文化的忠誠。

新自由主義　根植於對自由市場和有限政府的信仰的政治和經濟哲學，認為個體行動能比國家行為帶來更好的解決問題的方案。

新部落主義　在迅速變遷的世界中，短暫的、多變的以及流動的羣體找尋他們生活的意義。

規範　在一個特定社會或情境中，定義個體的預期行為（「正常」）的社會規則。

核心家庭　父母和子女組成的兩代家庭—社會化的主要原動力。

他者　由西蒙娜・德・波伏娃所提出的概念，用來解釋一個羣體（在她的舉例中，是指男性）如何將自己看作是規範，用自己的標準和特徵來判斷羣體之外的任何人（女性），而不是獨立看待那個羣體，認可它的實際特徵。

父權制　一種社會分層體系，男性主宰、剝削和壓迫女性。

實證主義　由奧古斯特・孔德最早提出，在社會學中，它指有可能以一種可測量的、可檢驗的以及科學的方法觀察社會生活，建立關於社會的知識。這一信念帶來「實證主義」觀點，即科學能夠建設一個更好的世界。

後現代主義　否認事物存在一個絕對的「真理」，相反，認為我們可以根據看待不同「真理」的不同視角去解構任何一個文本、個體或社會。從本質上説，後現代理論拒絕被定義，也很難進行定義。

貧困　西博姆・朗特里將貧困定義為一種收入不足以維持生命的必需品的狀態，這是一種貧困的生存線。絕對貧困指的是一種基於提供維持生活必需品（諸如食品、住房、燃料和衣服）的生活水平。在當今富裕國家，貧困通常是根據當時普遍認可的生活標準而測定，即相對貧困。如今，貧困的一些定義還考察了諸如技能或健康之類的因素，及其可能帶來的社會排斥。

無產階級　在馬克思主義理論中（參見馬克思主義），出賣勞動力以換取工資的社會階級。

酷兒理論　一種挑戰性別二元劃分的文化理論，相反，它提出性別受時間和空間影響，是文化建構的結果。

種族主義　指在所謂生物學差異的基礎上，特別是基於膚色而針對人的歧視；事實上，科學證明，這種生物差異並不存在。

右翼　在政治系譜中，處於保守派，支持傳統社會設置和價值的人。

角色　社會中對個體的行為模式的期待。參見性別角色。

世俗化　宗教及其制度喪失社會意義的過程。

自我疏離　自我異化感，來自對自己的否定，或者感到自己的勞動屬於他人或其他組織。

性別主義　因為某人的男性或女性性別，而產生的偏見、歧視或刻板印象。

性取向　對某一特殊生物性別的個體吸引。

擬像　在現實中沒有原型，但是似乎反映物質世界的圖像。

社會階級　社會系統中的一種身份等級，反映權力、財富、教育和聲望。儘管不同社會中階級不同，西方模式大體可以分為三種羣體。上層階級是一個小社會羣體，佔據最高的地位，擁有大量的社會財富。中產階級指受過良好教育、從事非體力勞動、辦公室工作。工人階級指那些從事體力勞動的人，例如工廠或農業勞動。

社會流動　人口或人羣的移動，諸如家庭，從一個社會階級到另一個階級。

社會網絡　具有相似興趣的個體、家庭和羣體的連接。

社會結構　形成社會框架的社會制度和關係。

社會主義 一種政治信念，致力於建立社會和經濟平等。社會主義者指出，如果經濟處於大多數人的控制之下，將會帶來一個更平等的社會結構。

國家 有組織的權威體系，擁有對某一領土的合法控制，以及對於領土之上暴力使用的壟斷。

地位 在社會其他成員眼中，一個人所擁有的聲望或重要性。

刻板印象 關於人或社會羣體的眾所周知但是過於簡單的印象。

污名 一種恥辱標記或不良特徵，物理性的或社會性的，使得個體難以被社會所完全接受。社會中個體的邊緣化，因為他們的某種污名化身份，在某種意義上使他們喪失尊嚴，激起他人的負面反應。

結構主義 認為我們必須通過考察其結構中的要素或關係模式，來理解事物 —— 諸如文本、人類思維或社會。

亞文化 主流社會中的獨特而又獨立的部分，因為其成員一方面可能認同社會中絕大部分的價值、信仰和習俗，另一方面也有自己與眾不同之處。

符號互動主義 認為個體是一個在社會互動中產生的實體的理論。

城市化 人們從農村地區湧入城鎮和大城市生活的過程，以及隨之而來的社會變遷。世界越來越城市化。

價值 關於事物、過程或行為的價值的思想和信念。一個人的價值決定其行為方式；一個社會的價值決定甚麼是重要的或不重要的，以及甚麼是可以接受的或不能接受的。

索 引

致　謝

Dorling Kindersley would like to thank John McKenzie for his contribution to chapter 3, Christopher Westhorp for proofreading the book, and Margaret McKormack for providing the index.

PICTURE CREDITS

Images: Bloomberg/Contributor (bl).
257 Corbis: Godong/Robert Harding
World Imagery (br). **259 Getty Images:**
Egbert van Heemskerk the Elder (br).
261 Corbis: Ariel Skelley/Blend Images
(cr). **263 Bridgeman Art Library:**
Peter Newark American Pictures (tl).
267 Corbis: Cameron Davidson (tr).
Getty Images: Stock Montage/
Contributor (bl). **269**
Alamy Images: Moviestore collection
Ltd (tr). **Dreamstime.com:**
Photographerlondon (bl). **273 akg-
images:** British Library (tr). **274**
Corbis: Fine Art Photographic Library
(tr). **275 Corbis:** 68/Ocean (bl). **277**
Dreamstime.com: Walter Arce (tr).
279 Getty Images: Chung Sung-Jun/
Staff (tr). **283 Dreamstime.com:** Ayse
Ezgi Icmeli (bc). Ayse Ezgi Icmeli (br).

284 The Kobal Collection: G&H
PRODUCTIONS (tl). **285 Corbis:** Sophie
Bassouls/Sygma (tr). 13/Nick White/
Ocean (bl). **287 Dreamstime.com:**
Markwaters (tr). **Getty Images:** Milos
Bicanski/Stringer (bl). **290 Corbis:**
Neville Elder (br). **293 Getty Images:**
Evening Standard/Stringer (tr). **299**
Corbis: Mika (tr). Bettmann (bl). **301**
Alamy Images: ClassicStock (tr). **303**
Corbis: Leemage (tl). **307 Alamy**
Images: Carolco Pictures (tr).
Dreamstime.com: Zakaz (br). **308**
Corbis: Christopher Felver (bl). **309**
Alamy Images: SuperStock (tl). **311**
Corbis: Nick Cardillicchio (br). **315**
The Kobal Collection: WORKING
TITLE (tl). **Getty Images:** Mel Yates
(br). **317 Alamy Images:** Wavebreak
Media ltd (tl). **319 Getty Images:**

Heritage Images/Contributor (bl). **322**
Dreamstime.com: Rolfgeorg Brenner
(tr). **325 Corbis:** Bettmann (tl). **329**
Alamy Images: epa european
pressphoto agency b.v. (bl). **331 Alamy**
Images: Photos 12 (tr). WENN Ltd (bl).

All other images © Dorling Kindersley.
For more information see:

www.dkimages.com

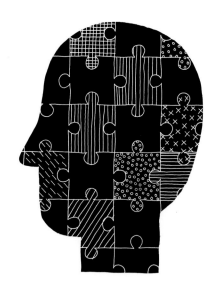